国家哲学社会科学成果文库

NATIONAL ACHIEVEMENTS LIBRARY OF PHILOSOPHY AND SOCIAL SCIENCES

大学章程法律问题研究

湛中乐　等著

北京大学出版社
PEKING UNIVERSITY PRESS

作者简介

湛中乐 1964年出生，湖南汨罗县人，法学博士，北京大学法学院教授，博士生导师。教育部百所人文社会科学重点研究基地——北京大学宪法与行政法研究中心副主任，北京大学教育法研究中心主任；美国“富布莱特项目”高级访问学者（2000—2001年）。兼任中国行政法学研究会副会长、中国教育学会全国教育政策与法律研究会副会长、中国教育发展战略学会教育法制专业委员会学术顾问等。

代表性著作有：《生育自由与人权保障》（获第七届教育部人文社会科学优秀成果奖，2015年）、《大学法治与权益保护》（获北京市第十三届哲学社会科学优秀成果奖，2014年）、《现代行政过程论——法治理念、原则与制度》（获得北京市社会科学理论著作出版基金资助，2005年）。在法学、教育学等学术刊物上发表论文100余篇。

《国家哲学社会科学成果文库》
出版说明

为充分发挥哲学社会科学研究优秀成果和优秀人才的示范带动作用，促进我国哲学社会科学繁荣发展，全国哲学社会科学规划领导小组决定自2010年始，设立《国家哲学社会科学成果文库》，每年评审一次。入选成果经过了同行专家严格评审，代表当前相关领域学术研究的前沿水平，体现我国哲学社会科学界的学术创造力，按照“统一标识、统一封面、统一版式、统一标准”的总体要求组织出版。

全国哲学社会科学规划办公室
2011年3月

现代大学治理需要大学章程——代序[1]

湛中乐

一、现代大学治理的内涵

现代大学治理理论是伴随着现代大学制度的建立而兴起并发展起来的。自20世纪以来，大学功能多样化和高等教育规模的迅速扩大，大学制度存在的时间和空间发生了巨大变化，传统的大学自治与学术自由的观念受到了挑战，大学自身的管理问题变得更为复杂，尤其是随着高等教育大众化进程的启动，引发了大学制度与社会转型的矛盾。在这种情况下，西方国家纷纷发起高等教育制度改革。与此同时，西方国家的高等教育领域掀起了一场治理变革的浪潮。

所谓大学治理就是大学内外利益相关者参与大学重大决策的结构和过程。大学的治理结构是现代大学制度的本质与核心，大学治理是联系大学内部以及外部各利害关系人的正式的和非正式关系的制度安排，以便使各利害关系人在权利、责任和利益上相互制衡，实现大学内外部效率和公平的合理统一。治理涉及学校纵向和横向关系，各种权力、义务与责任的界定，各种利益关系的格局。治理实际上是一种新的管理模式，它涵盖所有正式制度和规则，同时也包含各种非正式的制度安排。与以往的管理模式相比，治理更注重协调，而不是控制，主张政府组织与非政府组织共同参与公共事务的管理。从

---

① 此文曾发表于《中国高等教育》2011年第9期。

控制走向协调，以治理代替管理，已经是世界高等教育改革的趋势。①

二、研究大学治理的必要性

自20世纪90年代以来，治理的理论也引入到中国的高校管理中，在中国大学内部管理体制改革中逐步引出了大学治理的议题。当时，1998年《高等教育法》颁布实施为高等学校提供了许多新的办学思路，同年江泽民总书记在北京大学百年校庆上提出要建设世界一流大学以及教育部“985工程”的推出，推动了高校在建设世界一流大学的过程中更加关注西方大学制度层面的问题。与此同时，入世使得高等教育的国际竞争问题，再次受到关注，而以大学办学自主权问题为核心的大学制度问题已经成为制约我国高等教育改革与发展的根本性问题，我国高等教育改革面临制度性障碍。在这种背景下，国内展开对现代大学治理的广泛讨论。如何优化现有大学内部治理结构，是大学成为一个高效运转的学术机构成为我国高教界普遍关注的问题。与此同时，我国高等学校的治理现状存在着诸多的问题，与西方现代大学制度的要求存在极大的差距，其中最主要体现在以下三个方面：

1. 党委与校长的责权不明确，教代会监督权弱化

根据《高等教育法》的规定，国家举办的高校实行中国共产党高等学校基层委员会领导下的校长负责制。中国共产党高等学校基层委员会按照中国共产党的章程和有关规定统一领导高校工作，支持校长独立负责地行使职权。《高等教育法》虽然，规定了党委和校长的职责范围，由于党委书记和校长都由上级组织部门任命，实际上存在着领导体制的“双首长制”。在具体的管理活动中，校长与党委存在着职能交叉、重叠的现象。党委领导下的校长负责制要求重大事项需经党委讨论决定，而实际运作过程中却存在这较大的主观随意性，常发生党委包办行政，或行政不听从党委的意见，甚至党委、行政各行其是，不能形成“民主治理”，只能是“精英治理”或“一把手治理”。

《高等教育法》第43条规定：“高等学校通过以教师为主体的教职工代表大会等组织形式，依法保障教职工参与民主管理和监督，维护教职工合法权

① 曲耀华：《重建我国现代大学制度——从大学章程的视角》，载《内蒙古农业大学学报（社会科学版）》2009年第2期。

益。”然而，在实际运作中，教代会既无法对校党委决策权实施有效监督，也无法对高校行政权实施有效监督。具体而言，从权力隶属关系讲，高校党委是在高校党的代表大会基础上由上级党委任命的，它只对党代会和上级党委负责，并不对教职工代表大会负责；由于学校的行政权掌握在校长手中，校长可以按照自己的意愿决定教代会的组成、召开时间、审议议题、会议程序，所讨论的问题主要集中在教职工福利待遇方面，使得教代会的监督权基本流于形式。[①]

2. 学术权力与行政权力失衡，学术权力不断萎缩

加拿大学者许美德将“学校自治”和“学术自由”作为西方大学的基本价值取向，并指出其作为“历史遗产的组成部分被延续下来”，大学组织的意义首先应该是作为“专门化”和“学术性”组织，其次才是行政组织。[②] 但是在我国，由于受计划经济的巨大影响，在大学内部管理中，传统的行政管理模式并没有实质性的改变，行政职能泛化、行政级别分明，大学的学术品行得不到显现。[③] 主要表现为大学内部学术权力与行政权力不分，简单地认为学术权力就是学校权力、学术权力就是学术管理，甚至认为校长就是学术权力的代表，从而导致学术管理活动中的行政化现象。[④] 行政权力不断膨胀，干预了太多的学术问题，在职称评定、院系设置、专业人员引进等众多学术活动中也主要是以行政权力为主。这种现象导致我国高校学术权力的萎缩，严重限制了我国高校的学术发展。

3. 学校、院、系权责不对等

目前，我国大学校、院、系的直线职能式组织结构，基本上属于行政系统和生产企业沿用的科层式管理体制。这种以“贯彻执行”为主要内容的行政管理体制，用来管理谋求研究创新和高学术水平的大学就显得很不适应，其结果往往和预期目标相差甚远。其弊端是十分明显的：一是校领导陷于具体、琐碎、繁重的行政管理事务中，难以集中精力考虑涉及大学长远发展的

---

① 陈鹏、刘献君：《我国公立高等学校法人治理结构的缺陷与完善》，载《教育研究》2006年第12期。

② 裴战存、谢子远：《建立我国现代大学的治理结构》，载《中国冶金教育》2005年第2期。

③ 侯德华：《论我国的大学章程》，吉林大学硕士学位论文，2007年。

④ 秦惠民：《我国大学内部治理中的权力制衡与协调——对我国大学权力现象的解析》，载《中国高教研究》2009年第8期。

重大事情；二是院系权力小、责任大，既违背权责对等的管理原则，也不利于调动院系参与大学治理结构积极性；三是纵向的信息传递渠道导致信息传递过程受阻、内容扭曲，四是过于强调等级秩序和层次，不利于调动广大教职员工参与大学治理结构积极性，不利于形成平等、宽松、自由的学术环境，不利于形成民主监督、权力制衡的机制。

三、大学章程对大学治理的意义

目前，我国的高等教育体制正处于转型时期，大学内部管理还存在许多的问题。要理顺高校内部治理关系，就必须以理性和法制为基础，建立适应大学发展的组织管理制度。大学章程通过规定学校的办学理念和特色、学校发展目标和战略，校内各种关系、学校的领导体制、治理结构、管理模式，教职员工的权利和义务，学生的权利和义务等重要内容，回答包括现代大学治理等在内现代大学制度的核心为题，为大学依法自主办学提供可行的自治规范。从世界范围内看，“世界一流大学都有自己的‘大学章程’，具有高度的权威性和严肃性，并以章程为基础制定有各种规范，具有规范管理和依法治校的良好氛围。”①

在法国，巴黎大学取得行会式特许权并成为自治机构的重要特征便是拥有自己的章程，并有权要求其成员做遵守其章程的宣誓，有权开除违规者。②巴黎大学最早的章程，当属1215年的章程，为教皇特使为巴黎大学制订，但1231年教皇格雷古瓦九世发布谕旨同意颁发的新章程被称为创办巴黎大学真正的“大宪章”。③

在德国，大学是由国家设立的间接执行国家任务的公法人，有权依据国家法律的授权为管理自己的事务制定规章。④ 大学在获得建立教育机构许可的同时，必须提出自己的大学章程作为其“基本法”。1737年成立的哥廷根大学的哲学院章程规定“所有教授，只要不涉及损害宗教、国家和道德的学说，

① 方勇：《世界一流大学的基本特征》，载《中国教育报》2002年3月12日第4版。

② 王晓辉：《法国大学章程综合研究》，载《研究动态》2007年第12期。

③ 贺国庆等：《外国教育史》，人民教育出版社2006年版，第39、93页。

④ 〔德〕哈特穆特·毛雷尔：《行政法学总论》，高家伟译，中国政法大学出版社2000年版，第60、61、572—577页。

都应享有教学和思想自由这种责任攸关的权利。”这是德国第一次在法律的意义上申明学术自由的原则，因此被看做是德国大学史上的一个里程碑。[①]

在英国的高等教育治理中，大学章程起着核心作用。大学章程规定了政府如何介入，在什么范围内介入和在多大程度上介入大学治理，规定了社会有责任参与，在什么范围内和在多大程度上参与大学治理，大学如何适应社会发展的要求和保持大学自治，学术自由中间取得平衡。大学章程规约的大学治理结构主要包括社会参与的发展决策机制、校长负责的行政执行机制、教授治学的学术自由机制、监督分离的财物安全机制，程序公平的人事管理机制等。大学章程对一所大而言居于大学宪章地位。[②]

在美国，无论是公立高校还是私立高校，一般都有由大学权力机构（一般是学校的董事会）根据大学设立的特许状或地方政府颁布的教育法律法规而制定的大学章程，虽然不同大学的章程在表述和内容构成上存在差异，但其基本内容一般都明确了大学的理念、办学宗旨、办学目的或培养目标，规定了大学的名称与校址、内部管理体制、大学重大事项的决策程序、举办者与大学之间的权利与义务、校长的权利与义务、教师的聘任与管理、教学事务及教师的学术权力、学位的授予、学生事务、经费来源、财产与财务制度、章程修改程序等重大事项，尤其规定了董事会及其下属各个委员会的组织构成、成员的选举与任用等大学决策的方式与程序，因而成为规范大学运作的纲领和法则。[③]

日本大学原本没有章程，但是伴随着先期启动并于2004年4月正式实施的大学法人化改革，从明治时期开始一百多年政府对大学的传统管理模式发生巨大变化，各个大学都在重新研讨自身定位与未来发展目标，大学章程作为一种新制度管理下的新形式应运而生。[④] 2003年3月18日召开的东京大学评议会通过了《东京大学宪章》，之后在《东京大学宪章》的范本之下，各

---

① 陈洪捷：《德国古典大学观及其对中国的影响》（修订版），北京大学出版社2006年版，第16页。

② 范文曜、张家勇：《大学章程的治理意义———英国大学章程案例研究》，载《理工高教研究》2008年第12期。

③ 刘承波：《大学治理的法律基础与制度架构：美国大学章程透视》，载《国家教育行政学院学报》2008年第5期。

④ 马陆亭：《大学章程地位与要素的国际比较》，载《教育研究》2009年第6期。

个国立大学纷纷效仿制定自己的宪章（章程）。宪章（章程）的制定使大学法人化改革在学校实践层面制度化，使法人化管理在学校执行中有章可循，有据可依。大学宪章（章程）作为校内总纲领，集中反映了大学两个方面的制度诉求：一方面是对外部评价的一种责任说明，明确在长期地目标之下，大学管理制度的理念，基本原则与组织运营机制；另一方面，是在大学被授予自治自主权后，在法人化改革的法律框架下行使自治权利的自我规范，是对内部管理的一种自律性追求。①

在我国，一般认为现代大学治理的构架包括两个层面，即宏观层面和微观层面：前者是指学校与外部的关系，包括政府宏观管理、市场适度调节、社会广泛参与、学校依法自主办学；后者是指学校内部关系，包括党委领导、校长负责、教授治学、民主管理。就其核心而言，就是在政府的宏观调控下，通过制定大学章程，明确大学与政府的关系，使大学成为具有一定办学自主权的真正独立法人，独立面向社会，依法自主办学，实行民主管理。1995 年 3 月 28 日，原国家教委办公厅关于印发“《中华人民共和国教育法》宣传提纲”的通知第七部分第 6 条指出，“学校及其他教育机构的章程是指学校及其他教育机构为了实现正常运行，对其办学宗旨、管理体制、财务活动等基本的、重大的问题，做出全面规定而形成的自律性基本文件，是学校及其他教育机构进行自主管理的基本依据。规定章程制度，是落实学校自主权、促使学校建立和完善自主办学、自我发展和自我约束机制的重要保证，是建立现代学校制度的必然要求，也有利于政府及其有关行政部门加强对学校及其他教育机构的管理和监督。”其后，《教育法》《高等教育法》通过将大学章程对于现代大学治理的意义也法律的形式确立下来。根据《教育法》《高等教育法》以及相关的法律法规、政策性文件的有关规定，大学章程应该通过规定学校的办学理念和特色、学校发展目标和战略，校内各种关系、学校的领导体制、治理结构、管理模式，教职员工的权利和义务，学生的权利和义务等重要内容，回答包括现代大学治理等现代大学制度的核心为题，为学校依法自主办学提供可行的自治规范。

① 王晓燕：《国立日本大学法人化改革中的大学章程建设——以〈东京大学宪章〉为例》，载《全球教育展望》2009 年第 4 期。

结语

可以说，大学章程就是大学治理的“宪法”，是大学得以存在和运作的最为重要的规则，也是大学自主地位的体现。我国《教育法》《高等教育法》均要求“一校一章程”，但由于历史的原因，目前还有相当数量的高等学校没有制定学校章程；已制定了章程的，大多面临形同虚设的尴尬境地。“在社会转型期，对公立高校的管理正是缺乏对学校章程的重视和运用，而仅仅依靠传统的行政管理方式已经导致学校管理领域的混乱局面。”[①] 大学章程不仅是促进现代大学制度的建立与创新的重要载体；更是明确高等学校与政府管理部门与社会的关系，健全和完善学校内部管理制度，规范学校办学与管理行为，落实学校的法人地位和办学自主权的重要保障。根据1999年《教育部关于加强教育法制建设的意见》，“各级各类学校特别是高等学校要提高依法管理学校的意识，依据法律、法规的规定，尽快制定、完善学校章程，经主管教育行政部门审核后，按章程依法自主办学。”所谓“核准”，实质上是审核加批准的过程，这一过程自始至终伴随着对学校章程的内容是否合法所进行的评估，也是教育行政部门对大学的运作予以监督的过程。大学章程通过教育行政部门的核准之后就具有了法律效力，不仅约束约束大学的办学行为有力，而且大学管理者的管理行为和举办者的监督行为，凡大学章程中规定的属于学校自主管理的领域，管理者和举办者不能再加以干预。目前高等学校章程的缺失，不仅使得我国高等学校法人制度不完善，也使得《教育法》和《高等教育法》赋予大学的办学自主权在一定程度上成为一纸空文。因此，为推进高等学校章程建设，完善大学法人治理，进一步落实和扩大高等学校的办学自主权是我国高等教育法治发展的重要任务。

---

① 周兰领：《政府与公立学校行政关系法治化论纲》，海洋出版社2010年版，第76—77页。

目　录

Contents

导　言

大学章程是大学治理的规范基础，大学章程制度建设对高等教育法治化有着不可替代的重要意义。此书是本人主持的国家社会科学基金重点项目“大学章程法律问题研究”（10AFX006）的研究成果。在经过国家社科基金项目规划办公室组织的专家鉴定和评审程序后，有幸成为了《国家哲学社会科学成果文库》中的一员。为便于读者更好地了解本课题的研究背景、研究过程和相关内容，下面对相关信息作扼要介绍与说明。

一、研究目的、意义及方法

本课题研究的目的旨在通过梳理大学章程的法律问题，系统地阐述大学章程的法理基础和制度选择，为大学章程的制定提供理论基础、原则导向和参考信息，推进中国大学章程法治化的进程。

本课题研究有着重要的理论和实践意义。在理论上，大学章程作为高等教育法学的重要内容，还相对欠缺系统性的梳理和研究，对大学章程的法律性质和内涵进行深入而系统的分析，甚为必要。在实践上，围绕大学章程，衔接上位的宪法、法律、法规、规章和下位的校规校纪，构建一种对我国而言凸显新型特性的大学治理规范体系，成为当前大学治道变革的当务之急，大学章程法律问题的研究，对此进程的推动，有着基础性的理论意义。在教育部《高等学校章程制定暂行办法》出台、国内大学纷纷制定章程的时期，这一研究尤其能够对推动大学法治的进程起到重要的理论指引和信息供给作用。

本课题研究采取了以法学的规范实证分析方法为主，综合历史研究和比较研究的方法，通过丰富的资料和实例导出各项命题和结论。在研究方法上，本书强调务实，力求通过文献考证和历史考察得到充实的结论，吸收法学、哲学、教育学等多学科的知识，形成了富有特色的研究成果。

二、成果的主要内容、重要观点及对策建议

（一）主要内容

本书介绍了大学治理背景下大学章程在高等教育法律规范体系中的定位，阐述了大学章程的法律性质，考察了中外大学章程的历史发展及现状，归纳了大学章程的功能与原则，并对大学章程的制定主体、制定程序、内容、实施等方面作了详细的探讨，强调大学章程作为大学治理的总体规范和直接依据的地位，突出大学章程之于现代大学治理的意义，对中国高等院校章程的制定和运行进行了深入的分析。

本书认为，现代大学治理需要合法化，其合法性的来源是多元性的，而大学章程对于大学治理的合法化、对于依法治校而言有着不可替代的意义。大学章程是现代大学法人制度建立的标志，是现代大学法人秩序的内在要求，是现代大学法人自治的核心架构，是现代大学学术自由的重要保障。本书将大学章程定义为从总体上规定大学治理主体结构、核心过程及大学内部相关主体权利义务保障的、在大学治理中可以直接适用甚至优先适用的地位相对独立的规范性文件。大学章程是大学治理的总体规范，是大学治理的直接依据。它并非契约，但具有契约性的色彩；它也不必然是抽象行政行为，但具备高权性和抽象性。大学章程的这些属性能够支持它作为大学治理之基础的重任，但大学章程不是独立存在的一套法律规范，而必须融入整个大学治理规范体系中才能发挥应有的作用。大学章程作为大学治理的总体规范与直接依据，处于宪法、教育法律法规与校规校纪之间的关键位置，对大学治理起着承上启下的中枢作用，围绕大学章程构建新的高等教育法律规范体系，使得规范权威位阶上下游的规范能够对大学章程和大学治理构成一套较完备的支持体系，就成为高等教育法治发展的新任务。

大学章程起源于中世纪的欧洲，历史悠久，形式丰富多样，被引入中国

也已有一百余年的时间，在国内取得了一定的发展。但目前中国大学章程存在一系列问题：法律地位不明确，法律效力得不到保障；缺乏对学校治理结构的具体规定，学术权力与行政权力失衡；制定程序不完善；缺乏公开性，透明度不高；等等。这需要我们从原则到规则层面对此进行系统的改进与完善。

大学章程制定与实施的基本原则包括：合法性原则，包含法律优先原则与法律保留原则。权益保障原则，包含鼓励师生参与学校事务、明确师生的权利义务、正当程序和充分救济原则。大学自治原则；因校制宜原则。在这些原则指引下，大学章程的制定主体、程序、形式及内容等问题，才能得到更准确的分析。

大学章程制定权是一种自治权，是一种社会公权力，它既来源于法律明文的授予，也来源于法律精神对大学自治权利的确认。为了防止大学章程制定权的异化，应当为其设定明确的边界，具体包括禁止性规范边界、法定权利边界和宪法精神边界。大学章程制定权归属之判定，则应遵循合法性原则、利益相关性原则、专业性原则、组织化与制衡性原则。不仅如此，大学章程的制定主体结构还应当根据制定章程的阶段、大学的性质、大学的合并与分立、大学自身的特性等而有所不同。对此，国内外大学有着丰富多彩的实践，其共同点是制定主体的特定化、机构化和组织化，制定主体内部组成人员的多元化以及立法对于大学章程制定主体进行规定。但就域内实践而言，还存在缺乏特定的组织化机构、学生以及其他相关人没有参与、政府和社会主体缺位、专家理性缺失、党委会错位等问题，应因校制宜对大学章程制定主体进行模式化的建构，合理配置组织起草权、提案权、审议权、表决权、发布权及核准权等，形成各方参与人员比重合理、表决权分配公平、对程序权利施加有力保障的章程制定规则。在制定程序方面，则需要强调民主原则，形塑规范化的制定程序。完整的程序构造是骨架，明确的行为指向是血肉，程序的内在价值和正当程序就是整个程序的灵魂。规范化的制定程序建构，对于大学章程的科学、有序的制定具有重要作用。一种规范化的章程制定流程，应当包括完整的阶段设计、有效的公众参与、起草程序的科学化引导、审议表决程序中的辩论机制、重大事项的逐项表决制等若干方面。本书对此提供了一套尝试性的大学章程制定、修改与废止的规范化程序设计，同时也为因校制宜原则留下了变化的余地。

大学章程的内容是大学章程法律问题的重点，本部分以比较研究的方式进行，但不以国外的模板直接对中国大学章程的内容结构提出要求。对中国大学章程内容的梳理主要围绕大学与举办者的关系、大学内部的治理机构、大学教师和学生的权利义务、大学与举办者之外的社会其他主体的关系等四个主要方面展开。大学章程须载明大学的性质和宗旨、大学的权利和义务、举办者的权利和义务、领导管理体制、学术组织及其运行机制、大学的纵向权力配置、教师和学生的权利义务、教师和学生的权利保障机制等内容。在此部分中，作者以详细的篇幅考察了域外和域内的大学章程内容设计，主张在比较和检讨的基础上，通过认清问题、明确目标，以借鉴吸收中外大学章程内容建设的好的经验和做法，对中国大学章程内容的未来进行构建；主张中国大学章程在内容上存在大学与举办者的关系混乱、大学内部治理结构失衡、教师和学生等大学主要成员的权利及其保障力度不足、大学与社会的关系不受重视等问题，需要通过若干方面的努力加以完善。

大学章程作为一种规范形式，其功能、效用的发挥也要依靠实施。我国大学章程实施的现状并不理想，原因是多样的：一是教育环境的限制，二是高校管理者对章程实施的漠视，三是章程自身的可实施性也存在问题。对此，应当优化教育行政环境促进大学章程实施，正确定位政府角色，提升各方认识，形成大学章程实施的内生动力，完善章程文本，提高大学章程的可实施性，确保大学章程的贯彻落实。

（二）重要观点

本书在大学章程的法理属性、基本原则、制定主体和程序、形式与内容、保障与实施等方面提出了一系列重要的观点，主要包括：

1. 大学章程的理论基础不是大学管理而是大学治理，制定和实施大学章程的根本原因在于大学治理合法化的需要。大学章程是在整个高等教育规范体系中发挥作用的。在这一规范体系中，宪法是大学治理的终极权威，高等教育法律是大学治理的纲领，高等教育法规、规章是大学治理的重要导向，大学章程是大学治理的总体规范与直接依据，校内规章制度是大学治理的具体规则。在大学治理的法律依据当中，大学章程处于承上启下的关键位置，整合了自上而下和自下而上的双重正当性来源，肩负着为大学治理提供合法性保障和制度支持的使命。

2. 大学章程通过规定学校的办学理念和特色、学校发展目标和战略，校内各种关系、学校的领导体制、治理结构、管理模式，教职员工的权利和义务，学生的权利和义务等重要内容，回答了包括现代大学治理等在内现代大学法人制度的核心问题，是现代大学依法自主办学切实可行的自治规范。大学章程是现代大学法人制度建立的标志，是现代大学法人秩序的内在要求，是现代大学法人自治的核心架构，是现代大学学术自由的重要保障。

3. 大学章程制定与实施的基本原则包括合法性原则、权益保障原则、大学自治原则和因校制宜原则。本书尤为强调大学章程的务实性，要求章程的制定务必能密切联系本校实际，反映办学特色，体现办学理念，切实成为大学自治和权益保障的可靠依据，避免沦为一纸空文。

4. 对大学章程制定主体的探讨，应当深化为对大学章程制定过程中的权力（利）体系的研究；这种权力（利）的配置又需要依据一定原则进行：合法性原则、利益相关性原则、专业性原则、组织化与制衡性原则，等等。基于这些原则形成的大学章程制定主体结构和程序，与不同阶段、不同背景的主体结构与权力（利）结构相结合，能够产生具备高度正当性的大学章程。

5. 大学章程的内容须缘法而制而又不拘一格，各个大学章程可自成体系，不必拘泥于一种模式。部分法定内容可以由大学进行主动创新，在法定内容之外，章程还可容纳大学认为有必要加以规定的诸多内容，即自定内容，着重体现学校的特色。

6. 在大学章程的内容中，一方面要结合当下的中国国情与体制特点，坚持党委对于大学的领导，另一方面更为重要的是要将这种领导体制规范清晰，以使大学符合自己的发展规律。具体而言，大学章程应厘清党委应有的职责，剥离本不属于党委的权力，创新党委参与大学治理的途径和方式。大学章程在坚持党委领导的基础上，应当将现行党委所享有的人事权、重大事项决定权等权力从党委中分离出来，交由专门的决策机构来行使。党委的政治领导职能可以通过在决策机构中的影响力得以体现。

7. 大学章程的实施，关键是要优化教育行政环境，改革教育管理体制，实现政校分开。实现政府对高校的管理由微观管理到宏观调控的转变、由管理到服务的转变。政府必须把自己从对学校内部事务的过多、过细的管理中解放出来，把高校内部事务交给高校自主管理，使政府的作用更多地体现在制定标准和监督标准的执行方面。只有深化教育行政管理体制改革简政放权，把属于学校的权力全部还给学校，将政府不应由承担的职能交由学校自己履行，高校才能切实承担起自己的职责，才能产生将大学章程予以实施的迫切需要。只有提升依法行政意识，完善、修改、清理相关的法律规范才能营造大学章程实施的环境、腾出大学章程发挥作用的空间。

（三）对策建议

本书的对策建议比较丰富，可以分制定主体、制定程序、章程内容及章程实施四个方面归纳主要的建议。

在制定主体方面，本书建议丰富和细化大学章程的制定主体结构及权力（利）配置，合理界定政府、教师、行政人员、职工、学生、校友等各种角色在大学章程制定不同阶段中的角色，完善大学章程制定的主体结构；推动章程制定主体的特定化、机构化和组织化，容纳多元参与，使大学章程具备最广泛的正当性基础。

在制定程序方面，本书提出大学章程制定和修改的规范化流程设计。大学制定新章程的程序应包括提案、起草、审议和表决通过、核准和公布几个阶段，本书对每个阶段都作出了一定的程序设计尝试，尤其提倡成立一个由一定数量的利益相关者和专家组成的起草组织负责起草工作，主要应当由具有表决权的主体进行审议，审议期间可以进行询问、质询和辩论，表决应当实行超多数决，建立重大事项逐项表决制，建立审核“发回”制度等。对于修改的程序设计，本书也给出了探索性的尝试。

在大学章程的内容方面，本书主张坚持大学章程制定的总体要求，合理配置权责以优化大学治理结构，实体程序并重以体现大学成员主体地位，围绕权力和权利规范构筑大学章程内容全景；尤其强调可以在大学章程中落实校长负责制，创新决策机构，保障学术事务自治。

在大学章程的实施方面，本书主张优化教育行政环境，正确定位政府角色，提升各方认识，形成大学章程实施的内生动力，完善章程文本，提高大学章程的可实施性。本书主张建立多元监督机制，包括校内学校举办者的监督、高校管理者的监督、学校师生的监督，也包括校外的社会监督、媒体监督，共同促进大学章程的实施。

三、学术创新、应用价值和社会影响

（一）学术创新

本书的学术创新较为丰富，对大学章程的法理性质、大学章程的原则、大学章程的制定主体和程序、大学章程的内容、大学章程的实施机制等都提出了新的见解。例如，在本书中提出的大学章程的四个性质、四项原则、大学章程在高等教育法治体系中的位置、将大学章程制定主体问题深化为大学章程制定权的配置结构问题、提倡由人员结构动态多元化的专门机构负责制定和修改工作、成立大学章程创新决策机构等。这些见解立足于对国内外大学章程历史及当代实践的大量实证研究和坚实的法学基础，使得本书的理论创新有着扎实的基础。

（二）应用价值

本书具有鲜明的时代意识和充分的应用价值。本书的应用价值主要体现在：第一，理论价值。本书基于扎实的法学基础和充分的比较研究，对大学章程的相关法律问题进行了系统的理论梳理，为中国大学章程的制定和发展提供了一个完整的理论框架。第二，文献资料价值。本书采用的参考文献非常丰富，年代跨越 800 余年，包含了古今中外的历史研究，以及对国内外大量高校章程的比较研究，各个部分本身就能充当富有意义的资料信息库。第三，制度设计参考价值。本书提出了丰富的制度设计建议，甚至尝试提出规范化的大学章程制定程序等，为大学章程制定的具体制度设计提供了相关广泛的参考意见。

（三）社会影响

本书的部分相关研究已经产生了较大的学术影响。近四年来同一课题下陆续发表十余篇相关研究论文，虽然发表时间尚短，已被各类学术论文引用 187 次。在教育部推行的大学章程制定热潮中，许多大学都参考与借鉴了课题研究成果的观点。这些发表在法学、教育学和管理学杂志上的一系列论文有的被“中国人民大学复印报刊资料”和《文摘报》等全文转载。可以说课题研究成果已在最近数年得到了法学界和教育学界的高度关注和认可。正因为如此，本课题的负责人被国内许多高等学校邀请，参与了国内数十所高校的章程制定或修改过程，并获得相关高校的高度认可。

在本书正式出版后，本书将进一步发挥其社会影响，成为国内学界在大学章程方面的重要著作，深入推进大学章程的制定、修改与实施，推动高等教育的法治化进程。

第一章

大学治理与大学章程

在当代中国，对大学章程的讨论是伴随着对大学治理的讨论热潮而生的。大学章程在大学治理中的作用至关重要。要对大学章程法律问题作一个全面的观照与掌握，就必须深入理解大学章程与大学治理的关系。

第一节　大学治理的内涵

大学需要良好的治理。“大学治理”（university governance）的概念早已在中外学界与实务界广为流传，尽管人们对这个概念的基本内涵不乏共识，但具体认知却有相当的差异。美国第一本研究大学治理的专著是科尔森的《大学和学院的治理》。1973 年，卡耐基高等教育委员会将“大学治理”定义为“作决策的结构和过程，从而区别于行政和管理。”① 美国著名学者伯恩鲍姆进一步揭示了大学治理的内涵，即“平衡两种不同的但都具有合法性的组织控制力和影响力的结构和过程，一种是董事会和行政机构拥有的基于法定的权力，另一种是教师拥有的权力，它以专业权力为基础。”② 另外有一种富有影响力的定义认为，大学治理是“大学内外利益相关者参与大学重大事务

---

① *Carnegie Foundation for the Advancement of Teaching*, *Governance of Higher Education: six priority problem*, New York: McGraw-Hill, 1973, 转引自郭卉：《反思与建构：我国大学治理研究评析》，载《现代大学教育》2006 年第 3 期，第 29 页。

② Birnbaum Robert, “The End of Shared Governance: Looking ahead or looking back”, *New Directions for Higher Education* (Fall 2004), 转引自郭卉：《反思与建构：我国大学治理研究评析》，载《现代大学教育》2006 年第 3 期，第 29 页。

决策的结构和过程”。[①][②] 在国内，人们最初使用“大学治理”一词似乎是想表达一种指向，反映与传统大学管理研究、大学制度研究不同的考察问题的思路，只是借用一个概念来讨论问题，并不打算做精致的分析，因此含义较为模糊。[③] 有学者认为：“与‘大学管理’概念相比，‘大学治理’更加突出大学组织内外部行为的关联性。因此，在‘大学管理’框架内，就一个大学内部组织管理而言，讨论‘教授治校’‘学术力量主导’等议题可能是‘虚假问题’。因为大学管理是内外部制度安排的产物。”[④] 在这种背景下，对大学治理的讨论迅速成为一股热潮。治理的概念在经济学、管理学、社会学和政治学中已经广为使用，相应地，“善治”（good governance）也成为一个经常被讨论的目标。要达成善治，一般认为需要满足六个方面的要求：正当性、透明性、答责性、法治、回应性和有效性。[⑤] 大学的善治也为学界积极探讨。[⑥]

但是，国内学界与实务界对大学治理的认识也不可避免地产生了分歧，影响到了大学治理的进一步展开。在对大学治理内涵的认知问题上，三个方面的关键分歧值得我们关注：

第一，大学治理是古已有之，还是20世纪才勃兴的新事物？治理固然是历史悠久的概念，但大学治理（university governance）是否亦如此？对于这个问题，学界普遍认为大学治理是新兴事物，但对其兴起的时间及背景在认知上存在一定差异。例如，有学者认为大学治理是20世纪才勃兴的新事物，整个治理理论的兴起，都源于“20世纪30年代，西方世界爆发了大规模的经

---

① Dennis John Gayle, Tewarie, Bhecndradatt, “Governance in the Twenty-First-Century University: Approaches to Effective Leadership and Strategic Management”, *ERIC Publications*, ED482135, 2003；转引自郭卉：《反思与建构：我国大学治理研究评析》，载《现代大学教育》2006年第3期，第29页。

② 转引自郭卉：《反思与建构：我国大学治理研究评析》，载《现代大学教育》2006年第3期，第29页。

③ 赵成：《大学治理的含义及理论渊源》，载《现代教育管理》2009年第4期，第35页。

④ 朱德米：《大学治理：自主、控制与责任》，载《同济大学学报（社会科学版）》，2007年第3期，第1页。

⑤ 俞可平：《治理和善治：一种新的政治分析框架》，载《南京社会科学》2001年第9期，第42—43页。

⑥ 参见湛中乐、苏宇：《中国高等学校内部治理结构：基本原则与关键制度》，载《华中师范大学学报（人文社会科学版）》2011年第5期，第143—148页；苏君阳：《走向善治——大学治理权力结构的重构》，载《浙江社会科学》2007年第3期，第103—107页等。

济危机，为了解决市场经济所造成的弊端，第二次世界大战后，政府开始对社会实行全面控制，政府被视为‘超级保姆’，对经济和公共事务无所不管，结果导致机构臃肿、效率低下、财政危机遍布各国，越来越失去人们的信任。人们逐渐认识到，无论是以市场为中心的模式还是以政府为中心的模式都不能根本解决市场失灵和政府失灵的问题，于是开始试图寻求‘第三条道路’，而治理理论的提出，为人们提供了一个新的视角，使人们得以从政府、市场、公民、社会多维度、多层面上来思考解决问题，这也是越来越多的人热衷于以治理来解决政府和市场失效的原因。”① 也有学者指出，“治理理论是20世纪90年代以后国际上所兴起的一种新的学术与生活思潮。长期以来，‘治理’与‘统治’一词交叉使用……但是，自1989年世界银行首次使用‘治理危机’一词并于1992年将年度报告命名为《治理与发展》后，治理便被赋予新的含义……它不再只局限于政治学领域，而被广泛运用于社会经济领域和管理领域，成为当今国际社会科学中最流行的术语之一。”② 但反观西方高等教育学界对大学治理的研究，早在此前就出现了大量研究大学治理的作品。③ 实际上，大学治理是20世纪才兴起的一种认知范式和实践路径，它的兴起较世界银行报告所引起的治理理论思潮要早，但从研究作品年代上看，大学治理理论的出现不早于第二次世界大战，而兴盛于美国民权运动以后。正是第二次世界大战后民权运动的高涨、社会多元化力量格局的形成，使得大学治理逐渐成为新的大学运作机制。

第二，大学治理与大学自治的关系如何，尤其是大学治理能否取代大学自治？有学者认为，“现代大学再也不能固守自中世纪大学沿袭下来的自治传统，从大学自治向大学治理转型成为现代大学的必然抉择。”“时至今日，如果我们仍然一味地以中世纪大学为标尺，偏执于大学的任何事务应由大学自

① 阳白云：《论大学治理的缘起》，载《长沙铁道学院学报（社会科学版）》2007年第4期，第200页。

② 欧阳光华：《从大学自治走向大学治理——论学术运作的现代转型》，载《教育研究与实验》2008年第2期，第48页。

③ For example, see Robert E. McCormick and Roger E. Meiners, "University Governance: A Property Rights Perspective", *Journal of Law and Economics*, Vol. 31, No. 2 (Oct., 1988), pp. 423-442; Lionel S. Lewis and Michael N. Ryan, "In the Matter of University Governance during the 1960's", *Social Problems*, Vol. 19, No. 2 (Autumn, 1971), pp. 249-257; David W. Leslie, "Legitimizing University Governance: Theory and Practice", *Higher Education*, Vol. 4, No. 2 (May, 1975), pp. 233-246.

身来决定，不受任何外来的干涉，这只能归结为一种非理性的历史情结，中世纪大学的性质和功能已经与现代社会失去了契合，现代大学恐怕再也无法找到类似于中世纪大学适宜的土壤……只有通过治理这种多元利益主体的博弈与互动，才能使大学摆脱对某些单一主体的完全依赖，从而获得广泛的支持，由此形成现代意义上的大学自治。”① 也有学者认为自治是大学治理的应有含义之一，如1997年以Dearing为首的研究小组发表报告，提出大学的治理应遵循三条原则：“大学自治应受到尊重，学术自由应受到保护，大学治理应是开放的和反应敏捷的。”② 在这两端之间，是一种妥协和折中的可能性：大学治理以大学自治为基础，兼收开放、多元的治理模式。有学者梳理西方国家大学治理模式的变革后，指出大学治理并未废除大学自治，但却加强了外部影响，并且可以归纳出大学治理变革的一系列共同特点：“（1）大学日益受到政府和企业的影响，处于一个各种利益相关者的网络中；从传统学术自治的角度，大学独立性和学术自由程度都下降了。（2）大学独立性仍然是保证大学绩效的重要条件，各个国家仍然积极创造条件，给予大学尽可能多的自由度。（3）强化责任机制是各国的普遍做法，具体措施包括绩效评估、质量保证、竞争性资助、提高透明度、提高学生和师资的流动性和标尺竞争等。（4）独立性与责任机制是大学有效治理的两个必要条件，两者相互补充，共同提高大学的绩效。”③ 这种观点更加清晰地看到大学治理的定位，尤其是推动它的外部力量格局，而非仅仅出于想当然的理论分析。可以认为，大学治理并不是大学自治的加强形态，而是大学自治与外部参与、外部影响力在历史和社会条件下的一种新的融合。

第三，大学治理与大学管理的关系如何，尤其是大学治理与大学管理是否可以视为同一事物？有学者认为：“大学治理是大学管理的目标追求，它是大学管理达到内在和谐后的一种状态，故而它仍然从属于大学管理范畴，只不过它是大学管理的高级阶段。……只有当大学管理走向了文化管理时，在

---

① 欧阳光华：《从大学自治走向大学治理——论学术运作的现代转型》，载《教育研究与实验》2008年第2期，第48页。

② 参见焦笑南：《美国、英国、澳大利亚的大学治理及对我们的启示》，载《中国高教研究》2005年第1期，第51页。

③ 张万宽、陈佳：《网络和组织理论视野下的大学治理——兼论我国高校去行政化》，载《清华大学教育研究》2011年第1期，第30—31页。

管理理念上依靠自我管理而不需要外部强制的时候，才可称得上达到了治理的境界。”[①] 也有学者认为，管理与治理有着重要的区别，“大学治理是在大学利益主体多元化以及所有权与管理权分离的情况下，协调大学各利益相关者的相互关系，降低代理成本，提高办学效益的一系列制度安排。……大学管理就是大学管理者在特定的环境下对其可调动的组织资源通过计划、组织、指挥、协调和控制等行为活动进行优化配置，以达成有效实现学校目标的动态创造性活动”。[②] 二者的区别在目标（治理是为实现大学各利益相关者责权利的平衡、管理是为实现大学的教学科研等既定目标）、导向、中心（治理的中心在大学外部，管理的中心在大学内部）、主体（治理的主体是利益相关者，管理的主体是管理者）、客体、实施基础、实施手段、层级结构、沟通方向（治理是自上而下和自下而上双向关系，管理是自上而下的单向关系即上级管理下级）、政府作用、资金结构等各个方面均有体现。[③] 此种认识上的分歧反映了大学治理在根本理论定位上的差异。可以认为，前一种观点对大学治理的历史及当代发展历程缺乏充分的认知。大学治理是历史的产物，大学治理思潮是在传统大学自治遭遇困境的情况下，依托既有话语资源而产生的根本治道变革。“治理”的概念有其特定的含义，它指的是使相互冲突的或不同的利益得以调和并且采取联合行动的持续的过程[④]，这个过程的内容相当丰富，管理仅仅在某些情况下是其中的一部分内容。治理不是一整套规则，也不是一种活动，而是一个过程；治理过程的基础不是控制，而是协调；治理既涉及公共部门，或包括私人部门；治理不是一种正式的制度，而是持续的互动。[⑤] 正是这些内涵使得大学治理和大学管理区别开来。

如果从最简单的层面上进行界定，大学治理就是由于社会对大学运作绩效提出了更高的要求，大学在学术自治的基础上建设了更为开放的、多元参与的组织、评价和监督机制，使大学的运作更加有效地和外部环境相衔接。

---

① 王洪才：《大学治理的内在逻辑与模式选择》，载《高等教育研究》2012 年第 9 期，第 25 页。

② 李福华：《大学治理与大学管理：概念辨析与边界确定》，载《北京师范大学学报（社会科学版）》2008 年第 4 期，第 20—21 页。

③ 同上。

④ 俞可平：《治理和善治：一种新的政治分析框架》，载《南京社会科学》2001 年第 9 期，第 41 页。

⑤ 同上。

从更深一层的视角上看，大学治理乃是一种历史性的思潮，这一思潮强调大学与政府、办学者、社会等各方力量的交融，其背景是传统大学治道的合法性危机。在历史上，大学制度的发展远较政治、经济领域缓慢，大学也具有相当强的封闭性，不面临危机，它们很少会主动寻求制度运行上的根本变革。自第二次世界大战以来，随着民权运动的兴起、高等教育的普及和科技革命的深入，教授治校的模式面临巨大冲击。前者的最重要影响是学生权力的勃兴。20世纪60年代以来，大学中的学生权力得到了巨大的提升，对于这一点，并非所有学者都抱有肯定的意见。著名思想家阿兰·布鲁姆对这一方面持否定态度。在布鲁姆看来，学生权力的出现意味着大学极端的民主化。[①] 这场民主化的浪潮在20世纪60年代到达了高峰。“我所知道的最令人震惊的例子是康奈尔大学所发生的事。当黑人学生扛着枪并挟持着数以千计的白人学生的支持，坚持教员们要放弃大学的评判制度——这个大学内有教养的共同体的最低条件——并以威胁手段来支持这个要求时，教员们竟屈从了。”[②] 在他看来，学生无权决定或影响大学课程的设置及学术评价标准。学生权力的兴起，使得大学内部出现了一股重要的既成事实的力量，需要得到治理结构的整合。更重要的因素则是高等教育的普及和科技革命的深入。高等教育的普及导致大学的规模急剧扩张，科技革命的深入导致大学对外部投资和保障的需求强劲增长，二者对原先相对封闭的、贵族式的、低成本的精英教育秩序产生了重大冲击。在1955—1965年间，高等教育开支增长了三倍；生均教育成本由1818美元上涨2442美元，到1975年上涨至2976美元。[③] 教辅开支由1931—1932年占大学总预算的17.2%提升到1961—1962年的31.8%，整个高等教育面临着广泛的财政危机。[④] 由于大学所需投资急剧增加，政府和社会投资者不得不开始衡量资金运用的效率问题。再者，由于科技革命所带来的巨大社会变化，大学亦不得不走出封闭象牙塔的状态而努力面向社会、适应社会。种种因素的叠加，催生了现代的大学治理变革。因此，尽管大学治

---

① 〔美〕布鲁姆：《巨人与侏儒》，秦露等译，华夏出版社2007年版，第397页。

② 同上。

③ David R. Witmer, “Cost Studies in Higher Education”, *Review of Educational Research*, Vol. 42, No. 1 (Winter, 1972), p. 112.

④ Ibid., p. 113.

理一词早已有之，但当代意义上的大学治理主题几乎被限定于各种力量对大学的组织与运行的开放性的互动过程，这已经几乎是学界的一种共识。

尽管有学者对传统大学自治相当迷恋，但大学治道的转型已经不可避免。大学可以审视和反思社会变革，但它自身无法抵抗社会的变革，它更需要在社会的变革中“乘时变化”，为学术自由、大学精神和传道授业的伟大事业寻求一个最佳的容身之所。大学需要以学术群体为依托，在政府、举办者（有时和政府存在角色重合）、社会公众、学生、媒体、企业等各方力量中寻得一个相对的平衡，以保护珍贵的学术理想和精神家园，同时也更好地满足社会共同体对大学的期望。对于我国而言，则是要从大学管理走向大学治理，从科层制的行政管理方式走向多元、开放、参与、整合的治理过程。2013 年 11 月《中共中央关于全面深化改革若干重大问题的决定》指出：“推动公办事业单位与主管部门理顺关系和去行政化，创造条件，逐步取消学校、科研院所、医院等单位的行政级别。建立事业单位法人治理结构，推进有条件的事业单位转为企业或社会组织。”由此可见，我国大学向治理转型已经是大势所趋。

大学治理是一场变革。如果说大学治理是社会走向开放所带来的一种大趋势，西方国家和中国走在两个不同的变革方向上：西方国家的大学是由中世纪晚期以降的封闭式自治转向开放的多元治理；而中国的大学是由单一行政系统自上而下的科层制管理转向开放的多元治理。因此，中国的大学治理建设和国外的大学治理改革可能有不同的次序和重点。中国的大学治理建设，首先就要发展出充分的学术自治，作为大学治理的核心内容；随后才是对大学内外各种参与和监督机制的建构；否则，大学治理可能沦为多头管理，反而与大学精神及大学运作的内在规律越去越远。这要求我们为大学治理建立一种良好的秩序，使各方主体对大学运行的作用能够得到有序而恰当的组织，在这种秩序中制度性、规范性的要素尤其需要得到重视，因为开放、多元的大学治理格局必然涉及各方主体之间的复杂互动，在逐步改变大学内部“一言堂”的管理模式时，必须有一套合法化机制使大学内外的各方主体的意志转换为体制所认可的合法的意志；必须有一套规则、一套制度来协调各方的互动过程，使之丰富、协同而不至于乱象丛生。换言之，大学治理的合法化是走向大学治理的必要基础。

第二节 大学治理的合法化

当我们的视线由大学管理移向大学自治和大学治理时，我们就将直面合法化（legitimation）问题。大学管理也要依法进行，但其所依托的规则和大学治理不能简单等同，它的合法化路径也和大学治理有所差别。对于行政化大学管理而言，它所需要的仅仅是一套授权规范，直接将行政任务和管理权限授予科层制内的某些机构或角色即可；但对于大学治理而言，大学治理在很多场合下并不是由完全清晰的主体构成的，其主体结构存在一定的变动空间，而治理概念也更加强调过程而非机制的一面，因此其合法化路径就不仅需要对主体进行直接授权和任务限定，而且需要对治理过程进行授权和合法化判断。尤其对于从大学管理向大学治理逐渐转变的高等教育体制而言，这种转变意味着崭新的治理主体格局的建立，各方参与者的角色和行动都需要得到体制的合法化认证、在大学治理秩序中获得合法而有序的地位，这就更需要我们为大学治理寻找一套适当而有效的合法化机制作为大学治理的坚实基础。

一、法律授权：面向主体和过程

在现代社会中，合法性的来源通常是作为主权者的人民的意志，这种意志通过人民在立法机关的代表通过法律或决定的形式得以表达；其他主体从这种表达中获取合法性并加以展开。这是现代合法化过程的根本，也是大学治理合法化的首要依托。大学治理也必须是依法治理，依法治理的首要含义就是遵从立法机关制定的法律文本，治理主体必须从法律文本中取得授予他们的权力。从这一进路上看，大学治理与大学管理的合法化机制在此并无本质区别，不过其合法化过程的内容仍然存在一定程度的不同。

首先，大学治理需要对多元化的治理主体进行授权。参与大学治理的角色相当丰富。在我国现阶段的公立大学中，这些角色包括党委、校长、校务委员会或校务会议、校长办公会、教职工代表大会、学术委员会、学位委员会、学部与院系（党委、部长、院长、系主任、学术委员会等）等一系列角色；在私立大学中，这些角色还包括董事会、理事会、监事会等。在未来，公私立大学的治理角色可能发生某种程度的交融，评议会制度可能获得发展，校友会、学生会、教授会等组织的参与度和影响力也可能被强化。法律于此不适宜直接为各种角色规定具体的授权和任务，因为转型过程和治理过程都要求某种程度的开放性的主体结构和任务设计。在此，合法化的过程需要考虑一定程度的灵活性：在明确的授权之余，也保留一定程度的合法性自主生成空间和原则性的授权控制。在这种灵活性的要求之下，我们可能无法由一个法律对所有大学的治理进行完整的授权，而需要使法律对各个大学自身的治理规则进行授权，从具体的治理规则中厘定其治理主体结构。

其次，如前所述，大学治理不仅需要对治理主体进行授权，也需要对治理过程进行授权；对治理过程的授权可能更是日益重要。大学治理意味着不是各种要素都预先由上位法律或规章规定，而是给予大学一定自主权、由大学内外各种力量共同商定，这就要求上位规范对商议的组织和活动过程进行授权。由于我国正在逐渐开始经历由行政化的大学管理向大学治理的转变过程，现行法律规范中这种授权方式也得到了一定程度的体现，如《高等学校章程制定暂行办法》第 16 条规定："高等学校应当按照民主、公开的原则，成立专门起草组织开展章程起草工作。章程起草组织应当由学校党政领导、学术组织负责人、教师代表、学生代表、相关专家以及学校举办者或者主管部门的代表组成，可以邀请社会相关方面的代表、社会知名人士、退休教职工代表、校友代表等参加。"进一步看，如果我们将大学治理看作一种过程，大学治理的合法化问题就应当看作治理过程的合法化，亦即大学治理各种活动本身的合法化，即组织、沟通、协商、选举、任免、裁决、制规、处分等诸过程的合法化。对这些活动和过程的合法化就不能仅仅依托法律，而需要一整套有层次的规范体系，尤其需要在法律授权下有一个总章程来承载这一系列治理过程的合法性调节的任务。

再者，大学治理这一根本治道上的变革需要得到法律的正式或非正式承认。这是大学治理合法化的最根本一点，也是未来依法治校的重要基点所在。如果我们固守行政管理的逻辑，将大学治理等同于优化行政管理的要求，实际上开展大学治理的合法性空间仍非常有限。对科层制的行政管理进行授权很简单，因为管理更多地需要的是纪律、工作守则和操作规程意义上的规范，而不是典型的法规范。但是，一旦大学治道由管理向治理开始转变，大学内部就不只是自上而下的权威，要促成这种转变，重构原先层级化的行政权力系统，就必须借助法律规范的力量、借助完整的规范体系的力量，给予新的角色与过程以合法性，支持大学治理迈出更加坚实的步伐。中国共产党第十八届三中全会《关于全面深化改革若干重大问题的决定》提出："深入推进管办评分离，扩大省级政府教育统筹权和学校办学自主权，完善学校内部治理结构。"中国共产党第十八届四中全会公报进一步提出："推进多层次多领域依法治理，坚持系统治理、依法治理、综合治理、源头治理，深化基层组织和部门、行业依法治理，支持各类社会主体自我约束、自我管理，发挥市民公约、乡规民约、行业规章、团体章程等社会规范在社会治理中的积极作用。"这不仅从加强办学自主权与完善学校内部治理结构两方面为大学章程的制定与实施提供了根本的支持，也进一步肯定了大学章程在全面推进依法治国中的地位。我们还需要进一步在这一纲领性要求之下建立一套系统而完备的规范结构，对高等教育法治化背景下的大学治理加以具体展开。

因此，大学治理需要法律的授权，不仅仅是需要一个居于上位的法律或行政法规，而更需要在此上位立法之下建立一整套法律规范，其关键是一个能够承载和整合各种治理主体及过程并允许一定自主性、灵活性的大学章程。

二、大学治理的自我合法化

除了自上而下的授权，大学治理还需要一定程度上的自我合法化，以充实其治理的合法性基础。这一点相对于自上而下的合法化路径而言有着并不逊色的重要性。大学治理的一个重要起因，就是大学自治及大学管理的合法性危机。如果说大学自治的合法性危机主要是因为传统自治体系过于封闭，不与当今大学对外界环境的依赖性相称，大学管理的合法性危机则另有其原因，必须通过综合的合法化途径进行治道变革而加以补充。

大学管理面临的合法性危机是通过其他形态的话语得以表达的。在这个时代，高等学校"去行政化"的呼声此起彼伏，即使不赞成"去行政化"的学者，亦表达了改变当前大学行政管理方式的愿望。许多话语直指大学行政管理方式本身的合法性，例如有学者表示："大学本来是一个学者共同体，但在'官本位'意识形态的浸淫下，大学成员的身份认同受到'行政化'的塑造，行政身份成为衡量他们社会地位的唯一标准，一切身份都可以用行政身份来转换，导致学术的衰微。”[①] 也有观点认为：“今天，我国大学的行政化从表面上看是行政权力化与行政级别化，但根子上却是大学里行政文化的不合时宜的‘繁荣’。由于行政文化的蔓延和渗透，学术文化成为一种奢侈品，学术空气日益稀薄。去行政化的过程中取消行政级别也许很容易，但根除行政文化会很困难。由于积弊太深，当前行政式的思维方式或官僚式的做事习惯已经深入我国大学组织以及很多大学人的骨髓中，成为大学运行过程中挥之不去的‘潜规则’。”[②] 更有意见指出：“大学行政化程度愈来愈深，事实上改变了大学的性质，否定了老师和学术的主体地位，不仅使大学按照教学科研规律自主办学和管理创新空间越来越小，而且使真正追求教育工作和学术创新的人才在大学中不断边缘化。当前中国大学的许多问题都与之有着直接关联。”[③] 可以认为，大学的行政管理模式正在不断遭受质疑，这种质疑的直接引发点是行政管理模式所带来的行政化色彩与大学的任务不相协调的问题，而更深层的理论背景在于管理本身的合法性缺陷，从本质上看这里还包含一种来自时代精神的影响。

在这个时代，治理比管理在话语上有着更高的合法性。这种合法性就并非纯粹来自于法律或主权者的授权，因为治理和管理在上位法权威的授权这一点上可以处于同等水平。这种合法性只能来自治理自身，更准确地说，是来自于现代社会中授权框架逐渐繁衍出的多重性。当前以合法律性为合法性唯一圭臬的评判标准，其原理来自于近代社会契约论。在经典的社会契约理论中，每个人对政治社会的权利转让一次全部完成，同时形成主权者和臣民角色，法律因为凝集了主权者的意志而成为权威。其后，由于人民不能直接出场，故而通过人民的代表制定法律；人民的代表也无法事事亲为，故通过委任政府乃至整个行政系统进行管理。这就构成了当代行政法学界司空见惯的合法性“传送带”理论。[④] 但问题是，纯粹“传送带”式的合法化路径广

① 郝瑜、周光礼：《中国大学“去行政化”改革的制度困境及其破解》，载《现代大学教育》2012 年第 3 期，第 7 页。

② 王建华：《中国大学转型与去行政化》，载《清华大学教育研究》2012 年第 1 期，第 26 页。

③ 杨玉圣：《大学“去行政化”论纲——论大学问题及其治理（之一）》，载《社会科学论坛》2010 年第 7 期，第 71 页。

④ 参见〔美〕斯图尔特：《美国行政法的重构》，沈岿译，商务印书馆 2003 年版，第 5—11 页。

受批评，“传送带”背负着过多的假定而不堪重负：代表的充分性、多数意志的正当性、意志传递的准确性、授权的严格性、执行授权的无偏性、调整自我统治意志的及时性，等等，尽管现代政治制度对此作了相当多的修补，仍然无法维系四分五裂的“传送带”。对此，我们“需要另辟处于平衡结构之中的子环路”。[①] 传统社会契约论的平衡条件是“主权者：政府 = 政府：臣民”[②]，这不仅是成就好政府的必要条件，也是社会契约论下“传送带”式合法性路径的平衡条件，一旦破坏这一比例，就会出现合法性输出或输入不足的问题。但在现代社会中，这一平衡的条件经常难以达到，因此自下而上地在若干局部重构一系列的子环路就极为必要。治理、自治乃至参与都可以看作完整或不完整形态的子环路的体现：治理或自治主体从被治者中直接获取部分授权及合法性支持，甚至自身与被治者同一，减轻自上而下授权的传送负担，也在“传送带”图景日益不够可靠的情况下真正补强管治活动的合法性基础。

从更广阔的视野中看，当代的合法性图景是多样性的。即使坚守社会契约论的核心地位，也不能不正视来自实践的多元合法性要求的挑战。任何管治活动的合法性都要受到来自于大众信念体系（popular belief systems）的检视；这一信念体系带来一系列的合法化因素，包括专业性、危急情况下的个人效能、道德上的无懈可击（moral irreproachability）、对习俗的创新、符合传统、先例或任何的效率工具。[③] 这些合法化因素在逻辑上并不规整，甚至可能相互冲突，但却带来了一波新的补充管治合法性的要求。对于这一系列的合法化因素，我们可以称之为直接合法化因素，它们避开了繁复的社会契约假定和虚拟的传送带想象，更加针对具体情境而解决管治的可接受性（acceptability，合法性的核心内容）问题。这种合法性需求很难直接从上位法律规范得到满足，但却可以由治理过程本身、包括治理主体自我缔结相应规范支持体系的行为所提供。从这个意义上看，大学章程对于大学治理的合法化也是

---

① 表述借用湛中乐、肖能：《论政治社会中个体权利与国家权力的平衡关系——以卢梭社会契约论为视角》，载《政治与法律》2010 年第 8 期，第 7 页。

② 〔法〕卢梭：《社会契约论》，何兆武译，商务印书馆 2003 年版，第 73—75 页。

③ See David W. Leslie, “Legitimizing University Governance: Theory and Practice”, *Higher Education*, Vol. 4, No. 2 (May, 1975), p. 235.

必不可少的。

第三节 大学章程在大学治理中的地位

大学章程对于大学治理的合法化、对于依法治校而言有着不可替代的意义。为什么大学章程会如此重要？大学章程是什么，它在大学治理中具体占据何种地位？这需要我们首先审视大学章程的定义和性质，进而围绕大学章程构建和协调大学治理的内部乃至外部规范体系。

一、大学章程的定义和性质

学界对大学章程的定义和性质，迄今为止认识不一。事物的性质在很大程度上决定着事物的定位和功能，也只有逐点剖析清楚大学章程的性质，我们才能真正给大学章程一个清晰的定义。正是因为对大学章程的性质认识存在某些不足，大学章程的真正含义也未被理解得十分清楚，大学章程建设工作因此受到了重要影响甚至可能是误导。因此，辨析清楚大学章程的性质，进而明晰大学章程的含义和地位，是研究整个大学章程法律问题的首要关键。

（一）大学章程是大学治理的总体规范

首先，大学章程是大学治理的总体规范。大学治理的所有重要方面，都应当在大学章程中得到体现。基于这种性质，我们可以称大学章程是大学治理在一校之内的“纲领法”。从国外大学的大学章程看，通常 ordinance 和 Verfassung（宪法）形式的章程及大学法人董事会的 by-law（规程）最能体现这一点；大学评议会的 by-law 次之[①]（但也规定了大学处理内部各种事务的范围和程序）；charter 则较为简略，现在几乎仅相当于一纸授权书，一般不独立作为大学章程；statutes 可能是一个单件（如部分法国大学）、也可能是一套基础校规的集合（如牛津大学），但都起到总体上统摄全局、设定大学治理主体结构和基本进程的作用。从这个意义上看，大学章程是大学治理的总体规范。

对此，我们需要深入认识的一点是：大学章程不是大学的“宪法”。部分

① See University of Toronto Governing Council By-law Number 2 (2000).

情况下，章程之于大学与宪法之于国家也有不少相似之处。例如，它们都既包含了机体内部的组织和运行机制、也包含了机体成员的权利义务及其保障；宪法对于下位的法律、法规、规章和大学章程对于下位的校内规章制度而言，都是纲领性的文件，拥有上位法的权威；它们在理想状态中都应当是民主的产物，体现人民或大学成员、大学师生[1]的意志。但从理论上看，只有在彻底自我授权的大学自治中，大学章程才是大学的“宪法”，但这种情况历史上未曾有过，大学的谕令（Habita）/钦章（charter）/诏书（bull）总是由一个类似于主权者的颁布机关——皇帝、教宗、独立城市权力机关、国王、国会或州议会发布，大学也由此得到授权，和人民制定宪法的自我授权相去甚远。因此，即使国外一些大学的章程被冠以 Verfassung 或 constitution 之名，它与宪法的真正含义也并不相当，制定章程的活动与权限更完全不能同制宪活动及制宪权相比。

制宪是彻底的“无中生有”，是整个政治社会的实定规范体系得以建立的第一步。“制宪权是一种政治意志，凭借权力或权威，制宪权主体能够对自身政治存在的类型和形式作出具体的总决断。”[2] 但大学章程在很大程度上无法如此进行，因为其上还有宪法、法律（如《高等教育法》和《教育法》）、行政法规和部门规章（如《高等学校章程制定暂行办法》），大学章程的制定只能是一种不完整的局部决断。制宪权是一种具体的政治存在[3]，而制宪权本身永远不会被宪法律所规定和取消：“……制宪权本身永远不能凭宪法律来设立。人民……始终是一切政治事件的根源，是一切力量的源泉。这种力量以在在常新的形式表现出来，由自身生发出在在常新的形式和组织，其本身的政治存在则永远不会有一个最终的定型。”[4] 但大学章程的制定权则几乎是纯然规范的。即使在中世纪的大学自治时期，大学章程也需要依托教宗、皇帝或城市议会的谕令、诏书或法律而制定。它的许多方面受制于上位规范和意志，它的制定力量也没有在在常新的自生形态，因此我们不能把章程完全等同于“大学的宪法”，而必须重视它镶嵌于整个高等教育法律规范体系的这个

① 在部分采取私法人形式的大学中，大学成员（大学法人成员）不是大学师生。
② 〔德〕施米特：《宪法学说》，刘锋译，上海人民出版社 2005 年版，第 80 页。
③ 同上书，第 81 页。
④ 同上书，第 89 页。

事实来看待大学章程的性质。

在高等教育法律规范体系中，上位法律法规总揽一国高等教育之全局，对大学章程的制定进行授权、加以原则性的约束，但理论上不应当施加过多的规则限制；大学章程则总揽一校之全局，对本院校治理过程的各个方面进行检视，界定治理主体，建构治理组织，设计治理过程，认定权利义务，保障师生及相关人士的合法权益。从这个意义上看，大学章程是大学治理的总体规范。

（二）大学章程是大学治理的直接依据

大学章程是大学治理的直接依据。虽然大学章程镶嵌于整个高等教育法律体系中，而受一系列上位法律规范的拘束；但大学治理的整个运行过程应当以大学章程为直接依托，高等教育上位法律规范应在大学章程中得到体现；上位法律规范及相关的有权主体应当避免跨越正常的大学治理结构直接对大学事务进行干预和调整。这是现代大学治理的一种基本定位，虽然在实践中存在各种例外，但原则上大学的治理应当保持治理结构的均衡性和常态性，这样更加有利于大学的有序运行，有利于大学内部秩序的稳定和教学科研工作不受干扰，有利于大学内外的力量能够协调、和谐地合作。因此，大学章程作为适用依据的直接性也可以说是一种独立性，相对于上位的高等教育法律规范有着一定的独立地位和优先适用之效果。

从规范位阶及性质上看，大学章程不能替代和遮断上位法的拘束作用；但从功能上看，大学章程最好能够“独当一面”，作为大学治理的直接依据，在常规情形下也作为大学治理的实际上的最终依据。从最显白的层面上看，大学章程作为大学治理的直接依据，可以使大学治理的规范依据明确而稳定，给治理活动和参与主体一个相对稳定的制度预期，则整个学校的教学和管理活动均可以顺畅、放心地进行。然而要真正说明大学章程作为大学治理直接依据的益处，则需要深入到整个高等教育制度中去观察方能知悉。

高等教育的制度工具虽多，从根本形式上看，主要就是两类：一为法律，二为政策。法律的内容包括高等教育大政方针、学历学位制度、办学形式、学校产权、治理架构、核心管理体制、师生权利义务、行政与司法救济等内容，对于这一部分，我们可以称之为法律必须规定的内容；此外如课程设置、教育标准、教育规模、具体管理体制等也是法律有权并可能规定的内容，即法律可以规定的内容；政策包括资金扶持倾向、指导性的审批或给付原则、参考性的教学纲要或课程设置标准等。高等教育的行政调节应当以政策手段为主，减少对治理架构、产权关系、核心管理体制和权利义务保障的反复变动，避免“伤筋动骨”，保持法律层面上的相对稳定性和确定性，通常政策工具如资金倾斜政策的变化来引导高等教育的发展。但是，高等教育的形势时刻在变化，这种变化也不能不在规范面上有所回应，这就带来多重选择的可能性：或者通过法律、法规、规章的不断制定和修改以回应这种变化；或者通过对上位法律规范的概念不断进行重新解释以应对社会变化；或者上位法律法规只管基本框架，保持相对稳定，而将具体应对社会变化所必需的规范弹性交给大学自身，即通过大学章程以下的规范层级去处理这种变化，同时以政策工具进行配合。选择第一种路径，容易产生“一刀切”的效果，对于部分高校或有过之，对于另外一部分高校则为不及，再合理的普遍性规范设计也很难满足各个具体高校的需要。同时，如果从上位规范直接进行普遍性的调整，并且使得这种调整合理、适当的话，需要全国范围内大量的信息和数据，进行广泛而深入的研究，面临要么反应迟缓、要么考量不足的两难选择。选择第二种路径，则解释权若不下放，与第一种路径基本无异；解释权下放而又不在规则层面上明确体现出来，就容易流于任意、武断；解释权下放而又要体现法律解释的确定性、稳定性和民主性要求，则本质上已经接近于依法制定大学章程。因此，最有益的选择是采取上述第三种进路，以大学章程为应对社会变化压力和实现系统自适应的主要规范层，让大学在社会形势变化中作出选择、进行竞争，教育行政管理部门可以通过行政指导和政策设计予以一定的导向作用。

由此，大学章程作为大学治理的直接依据，实际上是现代高等教育（尤其是中国高等教育）的特点所要求的。在中国，现代高等教育的特点是高等院校众多，地区之间、高校之间差异巨大，转型时期社会发展变化极快，教育理念实际上并不统一，制度工具库尚未真正形成，教育行政管理部门频繁进行整体规范设计的行政资源有限，这就要求高等教育应当尽可能地推进大学的自主治理，以各自的章程因应社会的发展变化和本地方、本院校的特色需求。这和我国改革开放以后立法进程常常是由局部探索至整体规划、由地方突破至中央统筹的路径具有内在机理的一致性。在这种情况下，高等教育法律、法规和规章应当尽可能减少直接干预高等教育管理的内容和过程，而由大学章程作为大学治理的直接规范依据。

（三）大学章程并非契约，但具有契约性的色彩

大学章程具有契约性的色彩，但其本身不是一种契约，也并不能被比拟为一种契约。这一点可能经常被误读。将大学章程作为一种自治契约的观点，此前屡见不鲜。典型的观点认为："大学章程具有契约的属性，是大学举办者之间的组织性契约，是举办者与办学者和师生员工之间的格式合同。"① 学界对"契约说"曾有一种简要的概括："契约说认为，大学章程是大学举办者在协商的基础上就如何举办学校达成一致意见而订立的文件，是全体举办者共同的意思表示，对每一个举办者都有约束力。大学章程作为举办者之间就学校设立的基本的、重大的问题制定的组织性契约，不可避免地要涉及大学的内部关系。"② 对于这种理论，学界也不乏批评的声音，如有观点认为："契约是两个或多个平等主体意志的统合，主要适用于民商法领域。而大学章程，尤其是公立大学的章程，往往是作为举办者的政府、作为办学者的大学、作为管理者的大学领导人以及作为大学成员的大学师生相互协商，让步和妥协的产物，任何一方都不可能完全左右章程的内容。政府与大学、大学与大学成员之间并不处于对等地位，而是管理者与被管理者的关系，章程固有的行政法属性从根本上排斥了'契约说'。"③

这种批评意见并没有涉及"契约说"的本质缺陷。很大一部分契约都是各方相互协商、让步和妥协的产物；很大一部分契约的内容都不是单方决定的；相当一部分契约的缔结各方在身份关系上并不处于对等地位，但却不影响他们之间缔结契约。由此可见，我们对大学章程的法律性质的认识不能仅停留于感觉，而需要理性的论证。对大学章程是不是契约的分析进路，取决于我们用经验主义还是理性主义的方式定义大学章程。如果采取经验主义的认知路径，则现实中相当一部分大学章程不是契约，只是治理或管理主体制

① 米俊魁：《大学章程法律性质探析》，载《现代大学教育》2006年第1期，第53页。

② 王丽娟、于向东：《大学章程的本质探析》，载《黑龙江教育（高教研究与评估）》2012年第12期，第17页。

③ 陈学敏：《关于大学章程的法律分析》，载《武汉大学学报（哲学社会科学版）》2008年第2期，第170页。

定的一套规范，不需要严格意义上的合意因素。如果采取理性主义的认知路径，将大学章程的性质直接规定为契约性也未尝不可，如此一来，在纯理论层面倒是易于达成自洽，但却产生若干重要的问题：谁向谁让渡权利？让渡什么样的权利？这种权利又是如何转化为治理权力的？这些问题的答案和社会契约论并不是同质的。在洛克的社会契约论中，在自然状态里个人直接拥有的权力[①]，形成政治社会时让渡的就是个人在自然法上所享有的个人权力，直接形成政府权力。在卢梭的社会契约论中，社会契约本身并不形成政府，与维多利亚、普芬道夫等奉行双重契约的政治理论家不同，卢梭的社会契约只形成政治社会，不直接形成管理和治理；而政府的产生在他的学说中并不是一项契约，而只是一项任用（emploi）。[②] 普芬道夫倒是承认双重契约，但他的思路与洛克是类似的："每个人都将力量行使的指挥权交给同一个人"，"将使用公共力量组织共同防卫的权力移交给被任命的人（人们）"。[③] 这种契约在社会契约的层面上是能够成立的，但在既有社会契约中的局部却不能成立，因为自然状态已经不复存在，个人已无可转让的权力，而其自觉接受限制一定的权利和承担部分义务并不自动转化为管理或治理的权力，这一重论证在社会契约之中是无法完成的。从本质上看，大学章程的权力、权威与合法性基础都主要地不是来自人们的转让，而是来自于高等教育法律法规或（国外的）大学法令。况且，硬要套用契约理论来分析大学章程，在意思表示、违约责任、抗辩权、合同解除等各个方面都面临相当棘手的麻烦。

因此，我们不能认为大学章程是一种契约，但这并不排除其具有契约性的色彩。这种契约性的色彩主要也是理论意义上的，旨在强调大学章程的合意性、民主性和自治性，尽可能地排除高位阶权威的干扰，而满足各方主体的需求。尽管现实生活中大学章程经常离各方相关主体的合意相去甚远，但在这个合法性需求较高的时代，大学章程需要尽可能地从这种合意中获取合法性，也从这种合意中寻求更为因校制宜、因时制宜的治理方式。大学章程同时具备高权性和合意性，使得它成为一种比较特殊的规范形态，既需要民主乃至多元参与的制定过程和治理权力建构，也需要上位法律规范或制度权

---

① 参见〔英〕洛克：《政府论（下篇）》，叶启芳、瞿菊农译，商务印书馆1996年版，第5—9页。

② Rousseau. *Du contrat social*. Chapitre 3. 1.

③ 〔德〕普芬道夫：《人和公民的自然法义务》，鞠成伟译，2010，第192—193页。

威的认可或默认。在大学章程法律问题中，这两方面的力量始终潜伏在各种法律问题的内部，其力量对比格局决定着大学章程法律问题解决之道的实际走向。

（四）大学章程并非抽象行政行为，但具备高权性和抽象性

大学章程在大学内部具备高权性和抽象性，这一点也值得特别关注，准确理解大学章程的高权性是对大学章程进行准确定性的重要基础。

首先需要澄清的一点是，大学章程不是抽象行政行为。章程本身不是行为，制定章程可以是行为，但制定大学章程也不一定是抽象行政行为。因为大学章程至少包括公立高等院校和民办高等院校的章程，后者并不一定属于抽象行政行为的内容，而这一类院校在国外举足轻重，在国内也开始占有一定的分量；特别是学生与学校之间纯粹是契约性、存在充分可替代性的高等成人教育院校，其制定章程的行为更不必然是抽象行政行为。公立大学制定章程可以认为是抽象行政行为，但和一般情况下的典型抽象行政行为存在形态上的差异，从抽象行政行为的角度去理解大学章程可能不是特别便利。在我国，抽象行政行为之概念在行政法上所起到的功能就是排除司法审查和启动规范性文件备案审查程序，大学章程显然不一定需要走一般的规范性文件备案审查程序；此外，强调大学章程的抽象行政行为属性也可能削弱它的自治或治理色彩。大学章程原本起源于中世纪的大学自治传统，到近代，大学逐渐获得了自主制定章程的权力，上位授予的特许状逐渐退化为一纸授权；而在大学获得自主制定章程的权力时，行政权概念还未被提出，更不用说抽象行政行为了。在现代政治社会中，部分大学章程的制定被体制吸收、转化为一种抽象行政行为，是因为部分大学制定章程的行为被看作行政权发动的结果；但就大学章程的双重合法性基础及学术自治精神而言，它更适宜于被看作一种类型独立的自治性立法行为，有别于行使立法权和行政权的立法行为。总之，这种视角虽然不至于沦为谬误，但却存在一定的缺失。

但是，我们又必须将制定大学章程当作一种具有高权性和抽象性的行为，使大学章程具有高权性和抽象性。大学章程的高权性在于，章程所形塑的治理权力具有一定的命令服从色彩，大学治理主体在章程授权的范围内可以进行对师生员工等人员的命令、处罚和给付行为；大学章程的抽象性在于其规定在大学内部的普遍性，一般情况下都在空间上及于整个大学，在时间上既

拘束当下的大学、大学机构及大学成员，也拘束未来的相关机构和人员。虽然理论家们有时在自治和治理的相关研究中刻意回避权力的概念，但自治和治理在部分过程中的权力性却无法被取消，再彻底的自治也不能等同于一个人自己管理自己。自治和治理不可能离开权力，并不是所有事情都能经由充分协商达成合意的方式去解决。不过，本书中所使用的权力性的概念是一种规范上而非事实上的权力关系，这部分规范上的权力性主要来源于上位法律规范的授权或认可，并为民主决策过程所补充。即使是民办高校，其管理或治理同样具备一种由上位法律规范承认的权力性，只是这种权力很难解释为行政权而已，保持着一种未经特定型式化处理的权力形态。

大学章程的高权性和抽象性，注定大学章程不会是契约一般的存在。契约是具体的，有具体的缔约人，契约拘束不同的缔约人是通过一个个具体的契约（可能是内容相同的契约）进行的；但大学章程拘束所有校内机构和人员，一定时空范围内却只有一个章程。只有高权性和抽象性能够保证这种法律关系结构的实现。因此，大学章程的高权性和抽象性，也是认识其性质时必不可少的一环。

综上所述，大学章程可以被认为是从总体上规定大学治理主体结构、核心过程及大学内部相关主体权利义务保障的、在大学治理中可以直接适用甚至优先适用的、地位相对独立的规范性文件。这种规范性文件是大学治理的规范依据，也是大学治理的规范屏障。在高等教育领域的法律规范体系中，大学章程处于当仁不让的核心地位，尽管有着权威性较高的上位法律法规和众多下位校规校纪，但对于大学治理而言，大学章程仍然发挥着首要的规范调节作用，大学治理规范体系应当以大学章程为中心向规范权威的上下游进行展开。

二、围绕大学章程构建大学治理规范体系

前述分析已经为我们勾勒了大学章程的轮廓。大学章程是大学治理的总体规范、直接依据，具有合意性、高权性和抽象性，它的历史实践也证明它适宜于作为大学治理和自治的首要基础。大学章程的这些属性能够支持它作为大学治理之基础的重任，但大学章程不是独立存在的一套法律规范，而必须融入整个大学治理规范体系中才能发挥应有的作用。通过大学章程，衔接

上位的宪法、法律、法规、规章和下位的校规校纪，构建一种对我国而言凸显新型特性的大学治理规范体系，就成为当前大学治道变革的当务之急。

（一）宪法作为大学治理的终极权威

宪法作为“根本法”和“最高法”，在我国法律体系拥有无可替代的规范权威地位，它也是大学治理的最终规范依托。《宪法》为大学治理提供了规范依据及可能的解释空间。《宪法》中有关教育的条款不多，关系到高等教育的条款也较少，关系较密切的规范大约有以下几种类型：（1）教育方面的国家任务（Staatsaufgabe），如第 19 条第 1 款规定：“国家发展社会主义的教育事业，提高全国人民的科学文化水平。”第 2 款规定：“国家举办各种学校，普及初等义务教育，发展中等教育、职业教育和高等教育，并且发展学前教育。”（2）科学文化事业方面的国家任务，如第 20 条规定：“国家发展自然科学和社会科学事业，普及科学和技术知识，奖励科学研究成果和技术发明创造。”（3）社会保障方面的国家任务，如第 45 条第 3 款规定：“国家和社会帮助安排盲、聋、哑和其他有残疾的公民的劳动、生活和教育。”（4）公民受教育的基本权利和义务，如第 46 条第 1 款规定：“中华人民共和国公民有受教育的权利和义务。”（5）公民在科学研究等方面的基本自由，如第 47 条规定：“中华人民共和国公民有进行科学研究、文学艺术创作和其他文化活动的自由。国家对于从事教育、科学、技术、文学、艺术和其他文化事业的公民的有益于人民的创造性工作，给以鼓励和帮助。”此外，国家机构方面的相关规定并未对高等教育的治理提出限制，其框架同样可以适用于高等教育治理。

以上几个方面的宪法规定，客观地说既适合于大学的行政管理方式，也适合于大学治理。即使结合《宪法》第 33 条第 3 款“国家尊重和保障人权”的规定及第 35 条的六种政治自由，也不能得出大学治理而非大学管理更加符合宪法明文规定的结论。但是，如果将这些国家任务作为一种原则性的规定，而依法律原则作为一种最佳化命令[①]的观点，大学治理更可能促进科学研究、文学艺术创作及其他文化活动的自由，从更深远的视野看，它更适合于高等

① 参见〔德〕阿列克西：《法理性商谈——法哲学研究》，朱光、雷磊译，中国法制出版社 2011 年版，第 162—163 页。

教育自身的规律，也更可能促进高等教育的发展。但即使有这些解释空间，单纯凭借宪法的规定还是远远不足的，为此，我们需要高等教育法律、法规及规章为大学自治提供进一步的支持。

（二）高等教育法（或“大学法”）① 作为大学治理的纲领

在宪法之下，高等教育方面的权力机关立法应是大学治理的纲领与底线。因全国高等院校的情况有较大差异，办学性质、举办者、地域、行业、民族、规模等方面呈现出相当大的多元性，整齐划一地规定所有院校的内部管理体制或治理结构并不现实；但这不等于要求高等教育立法在这方面无所作为。高等教育立法在高校内部治理或管理方面主要是根据国家的政治、经济和社会状况构筑一般性的纲领，此种纲领包含三类构成部分：（1）必要的治理或管理机制，例如确定名称、制定章程、建立确定的治理机制、确定法定代表人、保护国有资产等；（2）自主的治理或管理内容，例如自主设置专业及学科、自主管理和使用办学和科研经费、自主评聘教师、自主确定招生规模等；（3）指导性、建议性、推荐性或可选性的措施，例如对教辅人员及其他专业技术人员实行专业技术职务聘任制度，即应为一种建议性的措施；又如在有条件的高校，可以探索建立董事会或评议会制度等。在必要性的部分中，高等教育法可以通过禁止性的规定为大学治理规定某些不可突破的底线，例如不得危害国家主权的独立、完整。

在我国，《高等教育法》正在发挥这种功能。但是，当前《高等教育法》所发挥的作用更加偏重于大学行政管理模式，尽管也兼容治理的空间，许多规定还是更加适合管理性的活动过程，例如《高等教育法》第 37 条规定：“高等学校根据实际需要和精简、效能的原则，自主确定教学、科学研究、行政职能部门等内部组织机构的设置和人员配备；按照国家有关规定，评聘教师和其他专业技术人员的职务，调整津贴及工资分配。”这一规定实际上是限制了高等学校自主聘任教师及设定待遇的权限。第 41 条对校长职权的规定、第 49 条有关管理人员和教辅人员的规定也对高等学校自主设计治理结构构成了实质性的限制。但总体来看，如果不考虑一系列相关的法规、规章及规范

① 对于高等教育领域总揽全局的专门立法，中国大陆地区为《高等教育法》，台湾地区为“大学法”，其他国家或地区有相似但不一定完全相同的表述。

性、政策性文件，《高等教育法》本身为大学治理和大学章程建设留下的空间还是相当大的，许多原则性的规定并没有对大学治理的结构与过程作出实质性限制，这就为高等教育法律体系的进一步发展留足了余地。

（三）高等教育法规、规章作为大学治理的原则性导向

在《高等教育法》《教育法》《学位条例》等国家权力机关立法之下，高等教育方面的行政法规与部门规章可以针对某些具体方面的治理活动规定大学治理的原则性导向。鉴于前述我国高等教育的复杂多样性，行政法规与部门规章不宜就具体的治理机制规定过细，较适宜作原则性的要求及导向，或根据各地的情况因地制宜地作一些稍微具体的要求，如《湖南省实施〈中华人民共和国高等教育法〉办法》《内蒙古自治区实施〈中华人民共和国高等教育法〉办法》《山西省实施〈中华人民共和国高等教育法〉办法》等，均针对本地区的情况作了一些有意义的细化规定，如内蒙古自治区规定“高等学校可以举办民族班、民族预科班，专门或者主要招收少数民族学生，并且可以采取定向招生、定向分配的办法”即是一例。它们可以适度细化前述必要性的法律规定，但更多地应当在自主性方面给予大学治理以制度支持，在指导性规定方面进行深入探索。

但是，目前的高等教育法规、规章仍有很大的改进空间。例如教育部《高等学校章程制定暂行办法》，对高等院校章程的制定作出了更多的限制，事实上这一规章完全可以“软法”的方式提供参考性的章程框架及建议条款，通过原则性导向发挥上位规范的作用。避免过度的刚性，为大学治理及大学章程保留充分的自主空间，是高等教育法规、规章需要注意的问题。

地方性法规及地方政府规章可以在地方院校涉及地方性事务的部分进行规定，但亦不宜直接干预大学内部的治理结构。地方院校对地方政府往往存在非常深的依赖，在这种情况下地方政府就应当更加保障大学学术自由，避免对大学办学自主权不当侵犯。

（四）大学章程作为大学治理的总体规范与直接依据

围绕大学章程来构建一种相对较新的高等教育法律规范体系，是我国高等教育法制面临的重要变革途径。在基于大学自治或治理的大学章程真正兴起以后，我国原有的基于单一的行政管理逻辑的高等教育法律规范体系即面临重大的变化，因为从一定程度上而言，大学章程对于原先的规范体系呈现

部分的异质性；而正是这样一种大学章程需要负担起作为大学治理制度中枢的重责，因此围绕大学章程构建新的高等教育法律规范体系，使得规范权威位阶上下游的规范能够对大学章程和大学治理构成一套较完备的支持体系，就成为高等教育法治发展的新任务。

如果上位法律规范为大学章程留足了空间，大学章程作为大学治理的总体规范与直接依据就将更加顺理成章，也享有了更充分发挥自身功能的平台。在这种情况下，上位法律规范除部分必要性规定外，偏重于“虚”的层面；大学章程则全面铺展大学治理机制，处于“实”的层面，对大学治理起着承上启下的中枢作用。在大学内部，章程是高等学校特定、唯一的权力机构或组织制定的校园管理总括性文件。[①] 从实体内容看，大学章程规定一校管理事项中重要、根本的部分，是一校之内的“纲领法”；这是由章程是校内“最高法”之地位决定的。根据现行法律规定并结合高教管理实践，所谓“重要”“根本”问题一般系指大学的性质、宗旨、培养目标、办学规模、领导体制、校长的职责权限、教职工和学生的权利、义务及其参与学校民主管理与监督的形式、学校重大事项的决策方式与程序、举办者与办学者之间的权利、义务关系、财产和财务管理制度等。[②] 大学章程既要服从上级行政主管机关的宏观监督与领导，又要尽力拓宽自身自主管理范围；既要充分行使对师生管理之行政职权，实现管理之高效，又要尊重学术自由与人权保障之基本原理。大学章程正是凭借其一校之内的“纲领法”“组织法”的杠杆作用，对以上法律关系的处理作出了合理制度安排；这种制度安排意蕴着高教法治之追求，旨在通过正义理念的赋予与自由价值的伸张，在高等学校内部实现管理秩序的良性互动与和谐。[③] 总之，我们需要大学章程作为大学治理的总体规范与直接依据，自主、务实地具体地全面承载大学内部治理的主要制度框架。

部分观点可能担忧大学章程全面掌握“实”的层面可能给高等教育体制带来宏观管理上的不便。但此种担忧可以从多个方面得到化解：（1）上位法

---

① 湛中乐、徐靖：《通过章程的现代大学治理》，载《法制与社会发展》2010 年第 3 期，第 110 页。

② 同上书，第 111 页，有部分改动。

③ 同上书，第 112 页。

律、法规、规章依然拥有规范权威，而且随时可以根据实践情形的变化对法律底线和原则性要求进行调整；（2）行政技术需要与时俱进，和时代的变化同步，在全社会权利意识高涨、社会活力日益释放的今天，政府尤其需要掌握柔性管理的艺术，不一定需要依靠“一刀切”的硬性法律规定和政策举措；（3）“以虚御实”是我国法律规范体系常见的现象，也是我国立法进程中常用的技巧，上位法规定即使偏于抽象和务虚，也能对下位法乃至整个法律规范体系起到巨大的影响作用。[①] 我们完全有理由相信，大学章程作为大学治理的总体规范和直接依据，能够最大限度地使“实”的法律规范层面贴近一线治理活动，同时也受到整个高等教育法律秩序的制约，从而有序而灵活地推进中国大学治理的进程。

（五）校内规章制度作为大学治理的具体规则

大学为保障其有效运行，必须制定各种关于学校运行和治理规则的规章制度，而大学章程则在所有的规章制度中居于最高地位。大学的其他内部管理制度，包括教学常规管理制度、教职工岗位制度、教育教学评估制度、安全卫生保健制度、教职工奖惩制度、财务制度以及学生管理制度等都是大学章程的派生和细化，都不得与大学章程相违背。大学章程最主要、最核心的价值在于它是大学自治（或治理）的保障书，以大学自治（或善治）作为最根本的价值取向，这就必然决定了学校的其他规章制度也必须以保障大学自治（或善治）为终极目标。[②]

目前，我国高等院校的内部规章制度较为繁芜、杂乱，数量虽多但很少经过系统的清理，亟需在大学章程的统摄下得到系统性的梳理和整合，构筑起大学治理最前线的具体规范秩序。

结语

由最高位阶的宪法到最低位阶的校内规章制度，规范内容逐层夯实，规范数量日益庞大，在其中，大学章程处于“腰”的地位，上承宪法、高等教

---

① 参见湛中乐、苏宇：《论任务分配规范对残疾人权益的保障》，载《行政法学研究》2010 年第 4 期，第 16—17 页。

② 参见湛中乐、高俊杰：《大学章程：现代大学法人治理的制度保障》，载《国家教育行政学院学报》2011 年第 11 期，第 18 页。

育法律、法规、规章，下统众多校内规章制度，肩负着为大学治理提供合法性保障和制度支持的使命，可谓举足轻重。建设高水平的大学离不开高水平的大学治理，而高水平的大学治理离不开完善的大学章程。在此，我们需要明确大学章程的法律地位，保障大学章程发挥作用的制度空间，充实大学章程在大学治理中的实际地位和作用。要做到这一点，在理论上和实践上都需要相当艰巨的努力：通观古今，略览中外，方知章程之沉浮，而辨前途之路向；解析法理，检视实务，方晓章程之功能，而尽纲纪之妙用；察其形态，审其细目，方解章程之内容，而实条款之设计；忧其施行，虑其实效，方思章程之保障，而为通达之救济。本书的其他章节，将认真处理前述相关问题。

第二章

中外大学章程的历史发展

第一节　西方大学章程的历史发展

一、大学章程的历史起源

随着中世纪现代大学的出现，大学章程亦随之诞生。大学章程来源于行会章程，盖因最初大学即是作为一种行会（大学行会或学者公会）而存在。历史上最早的大学行会是博洛尼亚的学生行会（对应于所谓“学生型大学”博洛尼亚大学）与巴黎的教师行会（对应于所谓的“教师型大学”巴黎大学）。很难为大学章程寻找一个单一的历史源点，因为这两所大学是几乎在相同时期、以互不关联的轨迹发展起来的，其大学章程生成的机理亦不相同，而对后世分别有一系列深远的影响，在后来的历史发展中，两所大学的影响才逐渐开始获得融合。因此，探讨大学章程的起源，就需要分别检视这两个重要的历史源点。

具有里程碑意义的大学章程历史发端于意大利。在 12 世纪 50 年代，博洛尼亚大学产生了第一个“大学章程”。它起源于寄居异国的学生们相互联合以自保的行动。在那里，学生们先是按种族、地理出身组成四个同乡会，分别是伦巴底同乡会、托斯卡纳（Tuscan）同乡会、罗马同乡会和阿尔卑斯山外同乡会，随后，这四个同乡会整合为山南团体（Transmontane）和山北团体（Cismontane）两个学生团体，这就是大学的肇端；严格来说当时的博洛尼亚大学就是由这两个学生团体组成。对于曾经在历史上存在的学生型大学而言，本质上大学就是学生团体，这些学生团体联合延请教授为其授课，就形成了大学。这两个团体从博洛尼亚市获得了“章程”，章程中规定学生团体有权与教授订立合同、调节学生公寓租金、设定课程和课时、限定书籍价格等。[①] 但不涉及团体内部的结构运行和制度安排。[②] 这种联合体似乎是按照意大利各城市中早已普遍存在的行业行会的模式建立的。实际上，“大学”一词最初的意思就是指普遍意义上的一个组织或社团，只是到后来才专指教师和学生的行会。但是，这时博洛尼亚大学尚未正式宣告成立，因为它的法律地位还未获得真正权威当局（教皇或神圣罗马帝国皇帝）的确认。在很长一段历史时期内，从市政当局获取的章程也不被视为真正的大学章程，因为此时市政当局尚未拥有创立和承认一个法人实体的权威。

1158 年，皇帝弗雷德利克一世（Frederick Barbarosca）颁布形式为“居住法令”（Authentic Habita）的法令，承认了博洛尼亚的大学地位，并且给予大学充分的保护，赋予大学自身就大学成员与外部人员发生争议时一定程度的司法权。[③] 学生逐渐获得各项特权，如组织行会的权利，免交市政税的权利，等等。[④] 大学法令与此前学生团体从博洛尼亚市获得的章程相结合，就承托起博洛尼亚大学的制度架构。在 12 世纪的意大利和法国，当时的博洛尼亚大学、巴黎大学以及许多类似团体被称为一个“studium generale”[⑤]，它不是一个法人实体，甚至也不是一个教师公会或学者同盟（universitas doctorum or scholarium）。实际上，当时的情况仅仅是一个有共同需要的、不是很确定的人群获得了皇帝授予的特许状，但是这群人却没有一个个体或组织可以作为代表去承受这一特权。直至 12 世纪末期，博洛尼亚学术共同体才从罗马法和条顿习惯法中提取了法人（今天的 corporate）观念，但尚未运用于大学自身的构建，这种状况一直持续到 13 世纪中叶大学法人化的进程启动（13 世纪

① Harold J. Berman, “The Origins of Western Legal Science”, *Harvard Law Review*, Vol. 90, No. 5 (Mar., 1977), p. 901.

② Ibid.

③ 参见 Authentica Habita 原文。

④ 贺国庆：《欧洲中世纪大学起源探微》，载《河北大学学报（哲学社会科学版）》2007 年第 6 期，第 23 页。

⑤ Marthellen R. van Scoyoc, “Origin and Development of the University”, *Peabody Journal of Education*, Vol. 39, No. 6 (May, 1962), p. 322.

才有学者提出“大学”作为一种拟制人格【universitas as a persona ficta】的理论[①]），保持了很长时间。[②] 此后，大学特许状才真正找到它的主体。

这种特许状，最初是来自皇帝的“Authentic Habita”，以后逐渐地成为一种“章程”（但当时并不是大学章程[③]），即后世英译版本中的 statute 或 imperial charter，与此并列的还有来自教会的诏书（papal bull），这是因为在意大利，合法化的终极权威是二元的，皇帝与教会均为合法性权威，因此既有皇帝准立的大学，亦有教会准立的大学。这些诏令逐渐也成为今天我们所讲的“大学章程”的一部分，甚至被当作是大学章程的起源（后世的诏令版本不断更新，其内容对日后大学章程影响极大），引起了大学章程概念上最重要的、历史性的混乱。当时的这些诏令（实际上是特许状）与目前世界上各主要大学自行制定的章程在很多方面相去甚远，但它们不仅是一所学校获得大学资格的标志[④]，也逐渐成为大学在组织制度方面的根本法律文件；尤其当通过章程设立大学或学院的行为开始普遍化以后，它们甚至一度是唯一的标志。而从城市取得允许缔约、调节课时课程等章程，反而显得并不重要，在南欧以外的地区，甚至很长时间内都不曾存在，只要一个来自官方的诏令即足以建立一所大学。

从13世纪20年代开始，通过教会或皇家诏书而设立的学院变得普遍，而来自教会的新诏书（特许令状）允许这些学校培育的硕士享有在任何大学免试获得教职的权利（ius ubique docendi，可译为“普遍教职权”）成为大学（studium generale）的本质，二者几乎密不可分地结合在一起。获得普遍教职权、有权授予普适性教学许可证（licentia ubique docendi）的团体就是大学，否则即不是。[⑤] 获得普遍教职权的大学，其在校教师与学生还有权获得来自教会的津贴。带有这两种特权的“章程”后来成为一种可申请对象，皮亚琴察

① See Mary Szto, “Limited Liability Company Morality: Fiduciary Duties in Historical Context”, *Quinnipiac Law Review*, No. 23 (2004), p. 109.

② H. Koeppler, “Frederick Barbarossa and the Schools of Bologna”, *The English Historical Review*, Vol. 54, No. 216 (Oct., 1939), pp. 589-594.

③ Gaines Post, Parisian Masters as a Corporation, 1200—1246, *Speculum*, Vol. 9, No. 4 (Oct., 1934), p. 444.

④ See Phyllis Riddle, Political Authority and University Formation in Europe, 1200—1800, *Sociological Perspectives*, Vol. 36, No. 1 (Spring, 1993), pp. 49-50.

⑤ Ibid., p. 283.

的城区学校就是意大利第一所经“申请——批准”程序而成为大学的学校；这种批准申请的公权力逐渐地被国家获得，不再由皇帝或教会特许。[①] 这些“章程”离现代意义上的大学章程还有一定的差距，因为它既不是自治性地形成的，也不真正服务于大学自治，它只是一种对某些活动的合法性的认可与授权。

相比之下，巴黎大学的情况，起初相对简单一些。1200年，以巴黎圣母院为中心，包括当时巴黎存在的一些其他学校，为管理行会而起草的类似大学章程的规范被以书面形式确定下来，以此来规范教师行会的各项事宜，保护自身权益不受侵害。可以说，这标志着巴黎大学——巴黎教师行会的正式诞生。[②] 在法国，这份最早的章程实际上是一份王室特许状，大学章程与大学法令很难区分。当年，“巴黎大学”在与圣母院教士的争执中，几名学生被打死，引起师生们强烈不满，上书国王菲利普·奥古斯特，不久获得国王授予的特许状，国王承认巴黎大学的学者具有合法的教士资格，师生具有世俗当局的司法豁免权。这标志着巴黎大学的诞生。[③]

巴黎大学所在的法国，从中世纪晚期起，王权日益强盛。牢固依附于王权的巴黎大学在合法性基础上就与全由教会支持的南欧大学群不同。受王权影响，巴黎大学的校长权力一度相当大，而硕士的培养甚至一度被取消。在13世纪20年代前后，有一个值得注意的事件，来自教会的影响恢复了巴黎大学的硕士学位培养，而校长的权力缩减到仅仅在考试后在硕士（教师）的帮助下授予许可证。[④] 但是整个巴黎大学仍然处于王权的钳制之下，在同一时期的欧洲大陆，先后兴起的许多大学亦面临类似的处境。在相当长一段时期内，大学依附于国家而成为一个“内附于国家的权力组织”（inter-state authorities），大学也变成为统治者提供理论支撑的重要阵地，许多新建的大学更是

---

① See Phyllis Riddle, Political Authority and University Formation in Europe, 1200—1800, *Sociological Perspectives*, Vol. 36, No. 1 (Spring, 1993), p. 51.

② 参见范围、高耀明：《中世纪大学三题》，载《大学（研究与评价）》2009年第2期，第49—50页。

③ 贺国庆：《欧洲中世纪大学起源探微》，载《河北大学学报（哲学社会科学版）》2007年第6期，第25页。

④ H. Rashdall, The Origines of the University of Paris, *The English Historical Review*, Vol. 1, No. 4 (Oct., 1886), p. 666.

为满足当地统治者的特殊需求而成立的。[①] 这种状况一直几乎持续到中世纪结束，才出现了重要的变化。相对而言，巴黎倒是中世纪大学中反抗性最强的地方，校长被看作来自敌对法团（corporation，此时尚不能称为“法人”）的成员；学者们甚至以暴力方式抵制校长的命令，进而将他们的“行会或大学”（guild or university）广泛地发展成一种抵制校长权力的法团形式（但后来也没逃过“臣服誓词”的打击[②]）。[③] 在这种前提下，虽然有不少学者将中世纪大学看作极度非等级化、民主和无政府风格的[④]，但大学真正实现独立自主、制定现代意义上的大学章程，是中世纪以后才完成的。

在欧洲大陆以外的英国，情况略为有所不同。在英国成立的第一所大学是牛津大学，它的成立比巴黎大学略晚，很多作者猜想其教师与学生是因英王与法王的争吵，自巴黎大学迁移回来的英国知识分子。[⑤] 英国的大学从来数次申请教皇授予章程都未成功，因此它们向国王提出申请，由国王给予相应的“章程”以确认它们的地位。[⑥] 同时，国王在大学设置了校长。英国和德国的大学，其组织模式都源自巴黎大学[⑦]；但英国的校长并不受到巴黎式的抵制，因为他们是从拥有硕士学位（当时的最高学位）的人群中选拔的。[⑧] 这实际上反映了英国当权者当时一种广泛运用的治道，像普通法的推行一样，征服者集团在其后的数百年中一直利用地方性的规则和人选由地方实行自我治理。这种模式使得英国色彩的大学一开始就带上一些与欧陆大学不同的治理特质，并且一直影响到美国的大学组织。

---

① Phyllis Riddle, Political Authority and University Formation in Europe, 1200—1800, *Sociological Perspectives*, Vol. 36, No. 1 (Spring, 1993), p. 52.

② Phyllis Riddle, Political Authority and University Formation in Europe, 1200—1800, *Sociological Perspectives*, Vol. 36, No. 1 (Spring, 1993), p. 51.

③ Marthellen R. van Scoyoc, Origin and Development of the University, *Peabody Journal of Education*, Vol. 39, No. 6 (May, 1962), p. 328.

④ For example, see J. McKeen Cattell, “University Control”, *Science*, *New Series*, Vol. 35, No. 908 (May 24, 1912), p. 798.

⑤ Ibid.

⑥ Osmo Kivinen and Petri Poikus, Privileges of Universitas Magistrorum Et Scolarium and Their Justification in Charters of Foundation from the 13th to the 21st Centuries, *Higher Education*, Vol. 52, No. 2 (Sep., 2006), p. 191.

⑦ Marthellen R. van Scoyoc, Origin and Development of the University, *Peabody Journal of Education*, Vol. 39, No. 6 (May, 1962), p. 333.

⑧ Ibid., p. 330.

二、大学章程的关键转折

从13世纪开始，教会章程及皇家章程（实为特许状，因由高位阶的权威颁发，以下统称“高权章程”）开始兴盛，但这种皇家章程也与现代大学章程有很大不同，基本上是一个特权诏书的扩展版，并且包含了统治者保护大学安全的恩赐（patronage）。[①] 真正的大学章程是伴随着大学法团化的进程产生的，这种章程的产生比皇家章程要晚一个时期，而真正自主制定的大学章程则要晚几个世纪。在今天看来，它们更准确的用法是statutes（特别是在欧洲大陆，基本上均称为statutes，charter的用法多见于英国），和今日之大学法令也更为接近（当代仍然有一些国家使用statutes意义上的大学章程，如法国）；可以认为，这是一个大学章程与大学法令基本混为一体的时代。

颁发高权章程（特许状）与有意识地设立大学的进程是分不开的，最早的高权章程就是针对当地统治者有意识地设立一所大学而制定和颁布的。第一份皇家章程颁发于1224年（那不勒斯大学），而第一份教会章程颁发于1233年（图卢兹大学），不久西班牙著名学府萨拉曼卡大学于1243年也获得了教会章程，随后是罗马大学（1245年）、瓦伦西亚大学（1245年）、皮亚琴察大学（1248年）等。[②] 早期的这些章程仅仅是一种授权，真正的大学建立工作可能在章程颁布数年后才进行。[③] 早期大学章程的内容通常包括两大部分内容：一部分是请求成立大学的当地申请文书；另一部分是从教会或皇家机构的文书中摘录的段落（对申请内容的相应答复），然后组装成一种标准化的文件。早年大学章程的用语相当固定，其原因在于回复文件的标准化，例如准许成立大学的教会诏书的用语，在几个世纪内都保持不变。但除普遍教职权外，还有关键的一点是各个高校章程是必须具备的：规定将学位（特别是后来的博士学位）的授予建立在学术委员会决议的基础之上，学术委员会

---

① Osmo Kivinen and Petri Poikus, Privileges of Universitas Magistrorum Et Scolarium and Their Justification in Charters of Foundation from the 13th to the 21st Centuries, *Higher Education*, Vol. 52, No. 2 (Sep., 2006), p. 190.

② Ibid., p. 206.

③ Ibid., p. 186.

对这个决议负责。[①] 在这一时期，拥有以上两点关键内容的高权章程，已经显示出了它决定一个对象是否具有大学地位的关键地位。例如，锡耶纳的一所学校于1246年自行宣布成为大学，但从未成功地取得一个高权章程，最终于1275年关闭。可以说，当时高权章程已经控制住了大学成立与维持的命门。[②] 这时候的大学章程与大学内部的权力结构与运行机制基本无涉，13世纪中叶以前，大学内部组织的发展仍未初步完成，但在这一时期，它们已经形成了一个具有共同意志和目标的实体，硕士（教师）们选举官员，制定校规并且对全体在校人员施行权力。[③] 这一切和高权章程并无直接关联。

大学章程的最初发展与学术品牌的形成有关，随着大学的学术传统与教学模式的相对成型，大学的学术品牌亦已经确立，老牌大学与新兴大学的差距、老牌大学对新兴大学的轻视第一次使得早期高权章程（特许状）的核心内容——普遍教职权产生了区分，例如，在1255年第二次授予萨拉曼卡大学的教会诏书（章程）中，对普遍教职权作了如下规定："萨拉曼卡大学任何院系的硕士与学者应被视为拥有通过了正当考核的资格，其可在除博洛尼亚大学与巴黎大学外的任意大学执教。"[④] 这种区分有非同寻常的意义，因为普遍教职权的兴衰与大学章程的发展密不可分。直至普遍教职权消失，学位完全变成自主产出的学位，相应地学术人才的选择、学术纪律和组织结构也完全自主化，自主制定的大学章程才可能出现；同时大学章程的内容也逐渐过渡为现代大学的基本组织规则。这时似乎带有歧视色彩的区分，就为后来的学位自主化埋下了重要的伏线。不过，尽管中世纪晚期罗马天主教会的教权衰落，为大学章程的转变带来了重要契机，大学章程却未发生重要改变。教权衰落带来的最直接后果是世俗权力创设大学和颁发章程（特许状）的比例日益增加，甚至独立城镇也热衷于颁布章程创设大学。在教会与疆土有限的神

---

① ［比］西蒙斯主编：《欧洲大学史》（第一卷），张斌贤等译，河北大学出版社2007年版，第25页。

② Phyllis Riddle, Political Authority and University Formation in Europe, 1200—1800, *Sociological Perspectives*, Vol. 36, No. 1 (Spring, 1993), p. 50.

③ Gaines Post, Parisian Masters as a Corporation, 1200—1246, *Speculum*, Vol. 9, No. 4 (Oct., 1934), p. 444.

④ Osmo Kivinen and Petri Poikus, Privileges of Universitas Magistrorum Et Scolarium and Their Justification in Charters of Foundation from the 13th to the 21st Centuries, *Higher Education*, Vol. 52, No. 2 (Sep., 2006), p. 190.

圣罗马帝国皇帝以外，地方权力成为了大学章程的第三种颁发者。[①] 当时的大学章程，即使主体更易，在内容上因袭的程度却颇高，以至于这种主体上的变更很少真正影响到大学章程（特许状）的实际运作，这就导致一种至少总体上当时还是相对平稳无奇的过渡。

在教皇“章程”和天主教会精神控制之下，中世纪的大学自治虽然已经和现代颇为相似，尤其在北方（法兰西、英格兰、德意志等采用巴黎大学模式的地方），大学作为一个拟人化的有机体，服从其领导者的命令，言行如出一体[②]，已经组织为类似于现代大学法人的实体。但它们始终受到两种因素的钳制：一是外部派驻的校长；二是神学院的领导位置，后者可能为现代学者所陌生。在中世纪的大学中，神学院处于领导地位，其教职团体被称为facultas prima（首要教职团），即使到了今天，牛津大学（当时还是天主教会影响相对弱的地区）的神学院仍然是第一序位和拥有最高权威的学院，可见当时神学院的权力之显要，它们直接或间接地控制着整个大学的思想定位。[③] 但意大利半岛上的大学，情况更加不妙，虽然提炼出了大学作为拟制人格的说法，虽然没有与教会的正式制度联系，但到此时仍然组织散漫，未团聚为一个一致的共同体，没有教师会议（faculty senate），没有拥有高权的校长或院长（rector），学院之间各自为政，教授们也几乎从不聚集，单个教授自己拥有发放学位、调整课程等几乎完全自主的权力，教授要求学生完全服从自己，明星教授更是往往直接抵触学院的纪律。规模较大的几个主要大学（永久性教授在40—100名之间）都有着远离成为共同体的趋势。[④] 也正是由于这个原因，以博洛尼亚为代表的意大利的大学在中世纪晚期开始逐渐衰落。

这一情况决定了现代大学治理的起源是巴黎模式而非博洛尼亚模式。一旦天主教会的影响开始衰减，在北方的大学中就浮现起现代大学治理形态。

---

① Osmo Kivinen and Petri Poikus, Privileges of Universitas Magistrorum Et Scolarium and Their Justification in Charters of Foundation from the 13th to the 21st Centuries, *Higher Education*, Vol. 52, No. 2 (Sep., 2006), pp. 190-192.

② Paul F. Grendler, The Universities of the Renaissance and Reformation, *Renaissance Quarterly*, Vol. 57, No. 1 (Spring, 2004), pp. 10-11.

③ See James A. Weisheipl, The Structure of the Arts Faculty in the Medieval University, *British Journal of Educational Studies*, Vol. 19, No. 3 (Oct., 1971), p. 264.

④ Paul F. Grendler, The Universities of the Renaissance and Reformation, *Renaissance Quarterly*, Vol. 57, No. 1 (Spring, 2004), pp. 10-11.

在中世纪后期的大学章程里［英国很多时候也会通过国王的格式化授权信（letters pattern）来不断更新具体授权和任命］，章程的内容日益完备，一个皇家章程或授权信会逐个规定各个机构、角色与岗位的职务，权力，相关机构包括议会、教师会、校长、财务长等，而且其内容已经常由大学草拟，可以认为此时高权章程（特许状）的内容与当代大学章程已经很接近。而且章程中所规定的大学自治权利，有时甚至比当代的高等学校还要充分。在中世纪，大学特许状所赋予大学的权利甚至是超世俗的，享有独立的司法权，凌驾于地方法律之上。学生可以不受所在地法律约束，因而屡生事端，大学与地方权力当局产生冲突的结果有时是大学获胜。例如英国1209年牛津大学罢教和东迁，作为地方妥协的结果，1214年部分迁徙的师生重新回到牛津，牛津市长被要求发誓尊重大学的自由和习惯。[①] 从这个角度看，实质上这时的大学章程已经完全具备了现代大学章程的内容和功能。

但是从根本上看，此时大学章程的性质还是一纸授权书，即使授权里包含了选举和管理的内容，也还不能说此时章程成为了大学治理的依据。从最根本上的一点看，大学对于章程并无制定与修改权限[②]，章程的所有内容都是自上而下颁布的。这就限制了大学内部活动的自由只能局限于在高位权力提供的建制框架之下。在欧洲，直至中世纪结束、资本主义国家兴起之初，都未出现足够强劲的制度因素来完成大学章程的最终变革，直到新大陆传来了不同的声音。

来到在新大陆的移民决定在当地建立大学，最初他们决心移植剑桥大学的模式，在当地建立一所学院，最初命名也是“剑桥学院”，后来为纪念学院的创办者和建校费用的主要捐赠者哈佛（John Harverd），马萨诸塞议会通过决议，将学院改名为“哈佛学院”（后升格为哈佛大学），1650年州议会又通过了由哈佛大学自行拟定的章程。如果不算欧洲大陆城市国家办学的个别非典型先例，从历史影响力和组织规范化上看，哈佛学院（大学）章程是第一

---

① 马陆亭：《大学章程地位与要素的国际比较》，载《教育研究》2009年第6期，第71页。

② 英国的情况有些特殊，因为大学有权根据charter或letters pattern制定by-law，而by-law也被译为章程（在当代的一些学校，它就是相当于charter的章程，如多伦多大学的章程就是用by-law这一术语表示），所以可能导致国人误以为中世纪的英国大学有权自行制定章程。实际上，严格地说，英国大学自行制定章程的实践直至19世纪以后才开始兴起。

个由国家（当时的“州”，state）议会立法程序通过的大学章程[1]，但这还不是真正意义上现代大学章程的开端，因为无论议会通过也好，国王、教会颁布也好，这种章程都是以自上而下的形式给予大学的。英美的大学虽然拥有自己制定规程（by-law）和发布命令、形成秩序的权力，但却无法自行改变乃至制定自身的根本制度框架（虽然从中世纪后期开始，北方模式的章程均是先自行拟定，然后申请国王、皇帝、教会或地方议会批准颁发，但颁发权仍在上级权威角色手中）。这一切直至1819年著名的达特茅斯学院诉伍德沃德案（The Trusteesof Dartmouth College v. Woodward）[2] 方开始产生历史性的转折。达特茅斯学院是一所私立高校，1769年，经其创立者拟定和申请后，它从英国国王处正式获得了自己的章程，从而宣告了它的成立。18世纪20年代，受杰斐逊共和派（Jeffersonian Republican）的影响，新罕布什尔州欲通过专门法令将其改为州立大学，理事会对此表示抵制，认为新罕布什尔州的法令违反了学院章程中的自我永续理事会（self-perpetuating trustee board）制度，而建立这一制度的目的本来就是抵御英王可能的干预。董事会的抗命惹怒了州政府，1816年年底，州议会通过新的法律，对抗命的学院董事会成员和教授每人罚款500美元。迫于压力，学院的秘书兼司库威廉·伍德沃德（William Wardwood）偷偷带走学院的校印、账本和文件，投奔了新设的公立大学，并拒绝归还这些物品。为了维护自治权，董事会向州法院控告伍德沃德非法侵占学院财物，要求他将校印、账本等物归还学院，并连带控告新罕布什尔州议会未经正当程序剥夺他们的财产权，破坏具有契约（contract）效力的特许状，要求法院宣布州法律无效。[3] 下面各级法院都判决由于高等教育涉及公共利益、属于公共信托，应认为达特茅斯学院是公法人并接受州法的调整；以马歇尔大法官为首的联邦最高法院推翻了所有下级法院判决，并认定该学院是一个私法人，其章程是一个有效的合同，马歇尔大法官的意见第一次从这一角度地表述了私立大学章程的法律属性：

---

① 这一点可以在 Osmo Kivinen 和 Petri Poikus 所列的表格中得到侧证，see Osmo Kivinen and Petri Poikus, Privileges of Universitas Magistrorum Et Scolarium and Their Justification in Charters of Foundation from the 13th to the 21st Centuries, *Higher Education*, Vol. 52, No. 2 (Sep., 2006), pp. 206-212 (Appendix).

② 17 U. S. 518.

③ 宋承祥：《美国司法介入高等教育的实践》，载《教育发展研究》2004年第10期，第52页。

从这一案件的本质看，在国王与每一受益者之间存在一种隐含的合同：如果国王将赠与钱财，这一赠与行为就将被认为是受章程保护的一种慈善行为，同时，所捐赠的资财将被（接受捐赠的）法人依照该领土上的总体法律制度来加以运作[①]。由此，一旦捐赠行为已经针对法人作出，就出现了一个隐含的合同，并且这一合同是建立在有值对价（valuable consideration[②]）之上的。这一对价就是：国王不能违反或改变这一章程，或未得法人同意而改变其运作方式。这种隐含合同同样存在于法人自身与每一基于类似对价的受益者之间，即受益者将根据章程的用语及其表述的目的来运作捐款。

以每一种眼光审视这个案件，如果章程成为一个有效契约必需一个对价（我完全否认这一点），一个有值对价就必定存在，它对于创办者、信托人和受益人都如此。并且，基于最坚实的法律原则（the soundest legal principles），此章程应当在许多方面被认为是若干缔约方缔结的合同，这些方面包括学院的创办、捐建、章程的接受或慈善捐赠。

最终联邦最高法院以州法侵犯私人财产权而违宪为由，否决了州立法修改大学章程的合法性。这一案件产生了深远的社会影响和制度性后果。一方面，各州立法开始慎重于批准设立新的高等教育机构，并努力创设由州自己控制的高等学校，还动手修改与法人有关的法律，使私法人处于州的周期性审查之下；另一方面，各州也允许（准确而言是承认）私立学校有更广泛的自治空间，高权性质的公共权力不再有机会干涉大学章程。[③] 一点更为深远的结果就是，既然大学章程可以被看作公司章程一样的私人缔约行为（在美国法中，如本案判决所述，这也属于有效的私合同），那么大学章程的生效亦不再需要高权主体的颁行了。由此，大学自主制定和修改章程的合法性障碍开始得以扫除，大学章程逐渐迈入了一个彻底自治的时代。

大学章程制定主体的多元化，也进一步推动了大学章程的自治色彩。自

---

① administration，此处不仅包括相对消极意义上的“管理”，还包括积极行动意义上的“运行、使用”，故此处译作“运作”，否则就体现不出“对价”的意味。

② 又译支付对价、有值约因等。

③ See John S. Brubacher, “The Autonomy of the University: How Independent Is the Republic of Scholars?”, *The Journal of Higher Education*, Vol. 38, No. 5 (May, 1967), p. 244.

近代以降，无论是国家还是地方议会，都不复拥有中世纪教皇或皇帝的那种居高临下、总揽一切、径直代表真理或径言“朕即国家”式的权威，科学革命对知识的高度依赖，亦使得社会对大学更为尊重，此时，欧美现代民族国家给予了大学充分的独立和自由，除部分大学的章程系自主制定外，许多大学对其章程之结构与内容亦拥有实质性的决定力。现代大学章程由此开启了一个新纪元。

三、大学章程的当代发展

由于美国日益强盛的综合国力以及美国大学日益深远的影响力，加上自主制定章程符合风起云涌的民主化浪潮，自主制定的大学章程在世界范围内也逐渐繁盛起来；但与此同时，通过高权机构制定法令的方式颁发大学章程（或者以类似于国王授权信或教会诏书之类的专门大学法令代替大学章程）的做法亦一直有保留。实际上，大学章程在历史发展上出现的数个分支（如南方和北方模式、自主制定和高权颁发等），也使得它们在现代呈现出多元化发展的倾向。在今天，我们就很难以一个统一的模式，来概括大学章程的法律地位、形式与内容。大学章程的多元性，主要体现在以下若干方面：

（一）名称的多元性

大学章程名称的多元性，是造成学界对大学章程认识混淆不一的一个重要原因。有著名学者曾粗略归纳大学章程的不同名称：在大学历史悠久的法国为“statutes”（法规，章程）及“ordinance”（法令），英国上有“charter”（特许状，授予特种权利的法令或正式文件）下有“statutes”（章程，条例），德国有“statutes”和“constitution”（Verfassung，章程，宪法），美国有“charter”“by-law”（地方法规，内部章程，细则）、“statutes”等多种表述方法，日本将其称之为“charter”，我国香港地区为“ordinance”（法令，条例）与“statutes”（规程），其叫法虽异但其本质内容却有着一致性或相似性。[①]但相似归相似，它们之间还是存在一些关键差异的，名称的不同也恰好显示了其历史源流的区别。

使用 statutes 作为章程名称的，常见于欧洲的大学。在法国大革命以前，

---

① 马陆亭：《大学章程地位与要素的国际比较》，载《教育研究》2009年第6期，第69页。

大学的 statutes 均由教会或国王颁发，至少也来自于城市议会一类的高权主体，大学仅具有起草 statutes 的权利，这种权利也并不排斥国王或教会对章程的修改或重新颁布之权力，而且在中世纪晚期还遭遇权力当局的不少干预。尤其是在 16 世纪，王室和主权体更是直接为所有在其辖区内成立的高等教育机构起草 statutes 的内容。[①] 这一时期的 statutes 的内容，已经不再仅仅是单纯的特权令状，较为接近高校的“成文宪法”（written constitution），比较典型的一个例子是英国的剑桥大学。但是这一时期的 statutes 也出现了一个趋势，就是极尽一切细节，试图覆盖大学行政过程的每一分支，成为一种无所不包的大学组织文件。[②] 在这种情况下，尽管还不能说大学自治的活力被大学秩序的稳定性和官方颁布章程的明细性所压抑，但至少大学自治并没有发展出一种具备充分互动性和高度回应性的制度形态。直至欧洲资产阶级革命以后，大学自治在制度上才得到较为充分的保障，尽管 statutes 作为一种国家法令在名义上仍由高权机构颁布，尽管大学（尤其是公立大学）被看作是一种并非完全属于校园内部的事业，而不能由大学自身独立制定章程，但较为宽松的 statutes 之下保留了充分的自治空间与民主治理机制，并且一经制定后就不再受到高权机构干涉，它仍然完全可以被认为是大学自治的纲领性制度保障文件。

使用 charter 作为大学章程名称的，多见于英国、瑞典等国家由皇家章程演变而来的大学章程中，以及在它们的原殖民地（例如美国）范围内制定的大学章程。这种章程原先是一个皇家特权令状，在 1215 年《大宪章》颁布以后，章程带上了保障自治和社会契约的色彩，一旦颁布，主权者就不能再对高校横加干涉。随着宪章在英国政治实践中日益深刻的影响，由《大宪章》开始的一种保障自由与抵制王权干预之理念，也日益深入到各种以 charter 为中心的制度建构中。正是基于这种 charter，在无须借助王室特许的殖民地上，美国高校发展出了今天常被视作模板的现代大学章程，随着美国国势的强盛反过来又较深地影响了 20 世纪全世界的大学章程发展。但是，随着大学自治地位的进一步确立以及王权的衰落，在英美法系国家，一度备尽详细的 char-

① *A History of the University in Europe*, edited by H. De Ridder-Symons, Cambridge University Press, 1996, pp. 164-165.

② Ibid., p. 166.

ter 逐渐为 by-law 所取替，而 charter 则重新被简化。By-law 较之 charter 更加清晰、彻底地定位于在大学法令范围内自行制定和修改的基本规章制度，成为现代大学章程的一种典型代表。

在部分英美法系国家，charter，statue，by-law 以及来自地方自治法令的 ordinance 之间的关系，可谓错综复杂，头绪纷繁。主要的演变进路有三种：

1. Act 与 by-law 并行的“大学法令—大学章程”关系

在部分英联邦国家，原先由英国王室授予的 charter 被独立后主权国家的议会立法取代，原先在 charter 下制定的自治规章（by-law），则继续保留其原有地位。大学的地位由大学法令而非 by-law 式的大学章程确立。悉尼大学就是一个非常典型的实例。在悉尼大学创立之初，1858 年的 charter 表明了悉尼大学的由来、主要人员任命、学位授予权等关键内容，整个结构与表述风格与中世纪的皇家特许状无异。但在澳大利亚联邦独立以后，立法性基础就由 charter 转移到 act 之上。不过，charter 所带来的历史合法性根基，并未同时被消除，相反它还会不断被提及，这和英国的普通法传统及新不废旧的法理观念有关；而由议会立法所形成的 University of Sydney Act，经由立法者的不断填充和丰富，在内容上也已经大大超越原有的 charter，从而更准确地说形成了一种“charter—act—by-law”的三层次结构。多伦多大学是这种模式的另一个代表，在专门的《多伦多大学法令》下，它制定了一些关键的 by-law，如著名的 2 号《治事议会章程》，在大学法令授权下展开大学自治的具体运作。

2. Charter 与 statute 并行的“王室诏令—大学章程”关系

在英国，部分大学仍然保留了原先的 charter，以确认其光辉历史和悠久渊源，但为了更具体、详细地规定组织机制和权力配置，又辅之以内容明确、繁多，不断得到更新的 statute，作为真正意义上的大学章程。例如，牛津大学章程就在保留 charter 的同时，由一系列非常详尽的 statutes 组成其章程。很有意思的是，这里的 charter 与美国部分大学的 charter 虽然名称相同，角色却是易位的，这种 charter 担任的是大学法令的角色，正如其所起源的皇家特许状一样。

3. Ordinance 与 statute 并行的“自治法令—自治规则”模式

这种模式较为特殊。Ordinance 作为一种权威性和效力等级逊于 charter 的规范形式，最初并没有被应用于大学章程中，而是随着大学的发展，这种常用于地方自治的法令形态逐渐开始作为 charter 的补充而存在；当 statutes 不断补充 charter 而作为真正意义上的大学章程和组织规则时，ordinance 又被挤到了辅助性的地位，例如在伯明翰大学章程（statutes，经众议员和参议院批准）中就表明 ordinance 是根据 statutes 制定的，它主要负责规定教职人员的范围、大学成员的具体构成、大学评议会所创建的下属委员会的职责等具体事项。但是，在在部分现代大学中，ordinance 反而成为章程的主体，例如香港中文大学即是一例，在《香港中文大学章程》（The Chinese University of Hong Kong Ordinance）中，statutes 是处于附属地位的下位阶规范文件，具体规定 ordinance 中的事项。这种模式不一的名称间关系增添了大学章程在名称结构及关系上的多元性。

在大陆法系国家，名称的使用一般比较统一，如法国大学基本统一使用 statuts（相当于英语中的 statutes），德国大学基本统一使用 Verfassung（相当于英语中的 constitution，宪法、宪章）。它们的存在使得世界范围内大学章程的名称更为丰富，也更需要我们予以谨慎注意。

（二）制定和修改主体多元性

大学章程的制定主体和修改主体都能实质性地决定大学章程的内容与定位。在西方发达国家，自达特茅斯学院案以后，自主制定章程的情况越来越多，当前西方国家许多高校的章程都由大学自行制定。这类自主制定的章程，直接作为大学内部权力运行（有时也包括权益保障内容）的依据，相当于大学的宪法。不过，由这一案件也引发了一种分支：由于各州的种种顾虑，它们希望大学仍然可以受到一定的监管，州的这种意愿影响到新建立的大学，在许多新制定的大学章程里，作为一种与地方当局的妥协，里面包含了保留州立法进行一定修改的权力的条款。① 这就使得章程的制定和修改权力出现了部分分置的情形，这对大学章程的定位产生了深远影响：这种大学章程很难看作是一个纯粹的私法合同或信托，至多只能借用大陆法系的法律术语，宽泛地看作是一个多方法律行为，而在英美法的框架下，它甚至可能适用公共

---

① Gordon R. Clapp, "The College Charter", *The Journal of Higher Education*, Vol. 5, No. 2 (Feb., 1934), p. 81.

信托的规则来处理与章程有关的纠纷。但总的来说，制定主体仍然来自大学本身。

直接由大学作为一个法人来为自己制定和修改章程的情形，这类权力可以属于以下主体：(1) 大学的理事会 (senate)，例如《悉尼大学法》规定悉尼大学的理事会有权在不与法令抵触的范围内制定和修改章程，并规定了大学章程应该记载的三十三项内容；有时也需要其他主体的同意，如 1973 年《梅铎大学法》规定，理事会经州长的同意，可以制定、修改或废止大学章程。(2) 大学议会 (council，在香港又称校董会，也有地方称 governing council 或 le conseil d'administration 的)，有时还需要其他机构的共同参与，例如伯明翰大学的 statute 里规定："议会应根据授予的章程 (charter)，基于自身的意图或理事会的提议制定规程 (statutes)。在大学法庭 (the court) 和理事会有机会表达其意见前，不得制定、修改或废止任何章程。" (3) 法人会议 (meetings of corporation)，例如耶鲁大学的法人会议包含了 19 名成员，其章程中规定，在法人的任意常规或特别会议上，只要出席会议的 2/3 以上成员以肯定性的方式投票同意，就可以对章程加以变动、修改或废止。(4) 教职员大会，这一变化主要出现在英国，在弗兰克斯委员会推动大学治理改革以后，制定和修改章程的权力转移到了教职员大会的手中，这是大学治理在当代发生的一个重要变革，但至少就目前而言，暂时未发现此种模式相对于其他模式的实际优势。

此外，由高权机构颁发章程的行为，在当代尚为不少，欧洲大陆的部分大学直接就以大学法令作为根本组织文件，在 statute 以外没有总体的 by-law 或 ordinance 作为相对下位的全局性规章制度或组织文件（部分大学有 règlement 作为一种类似于 by-law 的规章文件，但较之 by-law 要简单得多）。最典型的例子来自于原先中央集权色彩浓厚、王权强盛的法国。在法国，statuts (statute) 在功能上和内容上都相当于英联邦国家中大学法令和大学章程的结合体，亦相当于历史上皇家诏令、市镇章程和大学内部组织规则的结合体，既包括学位授予权、教学自主权等相比而言属于大学法令的内容，又包括选举程序、学习纪律等相比而言属于大学章程的内容。这种立法是十分特殊的，针对每一所大学的建立，议会将单独制定一个适用于该大学的法律。由于法国等欧洲大陆国家高唱自由、民主，崇尚自治与协商的制度环境，大学法令（章程）由高权主体制定和颁布，并不对大学自治产生阻碍；相反，大学的师生们还能通过种种途径向当局施加压力，迫使章程的内容能够符合大学自治的要求。

（三）内容的多元性

大学章程的内容，通常为大学事务运行和大学内部权力配置的最基本框架。在这一框架中，处在最首要地位的，乃是大学自身的性质。大学章程首先需要决定一个大学的本质属性是公立还是私立，根据美国法的判断，这并非由捐赠资金的来源决定，而是取决于大学章程条款中所记载的权力享有与掌控的归属者。[①] 这一点在大学章程对办学定位与教学目的的规定中也得到体现。

内容上的多元性，其次来自于大学法令与大学章程的不同分工。大学章程通常是在大学法令的范围内，对大学组织与运行的基本问题进行规定，在不同国家、不同时期的大学里，大学法令与大学章程之间的分工亦呈现出纷繁复杂的多样性，导致大学章程在内容上呈现出多样化的安排。

再者，在大学章程应当规定何种内容上，不同大学的安排亦是高度多元化的。典型的例子体现在财政、纪律和对具体委员会的规定上，是否设置这些方面的规定、规则的详尽程度，不同大学章程可以有迥异的处理。尤其是在对大学内部治理结构的具体规定上，不同大学的处理差异亦相当明显，其所建立的内部权力架构及运行程序非常丰富多彩，很难说有一种统一或基本统一的模式。

鉴于大学章程内容方面多元性的高度复杂情形，本书将在第五章深入讨论这一难题，此处不再作繁复的展开。

第二节　中国大学章程的历史发展

一、明清书院章程

中国古代并不存在大学，只存在若干书院；这些书院也有章程，但严格

① Gordon R. Clapp, "The College Charter", *The Journal of Higher Education*, Vol. 5, No. 2 (Feb., 1934), pp. 84-85.

来说它和当今的大学章程在性质与内容方面均有本质差别。中国古代的书院，往往条规明晰，法度谨严，制备章程、常式、宗法、规约、揭示等的做法，久已有之。宋代吕祖谦可以说是书院学规制定的先行者，他为丽泽书院亲定包括《宗法条目》《乾道四年九月规约》《乾道五年规约》《乾道五年十月关诸州在籍人》《乾道六年规约》《乾道九年直日须知》等六种规约。[①] 但这些规章制度往往只是个人修养原则要求（后来逐渐加入了纪律要求），并非对书院本身运作制度及权力配置的一个全面规定，与后世的大学章程没有多大关联。如著名的天下书院学规之宗、《白鹿洞学规》的全部正文只是下面的寥寥数语：

> 父子有亲，君臣有义，夫妇有别，长幼有序，朋友有信。
>
> 右[②]五教之目，尧舜使契为司徒，敬敷五教，即此是也。学者学此而已，其所以学之。序亦有五焉，具列于左。
>
> 博学之，审问之，慎思之，明辨之，笃行之。
>
> 右为学之序。学、问、思、辨，四者所以穷理也。若夫笃行之事，则自修身以至于处事接物，亦各有其要，具列于左。
>
> 言忠信，行笃敬，惩忿窒欲，迁善改过。
>
> 右修身之要。
>
> 正其谊不谋其利，明其道不计其功。
>
> 右处事之要。
>
> 己所不欲，勿施于人。行有不得，反求诸己。
>
> 右接物之要。[③]

在中国当代大学章程中，类似内容及思想至今仍有所保留。不过，这样一种学规逐渐发展下去，随着书院体制的不断发达，内容也不断扩充，不再限于这类伦理道德原则。书院体制发展到明清两代，其规章制度文件得到进

---

① 赵国权：《论南宋时期江南书院文化传承的价值取向》，载《河南大学学报（社会科学版）》2008年5月，第175页。

② 原为竖版排列，自右至左阅读。右即为上，左即为下，下同。

③ 文本见（清）施璜编：《紫阳书院志》，陈联、胡中生点校，黄山书社2010年版，第273—274页。

一步完善，并且逐渐有了一种根本章程的意味。

重要的突破包括两个方面：第一是财务制度的日益完善。书院的人员构成一般包括山长（书院院长，有些地方亦称掌教等，部分大书院至清朝后期有分院长）、监院（相当于处理具体教学、行政事务的副院长）、斋长（书院中主管一定行政事务的生员）、礼房（财务管理者）、催差（催收院田院产的租谷、租金的差役）、看司（看守书院图书、文物、仪器及其他财产等的负责人员）等职位，到清朝年间，这些职位的薪水报酬等事项大量载入书院章程及学规，如四川省新都县龙门书院道光十九年（1839年）的《章程》规定："山长：每年束脩，银100两；节敬，4两；开馆、解馆往来夫马，由斋长酌量应付。监院：每年薪水，银12两。斋长：2名，每名岁支薪水，钱800文。看司：每年给钱6000文。课期礼房唱名造册，每年给纸笔钱4千文。生童官课、堂课奖赏，另有规定。"[①] 在这些财务规定大量出现之际，伴随着出现了一些决定权力职责配置及人选产生的管理性条款，这是书院章程走向完备化的重要标志。如四川汉州《讲道书院条规》规定：

> 额设斋长二名，须选本学生员及正途贡监中之殷实端正者承充，呈领书院一切簿物，办理一切事务。每月将收支款项、存剩钱数逐项登册呈核一次，年终结总呈销，并将所领簿物、所剩钱文呈缴。次年另行选充，一年一换，不准接充。
>
> 书院中房屋器物，看司看管，如有损坏，斋长禀明勘估酌修，器物不敷，禀明酌置。[②]

黔江县《墨香书院规条》规定：

> 书院经理首人，不拘城乡公举六人为率，少则四人，监察书院一切事宜。俱要公正和平、素惬人望者方准举充，由官定夺，不得私相推荐。……首人举其纲，斋长司其目，不得藉口公事，每年妄议更换。[③]

这类规定已经体现了人员选任及职责范围的制度化，书院章程的这种制

---

① 胡昭仪：《四川书院志》，四川大学出版社2006年版，第238—239页。
② 同上书，第224页。
③ 同上书，第227页。

度化完善为其后来自然转变为大学章程的内容奠定了基础。

而另一个突破出现在纪律规定方面。很多书院关于录取、出勤、考试等方面的规定也一直延续到后来的大学章程中。如江西省的信江书院《考课章程》(属具体规章制度，因信江书院的纲领性文件为《酌定信江书院条规》)规定："应课生童如有抄袭课本及雷同者，不论正、附、即行除名。"而《酌定信江书院条规》规定："在院居住之生童，每次课文均不许缺少，如每月短课一次扣膏火银三钱，虽声称患病亦照例扣除，以防规避。"① 这些纪律方面的规定进入后来我国大学章程中，将对学生的纪律管理纳入基本的规章制度，由此就成为中国高等学校体制的一个重要特色。

明清书院章程对后来的大学章程有深远影响。尽管后来地方书院很多都转化为当代的中学甚至小学，但书院的教育程度却相当于现在的大学②，而且部分书院本身就是当代著名大学的最初来源，如湖南大学经由岳麓书院改制转化而来，浙江大学由求是书院起源等。更重要的是，大学初立之际，清王朝官员对国外大学制度了解不深，没有进行系统化的制度移植，且传统思想根深蒂固，即使是改革派也多持“中体西用”“洋为中用”的理念，因此非常重视传统的学校规训。谢国桢先生曾谈到：“当清光绪中叶，提倡新学之际，学校尚未成立，所定学制章程，多取材于书院；而厘定章则，讲学宗旨，于今日学校犹不相远；于此可以知近代书院学校之演变，而为今日教育可以借镜者甚繁。”③ 另外一个例子也很能说明这种中西交汇的心态，直至中华民国时期的大学仍然浓重。1925 年 3 月，清华校务会议通过《研究院章程》，决定“延名师，招海内成学之士”，其“研究方法”九例，第一曰："本院略仿旧日书院及英国大学制度：研究之法，注重个人自修，教授专任指导，其分组不以学科，而以教授个人为主，期使学员与教授关系异常密切，而学员在此短时期中，于国学根柢及研究方法，均能确有收获。"④ 无论从这条规定的内容上、风格上，还是其所主张的理念上，都渗透着浓厚的中国传统教育

---

① （清）钟世桢编著：《信江书院志》，徐公喜、林方明点校，黄山书社 2010 年版，第 117、119 页。

② 金敏、周祖文：《儒家大学堂长江流域的古代书院》，浙江大学出版社 2005 年版，第 6 页。

③ 徐雁平：《清代书院研究的价值、现状及问题——以江南地区为讨论范围》，载《南京晓庄学院学报》2005 年 3 月，第 100 页。

④ 同上，第 101 页。

思想和体制观念。接下来我们看到中国最初的学堂章程和大学章程时，这种特点还会很鲜明地体现出来。

二、洋务运动时期的学堂章程

中国的大学章程起源于洋务运动时期的洋务学堂。在洋务运动中，最早建立的京师同文馆（1862 年）就有了自己的六条章程，由恭亲王奕訢酌拟，报同治帝钦定[①]；甚至同文馆内部新开设的学部亦制定了专门的章程，例如同治五年（1866），恭亲王奏请在同文馆内设立一馆，用以讲授"天文学"，并拟定新"章程"六条。在洋务运动期间，清王朝开设了一批新式学堂，这些学堂的章程的制定与修改，均须通过"钦奉懿旨允准"的一关，亦即批准颁布与修改之权力形式上属于皇帝。[②] 这一时期的学堂章程，主要包括翻译学堂、教授西学的综合性高等学堂、军事技术学堂、武备学堂、增设西学课程的旧有书院（或由书院改成学堂）、实业学堂等学校的章程。[③] 这些章程内容较为简单，文义较为笼统，亦不划分章节，而且都只包含自上而下的权威，刚性规定行政管理事务，没有自治的意味，很难说得上是真正的大学章程，只能说是一套根本的行政规则，亦可认为是旧日书院章程的另一版本。

相应地，这些学堂的教育状态，相对于当时的国际情势亦不尽如人意。李端棻在著名的《奏请推广学校折》（1896 年）中表示：

> 夫二十年来，都中设同文馆，各省立实学馆、广方言馆、水师武备学堂、自强学堂，皆合中外学术相与讲习，所在皆有。而臣顾谓教之道未尽何也？诸馆皆徒习西学西语西文，而于治国之道，富强之原，一切要书，多未肄及，其未尽一也。格致制造诸学，非终身执业，聚众讲求，不能致精。今除湖北学堂外，其余诸馆，学业不分斋院，生徒不重专门，其未尽二也。诸学或非试验测绘不能精，或非游历勘察不能确。今之诸馆，未备器图，未遣游历，则日求之于故纸堆中，终成空谈，自无实用，

---

① 周详：《洋务运动时期学堂章程行政法特征分析》，载《社会科学辑刊》2010 年第 3 期，第 218 页。

② 同上，第 219 页。

③ 黄路阳：《中国近现代高等学校章程述略》，载《安康学院学报》2007 年 2 月，第 99 页。

其未尽三也。……①

从以上论述，我们不但可以了解当时学堂教育的概貌，还可以进一步理解为何日后相当长的一段时期内，大学章程里规定了众多属于学制和纪律的技术细节；这并非书院传统的简单延续。我们可以针对清朝末年的大学章程进一步分析这一点。

三、清朝末年的大学章程

戊戌变法期间，京师大学堂的建立是中国教育史上的一个重要转折点。这是中国第一所国立综合性大学。京师大学堂在许多方面对中国的整个高等教育和高校体制的发展产生了重大影响。京师大学堂最初的章程是1898年戊戌变法时的《京师大学堂章程》(《奏拟京师大学堂章程》)。1898年7月3日(光绪二十四年五月十五日)，总理衙门上《遵筹开办京师大学堂折》，报告"臣等仰体圣意，广集良法，斟酌损益，草定章程，规模略具，若其要义，凡有四端：一曰宽筹经费，二曰宏建学舍，三曰慎选管学大臣，四曰简派总教习"，并附呈了梁启超起草的《京师大学堂章程》。章程共分八章：第一章总纲，第二章学堂功课例，第三章学生入学例，第四章学成出身例，第五章聘用教习例，第六章设官例，第七章经费，第八章暂章。《京师大学堂章程》是近代中国第一个大学章程，体现了维新派的教育改革思想，勾划了中国近代新学制和新教育体系的雏形，在中国近代教育史和教育现代化进程中有着重要意义。②

维新派制定的这份章程，也有着浓重的书院章程痕迹，兹举数例即可了解。例如第二章"学堂功课例"第二节规定：

> 西国学堂所读之书皆分两类：一曰溥通学，二曰专门学。溥通学者，凡学生皆当通习者也。专门学者，每人各占一门者也。今略依泰西日本通行学校功课之种类，参以中学，列表如下：

① 汤志钧、陈祖恩编：《近代教育史资料汇编戊戌时期教育》，上海教育出版社2007年版，第116—117页。

② 王晓秋：《戊戌维新与京师大学堂》，载《北京大学学报（哲学社会科学版）》1998年第2期，第79—80页。

经学第一，理学第二，中外掌故学第三，诸子学第四，逐级算学第五，初级格致学第六，初级政治学第七，初级地理学第八，文学第九，体操学第十，以上皆溥通学；其应读之书，皆由上海编译局纂成功课书，按日分课。无论何种学生，三年之内必须将本局所纂之书，全数卒业，始得领学成文凭。惟体操学不在功课书内。

……

高等算学第十六，高等格致学第十七，……卫生学第二十五（医学归此门）。以上十种专门学，俟溥通学卒业后，每学生各占一门或两门。其已习西文之学生，即读西文各门读本之书；其未习西文之学生，则读编译局译出各门之书。[1]

放眼世界高等教育史，恐怕再无第二个大学章程中有如此详尽的课程规定。这个课程规定不仅包括了课程编号排行及类型，还规定了学生读书种类，更将“上海编译局”这种大学外部的官办文化机构规定在内。而对照清代的书院章程，这些课程规定很容易找到其历史痕迹，经学、理学、诸子学的排行座次，和当时书院流行的排行完全一致。接下来第四节更是规定：“……今凡拟肄业者，每日必以六小时在讲堂，由教习督课；以四小时归斋自课。其在讲堂督课之六小时，读中文书西文书时刻各半。除休沐日之外，每日课肄时刻不得缺少，不遵依者，当即屏出”。[2] 这已经是完全将书院的纪律挪移到了大学之中。

更有意思的是，昔日书院和国子监的大量其他体制，如考课、膏火、入学限制（对于内设小学堂“凡大员子弟八旗世职等皆可来学”）、聘用教习等，也在这份章程中得到表述。例如第三章第五节规定[3]：

额设学生五百人，分为六级，略依同文馆之例，据功课之优劣，以第其膏火之多寡，略列表如下：

计开

① 汤志钧、陈祖恩编：《近代教育史资料汇编戊戌时期教育》，上海教育出版社 2007 年版，第 128 页。

② 同上书，第 129 页。

③ 同上书，第 130 页。

等次	额数	每月膏火
第一级	30 人	20 两
第二级	50 人	16 两
第三级	60 人	10 两
第四级	100 人	8 两
第五级	100 人	6 两
第六级	160 人	4 两

此种膏火规定，与西方各大学章程中关于奖学金的规定殊异，惟中国清代书院学规、学堂章程与早期大学章程所独见。对于京师大学堂，这种规定则是直接由书院色彩浓厚的京师同文馆的体制中继受而来。在这种大学章程之中，可以说维新派“中学为体、西学为用”的思想主张得到了淋漓尽致的体现，也是当时传统教育思想和教育体制根深蒂固的一个突出反映。

京师大学堂开始筹备以后，随着中国筹备者与具备国外高等教育人士接触交流日多，旧学规渐渐显示出它与当代大学教育体制的不匹配性。京师大学堂开办的“上谕”办法后，仅过了一个多月，首任管学大臣孙家鼐即呈《奏筹备京师大学堂大概情形折》，其中就包括普通学科（经、理、史、子等）合并、武备学堂另设、入学考选严格化、改膏火为奖赏（奖学金）等。[①]但总体上看改革步幅甚小，未对这一时期大学章程“中体西用”的框架和内容造成较大影响。同一时期的《通艺学堂章程》《南洋公学章程》等，框架和内容也都大抵类似，1901 年的《山东大学堂章程》更成为这方面的另一个典型代表，以其极尽详细的规定为中国特色的大学章程做了最好的注脚，从放假、礼仪、探亲、分类借书到浴室建设等，可谓无微不至，将中国古代书院的学规在全面、精细方向上发挥到淋漓尽致。

不过，由于义和团起义和八国联军攻进北京，京师大学堂的教学中断了一年多之久，原有章程的实施亦未能贯彻始终。八国联军攻占京城，刺激了清政府大力兴办高等教育的决心。1902 年（壬寅年），随着清政府派员赴日全面考察高等教育，中国第一次形成了系统性的现代学制，即“壬寅学制”，

① 汤志钧、陈祖恩编：《近代教育史资料汇编戊戌时期教育》，上海教育出版社 2007 年版，第 137—139 页。

与1903年（癸卯年）基于进一步的考察情况调整而成的“癸卯学制”联系在一起，史称“壬寅癸卯学制”。壬寅癸卯学制的建立，是中国教育史上一个里程碑式的重大事件；而清政府在全国范围内大力推行这一学制，也使得它对日后中国的教育体制产生了深远的影响。①

随着壬寅学制的建立，京师大学堂的章程亦被重新制定、颁布，史称《钦定学堂章程》；而随着癸卯学制的建立，在《钦定学堂章程》的基础上又重新形成了《奏定学堂章程》（即《奏定大学堂章程》），同时在大学堂内建立通儒院（相当于今天的研究生院），又制定了《通儒院章程》，并于1904年1月（此时仍属癸卯年）一体颁布。这两份章程与同年颁布的《蒙养院章程》（相当于今天的幼儿园）、《奏定初等小学堂章程》《奏定高等小学堂章程》、《奏定中学堂章程》（相当于今天的初中）、《奏定高等学堂章程》（相当于今天的高中）连结成一个完整的章程体系。《奏定学堂章程》成为京师大学堂第一份稳定运作的基本制度文件，其结构与内容在清政府统治结束后，仍然在很长一个时期内发挥着深远的影响。

《奏定学堂章程》和《奏拟京师大学堂章程》《钦定学堂章程》在结构上颇为类似，但从癸卯学制开始，清政府已迈出了实质性的改革步伐：

奏拟京师大学堂章程	钦定学堂章程	奏定学堂章程
第一章总纲	第一章全学纲领	立学总义章第一
第二章学堂功课例	第二章功课	各分科大学科目章第二
第三章学生入学例	第三章学生入学	考录入学章第三
第四章学成出身例	第四章学生出身	屋场、图书、器具章第四
第五章聘用教习例	第五章设官	教员、管理员章第五
第六章设官例	第六章聘用教习	通儒院章第六
第七章经费	第七章堂规	京师大学堂现在办法章第七
第八章暂章	第八章建置	

在《奏定学堂章程》中，官僚色彩浓厚的“设官”一章已经被抽去，增加了一个研究生院（通儒院），并且将“学生出身”改为对屋场、图书、器

① 以下内容据璩鑫圭、唐良炎编：《中国近代教育史资料汇编学制演变》，上海教育出版社2007年版，第241页以下。

具等教学辅助用品的规定。此外，“各分科大学科目章第二”中极尽详细地规定了每一个专业的课程组合、课时、教学日程、教学重点，一方面可以说是将中国古代书院学规发展到了一个巅峰；另一方面也可以说未能正确认识大学章程的应然定位，一旦某一专业的一个课程安排需要根据具体情况斟酌调整，整部章程竟然找不出一个相应条款来加以支持，并且由于章程的制定与修改权在名义上属于皇帝，大学在教学安排灵活性上就陷入了进退两难的僵局。由于清王朝此后不久退出历史舞台，这种弊端还来不及体现，大学堂便要迎接新的时代了。

四、中华民国时期的大学章程

1911 年辛亥革命的爆发结束了清朝的统治。在中华民国初年，虽然袁世凯及其后的各路军阀相继主政，主管教育的官员还是较为开明的，私立大学竞相兴起，大学章程的模式也迅速向西方靠拢。在这一时期，整个中国的学制经历了重要变革，先由壬子癸丑学制取代了壬寅癸卯学制，再由壬戌学制取代壬子癸丑学制，在学制设置上完成了整个教育历程的近代化。1913 年的《壬子癸丑学制》把清末的公共科改为预科，分类科改为本科，加习科改为研究科，另设专修科和选科①，并重新设置了大学院，奠定了大学教育的基本模式。它使中国的高等教育完成了由儒家定于一尊的一揽子旧式书院，向近代新式分科高等学校的根本性转变，其对人类知识的学科分类与大学的学科设置，基本已接近于近代的学科分类，中国的高等教育也由此全面进入近代教育范畴。② 1922 年的壬戌学制对后来中国整个教育事业产生了巨大的影响，在壬戌学制中，大学废除预科制，实行选科制，而以一种借鉴于美国“6-3-3”教育模式的年制的中小学教育为大学教育之基础。

此外，1912 年中华民国“教育部”公布了《大学令》，为中国建设近代大学奠定了法制基础。《大学令》（1912 年 10 月 24 日“教育部”公布，1917 年 9 月教育部修正公布）是民初第一部高等教育法律。其第 16 条规定：“大学设评议会，以各科学长及各科教授互选若干人为会员，大学校长可随时齐集

---

① 项建英：《论近代学制与大学教育学科的发展》，载《江苏高教》2007 年第 3 期，第 31 页。

② 邓亦武、叶琼瑶：《从近代三部学制看中国高等教育的近代化》，载《平顶山学院学报》2007 年 6 月，第 108 页。

评议会，自为议长。”“评议会审议下列诸事项：各学校之设置及废止；讲座之种类；大学内部规则；审查大学院生成绩及请授学位者之合格与否；教育总长及大学校长咨询事件。”“凡关于高等教育事项，评议会如有意见，得建议于教育总长。”第18条规定：“大学各科各设教授会，以教授为会员；学长可随时召集教授会自为议长。”“教授会审议下列诸事项：学科课程；学生试验事项；审查大学院生属于该科之成绩；审查提出论文；请授学位者之合格与否；教育总长、大学校长咨询事件。”① 当时的“教育部”通过此种中央法令，直接限定了大学章程须承载的基本组织架构，对大学章程的发展产生了很大影响。

由此，在壬子癸丑学制推行时期，中国出现了第一批真正意义上的现代大学章程。1921年《厦门大学大纲》可以看作这一时期大学章程的一个代表。该章程共分20章，包括“定名”“目的”“经费”“董事及董事会”“校长及校长办公处”“评议会”“会议”“委员会”等章，从结构及内容上看已属现代大学章程范围，惟其后半部分仍保留了一小部分当时的中国学制特色或书院传统，如第33条规定：“本大学预科修业年限二年，本科修业年限约四年。用单位制，以各学部各科所定之单位学习满数为毕业。”第十七章规定学生应交纳的学费及保证金，第十八章更以具体的数额确定了各类职员的薪俸。值得注意的是其第十九章，专章规定了“培养本大学师资办法”，主要是规定对派遣教职人员赴欧美考察研究的支持②，这可谓当时中国大学章程的一大历史特色。另以南京大学校史为例，1904年的《三江师范学堂章程》十五章共约14000字，除详细列出课程计划外，也列出了各方面的规章制度，如考试规则、各员职务、课堂规条、斋舍规条、操场规条、礼仪规条、各室规条、放假规条、赏罚规条、毕业服务规条、学堂禁令、接待外客规条、杂役规条。而中华民国十年（1921年）的《国立东南大学大纲》，共七章，约2500字，重点规定了学校的学科、专业设置、机构及其职能，并明确表明各

① 黄明东、冯惠敏：《大学基层学术组织建设的法律基础探析》，载《河北法学》2008年11月，第50页。

② 潘懋元、刘海峰编：《中国近代教育史资料汇编高等教育》，上海教育出版社2007年版，第454—461页。

机构的章程或议事细则另定之，具体的规章制度不再出现在章程中。[①] 从这些例子可以明显地看出，当时大学章程处于一个由传统书院章程经晚清学堂规条转入现代大学章程的过程中。

壬戌学制推行以后，中国的整个学制趋于稳定，高等教育体制也基本确定下来，大学章程稳步向现代化方向发展。壬戌学制推行后，高等学校仍然非常重视学校章程的制定和实施，章程的称谓也进一步多元化，当然，这也带来很多不便。当时与“章程”同义的概念有“通则”“规程”“大纲”“组织大纲”等，如1922年的《修正交通大学大纲》、1925年《南洋大学通则》、1929年《交通大学暂行组织大纲》和1930年的《中央大学组织规程》等。[②] 1929年7月，南京国民政府颁布了《大学组织法》，除更新了《大学令》中有关大学内部主要机构设置及权力结构（主要是确立了校务会议的组成结构及其在大学治理中的核心地位，但取消了教授会的治理权力）、对学生考选提出严格要求、保障经费合理分配及使用外，还改变了大学内部的院系配置。规定：“大学分文、理、法、农、工、商、医各学院。凡具备三学院以上者，始得称为大学。不合上述条件者，为独立学院，得分两科。大学各学院及独立学院各科，得分若干学系。”由此，大学的“校—院—系”建制系列首次以法律的形式得以确认。1929年8月，中华民国“教育部”以此法为依据公布了《大学规程》。[③] 自此以后，全国范围内的大学章程，在内部治理结构的安排上开始趋于规范化，普遍注重崇尚学术自治、民主分权色彩浓厚的内部治理结构建设。此后，大学法令虽然历经修改，但这种基本安排相对稳定，大学章程随之也不再发生重大改变，1948年颁行的《大学法》仍然继续推行这一套制度。

此阶段的大学章程，以西方大学章程的架构和内容为主线，比较完整地融洽了中西章程的特色。在这样一个中西高度融洽、规则走向稳定的时期，许多大学章程并没有一味照搬西方定式，而保留了相当丰富的本土色彩，个中情形意味深长。以《私立湘雅医学院[④]章程》中的《私立湘雅医学院组织

① 黄路阳：《中国近现代高等学校章程述略》，载《安康学院学报》2007年2月，第101页。
② 同上。
③ 周川：《中国近代大学建制发展分析》，载《北京大学教育评论》2004年7月，第89页。
④ 今为中南大学湘雅医学院。

大纲》为例（后者才准确对应于今天我们所说的“大学章程”），该大纲共分“总则”“学制”“教职员”“会议”“审计”“附则”六章，共计32条，其中既有典型的西式章程规定，如第10条“院长由校董会选举之，综理本学院一切事务。”第24条“校务会议之职权如左：（一）审定预算；（二）拟定建设事项；（三）议决各种规则；（四）议定成绩标准；（五）计划设备事项；（六）训育事项；（七）财务事项；（八）其他。”即便是这样一种本质上属于西方大学章程之机构与内容的规定，亦相当简要，欠缺程序限定，仅仅粗疏地作了原则上的授权；对于西方大学章程中至关重要的一个版块，只以一句“各种会议规程另定之”（第28条）规定。同时，章程亦保留了大量本土传统规则，几乎涵盖了本土传统规则的主要类型：（1）学制与课程安排，如第6条“本学院修业期限六年。第一年所习为医学先修学科，第二、第三年所习为医学基础学科，第四、第五年两年所习为临诊临床学科，第六年在医院见习。”（2）生员考录，如第7条“投考第一年，须曾在高级中学毕业或其他同等学校毕业者。但私立学校以经立案者为限。”（3）生活纪律，如第10条“本学院学生一律寄宿，设立男女生宿舍各一。”（4）职员事责，如第14条“本学院设注册兼训育主任一人，办理注册一切事宜。”（5）授课时数，如第22条“本学院专任教员至多每星期以教授十六学分为限。”（6）财务事项，如第五章专章规定审计事宜。[1] 这样一种组织大纲引人深思：传统中国学堂章程的规定，未必就一定需要从大学章程里抹去；根据大学自身特色，大学章程亦可以相当多元化，并不存在一条必然的发展道路。但是，这种大学章程亦在欧美模式日益强势和世界范围内掀起治理风潮的背景中逐渐消失，今天我国台湾地区的大学章程，也已不复保留这种面目，而与西方大学在很大程度上接近了。

五、新中国成立后的大学章程

新中国成立以后，我国大陆地区的高等教育思想，经历了从资本主义到新民主主义、再到社会主义教育理念的变迁，大学的建制和教学方式也有了很大的变化。1950年中央人民政府教育部发布的《高等学校暂行规程》等文

---

① 参见《私立湘雅医学院章程》，民国廿二年（1933年）第15—21页。

件，为整个新中国的高等教育事业奠定了基调。《高等学校暂行规程》[①] 除了教育思想上的改变外，还带来了三个重大变革：第一，规定了校长负责制，其第 19 条规定："大学及专门学院采校（院）长负责制；大学设校长一人，专门学院设院长一人，其职责如下：（一）代表学校；（二）领导全校（院）一切教学、研究及行政事宜；（三）领导全校（院）教师、学生、职员、工警的政治学习；（四）任免教师、职员、工警；（五）批准校（院）务委员会的决议。"第二，强化教务长的地位，其第 22 条规定："大学及专门学院设总务长一人，对校（院）长负责，主持全校（院）的行政事务工作。由校（院）长提请中央教育部任命之。"第 24 条又规定："大学及专门学院的系，为教学行政的基层组织，各设主任一人，受教务长领导（在设有学院之大学，则受教务长与院双重领导）；由校（院）长就教授中聘任，报请中央教育部备案。"第三，规定了校务委员会制度，其第 26 条规定："大学及专门学院在校（院）长领导下设校（院）务委员会，由校（院）长、副校（院）长、教务长、副教务长、总务长、图书馆长（主任）、各院（大学中的学院）院长、各系主任、工会代表四人至六人及学生会代表二人组成之，校（院）长为当然主席。校（院）务委员会的职权如下：（一）审查各系及各教研组的教学计划、研究计划及工作报告；（二）通过预算和决算；（三）通过各种重要制度及规章；（四）议决有关学生重大奖惩事项；（五）议决全校（院）重大兴革事项。校（院）务委员会得设常务委员会及各种专门委员会。"在这三大规则的作用下，校长牢固地建立了其对整个大学的领导权，大学章程反而处于不甚重要的位置了。

这种变化和新中国建立之初的思想和知识需求是相符的，也是一定程度上借鉴苏联教育管理模式的结果。在强有力的校长负责制的作用下，中国大陆的大学迅速完成了教育思想、教材和教学方案的全面革命，转变为高扬新民主主义思想乃至社会主义思想的阵地。大学的知识生产、科学研究和人才培养，与当时的政治、社会、经济建设、科技发展等各方面的需要紧密结合起来。大学的定位，也由一处相对独立和封闭的象牙塔，转变成整个国家机器的一颗重要螺丝钉，在新的社会思想和教育方针指导下"全心全意为人民

---

① 资料来源：《人民日报》图文电子版数据库。

服务”。这一期间新成立的大学基本上都没有章程，或者是形同虚设，大学的权力结构和运行模式，已经被统一的法令直接规定了。除了这些法令以外，教育委员会作为一个强有力的行政部门（对于其他一些部属高校，也包括司法部、化工部等），直接决定着高校的管理人员选择，指挥着高校的教学运作、学术科研甚至财政收支，大学章程作为一个自治性的文件就失去了其实质性的作用领域。这种情况一直持续到“文化大革命”期间，直至大学普遍停课、从性质上变成直接受命于政治权力的工农兵学校。到“文化大革命”结束、恢复高考以后，中国建设现代化大学的事业才又重新得到重视，各个高校开始陆续制定大学章程，学界也开始从法学、管理学和教育理论来反思大学章程的相关问题。大学章程的性质、地位和功能由此也才重新得到认识。

1998 年颁布的《高等教育法》对大学章程在法律层面上提出了正式的要求。《高等教育法》第 27 条规定“申请设立高等学校的，应当向审批机关提交下列材料：……（三）章程”；第 28 条规定“高等学校的章程应当规定以下事项：（一）学校名称、校址；（二）办学宗旨；（三）办学规模；（四）学科门类的设置；（五）教育形式；（六）内部管理体制；（七）经费来源、财产和财务制度；（八）举办者与学校之间的权利、义务；（九）章程修改程序；（十）其他必须由章程规定的事项。”从这一规定看，当前我国高等教育体制对大学章程的认识已经接近世界主流，但对办学规模、学科门类、教育形式等问题的规定则仍然体现了我国大学章程偏重行政管理内容的传统。此后，1999 年 12 月 2 日教育部印发《教育部关于加强教育法制建设的意见》提出实现依法治教的主张，要求“各级各类学校特别是高等学校要提高依法管理学校的意识，依据法律、法规的规定，尽快制定、完善学校章程，经主管教育行政部门审核后，按章程依法自主办学。”2003 年 7 月《教育部关于加强依法治校工作的若干意见》教政法［2003］3 号再次强调以“学校要依据法律法规制定和完善学校章程，经主管教育行政部门审核后，作为学校办学活动的重要依据，按章程自主办学”作为依法治校的举措之一。同年 11 月，教育部办公厅发布《关于开展依法治校示范校创建活动的通知》教政法厅［2003］4 号具体提出了教育部依法治校示范校的 8 条标准，其中第一条就是“管理制度完善健全。依法制定学校章程，经教育行政部门审定并遵照章程实施办学活动。依法制定教育教学、财务、教师、学生、后勤、安全等各项管理制度，内容合法、公正、公开，并得到切实有效执行。”该文同时指出创建“依法治校示范校”一票否决的三个条件中的第一个条件就是“没有章程”一票否决。2006年6月15日至16日，教育部在吉林大学召开了“直属高校依法治校工作经验交流会”，对大学章程制定工作做了明确要求和广泛动员。2010年中共中央、国务院联合发布《国家中长期教育改革和发展规划纲要（2010—2020年）》再次明确提出，“完善中国特色现代大学制度，要加强章程建设。各类高校应依法制定章程，依照章程规定管理学校。”秉承这一精神，教育部于2011年7月颁布第31号令即《高等学校章程制定暂行办法》（下称《暂行办法》），旨在“完善中国特色现代大学制度，指导和规范高等学校章程建设，促进高等学校依法治校、科学发展。”

《暂行办法》进一步展开了《高等教育法》的规定，为高等学校制定大学章程提供了指引，标志着大学章程建设在我国推进到一个新的阶段。在相关法律文件的影响下，中国大学先后制定了一系列大学章程。如2002年《吉林师范大学章程（试行）》、2004年《佳木斯大学章程》《扬州大学章程》、2005年《黑龙江大学章程》《吉林大学章程》、2006年《上海交通大学章程》、2010年《中国政法大学章程》等。2006年以后，大学章程的制定明显加速，许多大学纷纷相继制定自身的章程。这些大学制定章程的动力不一，如吉林师范大学的章程是伴随2002年教育部批准其更名而制定的；吉林大学制定章程有并校的背景，它先后合并了吉林工业大学、白求恩医科大学、长春科技大学、长春邮电学院和中国人民解放军军需大学，这一章程很大程度上是为协调和建构合并后新的吉林大学的组织和权力结构而诞生的。2010年《高等学校章程制定暂行办法》出台后，北京大学、中国人民大学、复旦大学等国内顶尖大学也加紧了大学章程制定的步伐，汕头大学、深圳大学等处于改革开放前沿的高等院校则开始了更具突破意义的探索。近年来，我国的高等学校加快了大学章程的制定工作，包括北京大学、清华大学、中国人民大学等著名高校在内，所有的“985”与“211”高校均已制定大学章程，教育部也先后分多批次对此加以核准。2015年6月30日，教育部已先后分7批次，核准发布了84所中央部门所属“211工程”高校章程。同时，各地的28所“211工程”高校章程近期也全部通过核准。自此，全国112所“211工程”高校（含38所“985工程”高校，军事院校除外）章程率先全部完成核准发布工作。[①] 不少民办高校也制定了自己的章程。这些大学的章程对于中国大学的法治化、对于大学自治的推进，有着重要的前提性的意义。

六、中国大学章程的现状评析

自1998年《高等教育法》颁布以来，大学章程之于大学治理的重要性通过不同的渠道渐次彰显。近年来，大学章程的制定速度大幅提升，所有的“985”与“211”高校均已制定大学章程，这一局面标志着大学章程的基础制度建设已经获得了初步的成功。但是，大学章程的实效依然需要得到加强。部分高校制定大学章程时遭遇师生的冷漠，大学生和一线教师反应冷淡，甚至觉得与己无关。[②] 大学章程在部分高校的运行仍不尽如人意，大学内部从领导到师生对大学章程的认知也还相当欠缺。强调大学章程实效性的话语不断出现，例如有院校行政干部宣称“制订大学章程不是面子工程、政绩工程。制订和公布的章程只有真正发挥作用才有意义。决不能把章程束之高阁，更不能打入冷宫，而要真正在办学的工程中照章办事。”[③] 这种强调的背后也体现了对大学大章程在现实运行中实效性不足的担心。这一状况与《国家中长期教育改革和发展规划纲要（2010—2020年）》关于“落实和扩大高等学校办学自主权，完善高校治理结构，全面推进依法治校”的要求尚有明显差距。“在社会转型期，对公立高校的管理正是缺乏对学校章程的重视和运用，而仅仅依靠传统的行政管理方式已经导致学校管理领域的混乱局面。”[④] 具体说来，我国的大学章程存在如下几个方面的问题：

（一）大学章程的法律地位不明确，法律效力得不到保障

1999年《教育部关于加强教育法制建设的意见》指出，“各级各类学校特别是高等学校要提高依法管理学校的意识，依据法律、法规的规定，尽快制定、完善学校章程，经主管教育行政部门审核后，按章程依法自主办学。”

---

① 《全国“211工程”高校章程全部核准发布》，载陕西省教育厅网站，http：//www. snedu. gov. cn/wap/？ itemid＝5342&moduleid＝26，2015年11月26日访问。

② 网易教育专题频道：《〈复旦大学章程〉遇冷 被质疑校长游戏》，载 http：//edu. 163. com/11/0106/11/6PNB4L0H00294IIT. html，2015年11月26日访问。

③ 铁铮：《大学章程的制定与落实，我们有话要说》，载《北京教育（高教）》2014年第1期，第6页。

④ 周兰领：《政府与公立学校行政关系法治化论纲》，海洋出版社2010年版，第76—77页。

这表明，教育行政部门的审核通过是大学章程的生效要件。那么，大学章程在整个教育法体系中居于何种地位？是否所有的法律法规、规章以及国家的有关政策性文件都要作为教育行政部门审查大学章程合法性的依据？我们认为，高等学校作为国家法律、法规授权行使教育管理自主权的组织，法律、法规是高等学校行政管理职权的“权源”所在。大学章程作为高等学校行政权力行使之产物，自当为隶属于国家法律、法规之“下位法”。[①] 而部委规章、地方政府规章及其他教育行政规范则应当在大学章程“上位法”体系中被排除，但这并不意味着章程制定可以违背上述规章或规范之规定：对于部委规章、地方政府规章及其他教育行政规范中涉及高等教育事务的规定，大学章程遵循的是“不抵触”原则，而非“依据”原则。[②] 况且，根据大学治理和学术自治的精神，大学章程的地位有一定的独立性，同时从上位法律授权和民主治理进程中取得合法性来源，上位法规范亦不宜对其规定过多，而应将更充分的自主权交给各个高校行使。遗憾的是，目前的高等教育法制并未充分体现出这一点。

（二）缺乏对学校治理结构的具体规定，学术权力与行政权力失衡

我国的大学章程虽然也按照《高等教育法》的规定，对党委、校长、校长办公会议、教职工代表大会、学术委员会、学位委员会等的职权作了规定，但大量章程在此基本上是对《高等教育法》《高等学校章程制定暂行办法》及其他上位法规范或其他大学章程的复制。这种情况下，由于大学组织官僚化和行政本位，导致行政权力高于学术权力；校长不仅是学校的最高权力代表，也是学术的权力核心。行政权力不断膨胀，干预了太多的学术问题，在职称评定、院系设置、专业人员引进等众多学术活动中也主要是以行政权力为主。这种现象严重限制了我国高校的学术发展，也导致高校内部行政权力与学术权力的对抗。加拿大学者许美德（Ruth Hayhoe）将“学校自治”和“学术自由”作为西方大学的基本价值取向，并指出其作为“历史遗产的组成部分被延续下来”，大学组织的意义首先应该是作为“专门化”和“学术性”组织，

① 参见湛中乐、徐靖：《通过章程的现代大学治理》，载《法治与社会发展》2010 年第 3 期，第 109 页。

② 同上，第 110 页。

其次才是行政组织。[①] 因此，今后我国大学章程的制定必须以学术自由作为价值追求，使学术权力在高校治理中发挥应有的作用。

(三) 大学章程的制定程序不完善

合法有效的程序是保障实体规定得以贯彻落实的必要条件。在大学章程的制定过程中，不仅要注重实体的规定，还要重视其制定、执行的程序。从我国现已出台的大学章程来看，章程制定的程序极不统一。有的是由教职工代表大会审议，党委常委会、全委会讨论通过，如《北京师范大学章程》第72条规定："本章程经教职工代表大会审议，经党委常委会、全委会讨论通过，报教育部备案。"有的是由校委会、教职工代表大会审议，由校党代会讨论通过，例如《吉林大学章程》第70条规定："本章程经校务委员会和学校教职工代表大会审议，由中国共产党吉林大学代表大会讨论通过，报教育部备案。"有的则是由校党委审定，学校教职工代表大会审议通过，例如《上海交通大学章程》(试行) 第57条规定："本章程的制定和修改需经学校党委常委会审定，学校教职工代表大会审议通过，并报教育部和上海市政府备案"。有的则由校长办公会制定、审核后提交教职工代表大会通过，同时须经校党委审批，例如《华北电力大学章程》(试行) 第70条规定："本章程由校长办公会制定、审核后提交教代会通过，并经校党委审批。"大学章程的制定程序非常混乱，且实质性的决定权归属不明，影响了章程的权威性。

(四) 大学章程缺乏公开性，透明度不高

根据2010年9月1日开始实施的《高等学校信息公开办法》，学校章程以及学校制定的各项规章制度属于高等学校应当依法主动予以公开的信息。高等学校应当根据实际情况，通过学校网站、校报校刊、校内广播等校内媒体和报刊、杂志、广播、电视等校外媒体以及新闻发布会、年鉴、会议纪要或者简报等方式予以公开；并根据需要设置公共查阅室、资料索取点、信息公告栏或者电子屏幕等场所、设施。我国大陆地区制定了大学章程的大学中只有少数几所大学的大学章程可在其官方网站上查阅，有的虽在报刊或网络

① 〔加〕许美德：《中国大学1895—1995》，许洁英译，教育科学出版社2000年版，第26页；转引自施晓光：《我国大学内部管理制度之检讨与改造》，载《沈阳师范大学学报（社会科学版）》，2004年第1期，第92页。

上公告已制定大学章程，可其大学章程的详细内容却无从查找，使大学章程成为了一个纯粹的内部传阅文件，得不到有效地实施。另一方面，大学章程的不公开是学校在行政管理中恣意妄为的温床，近年来，以田永诉北京科技大学案、刘燕文诉北京大学案、黄渊虎诉武汉大学案及教师林某诉西北某高校案件等为例的高校法律纠纷案频频出现，与高等学校大学章程的缺失和高效管理的不透明不无关系。

大学章程作为现代大学法人制度的核心构件，上承国家的法律法规，下衔校内各项规章制度，起着“治校总纲”的作用。于大学外部法律关系而言，大学章程是政府干预大学内部事务的依据和边界，也是社会参与大学治理的载体。于大学内部法律关系而言，大学章程是规划大学内部秩序的“组织法”，划定“党委领导，校长负责，教授治学”的责任范围，解决决策权和执行权关系不清晰等问题；在保护大学各群体权利方面，大学章程是彰显权利法定、权力有限的“权利法”；在高校行政法治的“正当法律程序”上，大学章程还是确保大学有序运行、保障权利的“程序法”。[①] 我国《教育法》《高等教育法》均要求“一校一章程”，但由于历史的原因，目前我国还有相当数量的高等学校没有制定的学校章程；已制定了章程的，也存在这样那样的问题，大多面临形同虚设的尴尬境地。这不仅使得我国高等学校法人制度不完善，也使得《教育法》和《高等教育法》赋予大学的办学自主权在一定程度上成为一纸空文。“在社会转型期，对公立高校的管理正是缺乏对学校章程的重视和运用，而仅仅依靠传统的行政管理方式已经导致学校管理领域的混乱局面。”[②]

导致这些现象出现的原因多种多样，其根本原因在于中国大学（尤其是公立高等院校）的行政化色彩一时难以消除，导致高校办学自主权一时难以完全按照大学治理自身的逻辑展开。正是在这个意义上，我们需要重视大学章程从功能、原则、内容、制定程序到实施过程的一系列制度问题。落实大学章程是一项系统工程，不能仅仅依靠一个或一批大同小异的纸面文本，就

---

① 朱家德：《建设大学章程，推进依法治校》，载《赣南师范学院学报》2010 年第 2 期，页码不明。

② 周兰领：《政府与公立学校行政关系法治化论纲》，海洋出版社 2010 年版，第 76—77 页。

能根本上改变高等教育法治化的进程。

推进高等学校章程建设，完善大学法人制度，进一步落实和扩大高等学校的办学自主权是当前我国高等教育法治发展的重要任务。在全面深化改革及全面推进依法治国的大背景下，这种任务显得尤为迫切。有关如何完善当代中国大学章程的制定主体、程序与内容等方面的规定，本书的后面章节将继续详细阐述。

第三章

大学章程的功能和原则

第一节　大学章程：现代大学法人治理的制度保障

自20世纪以来，大学功能多样化和高等教育规模的迅速扩大，使大学制度存在的时间和空间发生了巨大的变化，大学自身的管理问题变得更为复杂，大学管理制度与社会转型之间的矛盾凸显。为协调这一矛盾，使大学治理更加符合社会发展的需求，西方国家纷纷发起高等教育制度改革，由此掀起了一场高等教育领域的治理变革浪潮。其中，大学的法人治理结构是现代大学治理的核心制度安排，它既涵盖所有正式制度和规则，同时也包含各种非正式的制度。与以往的管理模式相比，新的治理模式强调协调，弱化控制，从控制走向协调，以治理代替管理，以便使各方利害关系人在权利（力）、责任和利益上相互制衡，实现大学内外部效率和公平的合理统一，已经是世界高等教育改革的趋势。①

西方国家高等教育制度改革的经验表明，完善的大学章程是建立现代大学法人制度、实现大学法人自治的重要制度保障。大学章程通过规定学校的办学理念和特色、学校发展目标和战略，校内各种关系、学校的领导体制、治理结构、管理模式，教职员工的权利和义务，学生的权利和义务等重要内容，回答了包括现代大学治理等在内现代大学法人制度的核心问题，是现代

① 曲耀华：《重建我国现代大学制度——从大学章程的视角》，载《内蒙古农业大学学报（社会科学版）》2009年第2期，第128页。

大学依法自主办学切实可行的自治规范。大学章程作为建立现代大学法人制度、实现大学法人自治的重要制度保障，其制度功能主要体现在以下四个方面：第一，大学章程是现代大学法人制度建立的标志；第二，大学章程是现代大学法人治理秩序的内在要求；第三，大学章程是现代大学法人自治的核心构建；第四，大学章程是现代大学学术自由的重要保障。

一、大学章程是现代大学法人制度建立的标志

从法律的意义上看，有团体，则须有章程；无章程，无以为团体。对于外部关系而言，章程是一个团体人格独立的标志与象征；对于内部关系而言，章程是团体运作和管理的基本规范和主要依据。大学作为独立承担法律责任的法人团体，必须有相应的章程对其内外部关系作出规范。纵观历史，早在十二三世纪的西欧中世纪时期，“大学是由学生和老师组成的社团，一般要取得教皇或者皇帝给予的特许状”①，作为大学取得合法地位的凭证。例如，教皇格利高利九世曾于1231年颁布的限制巴黎主教权力，承认大学拥有独立的审判权和罢课权的一系列章程，即中世纪的“大宪章”，以法定形式赋予大学一定程度的自我管理权力，从而使大学在学术和管理方面的自治权力合法化。② 可以说，特许状作为中世纪大学取得合法自治权力之载体开启了大学依章程治理的历程。放眼当今世界，“世界一流大学都有自己的‘大学章程’，具有高度的权威性和严肃性，并以章程为基础制定有各种规范，具有规范管理和依法治校的良好氛围”。③ 兹举例说明：

在法国，巴黎大学取得行会式特许权并成为自治机构的重要特征便是拥有自己的章程，有权要求其成员做遵守其章程的宣誓，有权开除违规者。④ 巴黎大学最早的章程，当属1215年教皇特使为巴黎大学制订的章程。1231年教皇格雷古瓦九世发布谕旨同意颁发的新章程被称为创办巴黎大学真正的“大宪章”。⑤

---

① 孙贵聪：《英国大学特许状及其治理意义》，载《比较教育研究》2006年第1期，第12页。

② 刘香菊、周光礼：《大学章程的法律透视》，载《高教探索》2004年第3期，第39页。

③ 刘念才、程莹、刘莉、赵文华：《我国名牌大学离世界一流有多远》，载《高等教育研究》2002年3月第23卷，第2期，第20页。

④ 王晓辉：《法国大学治理与大学章程》，载《现代大学教育》2015年第4期，第21页。

⑤ 贺国庆等：《外国教育史》，人民教育出版社2006年版，第39、93页。

在德国，大学作为由国家设立的间接执行国家任务的公法人，有权依据国家法律的授权为管理自己的事务制定规章。[①] 1737 年成立的哥廷根大学的哲学院章程被看作是德国大学史上的一个里程碑，该章程规定“所有教授，只要不涉及损害宗教、国家和道德的学说，都应享有教学和思想自由这种责任攸关的权利。”这是德国第一次在法律意义上申明了学术自由的原则。[②]

在英国的高等教育治理中，大学章程起着核心作用。英国大学章程的内容一般包括政府如何介入，在什么范围内介入和在多大程度上介入大学治理，规定了社会有责任参与，在什么范围内和在多大程度上参与大学治理，大学如何适应社会发展的要求和保持大学自治，在学术自由中间取得平衡等。大学章程对包括社会参与的发展决策机制、校长负责的行政执行机制、教授治学的学术自由机制、监督分离的财物安全机制，程序公平的人事管理机制等在内的大学治理结构作出明确规定，对一所大而言居于大学宪章地位。[③]

在美国，无论是公立高校还是私立高校，一般都有由大学权力机构（一般是学校的董事会）根据大学设立的特许状或地方政府颁布的教育法律法规而制定的大学章程。虽然不同大学的章程在表述和内容构成上存在差异，但基本内容一般包括大学的理念、办学宗旨、办学目的或培养目标，大学的名称与校址、内部管理体制、大学重大事项的决策程序、举办者与大学之间的权利与义务、校长的权利与义务、教师的聘任与管理、教学事务及教师的学术权力、学位的授予、学生事务、经费来源、财产与财务制度、章程修改程序等重大事项。其中，学校董事会及其下属各个委员会的组织构成、成员的选举与任用等大学决策的方式与程序是大学章程必不可少的内容之一。因此，美国的大学章程是规范大学运作的基本纲领和法则。[④]

日本自 2004 年 4 月正式实施的大学法人化改革以来，从明治时期开始一百多年政府对大学的传统管理模式发生巨大变化，各个大学都在重新研讨自

---

① 〔德〕哈特穆特·毛雷尔：《行政法学总论》，高家伟译，中国政法大学出版社 2000 年版，第 60、61、572—577 页。

② 陈洪捷：《德国古典大学观及其对中国的影响》，北京大学出版社 2006 年修订版，第 16 页。

③ 范文曜、张家勇：《大学章程的治理意义——英国大学章程案例研究》，载《理工高教研究》2008 年第 12 期，第 1 页。

④ 刘承波：《大学治理的法律基础与制度架构：美国大学章程透视》，载《国家教育行政学院学报》2008 年第 5 期，第 86—87 页。

身定位与未来发展目标，大学章程作为一种制度管理的新形式应运而生。[①]2003年3月18日召开的东京大学评议会通过了《东京大学宪章》，之后，各国立大学纷纷效仿《东京大学宪章》制定了自己的宪章（章程）。大学宪章（章程）作为校内总纲领，集中反映了大学两个方面的制度诉求：一方面是对外部评价的一种责任说明，明确在长期目标之下，大学管理制度的理念、基本原则与组织运营机制；另一方面，是在大学被授予自治、自主权后，在法人化改革的法律框架下行使自治权利的自我规范，是对内部管理的一种自律性追求。[②]

在我国，一般认为，现代大学法人治理的构架包括宏观和微观两个层面：前者是指学校与外部的关系，包括政府宏观管理、市场适度调节、社会广泛参与、学校依法自主办学；后者则是指学校内部关系，包括党委领导、校长负责、教授治学、民主管理。其核心就是学校在政府的宏观调控下，制定和完善大学章程，作为学校办学活动的重要依据，按章程自主办学，实行民主管理从而使大学成为真正具有一定办学自主权的独立法人。

二、大学章程是现代大学法人秩序的内在要求

“无规矩，则无方圆”，任何秩序的确立和实现都是同规范的产生和实施紧密相连的。所谓大学法人秩序，我们可以理解为：在大学教育存在和运转过程中，大学教育主体相互作用所具有的一定确定性、稳定性和连续性的过程、结构和模式。秩序既是大学教育的活动的状态，也是大学教育活动的结果。大学教育秩序对大学教育主体的生存和发展同样是必不可少的，没有稳定有序的大学秩序，大学就不可能正常运转，就不可能有学术的稳定和繁荣，就不可能培养出德才兼备的人才。[③] 活泼有序的教育秩序是实现大学章程其他价值的保障。无论是学术自由、还是民主参与亦或是权利保障，都依赖于活泼有序的教育秩序而实现。依据以大学为中心形成的法律关系的主体不同，大学教育秩序可分为外部教育秩序和内部教育秩序：前者反映的是举办者、

① 马陆亭：《大学章程地位与要素的国际比较》，载《教育研究》2009年第6期，第71页。

② 王晓燕：《国立日本大学法人化改革中的大学章程建设——以〈东京大学宪章〉为例》，载《全球教育展望》，2009年第4期，第66页。

③ 参见米俊魁：《大学章程的价值研究》，中国海洋出版社2006年版，第70—71页。

管理者和办学者在大学管理过程中各种活动和行为的确定性和连续性；后者反映的是学校内部校级管理部门之间、职能部门之间和其院（系）之间在管理中各种活动的行为的确定性和连续性。大学章程将各主体的职权范围、行为方式和责任承担规范化，有利于形成有条不紊的大学教育秩序。

就外部教育秩序而言，大学章程有利于厘清大学与举办者、管理者之间的关系，促使这一关系法律化，规范举办者、管理者管理大学的行为。大学章程既保证大学举办者、高等教育的管理者不直接干预大学的具体事务，使大学依章自治；又避免大学在运行过程中的主观随意性，使其一切行事均有章可循。我国《教育法》第28条明确规定了学校和其他教育机构享有九项自主权，其中居于首位的就是“按照章程自主管理”的权利，也就是说，大学自主管理的依据是大学章程。我国的大学章程是在我国法律、法规及相关规章制度的前提下，由教育行政部门监督，并在教育部门核准备案。虽然没有通过国家立法程序上升为法律，但由于大学章程一旦通过教育行政部门的核准，就不仅对大学的办学行为有约束力，而且对大学举办者、管理者的管理行为、举办者的监督行为也有约束力，大学章程中规定的属于学校自主管理的领域，管理者和举办者不能再任意加以干预。国外大学的章程都比较注重学校与外部关系的规定。美国康奈尔大学章程以及董事会章程对大学董事会制度的规定，恰当的体现出了其以社会知名人士为主、校内与校外相结合、民主参与、分工协调的特点；同时，也保证了康奈尔大学决策的民主公道，使社会上有崇高声望的知名人士充分参与，加强了大学与政界、教育和社会的联系。[①] 耶鲁大学章程规定，法人机构的19名成员中有3名当然委员，他们是“耶鲁大学校长、康涅狄格州州长和副州长”。这样，政府官员参与学校法人机构，有利于学校与政府及社会各方面关系的处理。[②]

就内部教育秩序而言，大学章程可以有效地协调大学内部人员之间、机构之间的关系。如《北京师范大学章程》明确了校级组织机构的职权划分，包括党委、校长、校务委员会、校学术委员、校学位评定委员会、学位评定

① 于丽娟：《国外大学章程文本探析——以英国牛津大学和美国康奈尔大学为主要案例》，载《高教探索》2009年第9期，第77页。

② 陈立鹏、张建新、陶智：《国外大学章程对我国大学章程建设的启示》，载《中国高等教育》2007年第6期，第61页。

分委员会、教职工代表大会之间的职权划分；校、院（系）之间的职权划分；院（系）之间组织机构的职权划分，包括院长、学院党委（总支）、学院（学科）学术委员会、教授会之间的职能划分。以校、院（系）之间的关系为例，章程第33条规定："学校设立学院。学院作为人才培养、科学研究、学科研究、学科建设的具体组织实施单位，在学校授权范围内实行自主管理。"第34条规定："学院根据学校的规划、规定或授权，制定学院发展计划，制定并组织实施学科专业建设、师资队伍建设、课程建设及教学计划，组织开展科学研究和其他学术活动，提出年度招生计划建议，设置内部机构，制定内部工作规则和办法，决定学院人员的聘任和管理，负责学生的教育与管理、就学生的奖惩提出意见，管理和使用学校核拨的办学经费和资产；行使学校赋予的其他职权。"再如《香港中文大学条例》规定的董事会的组成及其成员产生的办法与程序，校长权利与义务以及其主管部门的职责等，这都成为香港中文大学运作的法律依据。此外，大学章程还明确了"大学的理念、办学目的或培养目标以及教学事务、学生事务、学位的授予、教师的聘任与管理、有关教师学术权力的规定等"。[①] 这种职权划分可以有效地保证各权力主体在行政管理中不越位、不错位、不缺位，使得学校的各方面都有章可循。

三、大学章程是现代大学法人自治的核心架构

现代大学法人制度的核心内容是大学自治，大学章程规定学校依法行使办学自主权，这是大学法人自治的制度表达。正如马克斯·韦伯所言，"自治意味着不像他治那样，由外人制定团体的章程，而是由团体的成员按其本质制定章程（而不管它是如何进行的）。"[②] 因此，大学自治首先体现为大学根据自身的发展特色制定一部章程，并通过章程确立自主型的大学治理结构，保证大学内部权力正常行使，理顺调整和规范的内部权利义务关系。具体而言，大学章程的形式和内容要确立和维护学校自我制定本校的各项基本制度、设立本校的具体组织结构的权利（权力）；确认和维护大学决定其内部以教学

① 刘香菊，周光礼：《大学章程的法律透视》，载《高教探索》2004年第3期，第40页。
② 〔德〕马克斯·韦伯：《经济与社会》，林荣远译，商务印书馆1997年版，第78页。

事务为主的其他各类教育事务的自由，以及任命或者解聘大学内部成员的自由；确认和维护大学依照自己的意志自主地开展教育教学与科研活动的权利，不受举办者或者行政权力意志的干涉。“这样大学章程就能在制定法的框架内，通过大学内部各种力量的互动自我生成一种创造性的‘自发秩序’，使大学的内部治理呈现为开放的结构，富有弹性和民主性，并能及时地应对现实各类不同情况，同时赢得大学内部成员的忠诚和自觉遵守。”①

从国内外教育立法的经验看，大学自治是大学章程的内容的重中之重。根据《俄罗斯联邦教育法》的规定，教育机构的章程必须注明：“（一）名称、地点；（二）教育机构创办人；（三）教育机构的组织——法律形式；（四）教育过程的目标，所实施的教学大纲类型；（五）组织教育过程的主要特点；（六）财务、经营活动的内容；（七）教育机构的管理程序；（八）教育过程参加者的权利和义务；（九）旨在规定教育机构活动细则的局部性决定（命令、指示等）目录。”②《日本学校教育法施行规则》规定，学校章程至少必须记载下列事项：“（一）有关修业年限、学年、学期和停止授课的事项。（二）有关部、科和课程的组织事项。（三）有关教育课程和授课时数的事项。（四）有关学习的评价和课程修订的认定的事项。（五）有关学生定额和职员组织的事项。（六）有关入学、退学、转学、休学和毕业的事项。（七）有关学费、入学费及其他费用征收的事项。（八）有关赏罚的事项。（九）有关宿舍的事项。”1999年1月1日起施行的我国《高等教育法》第28条也明确规定：“高等学校的章程应当规定以下事项：（一）学校名称、校址；（二）办学宗旨；（三）办学规模；（四）学科门类的设置；（五）教育形式；（六）内部管理体制；（七）经费来源、财产和财务制度；（八）举办者与学校之间的权利、义务；（九）章程修改程序；（十）其他必须由章程规定的事项。”这些要素绝大部分都是大学自治的应有之义。

一般而言，大学章程对大学自治的保障作用主要体现在以下几个方面：

首先，大学章程通过结合大学的自身特色，使大学内部管理的具体规定与《教育法》《高等教育法》规定的大学办学自主权相衔接，可使办学自主

---

① 季凌燕、陆俊杰：《大学章程的历史生长逻辑与价值预期》，载《教育学术月刊》2009年第7期，第43页。

② 陈立鹏：《学校章程》，光明日报出版社1999年版，第19页。

权明晰化、文本化。大学各种内部管理制度包括教学常规管理制度、教职工岗位制度、教育教学评估制度、安全卫生保健制度、教职工奖惩制度、财务制度以及学生管理制度等都是大学章程的派生和细化。

其次，大学章程以软法的形式规定学校作为独立法人主体的各项基本要素，并将《高等教育法》确立的大学办学自主权进一步细化，是大学依法自主办学的重要依据。以我国第一部大学章程《吉林大学章程》为例，“章程规定了学校的名称、住址、法律地位、办学宗旨、法定代表人、机构组成、法人财产，涵盖了学校作为独立法人主体的基本要素，对学校运行的合法性基础做了制度性宣示。章程规定，学校依法设置和调整学科专业、招收学生、颁发学业和学位证书、对教职员工和学生实施奖励或者处分、自主管理和使用法人财产等，这些规定是国家基本教育制度在学校的具体落实，体现了学校依法享有的办学自主权。”①

最后，大学章程通过明确高等学校与教育行政部门的关系，保障大学办学自主权不受教育行政部门的干涉。1999 年教育部《关于加强教育法制建设的意见》指出，“各级各类学校特别是高等学校要提高依法管理学校的意识，依据法律、法规的规定，尽快制定、完善学校章程，经主管教育行政部门审核后，按章程依法自主办学。”核准的过程不仅是教育行政部门对大学的运作予以监督的过程，也是保障大学按章程依法自主办学的重要手段。具体而言，大学章程通过教育行政部门的核准之后就具有了法律效力，不仅能够有力约束大学的办学行为，而且对教育行政部门的管理行为和监督行为也有约束力：凡大学章程中规定的就属于学校自主管理的领域，教育行政部门不能再随意加以干预。②

四、大学章程是现代大学学术自由的重要保障

现代大学法人制度的核心建构是大学的办学自主权，而学术自由则是大学办学自主权的核心价值体现。根据德国汉堡大学教授保罗·科什夫（Paul Kirchhof）教授的观点，学术自由有五大内涵：（1）不受驾驭，严谨的对知识

① 周其凤、张文显：《大学章程：现代大学制度的载体》，载《中国高等教育》2006 年第 20 期，第 7 页。

② 侯德华：《论我国的大学章程》，2007 年吉林大学硕士学位论文，第 10 页。

进行探索和传播；(2) 共通联络的自由；(3) 学者的行为可以自我决定，并且对其行为自己负责；(4) 防止国家侵害；(5) 国家提供财力和机构支援。[①] 学术自由是由高等学校的特点和任务决定的，高等学校不仅要培养出具有创新精神的人才，而且自身也要成为培育创新精神和知识创新的重要基地和源泉。由于高校本质上是学术组织体，学术之内在逻辑要求学术自由。[②] “大学必须服从于学问的纯粹理念。因此，独立与自由是大学中起主导作用的原理。”[③]

从世界范围看，学术自由是现代各国公认的宪法基本原则之一。1949 年《德国基本法》第 5 条规定：“艺术、科学、教育、研究是自由的。”1947 年《意大利宪法》第 33 规定：“艺术、科学是自由的，因此他们的教育也是自由的。”后来又进一步细化为“文化机构、大学、科学院在国家法律确定的限制范围内拥有自治的权利。”1975 年《希腊宪法》第 15 条规定：“艺术、科学、教育、研究是自由的。”并通过宪法条款保证教师的终身任职，确定了教师的地位等由大学章程确定。1978 年《西班牙宪法》在“基本权利和义务”节第 27 条承认教育自由包括在法律确立的条款下的大学自治。[④]《日本宪法》第 23 条规定：“保障学术自由。”我国《宪法》第 47 条也规定：“中华人民共和国公民有进行科学研究、文学艺术创作和其他文化活动的自由。国家对于从事教育、科学、技术、文学、艺术和其他文化事业的公民的有益于人民的创造性工作，给以鼓励和帮助。”除宪法以外，我国其他的法律法规也都对学术自由作出明确的规定，例如《教师法》第 7 条规定：“教师享有下列权利：(一) 进行教育教学活动，开展教育教学改革和实验；(二) 从事科学研究、学术交流，参加专业的学术团体，在学术活动中充分发表意见；……”《高等教育法》第 10 条规定：“国家依法保障高等学校中的科学研究，文学艺术创作和其他文化活动的自由。在高等学校中从事科学研究、文学艺术创作和其他文化活动，应当遵守法律。”

---

① 转引自湛中乐、李凤英：《刘燕文诉北京大学案——兼论我国高等教育学位制度之完善》，载《中国教育法制评论》(第 1 辑)，教育科学出版社 2002 年版，第 325 页。

② 湛中乐、韩春晖：《论大陆公立大学自治权的内在结构》，载《教育管理研究》2005 年第 3 期，第 53 页。

③ 洪堡语，转引自高家伟主编：《教育行政法》，北京大学出版社 2007 年版，第 268 页。

④ 引自高家伟主编：《教育行政法》，北京大学出版社 2007 年版，第 263—265 页。

与国家的宪法、教育法相比，大学章程作为大学自治的必要法律基础，与大学自治、学术自由有着更为密切的关系。凡是确立学术自由和学术民主并将其作为宗旨的大学，或者追求学术自由和学术民主并将其作为宗旨的大学，无不将这一宗旨和价值追求在大学章程中确立下来。例如，《澳门大学章程》第6条对澳门大学的学术自主权作出了如下规定："澳大在行使其学术自主权时，享有：（一）制定、规划及进行研究以及其他科学活动及文化活动的自主权；（二）制定其课程、科目大纲及学习计划的自主权，并须保障教学理念、理论及教学方式的多元化，藉以确保教学及学习的自由。"我国大陆诸多公立大学的章程也都明确肯定了学术自由，以《吉林大学章程》为例，其对学术自由的追求与维护主要表现在章程规定了行政权与学术权相对分离、教授对学术问题拥有决定权、教职工代表大会以教师为主体以及学院设立教授会等方面；章程通过规定学校、学部、学院三级学术委员会和学位评定（分）委员会的职权，为学术权力的有效行使提供了制度保障；同时，章程参照国内外高水平大学的经验，规定学院可根据需要设立教授会，同时规定教授会依学院制定的教授会章程开展工作，这一规定将设立教授会、决定教授会运行模式的权力赋予了各个学院，为学院探索自主管理的有效模式留下了充足的制度空间。①

第二节　大学章程制定和实施的基本原则

发达国家高等教育和大学章程的发展实践表明，任何一部本身是良好的且得到良好实施的大学章程都秉持了某些特定的价值原则，这些原则指导大学规章的制定、规范大学章程的内容，并在大学章程实施的过程中对具体规则起不可忽视的整合、协调、补充和解释功能。与此同时，具备上述功能的

① 周其凤、张文显：《大学章程：现代大学制度的载体》，载《中国高等教育》2006年第20期，第8页。应当指出的是，学术自由不是绝对的。一方面，学术自由的行使必须符合法律的规定，符合宪法关于自由的基本原则。即大学在行使学术自由的时候，不得损害国家的、社会的、集体的利益和其他公民的合法的自由和权利，所提出的不同的学术观点、见解，所进行的学术争论、研讨应限于学术范围之内。如果将学术上的问题不恰当地引入其他领域或采取违法的行为方式或产生危害社会的后果，就可能因违反法律的规定而承担相应的法律责任。另一方面，学术自由受学术道德、职业道德的制约。教学和研究人员在享有充分学术自由的同时，应严格遵守学术道德，尊重他人的教学、科研成果。

大学章程原则也能够毫无疑问地体现高等教育最核心的价值追求，并能够反映高校治理的时代发展精神和未来发展趋向，从而实现大学治理的具体目标和长远目标。从本质上讲，大学章程的基本原则决定着大学章程性质、内容和价值取向，能将众多的具体规则结合成为有内在逻辑关系的有机整体，从而有效地避免规范不同问题的大学章程内部产生矛盾和冲突，从整体上对大学章程的制定、实施和修改起着明确的导向作用。因此，大学章程制定和实施的原则必须具备普适性，不仅适用于所有的大学，也适用于大学章程的所有具体规范。借鉴国外高等教育发展的经验并结合我国的实际，笔者认为，我国大学章程的制定应该遵守以下基本原则。

一、合法性原则

合法性（lawfulness）原则的内容包括两个方面：其一，法律优先原则要求大学章程的内容不得违背国家上位法的相抵触，同时又要在所有的高校自治规则体系中具有效力最高性；其二，法律保留原则要求凡涉及大学生基本权利的重要事项，均必须由立法机关通过法律的形式予以确定，高等学校不得自行决定。

（一）法律优先原则

在法律理论上，只要一个法律规范决定着创造另一个规范的方式，而且在某种范围内，还决定着后者的内容，那么法律规范之间就表现为一种高级和低级的关系。决定另一个规范的创造的那个规范是高级规范，而据此被创造出来的那个规范是低级规范。低级规范必须服从高级规范。[①] 法律规范之间之所以会存在这种等级关系，直接原因在于各种法律规范的创制主体存在等级性，较高层级的创制主体调整社会生活中的重要事项制定法律规范效力就高，较低层次的创制主体调整社会生活中的次重要事项制定法律规范效力则低。根本原因在于不同创制主体所代表的公共意志强弱不同，代表性越强，其创制的法律规范效力则越高；反之亦然。[②] 根据这样的原理，法律优先原则要求下一位阶法律规范就必须服从上一位阶法律规范，在上一位阶法律规范

---

① 参见〔奥〕凯尔森：《法与国家的一般理论》，沈宗灵译，中国大百科全书出版社 1996 年版，第 141 页。

② 参见〔法〕卢梭：《社会契约论》，何兆武译，商务印书馆 1982 年版，第 78—81 页。

已有规定的情况下，下一位阶的法律规范不得与上一位阶的法律规范抵触。就大学章程而言，这一原则的适用可以分为内外两个方面：

1. 大学章程与国家法之间的关系

就大学章程与国家法之间的关系而言，大学章程作为高校依法自主办学的纲领，自当是隶属于国家法律、法规之“下位法”。

第一，大学章程的内容必须以我国《教育法》《教师法》《高等教育法》《学位条例》等教育基本法和教育基本法律以外的教育法律为基本依据。无论是《教育法》有关教育目标、学校及制定章程的要求、教师和学生的权利、教育与社会的关系等规定，还是《教师法》关于教师的权利、义务、聘任、考核以及法律责任的规定，或是《高教法》关于高等教育基本制度、高校设立、组织和活动、教师和学生、教育保障等事项作出的规定，以及《学位条例》关于学位授予条件的规定等，高校制定章程时应一体遵守。

第二，大学章程的内容必须以国务院制定的教育行政法规为依据。国务院作为我国最高行政管理机关，不仅《教育法》授予其全国教育事务的领导指挥权，而且《高等教育法》授予其高校设立的标准制定权和审批、撤销权。[①] 因此，对于国务院制定的教育行政法规特别是涉及高等教育特殊规律与实践的内容，大学章程必须予以遵循。

第三，对于地方性高校而言，其大学章程的制定还必须以所属地的权力机关针对本行政区域内的教育事务制定的地方性法规。这是由“县级以上地方各级人民政府应当向本级人民代表大会或者其常务委员会报告教育工作和教育经费预算、决算情况，接受监督”[②] 决定的。

第四，除教育法律法规以外，大学章程还必须以其他法律、法规的相关规定为依据，例如，大学章程对有关学校法人治理结构、财务制度等必须以《民法通则》等民事法律为基本依据；大学章程对给予教师、学生处分的事项，必须遵循《行政处罚法》有关处罚公正、正当程序、救济等原则的规定。

第五，为进一步彰显大学相对于政府的独立性，部委规章、地方政府规章及其他教育行政规范并不能当然地成为大学章程的制定依据。这并不意味

① 参见我国《教育法》第 14 条、《高等教育法》第 25 条和第 29 条。

② 《教育法》第 16 条。

着大学章程可以恣意违反部委规章、地方政府规章及其他教育行政规范，而应遵循“不抵触”原则。[①]

2. 大学章程与其他高校内部自治规则的关系

就大学章程与其他高校内部自治规则的关系而言，也因其代表的成员意志多寡而呈现效力高下之分。具体来讲，大学章程代表全校师生的意志，而其他高校自治规则仅代表部分群体或者特殊部门的意志，因此大学章程理应成为一校之内的最高法，其他的高校自治规则则必须以章程为制定依据。大学章程的效力最高性决定了其纲领性，即大学章程只能就学校管理事项中重要、根本事项（主要是指大学性质、办学宗旨和目标、办学规模、组织和活动原则、财务制度、教职工的权利义务、大学与政府、社会的关系等）作出概括性和原则性的规定，而有待于其他自治规则进一步具体化、规范化和制度化。

（二）法律保留原则

所谓法律保留原则，是指对于有关人民基本权利限制等事项，必须由立法机关通过法律规定，行政机关实施任何行政行为皆必须有法律授权，而不得僭越专属立法权限。与法律优先原则消极地禁止行政不得违反现有法律不同，法律保留原则积极地要求行政必须以法律为依据，恪守“法无明文授权即禁止”的教旨。否则，其合法性将受到质疑。对大学自治而言，“大学有权在其自主事项范围内制定自治规章，在一定程度上独立于议会立法和教育行政机关的法规命令，甚至在某些事项上享有‘绝对规范自主权’”[②]，但是这些自主权的行使不得逾越法律保留的范围。

在德国，教育领域里需要由法律调整的重要问题包括教育内容、学习目标、专业目录、学校的基本组织结构（学校类型、教育层次、专业设置、父母与学生的参与等）、学生的法律地位（入学、毕业、考试、升级）以及纪律措施等。[③] 我国台湾地区学者在分析借鉴德国经验的基础上认为“举凡教育内容、学习目的、修课目录、学生之地位等有关大学生学习自由之‘重要

① 参见湛中乐、徐靖：《通过章程的现代大学治理》，载《法制与社会发展》2010 年第 3 期，第 110 页。

② 参见董保城：《教育法与学术自由》，台湾月旦出版社 1997 年版，第 25—37 页。

③ 〔德〕哈特穆特·毛雷尔：《行政法学总论》，高家伟译，法律出版社 2000 年版，第 115 页。

事项'，皆应以法律明文限制之，或有法律明确之授权。尤其是足以剥夺大学生学习自由之退学或者开除学籍处分，更应以法律明定之事由、范围与效力，而不得仅以行政命令或者各校之学则即予剥夺。"① 因此，凡涉及大学生基本权利的重要事项，均必须由立法机关通过法律的形式予以确定，高等学校不得自行决定。大学章程如有违背法律保留原则，虽然能在大学范围内产生一定的实效，但是一旦涉及诉讼，其合法性将被国家的司法否定。

二、权益保障原则

自田永诉北京科技大学案件开辟教育行政诉讼渠道以来，大量的学生、教师和高校之间的纠纷被诉诸司法并见诸报端，引发社会关注。越来越多的教师和学生借助司法保护自己合法权益的意识加强，也从侧面反映了学校在保护教师和学生权益方面的不足。如果说一国宪法是该国公民权利的保障书，公司"宪章"即公司章程是股东权益的保障书，那么大学章程作为大学的"宪章"，上承国家的法律、教育行政法规和地方性教育法规，下启大学的各种具体规则和制度，也必须将保障教师和学生的合法权益作为根本宗旨之一。从世界一流学校的经验来看，大学章程确立的权益保障机制所多样的，但总体上可以概括为以下几类：

（一）鼓励师生参与学校事务

大学章程的制定过程应开放民主，强调多方参与，使章程制定过程成为学校凝聚共识、促进管理、增进和谐的过程，确保多元利益平衡。根据《高等学校章程制定暂行办法》（教育部第 31 号令），高等学校起草章程，应当广泛听取政府有关部门、学校内部组织、师生员工的意见，充分反映学校举办者、管理者、办学者，以及教职员工、学生的要求与意愿；涉及关系学校发展定位、办学方向、培养目标、管理体制，以及与教职工、学生切身利益相关的重大问题，应当采取多种方式，校内公开征求意见、充分论证；涉及与举办者权利关系的内容，高等学校应当与举办者、主管教育行政部门及其他相关部门充分沟通、协商。

大学章程的正式文本也需公开发布，未经公布，不得正式生效。根据

---

① 董保城：《教育法与学术自由》，台湾月旦出版社 1997 年版，第 211 页。

《高等学校信息公开办法》（教育部第31号令）第7条和第12条，学校章程以及学校制定的各项规章制度属于高等学校依法需要主动公开的信息，高等学校应当根据实际情况，通过学校网站、校报校刊、校内广播等校内媒体和报刊、杂志、广播、电视等校外媒体以及新闻发布会、年鉴、会议纪要或者简报等方式予以公开；并根据需要设置公共查阅室、资料索取点、信息公告栏或者电子屏幕等场所、设施。《高等学校章程制定暂行办法》则再次强调，高等学校应当以学校名义发布经核准机关核准的章程正式文本，并向本校和社会公开，接受举办者、教育主管部门、其他有关机关以及教师、学生、社会公众依据章程实施的监督、评估。①

此外，大学章程应要求高校在治理过程中，建立相应的制度确保师生的民主参与权。师生是学校教育教学活动的主体，有权参与学校的发展和重大事项的决策。大学的各种制度和具体决策都攸关师生的切身利益，只有获得他们的认同，这些制度和决策方能奏效。因此，师生参与是学校管理活动的合法性基础。例如，建立信息公开制度确保师生的知情权，这是有效参与的前提。师生只有全面获悉其欲参与的具体事项，以及应于何时、何地、以何种方式参与学校的管理工作，才能对学校事务建言建策。再如，学校成立教职工代表大会和学生代表大会等组织团体，为师生参与学校治理提供组织保障；支持定期召开教职工代表大会和学生大会，听取教师和学生代表对于学校管理的意见和建议。此外，吸纳教师和学生作为学校重要决策机构的成员也是促进师生参与的重要途径，例如，《台湾大学组织章程》第36条："本大学设校务会议议决校务重大事项。校务会议由校长、副校长、教务长、学生事务长、总务长、研发长、学院院长、系所及非属学院单位主管代表、教师代表、研究人员代表、助教代表、职员代表、工友代表及学生代表组成之。"

（二）明确师生的权利、义务

明确规定师生的权利、义务是大学章程的权益保障原则的重要体现。就我国大学章程而言，对教师和学生的权利义务作出详尽规定，既是对《宪法》《教师法》《教育法》《高等教育法》和《普通高等学校学生管理规定》等国家法律、法规、规章所规定的权利或义务的细化和丰富，也是对师生员工与

① 《高等学校章程制定暂行办法》第27条、第3条第2款。

学校之间的法律关系的进一步明晰。以《吉林大学章程》为例，规定了学生的公平受教育权、对专业和课程的选择权等八项权利，学生还应该履行维护学校名誉与利益等四项义务；教师享有按工作职责和贡献使用公共资源权、公平获得发展机会权、获得公正评价权、公平获得奖励权、重大事项知情权、民主管理参与权、申请救济权等权利，教师要履行维护学校名誉和利益、勤勉尽责、尊重和爱护学生、遵守学校规章制度等。所有这些关于教职员工和学生权利义务的规定，都是学校从高水平研究型大学的定位出发而做出的制度性宣示和规范，对引导和规范师生员工行为，形成良好的校园风尚和大学文化有深远的意义和影响。大学章程中关于教师和学生权利义务的规定，既彰显了师生在教育过程中的主体地位，又体现了大学的人文主义精神，从制度设计上保障了以人为本的办学理念。

（三）正当程序原则的适用

正当程序原则指行政主体在作出影响相对人权益的行政行为时必须向相对人说明行为的根据和理由，听取相对人的陈述、申辩。在美国，运用正当程序原则处理公立学校和教师、学生之间的争议具有相当的历史，案例不胜枚举。其中较具有代表性的如1961年的具有里程碑意义的狄克逊诉阿拉巴马州高等教育委员会案件，该案中，联邦上诉法院就指出，根据正当程序要求，在学生因其不轨行为而被公立学校开除之前，必须给其通知并给其受审讯的机会[①]；在1972年的大学管理委员会诉罗思案和佩里诉辛德曼案中，法院将正当程序原则适用于大学教师的续聘问题，认为只要申诉人能够证明不续聘侵犯了其自由利益或者财产利益，就有权享有宪法规定的听证权利[②]；而在1975年的戈斯诉洛伯兹一案中，联邦最高法院把前述正当程序的要求扩大到了暂停学业的处分。联邦最高法院认为中学生的求学利益，受到宪法正当程序的保护，在作出停学处分之前必须给予听证机会。[③]

大学章程要求学校在就有关教师和学生合法权益事项作出决定时，务必遵守正当程序原则，尤其是通过规定教师和学生的程序性权利并提供各种制

---

① *Dixon v. Alabama State Board of Education* (5th Cir. 1961), see *Harvard Law Review*, Vol. 75, No. 7 (May, 1962), pp. 1429-1431.

② *Board of Regents v. Roth*, 408 U. S. 564 (1972) &*Perry v. Sindermann*, 408 U. S. 593 (1972).

③ *Goss v. Lopez*, 419U. S. 319 (1975).

度保障其程序性权利的实现，可以有效地保障大学教师和学生的合法权益。例如，《牛津大学章程》规约二中以详尽的语言规定了开除学生成员的程序："（1）根据法规第6章的规定，学生成员可以被开除学生身份。（2）学生成员已被他或她的学院、组织、永久性私人学堂或其他指定的机构开除，就应当不再是学校的学生成员。（3）教职员大会可以正当理由，在理事会按照事件具体情形，用理事会决定的正当程序作出的建议下，开除大学任何一名成员的成员身份。（4）上述第（3）款设立的程序必须包括向一个独立和公正的法庭申诉的权利（法庭会为它的裁决给出理由）以及（如果成员提出此要求）公开审理且公开这些理由。（5）本节的任何规定没有批准雇佣合同的终止，或侵犯本章程所适用人员在章程第7章中享有的权利或受到的保护。"①

（四）校申诉委员会和司法审查

"有权利必有救济"。从我国既有的大学章程看，尽管各学校的章程在内容和技术上参差不齐，但几无例外地都有"学校要建立权利保护机制，维护教职员工和学生的合法权益"之类似规定。这里的权利保护机制在具体实践中通常表现为在校内设立申诉委员会，处理教职员工和学生对学校作出的影响自己合法权益的决定不服提出的异议。除校申诉委员会以外，有的学校章程还确立了教师和学生有权"对侵犯个人人身权、财产权合法权益提出申诉或依法提起诉讼"，而没有明文规定是民事诉讼还是行政诉讼则意味着有利害关系的师生享有双重的选择权。

尽管《行政诉讼法》在权利保护范围上使用的是"人身权"和"财产权"的概念，但从立法本意上讲，《行政诉讼法》并没有排除"人身权"和"财产权"以外的其他经济和社会权利，2015年修订的《行政诉讼法》更是在"人身权"和"财产权"后明确加上了"等"字，使得行政诉讼所保护的权益范围得以扩展。受教育权作为我国宪法规定的公民的一项基本权利，《行政诉讼法》当然应予保护。而且依据《行政复议法》第6条第（九）项的规定，公民申请行政机关履行保护其受教育权的法定职责，行政机关没有依法履行的，可以申请行政复议，从而突破了《行政诉讼法》和原《行政复议条例》规定的"人身权"和"财产权"的范围。"学校对学生作出的开除、勒

---

① 参见湛中乐主编：《大学章程精选》，中国法制出版社2010年版，第468页。

令退学的处分，不予颁发相应的学业证书、学位证书的决定，以及其他一些严重影响学生（或教师）权益的行为，均应纳入行政行为的范畴。”① 同时，这也为我国的司法实践所承认，在田永诉北京科技大学案件中，北京市海淀区法院指出：“在我国目前条件下，某些事业单位、社会团体，虽然不具有行政机关的资格，但是法律赋予它行使一定的行政管理职权。这些单位、团体与管理相对人之间不存在平等的民事关系，而是特殊的行政管理关系。它们之间因管理行为而发生的争议，不是民事诉讼，而是行政诉讼。”② 2015 年修订的《行政诉讼法》更是进一步扩展了受案范围，其第 2 条第 2 款明确指出“前款所称行政行为，包括法律、法规、规章授权的组织作出的行政行为。”这就使得高等学校依照《普通高等学校学生管理规定》等规章对学生权益作出的处理决定也被纳入行政诉讼之中。

如果说校申诉委员会是对教职员工和学生权利的内部救济和学校的自我纠错机制，那么司法审查则是国家公权力对教师和学生权利的外部救济。二者的有机结合，为教职员工和学生权利保护提供了可靠的制度保障。

三、大学自治的原则

1986 年卡内基教育与经济论坛（CFEE）就曾对大学自治的基本思想作过如下表述：“每一所学校都应获得自由度和灵活性，以便它们能对教育目标以及最为重要的学生的各种需要作出创造性的回应。”③ 如果说学术自由是大学的生命，高等教育机构存在和正常运转的先决条件，则以“校长治校”和“教授治学”为核心理念的大学自治则是学术自由的制度保障。大学自治、独立与自由是大学的精神本质，自治程度高的大学往往较自治程序较低的大学更有学术生命力和创造力。尽管目前西方学界强调“大学治理”，但坚守大学自治的原则仍是建构良好的大学治理秩序的基础。因此，大学自治既是大学的本质要求，也是大学的生机所在。

---

① 湛中乐主编：《高等教育与行政诉讼》，北京大学出版社 2003 年版，第 7—8 页。

② 参见《田永诉北京科技大学拒绝颁发毕业证、学位证行政诉讼案》，载《最高人民法院公报》1999 年第 4 期，第 141 页。

③ 转引自冯大鸣：《世纪初的国际教育管理走向——与澳大利亚墨尔本大学卡德威尔教授的对话》，载《全球教育展望》2001 年第 4 期，第 2 页。

（一）大学自治是大学的本质要求

大学是研究高深学问的机构。“既然高深学问需要超出一般的、复杂的甚至是神秘的知识，那么，自然只有学者能够深刻地理解它的复杂性。因而，在知识问题上，应该让专家单独解决这一领域中的问题。他们应该是一个自治团体。”① 从大学的起源和早期发展看，世界上最早的大学，最初与政府并无关系，也不反映国家意志。“无论它的经费来自私人捐赠还是国家补助，也不管它的正式批准是靠教皇训令、皇家特许状，还是国家或省的立法条文（贾斯珀斯，1959），学者行会（guild）都自己管理自己的事情。”② 被誉为世界最早大学的博洛尼亚大学，是由学生和教师自发组织起来成立的行会式大学（lo studio），“学生和教师的年龄相差不大，有学生进行管理，自主权十分广泛”，“大学没有固定的授课地点，教师家里有地方，就到教师家里上课；教师家没地方，就由学生租用私人住宅，或是四处募捐，筹款建造教室”，“有学生筹钱，作为教师的生活津贴”，“大学与市政当局没有任何关系”。③

如果说博洛尼亚大学是学生的大学，则较之稍晚一些的法国巴黎大学则是教师的大学，巴黎大学在12世纪由主教学校发展而来，当在巴黎讲学的著名教师吸引了越来越多的来此学习逻辑和辩证法学生，他们决定根据惯例建立行会以保护彼此的利益，并在约1180年得到法王路易七世的认可，约在1200年正式获得大学身份。④ 在美国，哈佛大学是由一名牧师在1636年创立的，早于美国建国140年；而耶鲁大学则是一名商人于1701年创立的，也早于美国建国长达半个世纪之多；普林斯顿大学是由四名牧师于1746年创立，哥伦毕业大学是由首任校长约翰逊于1754年利用教堂教室作校舍办起来的……而直到1776年，美国建国，已有9所这样的大学，如今都成为世界一流大学。⑤

1810年，德国著名教育学家洪堡以新人文主义思想指导建立柏林洪堡大

---

① 〔美〕约翰·S. 布鲁贝克：《高等教育哲学》，王承绪等译，浙江教育出版社2002年版，第28页。

② 同上书，第30页。

③ 参见罗洪波编著：《博洛尼亚大学》，湖南教育出版社1986年版，第3页。

④ 参见贺国庆等：《外国高等教育史》，人民教育出版社2003年版，第52、48页；顾明远主编：《教育大辞典》，上海教育出版社1998年版，第36页。

⑤ 参见张楚廷：《高等教育导论》，人民教育出版社2010年版，第10—11页。

学，突出强调学者培养与学术发展，提出了对后世影响深远的“大学自治”“教授治学”“学术自由”等大学理念。洪堡认为，大学的活动为从事科学的活动，科学活动是一种精神活动，与任何较严密的组织形式均格格不入，国家的任何一种介入都是错误的，大学应独立于国家的政府管理系统。“国家在整体上……应抱定这样的信念，大学倘若实现其目标，同时也就实现了，而且是在更高的层次上实现了国家的目标。”① 在这种思想指导下，德国柏林洪堡大学颠覆了传统大学模式，倡导“学术自由”和“教学与研究相统一”。它树立了现代大学的完美典范，人们尊称它为“现代大学之母”。

1817 年，美国发生了历史上第一桩高等教育诉讼案件——达特茅斯学院案件，这是一起由学院内部管理权的纠纷演变成学院董事会与州政府的诉讼案。联邦最高法院于 1819 年 2 月判决达特茅斯原学院董事会胜诉。本书第二章已经详述了马歇尔大法官的判决精神。达特茅斯学院案进一步确立了美国高校特有的社会性，即便是州政府干预，人们依然可以自由地按照自己的意志从外部管理学院。②

（二）大学自治是大学生机所在

布鲁克尼曾说过“最好的大学是最自由的大学”，“对我们学院和大学理智领袖横加任何束缚都会葬送我们国家的未来”。③ 大学自治意味着，大学本身可以就与学术有关的任何事物予以灵活应对，这是大学实现其教育目标并对大学管理过程中的各种需要作出创造性回应的最为重要的前提。在“科学技术是第一生产力”的现代社会，高等教育的影响力则关系着一个国家和民族的国际地位。

众所周知，美国科学技术的总体水平自第二次科技革命以来，就一直处于世界领先地位，这与美国高等教育的自治传统是密不可分的。美国的高等教育系统“是最缺乏组织的，几乎完全是一种相互之间自由竞争的市场。这种系统完全可称为‘社会选择’的无组织的决策所左右，是与统一的官僚系

① 陈洪捷：《德国古典大学观及对中国的影响》，北京大学博士论文 1998 年。

② 参见杨捷：《19 世纪美国达特茅斯学院案及其影响》，载《河南大学学报（社会科学版）》2000 年第 9 期。

③ 〔美〕约翰·S. 布鲁克尼：《高等教育哲学》，王承绪等译，浙江教育出版社 2001 年版，第 34 页、47—48 页。

统相对立的另一极端"[①]。依上文所言，美国最早的大学都是私立性质的，直接受法律约束，不受政府干涉。在本书前文所述的达特茅斯学院案件中，这作为一项原则被永久确立下来。

就公立大学而言，美国的公立高校大多数州立的，同样具有相当大的自主权。相对丁州而言，联邦政府只是从国家利益出发，在不违背公平竞争的前提下，以拨款方式间接影响公立大学。因此，美国大学"很不愿意承认高等教育是政府管辖的一个部分，也不愿意把高等教育作为政府的一部进行研究"[②]。任哈佛校长20年的伯克在哈佛大学350周年校庆，高度赞扬了大学自治："在我们国家的历史上，大学一直有种不平凡的自由"，"这在世界上是独一无二的"，"在几乎所有其他国家里，大学严重地依赖政府，并且在中央计划的指令下运行"。[③] 他还进一步指出，"我们这种自由而分散的体制有着伟大的力量，它允许各自为政的独立学术中心存在，提高了创造了和适应力。由于避免了政府的控制，决策的权力就掌握在有识之士手中，鼓励竞争成了努力进取以超过他人的动力。"[④]

历史上，也有许多成例表明，一旦政府压制大学自治，即使是投入再多的人力和物力，最终也将成为高等教育发展的桎梏，并影响国家的整体发展。例如拿破仑时期的法国，"拿破仑将高等教育置于国家的严密控制之下，虽然也产生了一些急功近利的效果，但最终使法国高等教育沦为二流水平，更丧失了法国在科学上的领先地位。"再比如，19世纪末至20世纪中叶的德国，这一时期的德国"后来走上了法老的道路，大学越来越依赖于国家，专制政府对大学事务的干预司空见惯，大学的政治色彩日益浓厚。第一次世界大战中的德国几乎成为军国主义的工具。纳粹上台之后，完全依赖国家的德国大学最终被法西斯主义彻底摧毁。"[⑤] 法国和德国的经验教训对我国的高等教育改革有较大的启示，为了避免重蹈法德两国的覆辙，放松对高校干预，进一

---

① 〔加〕范德格拉夫等：《学术权力——七国高等教育管理体制比较》，王承绪等译，浙江教育出版社2001年，第124页。

② 同上书，第196页。

③ 〔美〕伯克：《在哈佛350周年（1636——1886）校庆的讲话》，载眭依凡编：《学府之魂》，江西教育出版社2001年版，第299—300页。

④ 同上，第300页。

⑤ 贺国庆：《德国和美国大学发达史》，人民教育出版社1998年版，第210页。

步扩大和落实高校自主权十分必要。

（三）大学自治对大学章程的要求

伯顿·克拉克曾指出，大学“需要自主创新型领导作用，把自治付诸有效使用。积极自治不同于被动自治。除非你打算利用自治使大学取得进步，否则即使享有自治也是无济于事的。”[①] 1950年6月，全国第一次高等教育工作会议明确提出了高等教育如何为政治和经济建设服务的问题。1953年，政务院发布的《关于修订高等学校领导关系的决定》，决定“在学习苏联模式的基础上，对旧有的中国高等教育宏观管理体制进行改造后，逐步建立了中央统一领导、直接管理的新体制”。[②] 在“以苏为师”精神的指导下，国家通过行政手段进行“院系调整”等其他高校一体化改造措施。改革的结果就是，高校自主发展的空间被全面剥夺，国家对高校实行高度集中的计划管理，统管高校一切事务，包括学校的设立与停办、院系及专业的设置、招生任务、基本建设任务、财务计划、财务制度、人事任免、师资调配、教学计划、教学大纲、生产实习教程等，高校成为政府机构在教育领域的延伸。“文化大革命”以后，随着全党工作重心的转移，国家统管高等教育的思想得到一定解放。经过三十多年的改革，高校办学自主权得到了一定程度的扩展。但是，根本的问题并未完全解决，最典型的表现是大学校长完全由政府任命，享有行政级别。高校去行政化要求政府在高校管理领域自我克制，给予高校充分的自主权。

因此，在我国，“制定大学章程、按照章程依法自主办学”既是法律、法规、规章、党和国家的政策性文件对大学自治和改革发展提出的要求，也是大学积极自治、落实《教育法》和《高等教育法》规定的高校办学自主权的主要体现。为贯彻和实施大学自治原则，大学章程制定和实施的首要目标就是要促进大学依法自治，有效行使自治权，具体包括根据社会需求、办学条件和国家核定的办学规模，制定招生方案，自主调节系科招生比例；依法自主设置和调整学科、专业；根据教学需要，自主制订教学计划、选编教材、组织实施教学活动；根据自身条件，自主开展科学研究、技术开发和社会服

① 参见〔美〕伯顿·克拉克：《自主创新型大学：共治、自治和成功的新基础》，王晓阳、孙海涛译，载《清华大学教育研究》2000年第4期，第7页。

② 杨泉明：《和谐校园建设的理论思考与实践探索》，四川大学出版社2008年版，第70页。

务；按照国家有关规定，自主开展与境外高等学校之间的科学技术文化交流与合作；根据实际需要和精简、效能的原则，自主确定教学、科学研究、行政职能部门等内部组织机构的设置和人员配备；按照国家有关规定，评聘教师和其他专业技术人员的职务，调整津贴及工资分配；对举办者提供的财产、国家财政性资助、受捐赠财产依法自主管理和使用。[①]

四、因校制宜原则

大学章程作为高校自治的根本依据，其内容和实施应当不仅能够促进学校依法治校，保障学校运行，而且也要发挥学校“名片”的作用，为学校争取良好的剩余。因此，制定大学章程需以“因校制宜”为原则。“因校制宜”原则要求章程的制定务必能密切联系本校实际，反映办学特色，体现办学理念。换言之，大学章程既要继承大学的历史，又要反映大学的现状，规划大学的未来，对大学已经实现、正在为之努力、应当实现、能够实现的事情或者目标作出规定，避免使章程的内容成为不切实际、无法兑现的空头支票。结合《高等教育法》第28条和《大学章程暂行制定办法》第7条的规定，笔者认为，大学章程尤其应当注意在以下内容中反映学校事情：（1）学校的登记名称、简称、英文译名等，学校办学地点、住所地；（2）学校的机构性质、发展定位，培养目标、办学方向；（3）经审批机关核定的办学层次、规模；（4）学校的主要学科门类，以及设置和调整的原则、程序；（5）学校实施的全日制与非全日制、学历教育与非学历教育、远程教育、中外合作办学等不同教育形式的性质、目的、要求；（6）学校的领导体制、法定代表人，组织结构、决策机制、民主管理和监督机制，内设机构的组成、职责、管理体制；（7）学校经费的来源渠道、财产属性、使用原则和管理制度，接受捐赠的规则与办法；（9）学校的举办者，举办者对学校进行管理或考核的方式、标准等，学校负责人的产生与任命机制，举办者的投入与保障义务；（9）章程修改的启动、审议程序，以及章程解释权的归属；（10）学校的分立、合并及终止事由，校徽、校歌等学校标志物、学校与相关社会组织关系等学校认为必要的事项。

---

① 参见《教育法》第28条和《高等教育法》第32—38条。

只有遵循因校制宜原则制定出来的大学章程，才能有效地得以实施，对大学的长远发展真正发挥指导作用。相反，不从本校实际出发、照搬照抄其他学校的经验制定出来的大学章程因不适合本校发展，只能是一纸空文，无法落实到实践。而且，受整个社会对大学办学自主权日益强烈的呼吁声和西方国家教育改革经验的影响，我国正在逐步放松对高校的干预，其重要结果之一就是高校之间的竞争越来越激烈。在这种背景下，高校为了更好的发展，就要广开门路谋求更多的社会资源、吸引杰出的科研人才或争抢比较优秀的生源。有些高校为了达到上述目的，会在大学章程对学校的办学规模、人才培养目标、师生权益保障、物质保障条件、国际交流合作等方面作出不切实际的规定，或者向社会虚假承诺。笔者认为，这种贪大求全的做法是极不可取的，不单不会有助于实现大学发展目标，更有甚者将失信于社会，最终作茧自缚，成为学校发展的制度障碍。

第四章

大学章程的制定主体与程序构建

法规范的有效实施和权威性有赖于规范本身的科学性和合理性，而法规范的科学性和合理性又取决于制定主体和程序制度的理性设计，因而制定主体和程序是立法的核心问题。同理，大学章程作为一种“软法”规范，其制定主体和程序制度也是大学章程法律问题的核心之一。大学章程制定主体和程序制度的构建既应当遵从立法的一般原理，又需要满足大学自身的特殊性，实现共性和个性的契合。

第一节　大学章程制定权的基本理论

在法律的世界里，权利（力）和义务是永恒的主题。既然大学章程的制定本质上是一种“立法过程”，章程制定权便成为章程制定的基础问题。章程制定权的归属和行使者就是制定主体，章程制定权的运行需要遵循正当且规范的程序。一言以蔽之，大学章程的制定主体设计和程序建构，应当围绕章程制定权展开。

一、大学章程制定权的概念与本质

法学的规范研究路径是从权利（力）和义务开始，推及制度的设计和与建构，因而从应然的逻辑顺序来看，应当先分析大学章程的制定权，然后再探讨章程制定主体和程序问题。章程制定权的概念、本质和来源是讨论大学章程制定权，建构科学的章程制定权理论体系的基础，因而本部分主要旨在厘定章程制定权的概念和本质。

(一) 章程制定权的概念

概念、判断、推理是理性认识的三大要素，而概念又是判断和推理的前提。同时，概念是人们进行研究的基本工具，也是沟通的重要媒介。德国伟大哲人康德曾在《纯粹理性批判》中述及“无内容之思维则空，无概念之直观则盲。”① 因而探讨大学制定权需要首先对其概念进行界定。

基于对章程制定理论和实践的考察，我们认为，章程制定权是指特定主体享有的以组织起草、审议和表决大学章程文件为形式，以规定大学内外权利、义务和责任为内容的规则创制权，是一种立法性质的权利（力）。把握章程制定权的概念应当注意以下几点：其一，章程制定权为特定主体享有，即制定权主体具有特定性；其二，章程制定权是一种“立法”性质的权力，其功能在于设定大学内部和外部权利、义务和责任；其三，章程制定权是以创制规则为目标和指向的，其规定的是大学内部根本、重要的权利和义务，且具有原创性。

(二) 章程制定权的本质

从哲学意义上讲，本质是事物固有的根本属性。把握事物的本质才能科学的认识该事物，从而更好的对其进行科学的解构与建构。同理，科学界定大学章程制定权的本质是建构理性的章程制定主体制度和程序制度的关键。基于大学以及大学章程的特殊性，大学章程制定权是一种特殊的权力形式。从不同的角度来看，大学章程制定权具有多元化、综合性的属性。

1. 大学章程制定权是一种自治权。无论从大学章程本身的性质和内容来看，还是从其与国家权力的关系来看，大学章程制定权都是一种自治权。首先，就大学章程本身的性质和内容而言，大学章程是自治规则的集合②，作为一种设定和规范自治规则的权力，大学章程制定权是一种自治权。从其与国家权力的关系来看，大学章程制定权虽然来源于法律的授予或者确认，但是，其一旦独立存在就显著不同于国家权力。大学章程制定权是组织大学治理结构，设定大学内外权利、义务和责任的权力，是对大学自身作出相应安排的

---

① 〔德〕康德：《纯粹理性批判》，蓝公武译，商务印书馆 1960 年版，第 73 页。

② 湛中乐、徐靖：《通过章程的现代大学治理》，载《法制与社会发展》，2010 年第 3 期，第 108 页。

“自我立法”的权力，不同于国家权力本身的对外性。总之，大学章程的自治性决定了大学章程制定权是一种自治权，而且是大学自治权的核心。[①] 需要指出的是，源于法律授权的权力并非就不是自治权，比如，《村民委员会组织法》《居民委员会组织法》分别赋予了村民委员会和居民委员会进行自治的权力，因而法律赋予的权力也有可能是自治权。

2. 大学章程制定权是一种社会公权力。从大学章程中关于大学与其内部成员之间关系的内容来看，大学章程的制定权具有社会公权力的性质。公权力是人类共同体（国家、社团、国际组织等）为生产、分配和提供“公共物品”（安全、秩序、公交、通讯等）而对共同体成员进行组织、指挥、管理，对共同体事务进行决策、立法和执行、实施决策、立法的权力。公权力包括国家公权力、社会公权力以及国际公权力。[②] 大学章程一般会对大学内部的组织管理关系、学校与教职工、学校与学生之间的关系作出安排，并且会规定对内部成员（教职工或者学生）奖励、处分和惩戒的内容，实际上是对内部成员的权利（力）、义务和利益作出调整和安排。大学章程的制定在一定程度上具有立法的性质，执行章程的行为具有行政性质。[③] 这都决定了大学章程制定权是一种社会公权力。按照法治的精神和要求，任何权力的设定和行使都应当有法律依据并且遵守正当的法律程序，章程制定权作为一种特殊的社会公权力，其主体的设定应当符合法律规定，权力的行使应当遵循正当的程序，唯此才能使该项权力在法治的轨道上运行，制定出合法与科学的章程文本。

3. 大学章程制定权是一种“缔约”权。大学是一种特殊的法人组织，法人的章程即具有契约性，因而大学章程在一定意义上也是大学成立的契约。大学章程本身所具有的契约色彩，决定了章程制定权在本质上是一种类似于缔约的权利（力）。大学的举办者或相关利益主体制定大学章程的过程实质上是一种“缔约”过程。“缔约”强调意志性和主体性，即各利益主体之间具有独立的地位能够独立表达自己的意志。大学章程制定权的“缔约”权性质使其显著区别于行政立法行为所具备的单纯的规则制定的公权性，而具有明

① 湛中乐主编：《通过章程的大学治理》，中国法制出版社 2011 年第 1 版，第 182 页。

② 姜明安主编：《行政法与行政诉讼法》（第五版），北京大学出版社、高等教育出版社 2011 年第 5 版，第 6 页。

③ 同上书，第 7 页。

显的私权性质。另外，这种“缔约”权与社会契约论中缔约权具有相似性，同时，又有显著的区别。

4. 大学章程制定权是一种规则创制权。“创制”强调规则的原始性和原创性。就大学章程的内容以及其在大学中的“法律地位”而言，大学章程的规则都具有原创性，是大学中其他规则的本源和基础。大学章程具有宪法的地位，在大学内部，章程即为大学之“根本法”即“宪法”，是大学之最高行动纲领和基本行为依据。[①] 既然大学章程具有大学“宪法”的地位，那么大学章程所设定的规则即应当是原创性和根本性的。当然，大学章程制定权毕竟不是真正意义上的制宪权，因而其所创制的规则主要是其自治范围内的规则，对于法律的具体规定，其应当适当的执行和体现。承认和保障大学章程制定权的规则创制权属性，是保障大学自治的关键，唯此才能确保大学章程满足大学自身的特殊性需要，满足自治的需要。

（三）大学章程制定权的来源

权源问题直接决定权利（力）的性质和效力，同时也对权利（力）的配置和行使规则起制约作用，因而章程制定权的来源问题是值得讨论的。有学者认为，大学章程制定权作为大学自治权的核心，在法治原则下来源于法律的授予。[②] 当前这种认识应当得到进一步的发展，因为大学章程制定权的权源问题至少要考虑两个因素：大学章程制定权的性质和大学本身的性质。笔者认为，大学章程制定权的来源分为实质来源和形式来源两种，下面分述之：

1. 实质来源

大学章程制定权的实质来源即法理层面或者哲学层面的权力来源，探究的是大学章程制定权的深层次来源，具有根本性和基础性。前已述及，大学章程制定权是一种综合性权力，具有多重属性——既具有国家权力属性，又具有社会权力（利）属性，这就决定了大学章程制定权实质来源的复杂性。大学章程制定权的实质来源是大学本身所具有的自治属性所应当享有的以及大学内部相关主体让与的权力的集合。首先，大学章程制定权源于其自治的

---

① 湛中乐、徐靖：《通过章程的现代大学治理》，载《法制与社会发展》2010 年第 3 期，第 110 页。

② 湛中乐、谢珂珺：《大学章程之制定主体相关问题探讨》，载《高校教育管理》2011 年第 6 期，第 3 页。

属性。大学是一个法人自治体。法治视野下的自治是章程（自治规范）之治，大学要实现自我管理的有序化和合法化，必然需要制定一定的章程。因而章程制定权是大学自治属性的使然。其次，大学章程制定权源于大学内部相关利益主体的让与。大学章程必然涉及大学内部的管理、惩戒等问题，实际上是自我设权的过程。社会公权力的产生是基于社会共同体成员的认可，甚至是对其在政治社会内部相关权利的转让。大学章程制定权作为一种社会公权力，其本质上也是基于章程所影响的相关主体的权利让与。

大学章程制定权的实质来源是更为根本的和深刻的，在对大学章程制定权的相关制度进行建构时，应当考虑大学章程制定权的实质来源。

2. 形式来源

大学章程制定权的形式来源是指大学章程制定权的规范来源，即章程制定权的直接依据。大学章程的形式来源更为直接的影响大学章程制定权相关制度的建构。从大学本身属性来看，章程制定权是一种行政法权力和民事权利的混合体。[①] 现代大学具有双重属性，其既是依法成立，享有民事权利和义务，独立承担民事责任的私法意义上的法人，又是依据法律法规行使一定公权力的法律法规授权组织，具有行政主体资格。[②] 大学章程既涉及大学作为一种法律、法规授权组织管辖的行政事项（招生、发放学位证和毕业证等），也涉及大学作为一个普通的私法人内部的管理和服务事项。大学的双重属性决定了大学章程的混合性，而章程的混合性又决定了大学章程制定权性质的双重性。大学章程制定权本身的双重性决定了权源本身的复合性。笔者认为，大学章程制定权部分来源于法律的授予，部分来源于法律的确认。

（1）法律授予。大学章程制定权中公权力部分源于法律的赋予。大学章程的部分内容涉及行政事务的组织和管理，因而大学章程制定权也就具有了公权力性质。按照法治的原则，行政权力来源于法律的授予，因而大学章程

---

① 王琴华：《我国高等学校章程制定主体刍议》，载《江汉大学学报（社会科学版）》2011 年第 2 期，第 91 页。

② 马怀德教授持类似观点，他认为：作为事业单位，学校的法律地位比较特殊。一方面，学校像其他民事主体一样，享有普通的民事权利，也承当一般的民事责任。另一方面，学校与政府、学生、教职员工之间的关系既有民事法律关系，又存在民事法律关系以外的其他关系。因此，学校作为事业单位，既享有一般民事主体的法律地位，又区别于民事主体而近似行政主体的法律地位。参见马怀德：《公务法人问题研究》，载《中国法学》2000 年第 4 期，第 20 页。

制定权中公权力部分应当源于法律的授予。法律授予的含义意味着权力本身的非原始性，即权力不是自身天然具有的。按照法治的原理，源于法律授予的权力应当严格按照法律规定的方式和程序来行使。大学章程制定权部分源于法律的授予，因而在行使这一部分权力时，主体需要受到更为严格的控制，主要是招生权、考试权和颁发学位、学历权等。

（2）法律确认。大学章程制定权同时还是大学作为民事主体的自治权和自我组织权的集合。大学章程制定权的自治属性，决定了这部分章程制定权是法律的确认，而非授予。因为自治权是一种天然权利，是与生俱来的。法律只是确认该权利的法律地位并进而进行规制的引导。如果将这部分权利也定性为法律授予的话，则可能存在不当限缩大学自治权的可能性。法律确认意味着权利的原始性，即法律只是对主体拥有权力的一种承认和确证，是将某种权利上升为法律，提高其地位的形式，而非该权利源于法律。自治性质的章程制定权源于法律的确认，而非授予，法律只是赋予了章程制定权相应的法律地位和权威性，并不是章程制定权的产生基础。这样一方面使得自治性的章程制定权能够获得较大的权威性，又可以避免对自治属性的大学章程制定权的不当限制。

大学章程制定权作为一种复合型权力，其形式来源也是多元化的，部分来自法律的授予，部分来自法律的确认。大学章程制定权来源的多元化，也就决定了该项权力在主体制度和程序制度上的特殊性。对于基于法律授予的章程制定权，该权力的行使应当严格按照法律的规定进行，对于基于法律确认的部分章程制定权，应当更加强调权力行使的自主性。

最后值得讨论的是公立大学与私立大学之间关于大学章程制定权的来源的区别问题。以往的学者往往过多地关注了公立大学与私立大学之间的区别，而忽视了二者之间的共同性。抛开举办者的身份（资金来源）这一要素不论，公立大学与私立大学之间并不应该有本质的区别。大学章程制定权之于公立大学和私立大学的性质并无二致，因而其来源也不应该有所差异。因而笔者认为，无论是公立大学还是私立大学，其章程制定权的实质来源和形式来源应当是基本一致的。

二、大学章程制定权的内容

（一）大学章程制定过程中的权力（利）体系

大学章程的制定过程实质上是各种权力（利）的运行过程，即各种权力（利）的交织共同促成大学章程的诞生，而这些权力（利）就构成了章程制定的权力（利）体系。按照各项权力（利）在大学章程制定过程中的功能和地位不同，大体上可以分为两大类：决策权和参与权。

1. 决策权。决策权是对大学章程制定的全过程起组织、指挥、推动、审议和表决等作用的权力集合，是一种立法性质的权力。大学章程的制定权主要是指决策权。在大学章程制定过程中，决策权是起决定作用的，行使决策权的主体就是章程制定主体。决策权在章程制定的权力体系中处于核心地位，决策权的配置和行使的科学性是保障章程制定科学性的关键。

2. 参与权。除了决策权之外，大学章程制定过程中还存在一类权利，这里统称参与权。参与权是指相关主体享有以知悉制定信息、提出意见建议等为内容的权利。参与权对于大学章程制定的全过程虽然不起指挥或者决定的作用，但是，参与权的存在和行使主要旨在促进大学章程本身的科学性，决策权主体与参与权主体之间的良性博弈促成大学章程的科学制定。

在涉及大学章程制定的权利体系中，决策权是核心和关键，参与权是辅助性权利。参与权在章程制定过程起到两个方面的作用：其一，辅助决策权主体，为决策提供知识和信息，从而提升章程制定的科学性；其二，制约决策权。参与权作为独立的权利类型，在客观上也会对决策权产生制约作用。权利与权力之间的制约是宪政的基本命题，在大学章程制定过程中，参与权对于决策权起到制约作用，从而防止决策权的滥用。

按照权力（利）本身的功能不同，其对应的主体也不同。决策权对应的是制定主体，对于大学章程的制定起组织、指挥、推动和审定作用。参与权对应的是参与主体，也可以称之为影响主体，对章程制定起辅助和影响作用。

（二）大学章程制定权的内容

章程制定权作为一种规则创制权，是一种立法性质的权力，因而在权力内容上与一般意义上的立法权的内核具有相似之处。章程制定是由多个环节组成的“立法”过程，每一环节都需要由相应的主体完成，特定的主体基于特定的权力完成该环节的任务或者行为，因而每一环节对应一项权力。按照一般立法过程推知，制定权包括组织起草权、提案权、审议和表决权、公布权等。

按照周旺生教授的观点，在纵向上，一般来说，广义上的制定权包括组织起草权、提案权、审议和表决通过权、核准权、公布权等，然而，在完善的制度体系和法治原则下，这些权力当中真正起决定作用的还是审议和表决通过权，即决策权，至于其他权力，在某种程度上可以认为是以审议和表决通过权为核心而展开的程序性权力，不对章程的制定具有核心影响力。①

笔者认为，尽管大学章程制定权体系中，不同权力的地位和作用具有差异性，但是，它们之间应当具有统一性，即都属于大学章程制定权，并且都应当归属于大学章程的制定主体。大学章程制定主体可以将某些权力委托给其他主体行使，但是并不意味着这项权力不属于制定主体享有。按照权力的地位和作用，可以在大学章程制定权内部又可以对权力作出一定的区分：不可委托行使的权力，即只能由制定主体行使的权力；可委托行使的权力，即制定主体可以委托其他主体来行使的权力。

1. 不可委托行使的权力

在大学章程制定权的权力体系中，审议和表决权对于大学章程的内容和效力起决定作用，因而是制定权的核心，这一项权力只能由法定的制定主体行使，不可委托其他主体行使。制定主体行使审议权对大学章程草案进行评价，审议过程是发现问题、辩论争议、提出质疑的过程，审议权是确保大学章程合法性和科学性的重要权力。表决权的作用在于使得章程草案经过合法性程序变成正式的规范，使得大学章程产生法律效力。既然审议和表决权在大学章程制定过程中起着决定作用，那么行使这两项权力的只能是法定的制定主体。从某种意义上说，享有审议权和表决权的主体就是章程的制定主体。因此，笔者认为，大学章程的真正制定主体其实就是行使审议和表决通过权的决策主体，行使其他权力的只是影响主体。②

① 参见周旺生：《立法学教程》，北京大学出版社2006年版，第173—174、259页。

② 湛中乐、谢珂珺：《大学章程制定主体及其相关问题探讨》，载《高校教育管理》2011年第6期，第3页。

2. 可以委托行使的权力

除了审议权和表决权之外，在大学章程制定过程还存在其他权力（利），如提议制定章程的提案权、章程草案的组织起草权、章程草案的建议权、草案的公布权等。虽然这些权力对于大学章程的效力和内容不起决定作用，但是，他们在章程制定的各环节发挥着各自的作用。基于专业性和能力的有限性，大学章程的制定主体不可能也没有必要事必躬亲，它可以将上述权力以某种方式委托给特定组织或者个人来行使。以组织起草权为例，为了保证草案本身的科学性或者提高草案起草的效率，制定主体可以将起草权委托给一个由专家或者相关人员组成的起草委员会行使这项权力。按照委托代理理论，起草委员会应当按照委托人的要求行使起草权，同时，制定主体可以对起草活动进行适当的指挥和安排。

将大学章程制定权划分为不可委托行使的权力和可以委托行使的权力，既可以解释大学章程制定权的统一性，同时也能与大学章程制定过程中权力分属不同主体行使的现实相契合。对于不可委托行使的权力，只能由章程制定主体行使，因而判断章程制定主体的标志也在于其是否享有不可委托行使的权力，即审议权和表决权。对于可以委托行使的权力，制定主体可以委托其他主体行使，一方面发挥其他主体的优势，实现资源的有效整合；同时也可以保证制定主体能够有充足的时间和精力行使章程的审议权和表决权。更重要的是，这意味着他们之间也形成了一种制约和平衡，从而使得同一个意见经过至少两个主体的考虑，更加符合理性的要求。

章程制定权的统一性决定了大学章程制定主体建构时应当注意以下几点：第一，大学章程制定主体成立的优先性。既然大学章程制定权具有统一性，原则上章程制定权体系中所有权力都归属于制定主体，其他主体所行使的权力只是源于章程制定主体的委托，那么就应当先成立章程制定主体，从而由章程制定主体决定其他权力的分配和行使问题。第二，大学章程制定主体应当组织化。权力行使的有效性需要组织化的机构，章程制定权的统一性，更要求制定主体应当组织化，唯此才能确保权力体系得以合理的分配和行使。

三、大学章程制定权的界限

孟德斯鸠曾说：一切权力都极易被滥用，这是千古不易的一条经验。有权力的人们使用权力一直到遇到边界的地方才休止。[①] 作为具有公权力和自治权双重属性的权力，大学章程制定权亦可能出现异化。为了防止大学章程制定权的异化，应当为其设定明确的边界。在法治的语境下，大学章程制定权的边界是宪法法律，具体而言包括：禁止性规范边界、法定权利边界和宪法精神边界。

（一）禁止性规范[②]边界

法治语境下，最基本和最明确规范性边界是宪法、法律的禁止性规定。与授权性规范和义务性规范相比，禁止性规范的突出特点在于设定权利或者行为的边界。尽管大学章程制定权具有自治的性质，不需要完全遵从法律的规定，但是，大学章程制定权的行使也不得违反宪法和法律的禁止性规定。如，我国《宪法》第36条规定：中华人民共和国公民有宗教信仰自由。任何国家机关、社会团体和个人不得强制公民信仰宗教或者不信仰宗教，不得歧视信仰宗教的公民和不信仰宗教的公民。第38条规定：中华人民共和国公民的人格尊严不受侵犯。禁止用任何方法对公民进行侮辱、诽谤和诬告陷害。在制定大学章程时不得设定可能侵犯公民宗教信仰和侮辱公民人格尊严的内容。宪法与法律中的禁止性规范是大学章程制定权的最基本边界，也是必须要严格遵守的边界，否则章程制定权的行使就是违法的，是不能产生法律效力的。

（二）法定权利边界

大学章程制定权具有公权力的性质，涉及相关主体权利和利益配置。在某种意义上，权利是对权力的一种制约和抗衡，因而章程所涉及的相关利益主体的法定权利就构成了大学章程制定权的边界。权利分为基本权利和一般权利，这些权利的重要性有别，法律保护的力度亦存在差异。被规范的主体[③]的法定权利客观上为大学章程制定权设定了边界。大学章程的制定，原则上不得侵害被规范者的法定权利，否则可能被认定为违法行为。当然，权利边界并不是非常严格的，而是有一定的灵活度的。面对法定权利，章程制定主体载行使章程制定权时应当遵循以下规则：首先，区分权利的重要程度，对

① 〔法〕孟德斯鸠：《论法的精神》（上册），张雁深译，商务印书馆1964年版，第165页。
② 禁止性规范主要是宪法、法律规定不得为一定“行为”的规范。
③ 包括学生、教师和其他职工等。

于基本权利（比如人身自由、人格尊严、通信自由和通信秘密）是绝对不能限制和剥夺的，法律另有规定的除外；对于一般权利的限制和剥夺以必要为限度。比如，对学生或者老师设定一定的惩戒权，对其进行警告或者留校察看等惩罚，是对其一般权利的限制，这是可以的，但是以必要为限。其次，应当遵循比例原则，即对权利的限制应当以必要、适当为限，不能超过合理的限度。

（三）宪法原则和精神边界

宪法的原则和精神是贯穿于宪法之中，统领整部宪法的核心要素，是宪法实质约束力和控制力的保障，是明文规定的有效补充。宪法原则和精神是更高的法，是法治的最后保障。大学章程制定权的行使不仅不得违反宪法和法律的明确规定，而且不得违反宪法的原则和精神。

四、大学章程制定权的归属原则

大学章程制定权的归属原则是指章程制定权属于何种主体所应当遵守的原则。换言之，某一主体行使章程制定权应当符合的原则。任何权力（利）都只是一种可能性，只有配置给特定的主体才能转变成一种现实性。将权力配置给适格的主体是确保权力得以有效行使的重要前提，而权力的配置方式应当与该权力自身的特殊性相契合。大学章程制定权作为一项复合性权力，其配置原则应当是多元化的。笔者认为，大学章程制定权的配置原则主要是以下几点：

（一）合法性原则

在法治的语境下，配置大学章程制定权的首要原则是合法性原则。大学章程制定权作为一种法律赋予或者确认的权力形式，在进行权力配置时亦应当符合法律的规定。这里的合法性原则主要有两层含义：第一，符合法律的明确要求；第二，不违反法律的禁止性规定。这两个层面似乎是同义反复，但是实际上二者存在较大差别。前者是要求遵循法律对章程权配置的明确规定，而后者是不违反禁止性规定，后者的范围更加宽泛，是配置章程制定权时应当着重关注的。

（二）利益相关性原则

“法律的作用和任务在于确认、实现和保障利益。……在调节、调和各种错杂和冲突的利益时……使各种利益中大部分或我们文化中最重要的利益得到满足，而使其他的利益最少地牺牲”。[①] 法国哲学家爱尔维修说：“如同物质世界为运动规律所支配，精神世界为利益规律所统治。”“河水不会向河源倒流，人们不会逆着利益的浪头走。”[②] 从哲学的角度来看，利益表现为某个特定的（精神或者物质）客体对主体具有意义，并且为主体自己或者其他评价者直接认为、合理地假定或者承认对有关主体的存在有价值（有用、必要、值得追求）。[③]

大学章程作为大学内部的最高法，其本质的功能也在于调整大学内部的利益关系。无论从大学章程制定权的自治、缔约色彩来看，还是从大学章程本身所具有的利益调整性来看，大学章程制定权的配置都应当符合利益相关性原则。在大学章程制定层面，利益相关性原则是指大学章程制定权主体中应当包含对于大学章程具有一定利益关系的组织或者个人。之所以应当坚持利益相关性原则有三点理由：其一，大学章程制定权具有“缔约”权属性。既然是一种类似于缔约的权利，那么与大学章程有利害关系的主体就应当成为“缔约”主体，成为制定权主体的组成部分。其二，大学章程制定权的行使意味着利益和资源的调整和配置，需要适当考虑利益相关者的意志，如此有助于检验和确证这种调整和配置的科学性。其三，大学章程制定权本质上还是规则创制权，这种规则的有效实施除了需要一定的监督和保障措施之外，更多的有赖于被规制主体的自觉遵守。利益相关者能够直接参与并且决定规则，可以增强规则的公信力，从而促使被规制者更好的遵守章程中的规则。

（三）专业性原则

大学章程是大学组织和管理的根本法，因而大学章程的制定必须满足大学本身的特殊性要求。大学自身的特殊性包含两个层次：其一，大学作为学术和教学共同体，区别于其他团体的特殊性；其二，不同的大学基于历史和文化背景的差异，某大学自身所具有的区别于其他大学的特殊性。大学自身的特殊性决定了大学治理和建设具有较强的专业性，需要专业知识的支撑。

---

① 马斯福：《法律社会学原理》，吉林大学出版社 1999 年版，第 65 页。

② 转引自赵振江主编：《法律社会学》，北京大学出版社 1998 年版，第 244 页。

③ 〔德〕汉斯·J. 沃尔夫、奥托·巴霍夫、罗尔夫·斯托贝尔：《行政法》（第 1 卷），高家伟译，商务印书馆 2002 年版，第 324 页。

大学章程作为大学治理和建设的根本依据，其本身亦需要满足大学的特殊性需求。大学治理和建设的特殊性和专业性，决定了大学章程制定主体应当具有一定的专业性，一方面能够把握大学区别于其他社会团体的办学规律；另一方面又能够深刻领会大学自身的历史、文化以及办学的特殊性，实现大学治理过程的共性和个性的统一。大学章程制定权分配的专业性原则就是要求在设定制定主体时，应当注重引入具备专业知识的人员参加。

（四）组织化与制衡性原则

章程制定过程输出的是规则等制度性产品，因而其中需要不同主体的意志表达和博弈，这就要求章程的制定主体必然由一定数量的人组成，而且为了使得这个人的集合体能够具有较高的行动能力，应当强调制定主体的组织化。制定主体组织化原则是指章程制定主体由一定数量的成员组成，这些成员按照一定的组织规则集合一起，形成一定的组织形式，从而更好地完成一定任务的存在状态。制定主体的组织化能够使得主体的行动能力增强，提高办事的效率，并且使得行为的结果更加具有可控性。

与组织化相关的原则是制衡性原则，由于章程制定主体是由不特定数量的成员组成的，他们具有不同的利益诉求和身份背景，为了防止成员内部部分人垄断话语权或者防止制定权被滥用，应当强调制定权的制衡性。这里的制衡性原则主要是指制定主体内部不同成员之间应当形成一种制约与平衡关系，从而防止任何人垄断话语权和决定权，在制约与平衡之中有效博弈从而使得章程制定主体的决定更加符合理性。当然，这里的制衡也可以包括制定主体和政府权力之间、制定权与参与权之间的制衡。比如，西方国家大学与政府的关系主要通过法律的明确规定，确定二者的权力分配从而使二者的权力制衡。① 美国著名高等教育学家阿特巴赫指出："大学不是一个整齐划一的机构，而是一个拥有一定自治权的各种团体组成的社会。"② 因而应当强调大学内部参与者之间的制约与平衡。

① 祁占勇：《现代大学制度的法律重构》，中国社会科学出版社 2009 年版，第 172 页。

② 〔美〕菲利普·阿特巴赫：《比较高等教育：知识、大学与发展》，人民教育出版社 2001 年版，第 5 页。

第二节　大学章程的制定主体

大学章程的制定主体是章程制定权的载体，主体设置的科学与理性与否，直接影响大学章程本身的质量，最终影响大学内部的治理结构和学校管理的有效性。正如有学者指出：明确大学章程的制定主体是制定大学章程的首要问题，不在制度设计上明确解决这一问题，就不可能科学合理地设计大学内部权力结构，或者即使设计出来，也会导致实际权力运行过程的无序和失衡，导致大学章程难以获得实效。[①] 大学章程制定主体制度既是一个理论问题，也是一个实践问题，因而在大学章程制定主体法律制度问题上应当注重理论与实践两个维度兼顾。

一、大学章程制定主体理论概述

制度理性源于该制度相关理论的合理搭建，因而章程制定主体制度理性的实现有赖于对该制度的理论基础进行宏观建构。前面所论及的大学章程制定权理论是大学章程制定主体的理论基础之一，除此之外，大学章程制定主体的设计还应当建立在更为坚实的理论基础之上。

（一）“契约”理论

大学章程类似于相关利益主体共同签订的契约，可以比拟为一种公法与私法相结合的契约。从宪政史的角度来看，社会契约论为近代宪法的形成和发展提供了理论向导和支撑。大学章程作为学校内部的“宪法”，社会契约论也可以作为大学章程法律问题的理论借鉴。在大学领域，“契约”论的目的是为学校权力（行政权力和学术权力）的产生和维持提供合法性依据。[②] 大学章程是大学内外各相关主体通过协商签订的契约。为了凸显大学章程的契约色彩，在大学章程制定主体的设定上，就应当注重以下几点：其一，大学章程的制定主体必须尽可能地吸纳各种相关利益主体，只有这样才能真正体现大学章程的契约色彩，更重要的是，符合大学治理的多元性、回应性与开放

① 湛中乐：《公立高等学校法律问题研究》，法律出版社2009年版，第138页。
② 参见张千帆：《宪法学导论》，法律出版社2008年版，第63页。

性要求。其二，大学章程的制定主体的设定应当能够满足协商性和合意性的要求。章程制定主体利益诉求和身份背景的多元化为协商和合意提供了前提。合意性是契约的本质，因而大学章程制定过程的合意性是非常重要的。其三，大学章程制定主体的设定应当注重主体关系的平等性。平等是民主的前提，也是协商真实性的保障，因而大学章程制定主体的设定应当确保参与主体的平等性。

（二）民主理论

从内容和功能来看，大学章程是一种法规范，章程的制定是立法过程。民主理论对于大学章程制定主体的设定也具有非常重要的意义。立法层面上的民主，至少有三个价值面向：其一，民主可以为共同体的决策提供更为充分的理性知识，从而使得决策本身的科学性得以提升。其二，民主可以使得不同主体的利益诉求得以表达，从而抑制利益分配的过分失衡。其三，民主可以增强法规范的可接受性。满足民主诉求而制定的法规范，往往更能得到相关主体的认可和接受，从而使得规则的实施更加顺畅。大学章程的制定作为一种立法过程，其本身也应当引入民主的因素。大学章程制定主体的设定应当符合民主的要求，体现民主的精神，唯此才能更好地为大学章程的制定提供理性支持、防止大学内外利益的严重失衡，并增强大学章程本身的可接受性。

（三）自治权的实现

从国家权力与学校的关系来看，大学是一个自治共同体，大学章程是一种自治的规范。大学章程应当成为大学进行自治的依据和保障，这就要求大学章程的制度安排应当能够满足大学自治的要求，而要确保大学章程内容本身的自治性，大学章程制定主体的合理选择是关键。大学章程制定主体的选择会对大学章程内容产生直接的影响，因而在选择大学章程制定主体时，应当将确保大学自治权的实现为目标。旨在确保大学自治权实现的主体设置必然需要考虑大学自身已经存在的成员或者将要成为大学内部成员的比例和成分，强调大学章程制定主体中大学自身成员的实质代表权和发言权。大学自治是大学健康发展的保障，而大学章程制定主体中大学内部成员的结构比例对于章程能否体现大学自治的精神、规定能够实现大学自治的制度具有制约作用。因而，在大学章程制定主体的设置问题上，应当特别强调大学章程自治权的实现。

二、大学章程制定主体选择的标准

立法本身的专业性和立法者数量的边际效应决定了对立法者进行选择是理智的。同理，大学章程作为一种专业的立法过程，其自身所具有的专业性、章程制定者数量的边际效应等因素决定了并非参与大学章程制定的主体越多越好，更非所有相关主体都作为制定主体为妙，而是需要根据一定的标准，对大学章程制定者进行一定的选择。既然要对章程制定者进行筛选，那么就需要依托一定的标准，这些标准要确保选出的大学章程制定者能够符合一般立法者的要求，同时，与大学章程本身的特殊性相契合。基于此，在选择大学章程制定主体时，应当遵循以下标准：

（一）具备相应的能力

大学章程的制定过程作为一种立法过程，是行动与意志表达的结合体。大学章程制定程序的有效展开，需要制定主体具备行动能力、意志表达能力、专业知识和组织协调能力等。行动能力是主体完成章程制定相应行为的基础，意志表达能力是大学章程内容得以形成的关键，专业知识是确保章程满足大学自治与治理理性相契合的保障，组织协调能力是章程制定活动有序展开的重要的条件。如果将大学章程制定主体作为一个整体来看，那么其内在应当包含以上各方面的能力，从而确保章程制定的完成。其中，行动能力和意志表达能力是基础，专业知识和素质是保障，但是，专业知识和素质并不是制定主体成员的必备素质。从理想的状态来看，大学章程的制定主体应当由若干主体构成，而这些主体可能是单位，也可能是个人，但无论如何都应当确保构成的组织具有以上的能力。因而，单位参加到制定主体当中，也应当确保这个单位自身的行动能力和意志表达能力，这就需要单位的代表本身应当是有行动能力，并且能够代表单位表达意志。

此处，具备相应的能力包含两个层面的含义：其一，制定主体作为一个整体，具备行动能力、意志表达能力、专业知识和组织协调能力，从而胜任大学章程的制定的各项任务。其二，为了确保整体意义上的大学章程制定主体能够具备相应的能力，在具体的确定制定主体参与者的时候，要确保参加者具备相应的能力，其中，行动能力和意志表达能力是普适的，专业知识和协调能力则是针对特定的参加者的要求。组织或者单位参与制定主体的，其本身的代表者应当具备行动能力和意志表达能力，尤其是意志表达能力。

（二）有助于制度理性的实现

现代大学治理的基础手段是规则制度，而基础制度的构建则源于大学章程。从制度学的角度看，大学章程是各种制度的集合体，而大学章程的制定实际上是制度的生成过程。大学章程的有效性需要制度的支撑，而制度的有效性有赖于制度理性的实现。制度理性取决于制度建构者本身具备相应的知识和理性，并且愿意和善于将理性植入制度之中。章程制定者对于大学章程的制度理性乃至整个学校的制度理性都具有决定的作用，因而，在进行制定主体的选择和建构时，应当将制度理性的实现和构建作为重要的考虑标准。

具体而言，为了确保制度理性，大学章程的制定者应当具备以下条件：其一，现代大学制度的理性要求高等学校章程的制定者能充分认识现代大学制度的构建和管理方式，了解该高等学校的设立宗旨和发展方向，并能保证对该高等学校成立后的运作起有效监督作用。[①] 其二，大学章程的制定者应当是有意愿建构制度理性的，即制定者具有建构制度理性的意愿，这是制度理性得以建立的心理机制。如果章程制定者根本就没有实现大学制度理性的意愿，则制度理性也只是一种可能，无法成为现实。其三，制定主体的本身机理有助于理性的实现。大学章程的制定主体内部的结构和关系，有助于理性的建构。一般而言，大学章程制定主体是人的集合，其内部的结构和关系对于其能否发现、承认和植入理性具有制约作用。制定主体内部成员之间平等关系和协商精神，应该说是理性产生的重要机制，因而在主体的设定和选择上也应当强调制定主体结构的合理安排。

（三）合法

在法治的语境中，任何权力和规则的有效性和权威性都依赖于其自身的合法性。无论从大学章程制定权的社会公权力属性，还是从大学章程具有的规范大学治理依据的法规范属性来看，大学章程制定主体的设定都应当将合法作为重要的标准。此处的合法主要体现在两个层面：第一个层面是符合法

---

① 潘军：《外部关系视域下的公办高等学校章程制定程序研究》，载《黑龙江高教研究》2013 年第 6 期，第 25 页。

律的明确规定。如果法律对于大学章程制定主体的设定作出了规定，那么大学章程制定主体的设定和组织原则上应当符合法律的明确规定。第二个层面是不违反法律的禁止性规定。对于法律没有明确规定的事项，原则上属于大学自治的范畴，因而在法律规定以外，大学章程制定主体具体设置，具有一定的灵活性。然而，大学章程制定主体的设定不得违背宪法、法律的禁止性规定，这是一个最基本的要求。

（四）符合大学章程的性质

从立法的角度看，法规范本身的性质制约立法者的设定或者构造。宪法作为国家的根本法其制定主体应该是全体公民，基本法律的制定主体一般为全国人大，基本法律以外的法律的制定主体是全国人大常委会，地方性法规的制定主体是地方人大及其常委会，行政法规和规章的制定主体则是行政机关。大学章程的制定实际上是一种“立法过程”，因而制定主体的设定也应当考虑大学章程的性质。从不同的角度来看，大学章程具有不同的性质：从大学内部治理的地位来看，大学章程是大学内部的最高法，具有内部“宪法”的地位；从大学内外部关系来看，大学章程是一种特殊的“契约”，约定了各方的权力（利）、义务和责任；从大学与国家和其他社会权力的关系看，大学章程是一种自治规范，划定了大学与国家权力、社会权力之间的界限。以上只是应然角度上的大学章程性质，制定主体的设定和构造对于大学章程能否满足以上性质具有非常重要的作用。大学章程的设定和构造，应当着眼于大学章程本身性质的实现。

（五）满足大学的诉求：学术自由和传统传承

经过几百年的演进，与过去的大学相比，现代大学的办学理念、办学条件、治理方式以及与外部的关系有了非常大的变化，大学也面临着更多新的挑战。然而，无论大学怎样发展，都有基本的诉求，这是大学之灵魂所在，没有这些东西，大学难以称之为大学。大学的基本诉求和特征有不少，但是，比较普适的应当是学术自由和传统的继承。原清华大学校长梅贻琦曾说：所谓大学者，非谓有大楼之谓也，有大师之谓也。大师就是大学学术自由和学术精神的代表，没有学术自由和学术精神，大师是不可能产生的。大学之间的差异不在于建筑和风景，而在于传统的文化和精神，每一个成熟的大学都有其宝贵的传统，这些是其屹立于大学之林的保障，这些传统应该得到继承和发扬。大学章程的制定者应当以学术自由确立与保护、本校传统的继承发扬为己任，在大学章程中将这些制度和规则真正的建构起来。为了确保大学章程能够满足大学最基本的诉求，大学章程的制定者应当对于学术自由和大学自身的精神有一定的认识和了解，也就需要一些学校的校友、老一辈教育和行政工作者以及深谙学校发展特色的在校人员和学者的参与。

三、大学章程制定主体的特殊因素

理论转化为实践的前提是确保理论与现实特殊性的契合，探讨中国的大学章程制定的法律问题，必然需要面对中国现实的特殊性问题。在中国，大学章程制定主体的问题的探讨，应当考虑到以下几个方面的因素：

（一）制定章程的阶段性问题：大学成立前后

从我国现行有效的法律规定来看，大学成立的前提便是要制定大学章程[①]。但是，在我国已成立的大学中，仍有很多大学没有制定自己的章程，已有章程的大学主要也是大学成立之后制定的。因而，我国大学章程制定分为两种情况：大学成立之后制定大学章程和大学成立之前制定大学章程。大学成立与否决定了与章程有关的现实利益主体的范围不同[②]，因而，在大学章程制定主体的设计上也是应当有所区别的。大学成立之后，大学内部的成员是现实存在的——教师、学生、行政人员和后勤保障人员等，这些主体与大学章程的制定具有直接的利益关系，因而大学章程制定主体的建构不可能不考虑他们的利益，而根据个人是自己利益最好代表的原则，他们必然要以一定的形式加入到制定过程中，甚至成为制定主体。大学成立之前包含的利益主体则比较简单：举办者和部分潜在的管理者、教师和学生。因而，大学章程制定主体的建构，应当区分大学是否成立，分别进行讨论。

（二）大学的性质：公立与私立之分

按照大学主要资本的来源不同，可以将大学分为公立大学和私立大学。

---

① 《中华人民共和国高等教育法》第 27 条规定：“申请设立高等学校的，应当向审批机关提交下列材料：（一）申办报告；（二）可行性论证材料；（三）章程；（四）审批机关依照本法规定要求提供的其他材料。”

② 湛中乐、谢珂珺：《大学章程制定主体及其相关问题探讨》，载《高校教育管理》2011 年第 6 期，第 3 页。

在我国，公立大学的比重和影响力均高于私立大学，当然私立大学也在发展过程中。公立大学指以国家政府或地方政府资助创立维持的大学，其主要的资金来源于国家，因而政府是实质上的出资人和举办者。私立大学指主要以由民间资本所维持经营的大学，其主要经费来源仰赖学费、捐款、募款等非政府资金。从理论上讲，公立大学和私立大学的区别仅限于举办者和资金来源，其他方面并没有显著的区别。大学章程作为调整大学内外关系，规定大学内部治理结构的根本法，其必然要体现举办者的意志，否则，举办者的利益无法保障，其创办大学的目的也可能落空。由于公立大学和私立大学在举办者或者说出资人方面的差异，决定了两种大学在大学章程制定主体设定方面应当有所差别，尤其是政府在大学章程制定过程中的地位上应当有所差别。当然，这里需要强调的是，公立与私立大学的差异仅在于出资人的差异，不应夸大二者的差异，在公立大学章程制定主体设置时过分强调政府在大学章程中的主导权。公立大学章程的制定过程中，政府主要是以出资人的身份参与，其与私立大学中出资人的地位和权利并无二致。

（三）大学的合并与分立

基于国家政策或者大学自身的发展战略，大学存在分立或者合并的需求和实践。无论是大学的合并还是分立实际上都意味着新法人的诞生，对于新的法人原来的章程可能不再有效。在大学分立或者合并之后，原来大学章程的命运大体上有以下几种情况：其一，合并后的大学适用合并前存在的某一大学的章程，分立后的大学继续适用原来的章程。由于原来的大学章程很难完全适用于现在的大学，所以这种情况一般比较少。其二，原则上在继承原来章程的基础上对章程进行修改。新成立的大学在承认原来大学章程的效力的基础上，根据现有大学的办学理念和要求，对大学章程进行一定的修改后，转化成大学自身的章程。其三，制定新的章程。即分立或者合并后的新大学不承认原来大学章程的法律效力，而是制定新的大学章程。从现实的情况来看，第一种情况出现的概率很低，第二种和第三种概率较高。大学分立或者合并制定新的章程时，其制定主体也具有很强的特殊性。以大学合并时章程制定为例，由于新的大学章程要约束原来的各个大学或者机构，因而他们都是利益主体，这时新制定的大学章程就需要综合考虑各方的利益，因而在制定主体的设置上也应当有所考虑。美国著名高等教育学家阿特巴赫指出：“大学不是一个整齐划一的机构，而是一个拥有一定自治权的各种团体组成的社会。"[1] 大学内部各个团体和院系的利益也必须进行考量。

（四）大学自身的特性——学术权力与学术自由

大学是一种特殊的法人，在大学的法人治理结构中显著区别于其他法人的是其包含学术权力以及行使学术权力的机构。学术权力是一类比较特殊的权力，它包括教学自由、学习自由、研究自由等不同方面，涉及学术管理、教师评聘、学术评价、专业设置、教学活动、学术研究、学位授予等诸多事务，是高等学校为实现自己的社会功能，保证高等学校中的教育、学习和研究活动的创造性而设置的一项特殊权力，不同于高等学校的其他办学权力。[2] 学术权力是行政权力之外的一种权力形式，其"确保大学的学术性犹如确保生物有机体的蛋白质一样，是大学发展、延展的核心。"[3]

学术权力的权力结构和内容需要章程进行规定，而为了确保学术权力的独立性和自治性，则应当强调学术权力主体或者潜在的学术权力主体参与大学章程的制定。为了确保大学学术权力的科学配置和权力结构的合理搭建，对大学章程的制定主体应提出几点要求：其一，大学章程制定主体应当对大学内部的权力结构形式，尤其是学术权力的性质、结构、运作方式和基本内容有科学认识和了解，即熟悉大学学术权力建设的基本常识；其二，大学的学术权力主体或者潜在的学术权力主体应当纳入到制定主体当中，从而切实表达自己的利益诉求，并且确保学术权力本身的独立和自主；其三，受到学术权力支配和影响的主体应当能够表达自己的利益诉求和建议，从而使得学术权力的建构更加符合合理性；其四，制定主体中举办者的代表和行政权力的代表不应享有垄断话语的权力，他们本身应当能够对学术权力保持敬畏和尊重，举办者意志的表达，行政权力的设置，都不得以侵害学术权力为限，而且以上主体在章程制定中也应当以维护学术权力为己任。

① 〔美〕菲利普·阿特巴赫：《比较高等教育：知识、大学与发展》，人民教育出版社教育室译，人民教育出版社 2001 版，第 5 页。

② 劳凯声：《高等学校的行政化问题及其改革》，载《人民政协报》，2010 年 3 月 17 日。

③ 参见张俊宗：《现代大学制度》，中国社会科学出版社 2004 年版，第 139 页。

四、章程制定主体的实证考察

实践经验不但是理论的试金石，而且也为理论建构提供丰富的素材。分析国内外大学章程制定的实践，发现实践中存在的问题，总结出成功的经验，无疑可以为大学章程制定主体制度提供坚实的实证基础。当然，从法学的角度来看，大学章程制定的实证分析也不能忽略对大学章程制定法律规范方面的分析和总结。

（一）他山之石

现代大学制度肇始于西方，大学章程制度也伴随着西方大学演进而产生和发展，因而，其他国家和地区大学章程制定主体制度的实践和经验对我国大学章程制定主体制度的建构可资借鉴。以下选取教育较为发达的国家和我国港澳台地区有关大学章程制定的实践进行分析，旨在发现其规律，总结其经验，为我国大学章程制定主体制度提供实证基础。

1. 法国——理事会制度

在法国，大学章程制度的建立经历了一个漫长而渐进的过程。巴黎大学时期教授和学生在斗争中所获取的特权还没有明确涉及制定章程的权力，直至经历了中世纪后期的坎坷和拿破仑帝国的集权管理，到第二次世界大战后，1968 年大学开始重新迈上争取自治的历程，章程制定权才被法律明确提出。

在法国，享有大学章程制定权的主体是理事会。根据 1968 年的《高等教育指导法》第 11 条的规定："公立科学文化性机构及其所属教学与科研单位，依据本法及其实施法令的规定，确定各自的章程。章程方面的决定，须由理事会成员 2/3 多数通过。"而依据第 3 条的规定，大学即是"有法人资格和财政自治权的公立科学文化机构"。[①] 从法律规定来看，大学的理事会实际上享有大学章程的制定权，因为表决通过权是章程制定权的实质和核心，谁掌握了表决通过权，谁就是真正的章程制定主体。

大学内部的理事会是对大学所有重大问题作出决议的最高决策机构，从人员组成上来看，包括教师和研究人员、学生、管理及服务人员、校外人士

---

① 国家教育委员会情报资料室、政策研究室：《外国教育法选编》，法律出版社 1987 年版，第 106、111 页。

的代表，由其选举出的校长领导。理事会具体又由大学评议会、大学学术委员会和大学学习与生活委员会联会组成。根据《高等教育指导法》的规定：在大学评议会中教师和研究人员占40%—50%，在大学学习与生活委员会中教师和研究人员占75%—80%①，大学学术委员会由教师和研究人员代表组成，其中教授占50%以上。② 实际上，从作为行会组织的大学建立起，教授治校的传统就一直延续了下来。虽然法国的大学管理模式是以行政权力为主导的典型，但这种模式下的教授也发挥着重要作用，中央集权削弱的往往是大学层次的效力，而在学部和基层，教授们不受国家拘束，其活动领域比较宽泛，自由度很大。③

2. 德国——大评议会模式

在德国，大学章程的制定主体主要是大评议会，而且大评议会的主要成员是教授，这与德国大学的治理理念具有密切联系。德国大学自治的主要特点便是“教授治校”，大学自治权主要由教授组织行使。大学的最高权力机构是大评议会（又称代表大会或全校大会），按照德国《高等教育法》的规定，本校教授在这一机构中拥有绝对多数席位和表决票。大评议会负责选举校长和批准学校章程。④例如，柏林洪堡大学章程的开篇就指出：柏林洪堡大学根据2003年2月13日版《柏林高校法》第3条第1款及第3款（GVBI第82页），于2005年11月22日制定并通过本章程。⑤

德国大学的大评议会的主要成员是教授，因而教授对于大学章程的制定起到了主导作用。根据德国《高等教育法》的规定，大评议会负责大学章程的批准，实际上意味着大评议会是大学章程制定的实质主体。

3. 日本——大评议会模式

在大学的办学理念和内部治理结构上，日本主要是借鉴了德国的模式，因而其办学理念和内部治理结构的核心亦是“教授治校”。虽然第二次世界大

---

① 叶雅璇：《大学董事会（理事会）制度探讨》，2006年厦门大学硕士论文。

② 眭依凡：《教授治校：大学校长民主管理学校的理念与意义》，载《比较教育研究》，2002年第2期，第18页。

③ 湛中乐等：《公立高等学校法律问题研究》，法律出版社2009年版，第121页。

④ 黄宝兴，汪利兵：《学习型组织视角下的高校管理权力》，载《教育探索》2006年第12期，第25页。

⑤ 湛中乐主编：《大学章程精选》，中国法制出版社2010年版，第651页。

战之后，在美国人的主导下实施了大规模的大学改革，但是第二次世界大战之后的大学改革只是改变了日本大学的结构、学制和课程设置等，对大学的内部管理体制则基本上没有触及。日本基本上与德国相同，通过讲座——学部教授会——大学评议会的体制来实施自治。《〈日本学校教育法〉施行规则》规定，关于学校设置的许可申请或申报，许可申请书或申报书必须分别附加记载校章等事项的文件。①

日本高等教育也是公私并存，公立高校包括国立大学和公立大学，前者由中央政府设立，是公立高等教育中的主体，后者由地方政府设立。公立大学的决策权集中在评议会；国立大学法人化改革开始后，自 2003 年 3 月 18 日召开的东京大学评议会制定《东京大学章程》以来，各公立大学纷纷仿效。

4. 英国——制定主体的演进

英国的大学制度历史悠久，其大学章程制定主体模式也经历了一个不断的演进的过程，而且呈现出较为鲜明的多元化色彩。比如，在很多大学，章程的制定不再是大学内部的事情，而是吸纳校友，甚至社会力量参与到大学章程的制定过程当中。作为英国历史上的第一所大学，牛津大学章程制定主体就发生了较大的变化。《牛津大学章程》指出，在它最早的 400 年间，由占统治地位的教师组成的大学评议会制定修改和废除章程。1854 年《牛津大学法》任命了一个周委员会（Hebdomadal Board），在 1857 年 1 月 1 日行使职权，随后周委员会被周理事会（Hebdomadal Council）取代，理事会发布的章程需要提交由占非统治地位的教师组成的教职员大会讨论，但评议会仍然是最高立法机构。到 1964 年，牛津大学任命了一个在奥利弗·弗兰克斯先生领导下的委员会，在弗兰克斯时代，大学评议会制定章程的权力已经下降，但还没有完全废除，只是实质已被虚置；教职员大会经由不少于 2/3 成员讨论通过的章程需要提交给评议会，此时，评议会的核准权已经在教职员大会的讨论通过权下成为一种程序性的要素。随后，弗兰克斯委员会提议教职员大会应当独享制定修改废除章程的权力，事实上也由其制定了章程。新的章程于 1969 年生效，大学评议会制定章程的权力最终被取消。1997 年成立的由当时

① 金建陵：《国外制定学校章程的实践经验和法律规定》，载《外国中小学教育》2001 年第 3 期，第 6 页。

的副校长皮特·诺斯为主席的诺斯委员会提出对当时的章程和附属规则进行修改，新的章程由教职员大会于2001年12月11日批准。[①]

随着社会政治和经济的发展，国家赋予大学更多的社会责任，大学的管理走向世俗化，决策机构中开始吸纳校外人士参加。19世纪初，伦敦大学成立，其校外人士参与大学管理的特点给英国高等教育管理带来很大的变革，突破了牛津大学和剑桥大学传统上全由大学内部成员管理大学的模式。建校之初，理事会是伦敦大学的最高权力机构，负责制定大学章程。19世纪40年代，部分毕业生组成了校务评议会，逐渐在决定大学的发展方向上发挥作用。校务评议会和理事会最终发展为共同管理伦敦大学的主要机构，由校外人士和校内代表共同组成。[②] 不过制定章程的权力始终在理事会，包括修改权等，例如，1900年制定的伯明翰大学章程就规定：“在评议会提出修改章程的动议后，理事会以特别决议的方式作出决定。”[③]

5. 美国——董事会模式

美国大学章程的制定主体是董事会，董事会根据批准建校的公法或特许状，制定自己的章程或管理条例。[④] 董事会是美国大学管理体制的特色，是高校法人代表机构，主要由校外人士组成，以集体决议的方式行使职权。[⑤] 董事会制度最早源于哈佛大学并一直延续下来，无论是公立大学还是私立大学都采用该制度。例如，2006年耶鲁大学章程即在开篇指出该章程由耶鲁大学董事会通过，其第61条规定：该章程的更改修订废除或代之以新章程，需由出席董事会会议或特别会议的2/3成员投票通过方可进行。[⑥] 康奈尔大学的董事会行使章程制定权，2007年康奈尔大学章程第25条规定：“本章程应当由董事会会议进行修订。”[⑦]

在董事会人员产生、规模及构成方面，美国私立与公立高校有较大差别。

---

① 湛中乐主编：《大学章程精选》，中国法制出版社2010年版，第454—467页。

② 叶雅璇：《大学董事会（理事会）制度探讨》，2006年厦门大学硕士论文。

③ 湛中乐主编：《大学章程精选》，中国法制出版社2010年版，第564页。

④ 潘燕：《美国高校董事会制度及其启示》，载《教育科学》2004年第2期，第9页。

⑤ 吴根洲，李灵琴：《大学章程制定主体——“中国式”董事会》，载《现代教育管理》2012年第2期，第93页。

⑥ 湛中乐主编：《大学章程精选》，中国法制出版社2010年版，第355—367页。

⑦ 同上书，第451页。

私立高校董事会最初由学校的创立人任命，后来主要由董事会成员或校友集体选举增补新的董事或采用邀请的方式，成员主要是关心教育的社会人士，如企业家、慈善家、教育家和已卸任的政府官员等。董事会人数一般在30人左右。公立高校董事会成员一般由州长任命或由公民投票选举产生，经立法机构确认后生效[①]，董事会的人数、任期等受本州的相关法规约束，与私立高校的董事会相比规模相对较小，通常在5—25人之间。其成员组成与私立高校明显不同的是：董事会中有现任官员，州长是当然董事，任命时更注重政治方面的影响。公立高校相对私立高校更多地受到政府的控制和影响，但是通常政府官员的当然董事席位在董事会当中的比例会受到比较严格的控制，各个高校情况也有一些差异。例如，田纳西大学的政府官员董事占董事总人数的16%，伊利诺伊大学只有1名政府官员董事。[②]

6. 中国香港地区——董事会模式

大学章程在我国香港地区叫做“大学条例”，香港的高等教育是在英国殖民统治之下慢慢发展起来的。[③] 尽管香港大学制度主要因袭英国，但是，在大学章程制定主体的设置上并没有仿效英国，而是与美国相似选择了董事会模式。例如，《香港中文大学条例》第13条规定：大学校董会依据特别决议制定章程，但章程须经监督批准。《香港城市大学条例》第21条规定：校董会就大学的行政事务及本条例规定列入章程的事项制定章程。[④]

7. 中国台湾地区——校务会议

在我国台湾地区，大学章程的制定主体一般为校务会议，校务会议主要行使审议和表决权，因而其为实质意义上的章程制定主体。校务会议一般由校长、教师代表、学生事务长和学校各部门负责人代表组成。例如，《东吴大学组织规程》第39条规定：“本规程经校务会议通过，送董事会审核，并报请教育部核定后，由校长公布施行，修正时亦同。”《台湾大学组织规程》第40条规定：“校务会议审议组织规程”。第64条规定：“本规程经校务会议通过，报‘教育部’核定后发布施行。”《政治大学组织规程》第35条规定：

---

① 马陆亭、范文曜：《大学章程要素的国际比较》，教育科学出版社2010年版，第221页。
② 辛艳慧：《美国高校董事会特征研究》，2007年吉林大学硕士学位论文。
③ 方文晖：《我国大学章程制定路径研究》，2011年南京大学博士论文。
④ 湛中乐主编：《大学章程精选》，中国法制出版社2010年版，第232、275页。

“校务会议审议组织规程”。第49条规定：本规程经校务会议通过，报请“教育部”核定后实施，修正时亦同。[①]

8. 澳门地区——校董会

在我国澳门地区，大学章程制定主体主要是校董会。校董会的成员包括国家机关成员、社会知名人士、校长、学院院长、教务委员会成员、学生会干事会会长等。比如，2006年第14/2006号行政命令（《澳门大学章程》附于该行政命令）第18条规定校董会的职权包括：“听取校长及教务委员会意见后，制定《澳门大学章程》，并呈交行政长官核准。”[②]

（二）域内实践[③]

探讨中国大学章程制定的相关法律问题，自然不能忽略国内大学章程制定的实践经验。实践经验不但可以检验理论的正当性，而且其本身也可以为理论建构提供素材和智识。实践中出现的问题，取得的成就，都能为完善理论提供重要的信息，因而有必要对我国大学章程的制定实践进行梳理和分析，总结经验，分析问题，从而为理论建构提供实证基础。

我国近现代大学制度自京师大学堂始，然资料显示，京师大学堂成立之初并没有制定章程，后来章程制定也是一波三折。“总理衙门”在1898年7月2日，颁布《京师大学堂章程》以规范全国学堂的设立，可说是全国兴办大中小学教育的主要法令文本。它要求全国督抚开办学堂[④]，“府州县谓之小学，省会谓之中学，京师谓之大学”。从制定主体和性质来看，当时的章程是一部教育行政法规而已。1902年，清政府制定了《钦定京师大学堂章程》，拟对全国大学堂予以统一规制，但该章程并未颁布施行。1904年元月，《奏定大学堂章程》正式颁布，首次确定了大学堂内“科—门—目”的体系。1902年清政府颁布的钦定学堂章程，包括《京师大学堂章程》《考选入学章程》《高等学堂、中学堂、小学堂章程》等，对辛丑年以后清政府设立的各级各类学堂的学制、入考方式、教学内容等，作出一系列规定。这可以说是

① 湛中乐主编：《大学章程精选》，中国法制出版社2010年版，第323—350页。

② 同上书，第300—301页。

③ 本部分主要参考湛中乐、谢珂珺：《大学章程制定主体及其相关问题探讨》，载《高校教育管理》2011年第6期，第1—7页。

④ 陈睿腾、冉春：《从教育角度再探戊戌变法的失败——基于京师大学堂章程对士阶层的影响分析》，载《教育学术月刊》2013年第4期，第12页。

中国近代大学章程的起源。其后的清华学堂（校）、北京师范大学、厦门大学及上海大学等在设立时都制定有相应的章程。[①] 1919 年 12 月，北京大学评议会通过的《国立北京大学内部组织试行章程》规定了北京大学的学系改革。[②] 从上述的历史可以看出，尽管当时章程建设受到很大重视，但也是在大学成立后制定的。经过了 20 世纪中期的历史倒退，近年来大学章程的建设又重新受到重视，而同样，至目前为止制定了章程的大学也都是在成立后才将这一工作纳入大学建设之重要内容的。因此，在实践层面，章程的制定主体都是大学成立后才存在的，即大学内部的权力机构。

本书所言的制定主体是指行使审议和表决通过权的主体，不过，考察我国目前业已制定章程的大学，特别是对于公立大学来说，不能忽视的实际上与审议和表决通过权同样重要的还有审定/决定/批准权，因此，在我国的实践层面，制定主体是指行使审议和表决权以及审定/决定/批准权的主体。具体而言，制定主体主要有以下几种类型：

1. 教职工代表大会。部分高校的大学章程的制定主体是教职工代表大会（以下简称教代会），在大学章程的制定过程中，该大学的教代会行使审议和表决通过权。前面已经提及，审议和表决通过权的主体是真正的大学章程制定主体，因而这些学校章程的制定主体是教代会应无异议。起草和公布等则由校内其他机构负责。现实中，选择这种模式的高校包括但不限于以下高校：华东理工大学、中国政法大学、北京工业大学、华东政法大学、贵州民族学院、辽宁石油化工大学。

2. 教代会与其他机构分享制定权模式。部分高校在制定大学章程时，虽然也强调教代会制定大学章程的权力，但是，制定权并不由其独享，而是与校内其他部门分享。具体而言，主要有以下几种情况：第一种情况，教代会行使审议权，由党委会表决通过。例如北京师范大学、温州大学规定“教代会审议，党委会通过”；第二种情况，教代会行使审议权，党代会行使表决通过权。如吉林大学规定“校务委员会、教代会审议，党代会通过”；第三种情况，党委会负责审议，教代会行使表决通过权。如华东师范大学规定“党委

① 刘香菊、周光礼：《大学章程的法律透视》，载《高教探索》2004 年第 3 期，第 40 页。

② 周川：《中国近代大学建制发展分析》，载《北京大学教育评论》2004 年第 7 期，第 88 页。

会审议，教代会通过”；第四种情况，校长办公室和教代会负责审议，教代会最后行使表决通过权。如黑龙江大学规定“校长办公室和教代会审议，教代会通过”。

3. 审议通过主体 + 审定/决定/批准主体模式。部分高校在大学章程制定过程中，不但有审议通过主体，而且还有审定/决定/批准主体，后者主要为党委会或校长办公室。即大学章程被相关主体审议或通过后，再由一定的主体进行审定、决定或批准的模式。例如上海交通大学、兰州大学、中南林业科技大学、广东外语外贸大学、重庆文理学院、吉林师范大学、浙江工业大学、上海工程技术大学等规定教代会审议通过，党委会审定/决定/批准；东华大学规定教代会审议，党委会通过和审定；华北电力大学规定校长办公室制定审核，教代会通过党委审批；佳木斯大学规定教代会审议通过，校长办公室审定；武汉理工大学规定教代会审议，党委会通过，校长办公会审定。由于我国大学实行的是党委领导下的校长负责制，校长办公室/校务委员会其实在很大程度上也体现了党的影响，由此可见，我国大多数大学的章程制定主体是教代会和党委会。

4. 董事会或者理事会模式。在我国，民办高校大学章程的制定主体一般是董事会或者理事会。例如，北京培黎职业学院、上海杉达学院、西安翻译学院规定章程由董事会通过，其中，董事会的成员主要包括举办者或其代表院长/校长社会知名人士教职工代表，上海杉达学院还包括党委书记；黑龙江东方学院规定章程由理事会（原称董事会）通过，其成员为教育家科学家社会知名人士监事会主席和在任院长。此外，中外合作办学高校，如宁波诺丁汉大学，也是规定章程由理事会通过。

最后，值得关注的是即将制定的深圳南方科技大学章程。2009 年 11 月 7 日，在香港浸会大学举办的粤港澳高等教育发展规划座谈会上，深圳市委宣传部副部长吴忠表示，深圳将制定南方科技大学章程，交深圳市人大审议，避免政府直接与学校打交道可能造成的行政干预，实现大学自治。作为近现代高等教育以来第一部在大学成立前就制定的章程，其无疑具有开创性意义，但这部名为章程的规则，以市人大为制定主体，笔者认为，这与本书对制定主体的观点有所区别，详见下文论述。

（三）规范分析

在法治的框架下，法律是调整国家、社会与大学关系，大学内部不同利益主体之间关系的重要准绳和标准。大学章程作为大学治理的重要依据，其本身也需要接受法律的调整和规范，从各国有关教育的立法来看，法律对于大学章程的相关问题进行规定是各国的通例，我国也不例外。通过梳理我国现行有效的教育方面的法律规范可知，在各个层级的法律规范中都有对于大学章程相关问题的规定。

1. 法律层面

现行有效的几部教育立法对于大学章程问题进行了规定。比如，1995 年《中华人民共和国教育法》第 26 条规定：“设立学校及其他教育机构，必须具备下列基本条件：（一）有组织机构和章程。这里的学校自然包括大学，即大学设立的前提是具备大学章程。”1998 年《中华人民共和国高等教育法》第 27 条规定：“申请设立高等学校的，应当向审批机关提交下列材料：（三）章程。”第 28 条规定：“高等学校的章程应当规定以下事项：（一）学校名称、校址；（二）办学宗旨；（三）办学规模；（四）学科门类的设置；（五）教育形式；（六）内部管理体制；（七）经费来源、财产和财务制度；（八）举办者与学校之间的权利、义务；（九）章程修改程序；（十）其他必须由章程规定的事项。”2002 年《中华人民共和国民办教育促进法》第 14 条规定：“申请正式设立民办学校的，举办者应当向审批机关提交下列材料：（三）学校章程、首届学校理事会、董事会或者其他决策机构组成人员名单。”

以上三部法律都有大学章程的规定，但是，除了《高等教育法》对大学章程的内容作出了规定外，其他法律只能说是提到了大学章程。

2. 行政法规

行政法规层面涉及大学章程的立法比较少，目前比较典型的是国务院在 2004 年颁布的《中华人民共和国民办教育促进法实施条例》（以下简称《民办教育促进法实施条例》）。《民办教育促讲法实施条例》第 9 条规定：“民办学校的举办者应当依照民办教育促进法和本条例的规定制定学校章程，推选民办学校的首届理事会、董事会或者其他形式决策机构的组成人员。民办学校的举办者参加学校理事会、董事会或者其他形式决策机构的，应当依据学校章程规定的权限与程序，参与学校的办学和管理活动。”第 14 条规定：“民办学校的章程应当规定下列主要事项:(一) 学校的名称、地址;(二) 办学宗旨、规模、层次、形式等;(三) 学校资产的数额、来源、性质等;(四) 理事会、董事会或者其他形式决策机构的产生方法、人员构成、任期、议事规则等;(五) 学校的法定代表人;(六) 出资人是否要求取得合理回报;(七) 学校自行终止的事由;(八) 章程修改程序。”第 17 条规定:“对批准正式设立的民办学校,审批机关应当颁发办学许可证,并将批准正式设立的民办学校及其章程向社会公告。”

从内容来看,《民办教育促进法实施条例》对于民办学校章程的制定主体、内容和修改公布等做了规定。

3. 规章层面——专门的章程立法

2011 年教育部颁布的《高等学校章程制定暂行办法》(以下称《暂行办法》)是第一部规范大学章程制定的专门立法,对于大学章程的性质、内容、制定程序、核准程序等都做了规定,对于大学章程本身依法制定提供了法律依据和保障。《暂行办法》第 5 条规定:“高等学校的举办者、主管教育行政部门应当按照政校分开、管办分离的原则,以章程明确界定与学校的关系,明确学校的办学方向与发展原则,落实举办者权利义务,保障学校的办学自主权。”第 16 条规定:“高等学校应当按照民主、公开的原则,成立专门起草组织开展章程起草工作。章程起草组织应当由学校党政领导、学术组织负责人、教师代表、学生代表、相关专家,以及学校举办者或者主管部门的代表组成,可以邀请社会相关方面的代表、社会知名人士、退休教职工代表、校友代表等参加。”第 19 条规定:“起草章程,涉及与举办者权利关系的内容,高等学校应当与举办者、主管教育行政部门及其他相关部门充分沟通、协商。”第 20 条规定:“章程草案应提交教职工代表大会讨论。学校章程起草组织负责人,应当就章程起草情况与主要问题,向教职工代表大会作出说明。”第 21 条规定:“章程草案征求意见结束后,起草组织应当将章程草案及其起草说明,以及征求意见的情况、主要问题的不同意见等,提交校长办公会议审议。”第 22 条:“章程草案经校长办公会议讨论通过后,由学校党委会讨论审定。章程草案经讨论审定后,应当形成章程核准稿和说明,由学校法定代表人签发,报核准机关。”

从上述规定可知,《暂行办法》并没有明确规定大学章程的制定主体,但是，可以从其对于程序的规定中推理出制定主体——大学自身，具体而言是大学内部的校长办公会议和党委会共同享有制定权。理由如下：《暂行办法》虽然规定了举办人和行政主管部门的起草参与权，但是，章程的实际审议权和审定权是在校长办公会议和党委手里，因而，大学自身是大学章程的制定主体，举办者、行政主管部门、教师、学生等只是参与主体。《暂行办法》将大学章程制定主体设定为大学自身，同时也考虑到了举办者和行政主管部门的参与，而且让校长办公会议和党委会分享大学章程的制定权，党委最终决定大学章程的命运，使得大学章程的制定更加慎重，同时，也确保了党委在大学章程中的决定权，符合现行我国的政治环境。总体而言在制定主体设置上是符合我国国情的一种选择。

4. 规范性文件

教育部作为教育行政主管部门在不同时期的规范性文件中对大学章程的建设问题提出了要求，由于规范性文件本身的性质决定了这些规定都只是原则性的和倡导性的，远达不到制度建设的高度。如1995年教育部《关于实施中华人民共和国高等教育法若干问题的意见》规定："根据《高等教育法》第27条和第28条的规定，今后申请设立高等学校者，必须向审批机关提交章程，教育法施行前依法设立的学校及其他教育机构，凡未制定章程的，应依法逐步制定和完善学校的章程，报主管教育行政部门核准。"1999年教育部《关于加强教育法制建设的意见》规定："各级各类学校特别是高等学校要提高依法管理学校的意识，依据法律法规的规定，尽快制定完善学校章程，经主管教育行政部门审核后，按章程依法自主办学。"1999年教育部《关于实施中华人民共和国高等教育法若干意见》规定："根据《高等教育法》第27条和第28条的规定，今后申请设立高等学校者，必须向审批机关提交章程。在高等教育法施行前设立的高等学校，未制定章程的，其章程补报备案工作由其教育主管部门制定规定逐步进行。"2003年教育部《关于加强依法治校工作的若干意见》规定："学校要依据法律法规制定和完善学校章程，经主管教育行政部门审核后，作为学校办学活动的重要依据。"四部规范性文件的规定对那些已经成立而还没有章程的大学来说，由大学本身制定章程，至于大学内部具体的制定主体则未进一步明确。

五、实证考察之总结：制定主体的经验与问题

实证资料只有经过理性分析才可能提炼出有效的信息，因而本部分尝试对实证考察的资料进行一定的分析，旨在总结经验和启示，发现问题和不足。通过对域外的实践经验、域内的现实做法和本国规范的梳理，可以发现域外教育较为发达的国家大学章程制定有一些共同的经验值得我们借鉴，国内各大学章程制定的实践以及法律规范存在一定的问题和不足，亟待完善。

（一）域外经验的启示

基于文化传统之差异，法律环境和办学理念之不同，域外在大学章程制定问题上各具特色，存在较大的差异。但是，通过上面的梳理可以发现，虽然这些大学章程制定的具体形式和内容有区别，但是，他们也有一些共同的做法。

1. 制定主体的特定化、机构化和组织化

通过对英美等几个国家和地区实践经验的考察，我们可以发现，虽然他们在大学章程制定主体的具体名称、人员组成和地位上有很大的差别，但是，各国的大学章程的制定都是由特定的机构来完成的，也就是说他们的制定主体具有机构化、组织化和特定化的特点。在制定主体的设定上，法国实行的是理事会模式；德国和日本是大评议会模式；英国有评议会、理事会两种；美国、香港地区实行的是董事会模式；台湾地区是校务会议模式；澳门是校董会模式。以上各国和地区大学章程的制定主体都是由一定数量的具有不同背景的成员组成的具有组织性的机构，从而能够确保大学章程制定顺利而有效的开展。

2. 制定主体内部组成人员的多元化

从各国大学章程制定主体的内部构成来看，制定主体的成员具有多元化的特点，即大学章程制定主体往往由不同身份的成员组成。比如，法国的理事会包括教师和研究人员、学生、管理及服务人员、校外人士的代表，由其选举出的校长领导。德国大学的大评议会的主要成员是教授，因而教授对于大学章程的制定起到了主导作用。英国的校务评议会和理事会由校外人士和

校内代表共同组成。[①] 美国董事会在董事会人员产生、规模及构成方面，美国私立和公立高校有较大差别。私立高校董事会最初由学校的创立人任命，后来主要由董事会成员或校友集体选举增补新的董事或采用邀请的方式，成员主要是关心教育的社会人士，如企业家、慈善家、教育家和已卸任的政府官员等。董事会人数一般在30人左右。公立高校董事会成员一般由州长任命或由公民投票选举产生，经立法机构确认后生效。[②] 台湾校务会议一般由校长、教师代表、学生事务长和学校各部门负责人代表组成。我国澳门特别行政区区校董会的成员包括国家机关成员、社会知名人士、校长、学院院长、教务委员会成员、学生会干事会会长等。

大学章程制定主体内部成员的多元化，其现实意义就是能够为大学章程制定提供智力支持，同时，也能够确保不同利益主体利益的表达。从各国的实践来看，章程制定主体通常是由大学内部的利益代表和大学外部的代表共同组成。

3. 立法对于大学章程制定主体进行规定

部分国家通过立法对大学章程制定主体进行了规定，从而提升了大学章程制定主体的权威性。比如，在法国，1968年的《高等教育指导法》第11条规定："公立科学文化性机构及其所属教学与科研单位，依据本法及其实施法令的规定，确定各自的章程。章程方面的决定，须由理事会成员2/3多数通过。而依据第3条的规定，大学即是"有法人资格和财政自治权的公立科学文化机构"。[③] 从法律规定来看，大学的理事会实际上享有大学章程的制定权，因为表决通过权是章程制定权的实质和核心，谁掌握了表决通过权，谁就是真正的章程制定权的主体。在德国，按照德国《高等教育法》的规定，本校教授在这一机构中拥有绝对多数席位和表决票。大学评议会负责选举校长和批准学校章程。[④]在日本，《〈日本学校教育法〉施行规则》规定，关于学校设置的许可申请或申报，许可申请书或申报书必须分别附加记载校章等事

① 叶雅璇：《大学董事会（理事会）制度探讨》，2006年厦门大学硕士论文。

② 马陆亭、范文曜：《大学章程要素的国际比较》，教育科学出版社2010年版，第221页。

③ 国家教育委员会情报资料室、政策研究室：《外国教育法选编》，法律出版社1987年版，第106、111页。

④ 黄宝兴、汪利兵：《学习型组织视角下的高校管理权力》，载《教育探索》2006年第12期，第23页。

项的文件。[①]

（二）域内实践的问题

通过对我国有关大学章程制定主体实践经验的考察可知，我国大学章程制定主体的设置具有以下特点：第一，大学章程制定主体主要是大学内部的机构，教代会、党委会和校长办公室都是校内的机构。第二，党委会在大学章程制定过程中起到非常重要的作用，有些大学的党委会甚至直接享有表决通过权。第三，大学章程制定的实践主要是大学成立之后进行的，大学成立之前制定大学章程的实践仍然较少。根据大学章程制定的相关理论，结合域外大学章程制定的实践，我国大学章程制定主体的设定仍然存在一些问题和不足。

1. 缺乏特定的组织化机构

从目前情况来看，除了部分民办大学的章程由董事会行使制定权之外，其他大学章程的制定主体缺乏组织化的机构。教代会作为高校内部重要的权力机构之一，由其专门作为大学章程的制定主体并非明智的选择。首先，教代会的人员较多，且大多没有专业的知识和“立法”的经验，并无法对大学章程的制定进行有效的辩论和质疑，无法真正确保大学章程制定的理性。其次，教代会并非是常设机构，因而其不具备有效的组织和协调能力，其行动能力也比较欠缺，无法对大学章程制定的全过程进行有效的监控。与之相反，域外大学章程的制定原则上由特定的组织来负责，人员数量、结构和职权等都进行了科学的设计，确保了制定主体的行动能力、组织协调能力和意志表达能力。

2. 学生以及其他相关人员没有参与

大学章程的制定主体中缺少学生代表、其他相关人员的参与，违背了制定权配置原则中的利益相关性原则，无法确保学生、后勤人员和其他相关人员利益和意志的有效表达。在大学内部，尤其是对于业已成立的大学而言，学生、后勤和其他受到大学章程影响的主体是大学章程的利益相关者，他们的意志应当得到表达，利益应当得到维护。按照“自己是自己利益最好代表”

---

① 金建陵：《国外制定学校章程的实践经验和法律规定》，载《外国中小学教育》2001 年第 3 期，第 15 页。

的原理，凡是大学章程可能影响到了的主体，在大学章程制定时，至少其代表应当参与到大学章程的制定过程当中，这也是契约精神的基本要求。我们将制定主体和参与主体进行两元分割，并不意味着某一实在的主体，只能充当制定者或者只能充当参与者。对于一个利益群体而言，所有成员参与到制定主体当中是不现实的，但是，其代表参与到制定主体当中是可行和必要的。因而，在实践中，大学仅将学生等相关主体定位为参与主体，而没有将其纳入制定主体是不符合利益相关性原则和契约精神的。

3. 政府和社会主体缺位

从现状来看，大部分大学的章程制定主体是比较封闭的，仅限于大学自身的机构，而没有吸纳政府和社会主体的参与，即政府和社会主体在大学章程制定主体中出现了缺位的状态。尤其是在公立大学中，政府作为公立大学的举办者，其法定权利并没有在大学章程的制定者资格中体现出来。[①] 事实上，现代大学的发展史是大学与政府、大学与社会不断融合，关系不断密切的历史，大学所具有封闭的象牙塔地位已经不复存在，大学必然要与政府和社会产生千丝万缕的联系，在保持大学自治和学术自由的前提下，理顺大学与政府、大学与社会的关系成为大学章程的重要使命。政府和社会主体在大学章程制定主体中的缺位，无疑使得大学章程的这一使命无法完成。另外，公立大学的出资人是政府，按照法人的一般原理，公立大学的举办者的意志应当得到尊重和表达，并且应当在章程中有所体现，因而政府应当纳入到大学章程制度主体之中。总之，从大学章程需要解决大学与政府、大学与社会关系的使命角度看，政府和社会主体在大学章程制定主体中缺位是不理性的，这一点对于公立和私立大学都是适用的；从政府作为公立大学出资人的角度看，政府在公立大学章程制定主体中的缺位也是不应该的。

4. 专家理性的缺失

大学章程的制定需要专业知识和制度理性，而这些就需要专家成员的输送。从目前的实践情况来看，大学章程制定过程中专家作为参与主体的情况比较多，但是，作为制定主体的成员的则比较少。虽然按照程序理论，参与

---

① 杨晓波：《中国公立大学章程制定主体资格研究》，载《高教探索》2007 年第 4 期，第 59—62 页。

过程也可以为制度设计提供理性、知识和信息，但是，这种过程毕竟是间接地，受很多条件限制的①，专家通过参与过程输送的理性是或然的，因而完全依赖于专家参与并非明智的选择。为了弥补专家参与过程理性输入的限制性，可以适当地在制定主体中直接引入专家，从而使得部分专家成为真正的审议和决策者，从而使得其输入理性的通道更为畅通。目前，我国大学章程制定主体构成中缺乏专家这重要一环，使得专家理性的传输可能受到各种因素的制约而阻滞。大学章程制定主体中的专家引入，可能比在制定程序中引入专家因素更为有效和直接，能够防止理性传输过程中的减损和阻滞。因而，理想的状态应当是在大学章程制定主体中引入专家，而且在大学章程制定过程中将专家作为一种重要的参与主体，前者必然只是少数几个专家代表，后者的数量则可视具体的情况而扩展。

5. 党委会错位

无论从依法治校的角度来讲，还是从党的工作性质来看，党委会直接享有大学章程的表决通过权都是不合适的。首先，从法律上来看，各高校的党委都不享有直接管理高校事务的职权，因而也不具有制定大学章程的权力。其次，从党的领导政策来看，中国共产党主要负责政治领导、思想领导和组织领导，这些领导不应直接负责制定大学章程，而应当参与大学章程的制定过程，作为参与主体而非制定主体。以我国的宪法修订和人大立法为例，各级党委并没有权力直接参与国家各级人大的立法，而只能通过向各级人大提出宪法修正案或者立法建议的方式，参与立法过程，其本质上并不享有立法权。如果我们把大学章程视为大学内部的最高法规范，大学章程的制定是一种立法过程，党委在大学章程制定中的作用就应当是建议权和提案权，而不是直接行使大学章程的表决通过权。

六、大学章程制定主体的模式建构

制度建构的知识路径主要有两个方面：制度设计和经验理性，比较明智的选择是两种路径和方法之间的结合。大学章程制定主体制度的建构，应当

① 参与者理性、信息、意见和建议能否得到认可和接受，受制于决策主体的认知、判断能力、其自身的意愿等多方面的因素。

在经验理性的基础上，进行有效的制度设计，从而使大学章程制定主体制度能够体现制度理性，同时，满足大学章程本身的性质和学校自身个性发展的需求。前文中，实证考察可以为大学章程制定主体制度提供经验理性，在此基础上进行制度设计，便能建构起理性的制定主体制度。

（一）章程制定主体的特定化、机构化和组织化

无论从域外实践经验来看，还是从确保大学章程制定主体行动能力、组织能力和意志形成能力的角度来看，大学章程制度主体都应当是特定的组织化的机构。特定是指章程制定主体应当具有独立性，有自己的名称、有自己的人员构成等。独立性的要求主要是对于业已成立的大学提出的，即大学章程的制定主体不应当是业已存在某个机构或者某几个机构的集合，否则就是自己为自己设权，其合法性逻辑欠缺。组织化的机构是指大学章程制定主体应当是一个内部机构完整，具有一定组织性的人的集合。强调大学章程制定主体的特定化、机构化和组织化主要是基于以下理由：首先，大学章程的制定是由一系列环节构成的行为过程，为了确保每一个环节的有序进行，需要制定主体具有一定的行动能力和组织协调能力，而只有其自身具有一定的组织性，才能确保具备上述能力。其次，大学章程是大学内部的最高法规范，为了使得大学章程更加科学和理性，需要对大学章程的内容进行充分的讨论甚至辩论，这都需要一个较为组织化的机构来完成。再次，组织化的机构能够更加高效地完成制定任务。当然，在组织机构建设方面，大学成立之前和成立之后是有所区别的：

1. 大学成立之前

由于大学成立之前，大学的相应的组织机构还未建立，大学章程的影响主体大多还是潜在的，因而此时，大学章程制定主体的机构建设应当由举办者来组织建立。大学章程的举办者拟成立大学，则其应当按照法律规定或者协议的约定，事先成立一个机构，由这个机构来负责制定大学章程，即作为大学章程的制定主体。由于大学还未成立，因而这个机构可以是临时性的，大学成立之后即撤销，也可以是永久性的，直接作为将来大学内部的一个权力机构。在机构设立上，公立大学与私立大学也有所区别：私立大学一般由私人出资人组织建立，其一般会选择成立董事会或者理事会等形式；公立大学的举办者是政府，一般由其代理人来组织建立，其亦可以选择建立董事会

或理事会的形式，但也可以只是成立一个章程制定委员会。

2. 大学成立之后

对于业已成立的大学，由于大学内部的组织机构已经成型，因而其往往倾向于由现有的机构来行使章程制定权。然而，从前文的分析可知，这种力图省事的选择实际上存在很大的问题。首先，从理论上看，大学章程是大学内部的最高法规范，大学内部各机构的产生或者职权原则上应当源于大学章程。如果让现有的机构来行使制定权，实际上是为自己赋权，违背了法治的基本原则，而且逻辑上也是不通的。其次，现有的机构，无论是教代会、校长办公室还是党委会、党代会在行使大学章程制定权时都存在一些弊端，因而不宜由原来的机构作为大学章程制定主体。已成立的大学在制定大学章程时也应当专门成立一个制定大学章程的机构，这个机构可以是临时的，也可以是常设的，当然，为了增强大学章程本身的权威性，大学章程制定主体以常设为宜。

对于私立大学，可以由已经存在的管理机构负责组建大学章程制定机构，吸纳其他主体的参与；对于公立大学则可以由校长办公室或者党委会来组织建设一个专门的大学章程制定机构，从而能够吸纳不同的主体参加到大学章程制定主体当中。

（二）制定主体的多元化

既然将大学章程的制定主体定位为组织化的机构，那么就意味着大学章程制定主体应当由一定数量的人员组成。大学章程制定主体的多元化有两个层面的意思：其一，不同大学之间，大学章程制定主体的多元化，也可以称之为多样性。大学章程制定权的主体归属具有一定的复杂性，这种复杂性既来源于大学章程概念和法律模式的多样性，也来源于不同国家高等教育的历史源流和权利格局。[①] 其二，大学章程制定主体内部成员结构的多元化，即组成章程制定主体的成员应当来自于不同的领域、具有不同的利益倾向性或者专业结构等。此处所讨论的制定主体多元化主要是指制定主体内部构成的多元化。制定主体内部构成的多元化主要基于以下原因：

---

① 苏宇：《大学章程制定主体析论》，载湛中乐主编：《通过章程的大学治理》，中国法制出版社2011年版，第283页。

首先，大学章程制定权的本质决定了制定主体的多元化：作为一种自治权，大学的举报者或者大学自身应当成为制定主体；正如马克斯·韦伯所言："自治意味着不像他治那样，由外人制定团体的章程，而是由团体的成员按其本质制定章程。"[①] 作为一种缔约权，受之约束的相关利益主体应当成为制定主体；作为一种公权力形式，政府应当担当一部分制定主体的角色；作为一种规则创制权，专家应当在制定主体中起到作用。因而，不能笼统的界定大学章程的制定主体，而应当确保大学章程制定主体的多元化。

其次，民主的面向决定了制定主体内部构成的多元化。民主对于大学章程制度理性的保障和权威性的提升都是不可或缺的，因而，大学章程的制定应当符合民主的原则，而民主的首要表征在于大学内部构成。所有受集体决策影响的人或代表都应参与其中，这是民主的面向。所有决策都应通过持理性与无私价值的参与者讨论决定，这是协商的面向。[②] 大学章程作为大学内部的根本法，是大学内部治理的重要依据，大学章程必然会对大学内部的相关主体产生直接的影响，因而让可能受到大学章程影响的相关主体参加到大学章程制定主体当中，既是民主的要求，同时也是民主的体现。既然大学章程会对大学内部的各种主体产生一定的影响，那么，就应当允许这些主体至少是这些主体的代表，参与到大学章程制定主体当中，从而使得大学章程制定主体内部构成达到多元化。

最后，利益相关性原则的要求。如前所述，"法律的作用和任务在于确认、实现和保障利益。……在调节、调和各种错杂和冲突的利益时……使各种利益中大部分或我们文化中最重要的利益得到满足，而使其他的利益最少地牺牲"。[③] 大学章程本质上是调整大学内部利益关系的规则体系，而为了确保章程能够有效的调控各方的利益，有必要使得相关利益主体直接作为制定主体的成员，从而使各利益主体能够在制定主体内部进行有效的博弈，从而使得利益关系能够得到有效的调节。大学章程制定主体内部的多元化是一种普适的要求，而且基于大学章程制定权分配原则和相关理论，内部成员的结构具

---

① 〔德〕马克斯·韦伯：《经济与社会》，林荣远译，商务印书馆 1997 年版，第 78 页。

② Jon. Elste, *Introduction*: *Deliberative Democracy*, Cambridge: Cambridge University press, 1998, p. 8.

③ 马斯福：《法律社会学原理》，吉林大学出版社 1999 年版，第 65 页。

有很大的相似性。但是，在具体的确定内部成员的时候，还是要考虑到一些特殊的因素：大学是否成立以及大学的性质。

1. 大学成立前后的区别

大学成立与否决定了大学章程制定时现实存在的利益主体的差异，因而，大学成立前后的章程制定主体的参加者必然有一定的区别。根据章程制定权配置理论，结合实践经验，大学章程制定主体的内部构成情况如下：在大学成立之前，大学的举办者或者其代表、潜在的老师和学生代表（可选）、政府代表、社会人士代表、教育和法律方面的专家等组成大学章程制定主体。大学成立之后，大学举办者或者其代表、教师、学生和其他人员的代表、行政和党委部门的代表、政府代表、社会人士代表、校友代表和专家代表等组成大学章程制定主体。大学成立之后，受到大学章程实际影响的主体是明确的和具体的，因而，参加到大学章程制定主体当中的人员也比大学成立前更为复杂和具体。

2. 公立与私立大学的区分

从域外的情况来看，大学章程制定主体的内部构成也受到大学性质的影响。换言之，大学是公立还是私立，对于大学章程制定主体的内部构成有一定的影响。美国在这方面就比较明显。在美国，私立高校董事会最初由学校的创立人任命，后来主要由董事会成员或校友集体选举增补新的董事或采用邀请的方式，成员主要是关心教育的社会人士，如企业家、慈善家、教育家和已卸任的政府官员等。董事会人数一般在30人左右。公立高校董事会成员一般由州长任命或由公民投票选举产生，经立法机构确认后生效[①]，董事会的人数、任期等受本州相关法规约束，与私立高校的董事会相比规模相对较小，通常在5—25人之间。其成员组成与私立高校明显不同的是：董事会中有现任官员，州长是当然董事，任命时更注重政治方面的影响。公立高校相对于私立高校更多地受到政府的控制和影响，但是通常政府官员的当然董事席位在董事会当中的比例会受到比较严格的控制，各个高校情况也有一些差异。例如，美国田纳西大学的政府官员董事占董事总人数的16%，美国伊利诺伊

① 马陆亭、范文曜：《大学章程要素的国际比较》，教育科学出版社2010年版，第221—251页。

大学只有1名政府官员董事。[①]

与美国类似，我国的大学也分为公立大学和私立大学，在制定主体的人员构成上也可以借鉴美国的经验：在公立大学的制定主体中，政府代表是当然成员，但其数量和权限要受到严格的控制；在私立大学的制定主体中，提倡吸纳政府代表参加，不作强制性要求。同时，政府调控公立大学和私立大学的强度也应有所区别，私立大学应充分体现举办者或者私立大学已有董事会或者理事会的意志和自由。当然，为了防止政府官员主导甚至干预章程的制定，其权力应受到严格的限制，基本的定位是其只是政府意志的代表，与其他制定主体享有相同的权利，表决权具有同等效力。

（三）制定过程权力体系的配置规则

前文已经述及，大学章程的制定是一个系统的行为过程，而每一环节都对应主体权利（力）的行使，因而大学章程的制定涉及多项权利，这些权利（力）构成了一个完整的权利体系。这些权利包括提案权[②]、组织起草权、审议权和表决权、核准权、发布权等。鉴于这些权利的功能和性质不同，并非都由大学章程制定主体来行使，因而需要对这些权利进行有效的配置。

1. 组织起草权的配置。起草是形成大学章程初始文本，以便进行审议和通过的必经过程。组织起草权原则上属于大学章程制定主体的权力，但是，由于各方面的原因，由制定主体亲自起草章程草案不现实，也是不科学的，因为由自己审核或者通过自己起草的文件，审议和通过程序就可能形同虚设。与立法程序类似，章程的起草权可以委托给章程制定主体以外的组织来行使。行使起草权的组织可以是业已成立的机构，也可以是专门成立的章程起草委员会，当然，为了确保大学章程草案的科学性和合理性宜专门成立起草委员会，引入一定的专家和学者以提升大学章程草案的理性。起草委员会的人数不宜过多，因为人数过多，则起草的效率和效果就受到影响。当然，由于起草的成败对于未来大学章程会产生至关重要的影响，因而对于大学章程起草主体的内部结构、人员组成也应当进行科学的设计。

2. 提案权的归属。提案权主要存在于已成立的大学之中，因为大学成立

① 辛艳慧：《美国高校董事会特征研究》，2007年吉林大学硕士学位论文。

② 提案权一般只针对业已成立的大学。如果将大学章程的修改也算作广义的制定的话，则提案权也指修正案的提出。

之前制定大学章程的，一般不需要经过提案这一环节。对于已成立的大学，大学的内部治理结构已经形成，要制定大学章程必然要经过一个提案的过程，即需要尊重大学内部已有的运行规则。在我国，公立大学和私立大学的内部结构略有区别，因而提案权主体的设置上亦有一定的区分：在公立大学中，党委会和校长办公会、教代会和一定数量的教师和学生代表可以提案；在私立大学中，如果没有设立党委的，其提案主体则主要是校长、董事会和一定数量的教师和学生代表。

3. 审议和表决通过权归属。审议和表决通过权是制定权体系的核心，直接决定大学章程的命运，审议权和表决通过权应当由制定主体行使。值得指出的是审议权和表决通过权虽然可以看作两种权利，但是，由于二者是密不可分的，原则上应当由制定主体统一行使，而不宜进行分解。理由是审议的目的就在于表决，如果只审议不表决，则审议就没有实质的意义，反过来，未进行有效的审议和辩论，只行使表决通过权也无法保障表决权行使的理性。目前某些高校在大学章程制定过程中，由教代会行使审议权，党委会行使表决通过权；或者党委会行使审议权，教代会行使表决通过权[①]的实践应该说是不合理的。审议和表决通过权应当统一行使，而不宜进行人为的分割和共享。

4. 发布权。按照法治的原则，法规范产生约束力的前提是必须公开，同理，大学章程作为大学内部的法规范，欲使其具有实质的约束力和效力则应当将其公开。对于大学章程的发布权应当由特定的主体行使。按照大学是否成立，大学章程发布权的行使主体有所区别：大学成立之前制定的大学章程，原则上由制定主体直接发布即可；对于已成立的大学，既可以由制定主体直接发布，也可以由已经存在的机构，如校长发布。

5. 核准权。如果仅将大学章程比拟为法人章程的私法契约，那么大学章程的生效仅需制定主体通过合法程序表决通过即可。然而，无论从理论上还是从现实上来看，大学章程都有公法属性，是界分政府与大学之间关系、规制与自治的重要文件、规定大学内部治理结构和成员权利义务甚至惩戒的法律规范，因而其本身的合法性应当受到一定的监控。因而，大学章程表决通

① 如东华大学规定教代会审议，党委会通过和审定；武汉理工大学规定教代会审议，党委会通过，校长办公会审定。

过后原则上还需要一定机构进行审核，以确保其合法性，这就涉及一个核准权的问题。在大学内部只要大学章程经制定主体表决通过实际上就已经是生效的，但是，要获得一定法律上的效力，需要经过核准。在中国，教育行政主管部门对于大学具有管理的职权，其对于大学章程的合法性进行监控是合法的、必要的和可行的，因而核准权应当由教育行政主管部门来行使。当然，为了防止教育行政部门对于大学章程的过分限制以至于影响到了大学自治，有必要对核准权进行严格的控制。

(四) 制定主体内部的结构安排

大学章程制定主体的组织化和成员的多元化是大学章程主体制度科学建构的基础，然而要想使这一主体能够有效的运行，输出更多的制度理性，规避恣意和非理性，则有赖于制定主体内部结构的合理安排。

1. 内部设计的基本原则

在一个由多元利益主体构成的组织体当中，要想使各方主体的意志自由和利益得到充分的表达，各主体能够发挥自己的作用，在组织内部的结构设计上应当强调以下原则：

(1) 平等。平等是意志自由和民主的前提，要确保大学章程内部各主体能够自由的进行意志表达并且能够真正的确保制定过程的民主，首先应当确保各主体之间地位的平等。尽管制定主体的参加者往往具有不同的身份，而且带着不同的利益诉求，但是，他们一旦进入到这个组织当中，那么他们就应该成为平等的一员。在机构内部不应过分强调领导的权威，而应当让不同的主体在一种平等环境中进行有序的博弈。

(2) 协商。协商是意志的表达、交换、妥协等过程的集合，内部结构的设置和安排应当有助于协商的发动和有序进行。平等是协商的重要基础，而不同的利益诉求和意志表达则是协商开展的条件，合理的机制安排和程序设计则是协商有序进行的保障。为了保障和鼓励不同利益主体之间能够有效的协商需要强调对各参加人素质的筛选，同时，应当在人员的数量、组织结构的设计上都将促进协商作为重要的考量因素。

(3) 制衡。任何权力都有被滥用的危险，为了防止权力的异化有必要对权力进行制约，在众多的制约机制中，权力对权力的制衡、权力与权利之间的制衡是非常重要的。为了防止部分人垄断话语权，恣意的行使决策权，有必要对大学章程制定主体的权力进行制衡。章程制定权的制衡包含两个层面：其一，制定主体作为一个整体，与外部形成的制衡关系，如政府对于制定主体权力的限制。其二，制定主体内部不同主体之间的相互制衡，防止部分人垄断话语权和决策权而产生的恣意。大学章程制定主体的内部结构设置应当将主体之间的制约纳入考量因素。大学章程制定主体内部的成员之间的地位平等、权利相同、程序保障等制度设计使得主体之间能够有一定的制衡作用，防止某个人或者部分人权利的滥用，垄断决策权。

2. 具体的制度安排

原则的落实依赖于规则和具体的制度安排。为了使得大学章程制定主体的内部结构能够体现上述的原则，有必要进行有针对性的规则设计。尽管制定主体结构的优化需要考虑多个方面，但是，比较关键的方面主要是成员数量结构和权利配置。

(1) 各方参与人员比重的合理控制

制定主体成员的多元化主要强调的是保障各个相关利益群体都能有一定的代表参加到制定主体当中，但是，同样不容忽视的问题是，在多元化的组织结构中，不同利益群体的代表所占的比重对于制定过程具有非常重要的影响。一般而言，某一利益群体的代表在制定主体中所占的比重越大，则其在制定过程中越有影响力，从而越能更好地维护本群体的利益。换言之，如果制定主体内部不同利益群体成员的人员比重差距过大，则有可能导致一些主体的权利和利益得不到合理的安排，这显然是无法实现制度理性的。因而，应当强调不同利益群体代表数量在一定程度上的均衡性，防止畸形的人员比重结构。当然，强调制定主体内部各利益群体代表数量的均衡并不是说每一群体的代表数量完全相同，这无论在理论上，还是实际中都是不现实的。在美国，大学董事会的构成是多元化的，即来自不同的领域、具有不同的背景和利益诉求的主体参加。每一职业的成员比重并不是完全相同的，但是，也基本上有一种均衡的态势。(见下表1)

表1 1996年美国十大名校董事会职业分布①

学校＼职业	工商企业	公共事务官员	学术管理人员	律师	法官	医生	教授教师	管理人员	学生	基金会	银行家	记者	作家	社会工作者	科技人员	志愿者	其他
哈佛	11	4	2	2	1	2	3			1	1		1		2		
普林斯顿	17		1	3		5	1	1	2	1	3	1	1		1		2
耶鲁	7	1	2		1		1	2		1							2
斯坦福	16	1	2	2	1	1	1			4			1				
麻省理工	47	1	7	2	1	1	6		1		4	1			1		1
芝加哥	23	2	1	6			1			1	1					2	2
伯克利	6	7	2	6		1				2						1	
达特茅斯	5	1	2	2			1				2	3					
哥伦比亚	13		1	1			3				3						1
密歇根	5	1	1	1													

（根据 Martin Anderson, *Impostors in the Temple* 一书附录所提供的资料整理。）

（2）表决权上的平等和适当加权

表决权的行使直接决定大学章程的命运，制定主体内部成员都应当享有表决权，而且为了真正实现表决的民主、自由应当强调主体之间表决权的平等性，即每一位成员的表决权具有等价性，而不应当按照普通公司法人中出资比例来决定表决权或者按照身份决定表决权的大小。每一位个体成员表决权的平等，能够激发参与者的积极性，也能够防止普通法人中大股东垄断话语权的情况发生。当然，为了使得大学章程举办者或者大学章程的主要支持者的利益和意志能够得到适当的尊重和表达，可以在人数的设置上对其进行一定的倾斜，即举办者代表的人数的比重可以适当提高，从而在实际表决中起到加权的作用。这种制度设计虽然说是在为举办者加权，但其与直接规定举办者或者官员的表决权的权值优于其他主体的制度设计相比有一定的优势：首先是从参加者内心来说，平等意味着一种尊重，而且有助于真实意志的表

① Martin Anderson, *Imposters in the Temple*: *a Blueprint for Improving Higher Education in America* Hoover Institution Press, 1998. Appendix，转引自张斌贤、张弛：《美国大学与学院董事会成员的职业构成——10 所著名大学的“案例”》，载《比较教育研究》2002 年第 12 期，第 24 页。

达；其次，即使是同一利益群体的代表，每一个人都仍然是具有独立意志的个体，他们能够有自己的判断，在群体内部的人员判断失误时可以进行纠正，甚至直接反对自己利益群体的决定，服从理性和真理。换言之，这种加权并不必然导致优势方垄断话语权。

（3）权利的确认和保障

从法学角度来看，权利意味着主体进行意志表达和采取行动的资格，为了使大学章程制定主体的参加者能够充分发挥作用，主体之间的博弈能够有效的开展，需要赋予并且保障相关主体的权利，包括程序性权利和实体性权利。

实体权利包括：发表评论、提出意见建议权，即各主体能够对章程草案的相关内容以及与大学章程相关的事项自由发表评论、提出意见和建议；言论免责权，尤其是对于学生和教授而言，应当确保他们不会因为在制定过程中的言论受到处罚，当然，恶意辱骂或者其他违法行为除外，这样才能消除成员的顾虑敢于说真话；审议和表决权则是每一个参加者最核心的权利，必须保障每一个参加者享有真实的平等的表决权。

程序性权利有：知情权，即每个成员都有知悉与章程制定有关信息的权利，信息的充分与否直接影响主体的判断，因而必须充分尊重各位成员的知情权；意见被听取权，每一个成员都有发表意见和看法的权利，而且这些意见和建议应当被听取，即任何人不应被武断剥夺发言的权利，只有各方意志能够自由的表达，才存在博弈和协商的可能，才能更好的保障制度理性的实现。

赋予和保障各成员相关权利实际上就是增强各主体的行动能力和影响力，从而使得大学章程的制定过程真正在一种有序博弈之中达到共赢的状态，最终确保制度理性的实现。

（五）党委的准确定位——参与者而非制定者

在我国，全部的公立大学，部分的私立的大学都存在中国共产党的基层党组织（以下统称党委）。党委在大学中处于非常特殊的地位，公立大学的体制是党委领导下的校长负责制。同党委在国家管理中的地位相似，党委在大学中的地位也很微妙，党委直接进行学校管理的情况屡见不鲜。按照中国共产党党章，中国共产党主要负责政治领导、组织领导和思想领导，而不是具体的行政领导，党委直接审议和通过大学章程的做法显然是错位的，但是，为了使得党的意志能够得到表达，政治领导、组织领导和思想领导得以实现，完全不让党委参与大学章程的制定也是不现实的，关键是合理定位的问题。笔者认为，基本的定位是大学中的党委应当成为积极的参与者，但不是大学章程的制定主体。党委参与大学章程制定的方式和渠道主要有：

1. 党委代表参加到制定主体当中。在成立章程制定主体组织时，党委可以选派或者指派党委代表参加到大学章程制定主体之中。党委作为重要的意志表达主体，其参加到大学章程制定主体当中是制定主体多元化原则的要求，也是使党的意志能够在章程得以体现的重要保障。值得指出的是，党委代表参加到制定主体当中是党的代表，但其与其他成员具有同等的表决权，不应当主导或者垄断大学章程的制定。

2. 党委的提案权。党委可以提出制定或者修改大学章程的提案，基于党委的政治地位，其提案应当具有较强的法律效力，应当得到充分的尊重，能够直接启动大学章程的制定和修改。

3. 起草的建议权。为了发挥党委在大学中的政治领导、组织领导和思想领导的作用，党委可以在章程起草过程积极参与，对于章程草案的内容提出意见和建议，草案起草者对于党委的意见应当重视。

4. 章程异议权。党委作为重要的领导力量，其对于大学内部的治理具有一定监督职责，包括关涉大学基本制度的大学章程，其也具有一定的监督权。党委的监督体现在对于大学章程制定主体的设置、制定程序和章程内容的合法性方面。但是，党委的性质决定了不宜由其直接行使否决权和通过权，但是，其可以向具有法定监督权的教育行政主管部门提出异议，对于正在审核的章程可以建议发回重新审议，对于已经生效的章程可以建议有关部门进行撤销。

坚持党的领导并不意味着党委什么事情都要亲力亲为，只要其能行使好上述权力，就能取得比较理想的效果：一方面贯彻党的教育方针，使得办学理念和办学政策与党的路线方针政策相契合；另一方面又能保障行政权力和学术权力的地位，防止党委对于大学的过分干预，维护大学自治。

（六）章程制定主体的法律确认

在法治的世界里，法律是权力（利）界分的基础，是定分止争的依据，同时也是提升规则和制度权威性的保障。大学章程本质上是一种自治法，而这种自治是以对大学与政府、大学与社会之间关系的合理界分、权责的明确界定为前提的。为了使得大学章程的制定能够在法治的轨道上运行，有必要通过立法对于大学章程制定的相关问题进行界定，而其中最首要的就是要对大学章程的制定主体进行明确的规定。

通过前文规范分析部分的梳理可知，我国现有有效的教育方面的立法虽然对大学章程有所涉及，但是，还存在较多的问题。法律层面只是提到了大学章程，行政法规层面只是对大学章程内容有所涉及，比较全面规定大学章程相关问题的《高等学校章程制定暂行办法》存在效力层级较低，并没有明确大学章程制定主体制定等缺陷，规范性文件层面虽然强调大学章程的重要性，并且为大学设定了制定大学章程的义务，但是，规范性文件缺乏权威性，因而不可能为大学章程的制定提供权威性的依据和参考。总之，就目前而言，法律关于大学章程的规定，尤其是大学章程制定主体制度的规定基本上是空白的，无法为大学章程制定主体的建构和实践提供有效的制度支持和保障。

之所以强调大学章程制定主体的法律化，主要基于以下理由：首先，提升大学章程制定主体的权威性。法律是现代社会运行的基本规则，同时也是最具有权威性的行为规则。通过法律对于大学章程制定主体进行确认，有助于通过法律的权威性，提升大学章程制定主体的权威性，从而使得其权力得到保障，责任得到明确。其次，提升大学章程制定主体制度的理性。随着立法理论和技术的日臻成熟，法律本身融入了更多制度理性的因素，通过法律对大学章程制定主体制度进行规定能够有效地提升大学制定主体制度的理性。再次，强化大学章程制定主体制度的规范性。法律是一种具有强制力和约束力的规则体系，法律对于某一制度的规定一方面是对其合法性的确证和保障，另一方面是对该制度的一种制约，即大学章程的制定主体建构原则上应当按照法律规定的原则进行。最后，从域外的经验来看，很多国家通过法律对大学章程制定主体制度进行了规定。如，德国《高等教育总纲法》第 37 条规定：“大学应当设立由教师代表、教学科研辅助人员代表、大学生代表和其他代表等共同组成的各种委员会，确保各大学成员的参与权和决策权。其中，涉及教学事务，专职教师代表应当占委员会成员的半数以上。”[①]在美国，公立高校董事会成员一般由州长任命或由公民投票选举产生，经立法机构确认后生效[②]，董事会的人数、任期等受本州的相关法规约束。也就是说在美国，立法也对制定主体制度进行了规定。

第三节　大学章程的制定程序

大学章程的制定作为一种“立法”过程，亦应当遵循正当和规范的制定程序。按照程序原理，正当和规范的章程制定程序是章程科学性和合法性的保障，也是受其约束和规范的相关主体接受其“统治”和遵守其规则的基础性机制。法规范的创制过程，是一个收集、整合和反映公意的“加工”过程，是一个复杂的多方博弈过程。正当的法规范创制程序不仅具有公开、透明、满足公众知情权与表达权等独立价值，根据罗尔斯关于程序正义与实体正义的关联性分析，理性的法规范创制程序还是实现法规范满足公共需求、反映公益等实体正义的必要条件。[③] 大学章程作为法规范的一种，对于制定程序的理性建构是非常有必要的。

一、大学章程制定程序的理论基础

从理论上讲，理性的程序能够促进实体内容的实现，使得程序本身的理性输入到结果当中，从而使得经过理性程序而获得结果更加符合理性。理性程序的建构往往不是自发的，需要主观的建构，而建构规范的程序需要科学的程序理论作为基础。大学章程本身的特殊性决定了章程制定程序既有与其他程序的共性，同时又有自身的个性。章程制定程序理论既要符合一般程序理论的共性，同时也要突显其个性，从而能够为大学章程制定程序的理性建构提供坚实的理论支撑。

---

① 高家伟：《德国的自治行政制度》，载罗豪才主编：《行政法论丛》（第 6 卷），法律出版社 2003 年版，第 332 页。

② 马陆亭、范文曜：《大学章程要素的国际比较》，教育科学出版社 2010 年版，第 221 页。

③ 参见罗豪才、宋功德：《软法亦法：公共治理呼唤软法之治》，法律出版社 2009 年版，第 134—135，248 页。

（一）制定程序的基本内涵和要素

大学章程制定程序的基本内涵是指章程的制定主体以及相关主体行使相应的权力（利），完成大学章程制定的各种行为的方式、步骤、顺序和时间的总称。章程制定程序的概念分为广义和狭义两种，狭义的章程制定程序仅指制定主体和相关主体制定新章程的方式、步骤、顺序和时间的总称。广义上的章程制定程序则包括制定新章程的程序和变动章程的程序。[①]

章程制定程序作为一系列行为过程的集合，其本身由一系列的要素组成。季卫东教授认为：程序的构成包含以下因素：（1）原则（正当过程、中立性、条件优势、合理化）；（2）两种“过去”的操作，即对于事实的过去与程序的过去并存；（3）对立面的设置，即参与者立场上的对立性和竞争性；（4）信息与证据；（5）对话；（6）结果的确定性。[②] 孙笑侠教授则认为：正当程序具有如下要素：对立面、决定者、信息和证据、对话和结果。[③] 苏建新博士在论述议会程序时指出：议会程序要包含以下要素：（1）主题与关涉；（2）对立与对话；（3）论证与证据；（4）表决与结果。[④]

1. 主体要素。规则意义上的程序必然包含主体要素，这里的主体主要是指程序的参与者。程序的参与者基于特定的程序规则参加到程序的运行当中，对程序的发生、运行和结果的产出都起到主导作用。规则意义上的程序围绕主体而设定，并且由主体参与并主导，因而主体因素是程序的首要因素。理论上来讲，程序的主体包括：程序的启动者、决定者和受动者等。具体到大学章程制定程序的主体要素则包括大学章程的制定主体、参与者以及其他与大学章程制定相关的主体，如公众等。

2. 时间要素。从过程意义上看，任何程序必然经历一定的时间，是一定时间的存在。时间要素是程序运行和调控的重要手段，也是评判程序运行状况或者效果的重要标准。在法律上，期限、时效和期间成为调控法律行为，确保行为效力，推动法律程序向前迈进的重要制度和方式。事实上，在规则

① 湛中乐、谢珂珺：《大学章程之制定程序》，载《上海政法学院学报（政法论丛）》2011年第6期，第100页。

② 季卫东：《程序比较论》，载《比较法研究》1993年第1期，第12—15页。

③ 孙笑侠：《程序的法理》，中国社会科学院出版社2000年版，第16页。

④ 苏建新：《程序视角下的议会》，载《当代法学》2005年第5期，第34页。

意义的程序中，时间因素也起到了这些作用。大学章程制定程序同样需要嵌入时间因素，从而使得每一个环节在可控的状态下运行，而且能够使得每一个环节的状态和结果具有可预测性。

3. 行为要素。规则意义上的程序既然围绕主体建构，其也必然包含主体的行为要素，即程序参加者的各种行为方式的总和。行为方式、步骤等是一般意义上的行为要素，在法律程序中，对话和交涉，即参与者之间能够通过一定的渠道和方式得以沟通，是行为要素的核心。大学章程制定程序的行为要素即章程制定程序的参加者行为方式的总和，其中对话和交涉是参加者的核心行为方式。

4. 结果要素。规则意义上的程序必然包含一定的结果要素，而这种结果可以是程序意义上的也可以是实体意义上的。大学章程制定程序也应当包含一定的结果要素，即制定程序应当着眼于特定结果的实现或者围绕特定结果的实现。根据有关学者的观点：议会程序的结果因素是指议会程序须有决议作出，而且决议一旦作出，就具有法定效力和自我约束力。[①] 大学章程制定程序的结果要素有两个层面的含义：其一，程序环节应当以一定的结果为终结的标志，比如起草程序应当有一个草案，表决程序最终有一个决议。其二，制定程序最终应当有一个决议，而且这个决议对各方都具有一定的约束力。

5. 后果要素。主体对于程序的遵守需要内在和外在的双重机制的制约，其中内部制约机制即程序的后果要素。这里的后果要素是指主体遵守或者不遵守相应的程序而产生的特定后果，积极的后果对于主体的行为激发主体对于程序的遵守，消极的后果则督促主体对程序的遵守。结果和后果有时候是混同的，有时候则是分离的，比如违反程序而产生责任，主要还是一种后果，而不是程序运行所追求的结果。大学章程制定程序的后果要素主要是指违反程序性规定而产生责任或者行为的效果。

（二）制定程序的价值

按照学界的研究成果，程序的价值分为两个层面：工具价值和内在价值。工具价值是程序对于实体内容实现的有用性；内在价值是程序本身所体现的价值。从规范意义的角度上讲，程序的正当性程度决定实体内容的实现程度。

---

① 苏建新：《程序视角下的议会》，载《当代法学》2005年第5期，第35页。

王锡锌教授总结认为："法律程序具有或应当具有如下内在价值：参与、正统性、程序和平、人道和个人尊严、公开、合意主义、程序公平、程序理性、程序法治、个人隐私、及时与终决性。"[①] 本书认为，规范意义上的程序的内在价值主要有：中立性[②]、效率、理性。

曹沛霖先生曾论证过议会民主程序的必要性问题，他说"在不同的利益群体中，要选出一定数量的代表来，没有一定的规则和程序，是不可能的。同时，又由于选出来的代表是以不同的利益要求为背景的，因此在必然会发生意见分歧和条件冲突的情况下，没有共同认可的程序而要代表人民行使最后控制权是不可能的。正是从这个意义上说，在现代议会政治中，要实行议会民主，就必须有民主程序"。[③] 大学章程的制定程序在形式上与议会的立法程序相似，尤其是在运行的过程和结果方面，因而大学章程的制定程序原则上也应当符合民主的程序。

1. 规制权力，防止恣意。大学章程制定权本质上是一种社会公权力，而且是一种规则创制性的公权力。任何权力都有异化的可能，大学章程制定权也不例外。章程制定权一旦异化，则章程本身科学性、合理性和合法性就难以保障。规范程序的作用之一即在于对权力的运行进行有效的规制，通过明确的程序规则的设定和违反程序的责任的规定，确保权力主体能够正当的行使权力，防止权力主体的恣意。法治是恣意的敌人，法治对抗恣意的重要手段之一便是规范化的程序。从这个意义上讲，通过建构规范的大学章程制定程序可以有效地规制章程制定权，防止权力主体的恣意，从而使得权力的行使在法治的轨道上运行，防止制定权的异化，进而确保制定的大学章程更加科学。

2. 提升制度理性。理性既是规范程序的内在价值，同时，规范程序为章程制定提供了对话和信息输入平台，也能够切实的提升主体决定的理性，进而提升相应制度的理性。现代大学章程应当体现制度理性，而制度理性的重要传送带即为规范的程序。规范的制度本身具有内在理性的价值，可以为大

① 王锡锌：《法律程序的内在价值》，载《政治与法律》2000 年第 3 期，第 12—24 页。

② 程序的中立性体现在人们在根据程序作出行为时可以更多地摒弃自己的主观偏见，用更为中立或者不偏不倚的方式作出。

③ 曹沛霖：《议会政治》，理艺出版社 1994 年版，第 125 页。

学章程直接输入理性的因素。另外，规范的章程制定程序会为主体提供对话、沟通、协商的平台，并且是相应信息和知识输入的便利渠道，有助于制定主体本身理性的发挥，而且有助于理性判断的形成，最终提升大学章程的制度理性。

3. 增强章程的权威性。法规范的遵守一方面源于其强制性或者惩罚性，另一方面更依赖于其权威在人们内心的确信。大学章程作为一种法规范，只有得到切实的遵守其存在才有价值。而大学章程与其他法规范一样，其之所以被遵守很大程度上依赖于其所具有的权威性。大学章程本身的权威性有两个重要的来源：一方面是实体内容符合理性、正义的要求，另一方面是章程制定经过了一个人们信得过的程序。正如休厄特法官说过："不仅要主持正义，而且要人们明确无误的，毫不怀疑地看到是在主持正义，这一点不仅重要，而且极其重要。"① 章程制定本身的公正性是重要的，而要人们看到或者相信这种公正性，还需要透明和规范的程序保障。规范透明的制定程序一方面可以规范制定主体的行为，提升制度理性，另一方面可以使相关主体看到理性和公正的实现过程，从而产生一种内心确信，这两个方面都有助于增强大学章程的权威性。

4. 章程制定的有序和效率。程序的基础性价值即在于其工具性价值，即有助于实体内容的实现，而规范的程序则可以确保章程的制定有序而且富有效率的进行。从应然的角度上讲，大学章程的制定应当是一个凝聚理性、迸发理性和输出理性的过程，而这一过程的实现就需要制定过程是有序的、和谐的，制定过程的有序与和谐依赖于规范的程序制度。任何立法过程都应当谨慎为之，但是，制定过程的无序或者过分的谨小慎微必然导致制定过程的漫长，法律本身的难产，最终导致立法的成本与效益严重失衡。规范的制定程序通过合理的时间因素的嵌入，不同环节的有效衔接，责任因素的适当推动，可以使得章程的制定程序在符合理性实现的基础上，确保章程制定的效率。

（三）制定程序的理想标准

从语义上看，程序是一个中性词，并不必然承载上述价值，而要想使程

① 〔英〕丹宁勋爵：《法律的训诫》，刘庸安等译，法律出版社1999年版，第98页。

序具备上述的价值则应当强调程序的规范性和合理性。关于程序的合理性，季卫东教授认为：规范（设计）合理性与进化（历史）合理性的接合部恰好是程序合理性。程序通过规则而明确，所以它是可以设计的；程序通过当事人的相互行为和关系而实现，所以它又是自然发生的。程序设计的标准主要有两个：一个是正义，另一个是效率。① 在法学的视域中，法律程序本身即蕴含着一种正当性和合理性的价值诉求，正当法律程序则成为重要的话语。章程制定程序要发挥上述提到的价值，其本身应当是规范的和理性的，这就需要对制定程序进行理性的设计。无论是从试图对现实存在的实践做法进行评价的角度，还是想进行科学的制度建构的角度，都应当对程序规范化的标准有一个基本的认识。

规范化的程序包含以下要素：

1. 完整的程序构造。（1）程序的参与者。规则意义上程序是为主体设定的，没有参与者的程序便不是规则意义上的程序。这里程序的参与者又具体的分为：程序的启动者、决定者和受动者等。主体明确是程序的首要的条件。（2）明确的信息指示。时间、空间、证据和相关信息都是程序必须要有的，这些要素为相关主体提供一种明确的信息指示。（3）对话和交涉，即参与者之间能够通过一定的渠道和方式得以沟通。（4）结果。程序应当以某种法律结果的产生作为终止的标准。也就是原则上任何程序的结束都应当有一定的结果，而不管该结果是程序上的还是实体上的。（6）违反法律程序的后果。这是一种程序的制约机制，起到对于程序参与者的督促作用，因而是必要的。

2. 明确的行为指向即明确具体、可操作。（1）主体明确，即主体的职权和责任应当明确。同时，主体应当具有相应的行为能力，对于组织而言应当具备足够人力、财力和物力。（2）时间要素明确。时间要素是程序的必然要素，没有规定时间要素的程序就不是程序。当然，时间要素是一种精确的技术性问题。有的要求非常精确，而有的可以规定的较为灵活。如“在什么事情之前作出某行为”。（3）方式要素明确。应当明确作出某行为的方式、方法，以及做出这些行为可以借助的工具和媒介等等，还应规定滥用的后果，从而给行为人以明确的指向。（4）结果要素明确。任何程序的终结都应当有

① 季卫东：《法律程序的意义》，载《中国社会科学》1993年第1期，第11页。

一定的结果，而且这些结果本身应当是具体的、明确的。(5) 按流程性标准完善相关步骤。程序是一个步骤的集合体，各步骤一环扣一环方能更好地运转。程序的设计也应当是一种流程性的，将步骤设定清楚，而且要注重各步骤之间的衔接。

3. 符合程序的价值。(1) 中立性。程序的中立性应当包括：决定者的中立性和程序自身的中立性，即程序本身的设计应当符合公平正义的要求，而不能存在偏向或非正义。(2) 效率。程序的设计和建构中应当体现效率的价值。(3) "成本—效益"成正比。波斯纳等学者将"成本—效益"理论纳入法律之中，引起了法律界的一场革命。我们有了另一个视角来审视法律。什么样的程序是好的？如果再单纯地以抽象的"正义"和"公平"作为评价标准，就显得太没有分量了。一个规范的科学的程序应当体现"成本—效益"理论的要求，即收益应当大于成本。这是一个技术性标准，但是能给我们提供更为具体的标准。(4) 理性。应然状态下的规范化的程序应当体现一种理性，即要求在程序的运行当中，用理性的方式来处理问题。它意味着程序的参与者要摒弃偏见，权衡各种因素处理在制定程序中存在的各种问题。

4. 嵌入正当法律程序①的要素。章程制定程序类似于立法程序，因而正当法律程序原则本身并不完全适用于它。② 但是，在该原则"大行其道"的今天，该原则的部分合理内核是可以嵌入到立法程序当中的。比如，说明理由和听取受到不利影响者意见两项制度，在立法程序也是应当体现的，任何人对于自己提出的意见、建议、主体作出的决议应当尽量说明理由，说明理由是程序理性的体现；立法如果会对某些主体的利益造成限制和损害，则应当听取其意见和建议，这样有助于提升立法民主、也能够更好的体现理性。

其中，完整的程序构造是骨架，明确的行为指向是血肉，程序的内在价值和正当程序就是整个程序的灵魂。规范化的制定程序建构，对于大学章程的科学、有序的制定具有重要作用。

---

① 传统观点认为，"正当法律程序包含两个层面的含义：任何人不能做自己的案件的法官；任何人在行使权力可能使他人受到不利影响时必须听取对方意见。"但是，有学者根据哈贝马斯的交往行为理论论证了正当法律程序还应当包含说明理由制度。参见刘东亮：《什么是正当法律程序》，载《中国法学》2010 年第 4 期，第 23 页。笔者支持将说明理由纳入正当法律程序原则的主张。

② 立法必然需要相关利益主体的参与，因而不存在回避的问题，所以"任何人不做自己案件的法官"这一原则显然不适用立法性质的程序。

二、大学章程制定程序的实证分析[①]

近年来，我国部分高校制定了大学章程。分析各高校制定章程程序的实践经验可以为我们构建更为科学的制定程序提供实证基础和经验。通过考察各高校章程制定实践可知，各高校遵循的程序既有共通之处，也有一定的差别。在章程制定中较为通用的程序主要是起草、审议、表决、核准、公布五个环节。

（一）起草程序

实践中，各高校原则先组织进行章程文本的起草工作。起草的准备、草案的修改和意见的整合等构成了章程的起草程序。起草程序是任何一个立法活动必不可少的环节，章程的制定也不例外。章程的起草程序一般分两步走：第一步是章程起草的准备工作。准备工作主要包括两个方面：一方面是成立起草组织，另一方面是起草前的调查和研究。就第一个方面而言，各大学一般会成立负责章程起草的组织，名称有的称为专家小组、有的称为起草委员会等。起草组织的组成各学校也存在差异，有的单纯由本校的成员组成、有的吸纳了社会人士和政府官员等。如在中国政法大学章程制定前，先成立了章程起草委员会，由石亚军书记、徐显明校长任主任，全体校领导任委员。同时，成立了由马怀德副校长任组长，七位教授或者副教授任成员组成的专家工作组。第二个方面是进行调查研究，从而形成起草章程的思路、框架等。具体而言，学校的一般做法是：首先，收集并认真研讨国内外高校相关的章程文献以及相关的法律法规，借鉴他人的成功经验；其次，分析和了解本校的特色和特殊需求，从而确保草案能够与本校的特色相契合。第二步，起草组织进行起草工作。通过调查研究，明确了章程的主体思想和框架后，起草组织开始有针对性的起草工作，在起草的过程中会不断的磋商、听取他人的意见，从而不断完善草案。章程起草的流程一般是：分工起草章程部分内容——联络各部分内容成为整体——经多方征求意见，反复修改，形成最后的草案。

---

① 段海峰、韩晖：《试析大学章程的制定程序》，载《云南科技管理》2009 年第 1 期，第 79—81 页。

（二）章程草案的审议

章程草案起草完成后，起草组织或者其他组织会将草案交由特定的机构进行审议和表决。在我国，各大学的审议和表决程序并非都是由同一主体行使，因而审议在某些大学的制定程序中是独立的程序。现实中，高校审议程序存在两种状态：一种是由特定主体统一行使审议权和表决权，这时审议程序和表决程序是一个紧密联系，连贯的程序。如有的高校中的教职工代表大会或常设主席团行使审议和表决通过权。另一种是审议权和表决权由不同的主体行使，因而审议程序就与表决程序具有相当强的独立性。比如，有的高校由教职工代表大会、常设主席团或者党委会行使审议权，其他主体行使表决权，这种情况下审议程序和表决程序成为两个独立的程序环节。比如，上海交通大学的章程就是由党委会审议，教职工代表大会表决通过的。从实际的操作流程来看，章程草案审议程序的一般流程是：章程起草委员会或小组负责人向大会报告起草情况，大会讨论提出修改意见。

（三）章程的表决

表决是特定主体作出决议确定草案是否产生效力的决定性程序，因而也是各高校制定大学章程的必经程序。通过考察可知，各高校的表决程序主要有两种方式：其一，学校党委、党代会或党委常委会章程制定委员会小组的负责人向大会提交草案，大会对章程进行表决通过。属于这一类的学校有吉林大学、沈阳药科大学、温州大学、浙江工业大学、广东外语外贸大学等等。比如，《吉林大学章程》制定委员会主任是校党委书记。2005 年 12 月 27 日，起草委员会副主任校长周其凤代表章程起草委员会向中国共产党吉林大学第十二次代表大会提交了吉林大学章程草案，之后，大会审议表决通过章程。其二，章程制定委员会（小组）主要负责人提交草案，大会讨论，表决通过。比如，《西南政法大学章程》于 2006 年 10 月 21 日由第四届教职工代表大会通过。上述两种方式虽然有一定的区别，但是基本的流程是一致的：由特定组织将草案提交给表决权主体，由该主体决定是否通过草案，行使表决权的主要是校内的机构，而且是以会议形式进行表决。

（四）章程的核准

从现实来看，章程表决通过后并不立即生效，而是经过一个审核程序，审查该章程的合法性和合理性。从目前的情况来看，我国大学章程制定过程中，审核程序并非是普遍的程序。主要分为两种情况：

其一，章程表决通过后，再经过核准程序。部分高校的章程经表决通过后，上报教育主管部门进行审批。比如，《重庆文理学院章程》由重庆市教育委员会审核，《湛江师范学院章程》于2006年10月日由广东省教育厅核准；浙江工业大学规定由学校主管部门核准；西安外事翻译学院规定由上级主管部门批准。

其二，章程表决通过后，不经核准程序，但是需要备案。备案又具体分为以下两种情况：第一，向教育主管部门备案，如北京师范大学、吉林大学、中国政法大学、武汉理工大学（向教育部备案），华东政法大学、贵州民族学院、黑龙江大学、辽宁石油化工大学、上海工程技术大学、陕西兵器工业职工大学（向学校主管部门备案），北京培黎职业学院（向北京市教育委员会备案），温州大学（向温州市人民政府和浙江省教育厅备案），中南林业科技大学（向省教育厅和国家教育部备案）；第二，同时向教育部和大学所属地方政府备案，如上海交通大学、东华大学、华东师范大学。

其三，核准程序与备案程序并行。有些大学既规定了核准程序也规定了备案程序，如兰州大学规定由教育部核准，并向甘肃省政府备案；北京工业大学规定由教育行政部门批准，并报学校主管部门备案；广东外语外贸大学规定由省教育厅核准，并报教育行政主管部门备案；上海杉达学院规定由登记管理机关核准，并报审批机关备案。

其四，有些规定了核准和备案两者择一，如佳木斯大学规定由举办者审核或备案，淄博师范高等专科学校规定由国家教育行政部门审核批准或备案。

（五）章程的公布

实践中，各高校会通过一定的形式将大学章程进行公布，从而使得章程能够公之于众。通过对各高校实际情况的考察可知，各高校公布程序并不相同。第一，从颁布章程的内容看，有的学校颁布的章程文字材料包括颁布章程的文件和正式的章程文本，如湛江师范学院、广西师范大学等；有的学校仅发布了章程的文件，如上海交通大学。第二，从章程颁布主体看，有的学校采取学校各有关部门联合颁布的形式，比如，上海交通大学章程颁布的文件最后落款单位：党委办公室、校长办公室、党委宣传部、人事处规划发展处、学生会和工会；有的学校章程由学院或学校颁布，比如广西师范学院章程和沈阳药科大学章程颁布文件的最后落款是学院或学校名称。第三，从颁布章程的文件内容看，有的只是说明了章程审议和通过的机构与生效时间，比如上海交通大学。有的学校在文件中除说明了上面内容之外，还说明了章程制定的目的和依据，甚至，具有校长的签名。比如，沈阳药科大学。第四，从公布的方式看，有两种：一是以单行本的方式公布章程；二是以网络的方式公布。[①]

三、大学章程制定的程序设计

章程制定程序制度的理性有赖于有效的制度设计，而制度设计的素材来源于两个方面：理论知识和实践经验。基于前文对于章程制定程序理论的构建和对实践经验的总结，对章程制定程序进行科学的设计成为可能。章程制定程序设计的基本的标准有三个：正义、效率[②]和理性。在此，笔者试图构建大学章程制定的规范化流程，供大学章程理论研究与实践活动参考。

（一）制定程序的规范化流程

章程的制定程序是规则和制度的生产过程，是对意志、利益进行整合，素材进行加工从而获取制度理性的过程的集合，因而由素材搜集、资料加工、半成品包装和质检等一系列紧密联系的程序环节构成的。为了确保良性制度产品的产生需要建构完备的生产线，而且要特别关注各生产环节的有效衔接和紧密配合，使得制定程序形成一个规范的流水线，才能真正起到应有的作用。程序制度首先应当关注的就是制定程序的规范化流程。一般来说，制定新章程的程序应包括提案、起草、审议和表决通过、核准和公布几个阶段。[③]

1. 提案

提案是指一定主体按照特定程序向有关部门建议制定章程的程序，是章程制定的启动程序。提案与一般意义上的建议的是不一样的，其具有一定的法律效力，即提案者提出制定章程的建议即可启动章程制定程序的。章程制定作为一项比较严肃的活动，原则上需要一定的启动机制，提案程序正好符合这一要求。

---

① 段海峰、韩晖：《试析大学章程的制定程序》，载《云南科技管理》2009年第1期，第80页。

② 季卫东：《法律程序的意义》，载《比较法学研究》1993年第1期，第11页。

③ 湛中乐、谢珂珺：《大学章程制定程序探析》，载《中国高校科技》2011年第7期，第64页。

提案程序包含提案主体、提案形式和提案的效力等方面。大学是否已经成立，提案主体有一定的差别。大学成立之前的提案主体主要是举办者，大学成立之后制定章程的提案主体可以是党委、校长办公会议或者一定数量的教授。提案的形式可以是多元的，既可以在提出制定章程的建议的同时附上章程草案，也可以只是提出制定章程的建议，无论何种形式，提案的效力具有相同性。关于提案的效力问题，本书认为，提案主体提出制定大学章程的建议后，相关主体应当启动章程制定程序，即提案具有法律的强制约束力，原则上应当能够导致章程制定程序的启动。

2. 起草

起草程序是章程制定的正式启动，是产生章程草案的程序。起草程序本身也由一定数量相互衔接的程序环节构成，构成一个统一的整体。一个比较完整的起草程序包含如下程序环节：（1）成立专门的起草组织。一般而言，章程的起草都是由专门成立的组织担任的。无论大学是否成立，章程制定主体会选择成立一个由一定数量的利益相关者和专家组成的起草组织负责起草工作。起草组织的名称各异，有的叫起草委员会，有的叫起草小组。（2）起草准备。起草组织进行一些准备工作，主要有：第一，搜集章程制定的相关资料，包括国内外的章程文本、法律规范等；第二，对本校的实际情况进行调查研究，了解大学的历史、现状和传统等。（3）起草文本。在搜集相关资料、听取各方意见和讨论基础上，起草组织会对大学章程进行起草。（4）公布草案听取意见。草案初稿完成后，起草组织会将草案公布于众，然后听取各方的意见和建议。（5）修正草案。根据各方的意见和建议，起草组织会对草案进行修正。

3. 审议和表决

章程起草组织完成起草后，需要将章程草案送交制定主体进行审议和表决。虽然说审议和表决在形式上是两种程序，但是，由于二者之间的关系是密不可分的，因而宜将其定位为一个程序。有学者主张，在具体形式上，从可行性和可操作性上考虑，可由各相关利益群体先分别在内部进行审议，该审议可在一个确定的时间内根据实际情况分别进行；然后将各群体形成的意见交由“制定代表联合大会”进行汇总。而在各相关利益群体各自进行讨论时，起草小组应当派专家成员分别到各群体内部对草案进行说明，回答询问。[①] 笔者认为，审议是表决的前提，因而审议主要应当由具有表决权的主体进行审议，期间可以进行询问、质询和辩论，以查明章程草案的相关问题，从而为章程的表决提供基础。

审议完毕以后，制定主体的相关成员对于章程的草案是否赞同还需要进行一个表决的程序，表决程序是决定草案命运的关键阶段。基于章程地位的特殊性，表决程序只有章程制定主体参与，而且表决应当实行超多数决，即章程草案的通过至少要经过2/3以上的成员的赞成才能通过。笔者建议将这个比例设置为基本比例，也可以在此基础上提出更高的要求。

4. 核准

从立法的角度来看，章程被表决通过后即可告完成。但是，基于法律规定或者实践的惯例，章程草案表决通过后并没有直接产生效力，而是由部门进行审核批准之后才能生效，此程序谓之审核批准程序。章程草案被表决通过后，章程制定主体应当在一定期限内将章程草案送交有核准权的部门进行审核，审核部门根据法律规定对章程草案进行审核后，作出批准或者不予批准的决定，对于不予批准的应当说明理由或者修改意见。

5. 公布

经过核准的章程虽然已经生效，但是，在公布之前实际上并不能产生实质的约束力，这是法的公开性的基本要求。章程经过核准后还需要经过公布程序，使相关主体能够公知才能真正地产生效力。章程的公布权主体可以是章程制定主体自身，也可以是委托其他主体如校长等进行。公布的形式可以是张贴告示、通过报纸或者网络等；公布的范围主要是针对校内人员，但是，也提倡向社会公布。公布是章程生效的最后一个环节，章程公布之日期开始生效。

（二）章程制定的公众参与

在制定大学章程的过程中，如何处理好大学的外部关系，即大学与政府的关系、大学与社会、大学与大学之间的关系，是章程能否真正对办学起规范

① 湛中乐、谢珂珺：《大学章程之制定程序》，载《上海政法学院学报：法治论丛》2011年第6期，第100页。

作用的关键因素之一。[①] 而要处理好上述的关系，大学章程的制定需要有效的公众参与。这里公众参与的群体包括两类：其一，大学内部制定主体之外成员的参与；其二，大学外部社会人士的参与。之所以强调章程制定的公众参与主要是基于以下几点：第一，公众参与可以使得公众智识通过适当的渠道输入到章程当中，从而提升章程的科学性；第二，公众参与可以为更多的利益相关者提供表达自身利益和意志的平台；第三，大学与社会的关系日益密切，要求社会公众能够参与到大学章程的制定过程当中，从而更好的调和大学与社会的关系。

结合大学章程制定主体理论和章程制定的特殊性，章程制定的公众参与包含两种形式：其一，公众代表参加到大学章程制定主体当中，成为章程制定主体中的一员，直接参与章程的制定；其二，公众作为重要的意见表达者参与到制定程序当中。应该说上述两种公众参与都是非常重要的，不可偏废。

公众可以在过程中理解大学章程，并且大学章程的制定也需要理解公众。这种参与式、互动式的理解活动。分为不同的层次阶段。在不同的阶段中，公众的介入程度也不一样，是逐步的接触（contact）、理解（comprehend）、交流（communication）、互信（trust）、教化（teach）的内化过程。接触阶段，以公众接受信息为主，是参与的初步阶段；理解阶段，以公众理解大学章程的内涵为主；交流阶段，以公众表达观点为主，是参与的中级阶段；互信——教化阶段以公众和专家/政策制定者的互动为主，是参与的高级阶段。对话、制约与共信，是公众参与大学章程制定的理想状态。也就是说：通过保障权利制约权力，促进二者之间的对话，并有利于二者达成共信。[②]

公众有效参与的前提是程序的开放性、公开性以及包容性，即制定程序能够为参与者提供所需要的信息，同时，程序能够容纳参与者意志的表达，更重要的是要确保参与者的意志和建议能够真正的发挥作用，这样才能使得公众参与的积极性增强，有效性得到保证。

---

① 胡莉芳：《大学章程制定的核心问题与原则探究》，载《中国高教研究》2007 年第 10 期，第 32 页。

② 郭莉：《大学章程的制定——基于公众参与的分析框架》，载《中国管理信息化》2012 年第 16 期，第 110 页。

(三) 起草程序的科学化引导

起草是章程文本的初创环节，草案本身的科学性和合理性对于正式的章程会起决定性的作用，因而应当特别关注起草程序的科学化建设。起草程序直接决定章程草案的质量，因而需要输入足够的理性和知识，这就需要对于起草程序进行适当的设计。章程起草程序应当重点把握以下几点：

1. 起草主体的选择

章程制定主体应当选拔一定的人员组成章程起草组织负责章程的起草。章程起草主体需要满足利益相关性和专业性两方面的要求。[①] 为了满足上述两种要求，在起草主体的选择上应当注意以下几点：首先，应当强调起草成员的多元化，即应当吸收不同领域和利益相关者参与到起草的过程当中，从而使他们能够直接决定草案的内容。其次，在草案的制定过程中，要求章程制定委员会与举办者、教育行政管理部门、办学者、教职工代表以及其他利益主体充分沟通，考虑各相关主体的利益。

2. 专业性和个性化

大学章程的特殊性决定了章程制定是非常专业的领域，而且每个大学的个性也需要通过章程得以确认和保障，因而章程起草主体的建构应当强调专业性和个性化。为了满足专业性的要求，需要在章程起草主体中引入专家和理性，借助专家和理性知识的输入，从而提升草案的科学性；为了满足大学个性需求就需要大学的举办者代表（大学成立前）、大学的管理者以及对该大学的传统、特色有一定了解的人参与到起草主体当中。从实践来看，需要校领导高度重视，既要加大章程制定的舆论氛围，充分调动全校师生的积极性，让他们踊跃参与章程的制定过程，也要和专家、学者、知名校友一道对传统的实践、文化内涵进行总结、凝练和提升，更要结合时代对高校发展的新要求，加强法律知识汲取，保证章程充分体现法律效力和现代管理制度的特点，更好保障学校的权益不受外界侵犯、师生的合法权益得到合理诉求。

3. 促成理性的博弈

章程草案的起草是一个主体的意志和利益得以表达、博弈、整合和妥协

---

① 湛中乐、谢珂珺：《大学章程之制定程序》，载《上海政法学院学报（法治论丛）》2011 年第 6 期，第 101 页。

的过程的集合，而章程文本则是各方意志、利益博弈后的结果。为了使得章程草案能够更加科学，而且更加符合各方的意志和利益，实现各方的共赢，即博弈的平衡，则需要理性和信息的输入，同时，也需要理性博弈环境的建构，为了实现这一目的需要特别强调以下几点：

第一，起草程序的公开。公开具有两个方面的价值：其一，公开可以使得章程的起草者受到适度的监督，从而更加慎重的履行自己的职责，受到制约和监督的主体更倾向于作出理性的选择和行为；其二，公开可以使得起草者与外界进行有效的沟通，从而使得理性和信息能够通过恰当的渠道输入到章程起草过程中。

第二，章程起草者的自由和平等。章程起草的过程是一个利益和意志的博弈过程，欲使此种博弈过程能够产生共赢的结果，即得出均衡解，关键是博弈规则和环境的有效搭建。一般认为，博弈的前提是双方地位的平等性。[①] 章程起草是一个多头博弈的过程，为了保障博弈的有序进行必须保证各起草主体之间的平等，从法律意义上看，这种平等意味着起草者之间法律地位的平等，最根本的是权利和义务的相同至少是均衡，任何参与者不应享有法律之外的特权。同时，为了确保博弈的真实性，章程的起草成员还应当是自由的，既包括意志自由也包括行动自由，这是相关主体作出真实的博弈策略的前提。

（四）审议表决程序中引入辩论机制

审议表决是对章程草案的审判，直接决定草案的命运，也是确保章程科学性和合理性的关键，因而需要对审议表决程序进行科学的建构。除了确保审议表决过程的公开、自由和平等之外，为了使得审议和表决的结果能够真正体现理性，有必要在审议和表决过程中引入辩论机制，正所谓理不辩不明，只有通过自由、平等和充分的辩论，才能使得各方利益得到表达，防止少数人垄断真理，从而使得最终得以通过的章程草案符合理性的需求。

为了使草案更为科学和规范，就必须要对草案的各个方面进行系统的、全面的研讨，对于不适当的地方就要坚决予以纠正和完善。如何才能更充分

---

① 罗豪才、宋功德：《现代行政法的制约与激励机制》，载《中国法学》2000 年第 3 期，第 25 页。

的发现问题呢？答案是引入辩论机制。只有引入辩论机制，允许章程的制定权主体与起草者以及章程制定主体之间进行充分的辩论，才能使得问题更为清楚，也能使其他审议者对于该项问题有更为深刻的认识。以现实的立法过程为例，由于讨论过程过于温和，往往无法发现真正的问题，以至于代表们即使对某项问题不满，法律仍然可以表决通过，这样就无法保障立法的科学性。同理，章程审议和表决过程中引入辩论机制，对草案中存在的问题提出完善的意见，都是至关重要要的。

（五）表决制度的改革——重大事项的逐项表决制

表决程序决定章程草案的命运，因而表决程序的科学性会决定章程本身的科学性和合理性。通过实证考察可知，我国大学章程的表决类似于立法程序，由具有表决权的主体对于章程草案集体行使表决权，达到法定比例视为通过，章程即具有了特定的效力。章程是否通过全系于一次性表决，而且是对于章程草案整体进行表决。这种表决模式虽然简单但高效，不过，从理论上看至少还存在以下两个方面的问题：其一，一部章程草案在表决时，可能因为一项规定不合理而导致整个章程草案被否决；其二，一部章程草案虽经表决得以通过，但是通过的章程本身却存在一处或几处不合理的地方。这两个问题都是整体表决制无法回避的问题，因而有必要建立重大事项逐项表决制。

这里逐项表决制并不是对章程的每一个条文都进行单独表决，而是对于在讨论时代表们争议比较大的某项规定，进行单独表决。待这些争议较大的条款被通过，再对章程草案进行总体表决。基本流程是：对于争议比较大的一些规定，可以先行逐项表决。如果这些争议比较大的条文均得到通过，则进入整体表决程序。如果存在某一条规定没有通过，则应当对该条进行修正，修正后进行第二次表决。如果第二次表决该条款还不通过，则该条暂时不列入章程文本，接下来进行总体表决。这样做的意义在于，可以防止因为一项规定而否决整个章程情况，也可以避免虽然章程草案整体得以通过，但是却存在某些不合理规定的情况。

（六）核准权的性质与行使规制

仅从立法的角度来看，章程草案经过表决通过即完成了章程制定的实质环节，但是，从实际来看，为了防止章程规定的违法或者为了有效地调整公权力与大学之间的关系，章程草案在获得表决通过后原则上还应当经过有权机关进行核准，从而确认其合法性。对大学章程进行核准在很多国家是通例。比如德国《波尔鲁尔大学法》（1984 年）就是“经北莱茵—威斯特法伦州科研部长于 1984 年 6 月 12 日（公报—17611/031）审批通过”。[①] 英国威尔士、英格兰的大部分高校的章程是根据英王的特许状制定。一旦制定完毕，需经女王批准，而且必须在议会备案。[②] 核准一般由对于大学具有管理或者监督职责的政府部门负责，核准程序的建构既要起到合法性监控的作用，同时又要防止政府对于章程的过分干预，侵犯大学的自治权，因而需要对核准程序的性质进行准确定位，且要对核准进行适当的规制。核准原则上不属于章程制定的程序，而是章程效力的审核和确认程序。

1. 核准性质的界定

所谓“核准”，实质上是审核加批准的过程，这一过程自始至终伴随着对学校章程的内容是否合法所进行的评估，也是教育行政部门对大学的运作予以监督的过程。[③] 有学者认为：从学校章程必须经主管教育行政部门“核准”，可判断制定学校章程的主体是政府，而不是高等学校自身。[④] 有学者认为：我国法律规定了高等学校章程的批准程序，即高等学校章程只有经过批准才能公布实施，而不是审议通过后即可公布实施，从而使批准成为章程制定的核心程序，因此从广义上看，政府作为批准者是章程最核心的制定者。[⑤] 有学者认为：如果章程核准稿能够经过立法机关的审批，即使是形式上的审批，其法律性就有了保障。[⑥]将大学章程的讨论审议通过等权力交给国家立法机关，对于部属大学交由全国人民代表大会，而对于省属高校交由地方人民代表大会。[⑦] 上述学者的观点实质上是将大学章程的核准界定为制定权，而且

① 米俊魁：《大学章程价值研究》，华中科技大学 2006 年博士学位论文。

② 鲁晓泉：《我国高校章程制定程序研究》，载《铜仁学院学报》2008 年第 5 期，第 24 页。

③ 湛中乐：《现代大学治理与大学章程》，载《中国高等教育》2011 年第 9 期，第 20 页。

④ 陈立鹏、聂建峰：《高等学校章程制定主体研究》，载《中国高等教育》2007 年第 5 期，第 13 页。

⑤ 王琴华：《我国高等学校章程制定主体刍议》，载《江汉大学学报》2011 年第 2 期，第 92 页。

⑥ 潘军：《外部关系视域下的公办高等学校章程制定程序研究》，载《黑龙江高教研究》2013 年第 6 期，第 28 页。

⑦ 武静、庄悦明：《大学章程制定权初探——以公立大学为视角》，载《黑龙江生态工程职业学院学报》2012 年第 6 期，第 64 页。

将核准主体界定为制定主体，这无疑是非常危险的。前文已经述及，章程制定主体应当是由举办者和相关利益主体组成的多元化的主体，而非为政府或者全国或地方人民代表大会所享有，因而不能将章程的核准认定为制定程序，更不能将核准主体界定为制定主体。

章程核准应当定位为无害性审查，具体而言就是对于章程的合法性进行审查和监督的过程。无害性审查的意思是核准主体对于章程的审查应当以确认是否有害为标准，即是否合法、是否违背公序良俗，而且要对此承担举证责任，如果不能证明章程是违法或者与国家教育政策相左，那么原则上其不得拒绝核准。这里的违法是指违反法律的明确规定，原则上法不禁止即可为。

因此，核准权不宜作为制定权的一部分，而应定位为审查权。尽管核准是章程生效的前提之一，但是，这只是形式意义上的生效，是法律规定的强制性义务，章程原则上在表决通过后就具有了实质的效力。（就如，较大市的法规需要上级人大常委会批准，不能因此认为，较大市法规的制定主体也包括上级人大常委会。）大学章程的地位和效力应当是依托法律的赋予，而不是审批机关的地位。只要法律赋予合法的大学章程以明确的法律效力，禁止任何单位和个人侵犯章程所涉内容，则章程的规范性和有效性就能得到保障。

2. 核准权的规制

核准权应当由教育主管部门行使，从而确保章程的合法性以及与国家教育政策的一致性，但是，教育部门作为权力的享有者，很有可能利用核准对学校的自治造成不当的干预，因而有必要对核准权的行使进行适当的规制。

（1）核准的主体法定、明确

从核准权的性质来说，由教育主管部门行使核准权为宜，因为教育主管部门是法定的监管部门而且相比其他政府部门而言更具有专业性。当然为了防止重复审核、多头审核导致的效率低下、相互矛盾的情况，有必要确立直接主管部门核准的原则，即只需要直接具有监管职权的教育行政部门进行审核就可，不必层级审核，也不宜由同级的多个部门联合审查。

（2）说明理由

审核程序中应当建立说明理由制度，即审核部门作出不予审核的决定或者建议修改的决定时，都需要说明理由。说明理由制度可以防止有关部门滥用权力，增强行政决定本身的理性和科学性。说明理由制度是行政理性的要求，能够防止行政主体的恣意决定。从形式上看，应当在决定书中详细阐明理由，而不宜口头表达，这样有利于事后的审查；从内容上看，应当说明作出决定的事实依据、法律依据以及论证过程等。

(3) 明确核准标准：违法、违背公序良俗和教育政策。

核准应当在学校自治实现与行政权监督的有效性之间实现平衡，为此应当设定明确的核查标准，为了防止行政权对于大学自治的不当干预，核准的标准不宜过高，而且应当是明确的。大学章程的审核标准应当以违法、违背公序良俗和教育政策为标准，即只有审核机关通过审核认为章程存在违法、违背公序良俗和教育政策时才能作出不予核准或者建议修改的决定。明确审核标准可以防止教育主管部门滥用权力，尊重大学自治的前提下，适当行使监督权。

(七) 建立“发回”制度

章程经过审核后主要有两种结果：其一，符合法定条件及相关要求，依法予以批准；其二，不符合法定条件及相关要求，无法批准章程。如果核准机关只是作出不批准的决定，显然就是判处章程“死刑”。既然大学不能没有章程，简单判处章程“死刑”的方式显然是不合理的，章程不合法或者不合理的，还应当给予制定主体修改或者更正的权利，从而使得章程获得新生。

审核主体对于不合法的章程原则不能批准，但是它也不宜进行直接修改，但是，又不能使章程被悬置，基于此可以建立发回制度。核准部门认为，大学章程违背宪法、法律的规定，或明显违背社会公共利益和公序良俗，不做修改，发回大学，由其进行修改，但应当详细说明理由，可以附修改意见。这样既可以使得有问题的章程得以获得修正从而获得新生，也可以防止核准主体直接行使章程修改权，更好的尊重大学的自治权。

四、大学章程的变动

再完美的规则也有其自身的生命周期和适用阶段，当规则产生或者适用的背景条件发生变化时，规则就需要进行适当的修改或者废止，这是规则本身的适应性的要求，本质上是现实合法性的要求。大学章程作为“法规范”也有自身的生命周期，当出现了特殊的情况时，就产生了修改和废止章程的需要，在理论上统称大学章程的变动。

(一) 大学章程的修改

章程一旦制定就将面临不断变化的现实，当出现其无法应对现实的情况时，就需要对某些条款进行修正。章程修正实质上是赋予章程以新的生命力，也是对旧秩序的挑战，因而章程的修改是必要的，又是需要慎重的。下面对章程修改的相关问题进行梳理。

1. 修改的原因

章程一旦制定即意味着秩序的形成，因而不能随意的更改，修改章程应当基于一定的原因，而且这些原因具有合理性。大学章程的前身是特许状，根据英国高等教育法专家法灵顿（D. J. Farrington）的研究，英国政府只有在三种情况下才能修改特许状：一是在原特许状中明确地保留了修改特许状的权力；二是高校法人已经处于瘫痪或半瘫痪状态；三是高校法人同意修改特许状。①

有学者主张，章程修改的原因可以分为章程本身的原因和章程之外的原因。② 笔者认同这种观点，现实来讲存在三个方面的原因：章程本身的问题、学校内部发生的变化和学校之外的原因。其一，就章程本身而言，受制于主客观因素的影响，某些条款的规定可能存在矛盾、冲突或者与客观事实相违的情况，使得这些规定无法适用，因而需要修改以解决这些问题；其二，就大学内部而言，大学内部出现了需要修改章程的情况。教育部《高等学校章程制定程序暂行办法》第28条规定：高等学校应当保持章程的稳定。高等学校发生分立、合并、终止，或者名称、类别层次、办学宗旨、发展目标、举办与管理体制变化等重大事项的，可以依据章程规定的程序，对章程进行修订。其三，就大学之外的原因来说，章程的某些规定在制定时并无问题，但是随着社会的发展，在大学外部层面，经济、社会、文化条件等的变化，相关法律和政策的变化，都可能需要对章程进行相应的调整。如果国家的法律、法规、教育方针、政策发生变化，作为“下位法”的大学章程就应当及时修改。

---

① 孙贵聪：《英国大学特许状及其治理意义》，载《比较教育研究》2006年第1期，第45页。

② 湛中乐、谢珂珺：《大学章程制定程序探析》，载《中国高校科技管理》2011年第7期，第66页。

2. 修改的形式

章程的修改以必要和适度为原则，因而需要采用不同的形式以满足不同程度的修改之需要。按照章程修改的程度不同，可以将章程的修改类型分为全面修改和部分修改。

全面修改是指在大学这个统一体的具体类型和存在形式没有发生变化的前提下，章程修改主体对整部章程或绝大部分内容进行调整、变动并重新予以颁布。全面修改主要适用于学校内部或者外部发生了重大变化，如学校内部的治理结构变化、学校外部法律和政策发生了重大变化，以至于章程整体不再适应现实的需要，需要整体修正的情形。全面修改与制定新章程的不同之处在于，全面修改没有改变大学这个统一体的具体类型和存在形式（一般表现为大学的性质，当然也会在学校名称等方面有所表现），而如果章程使大学类型和存在形式发生了变化，则属于新章程的制定，而且，在这种情况下，利益相关者也可能发生变化，因此制定主体也会与原来的制定主体（一般情况下的修改主体）有所不同，制定新章程的情况在大学的合并、分立等情形中最为常见。历史上，对章程进行全面修改的是金陵大学。金陵大学于 1927 年制定了《金陵大学总章程》，1950 年根据中华人民共和国中央政府教育部颁布的《高等学校暂行规程》和《私立高等学校管理暂行办法》全面修改了学校章程，颁布了相当于章程的《金陵大学组织大纲》①。

部分修改是指对章程的某些不合时宜或者存在缺陷的条款进行修正，从而起到补充、完善，甚至替代原来条款的作用。部分修改主要适用适用于章程的某些规定存在缺陷或者不足、违背法律或者公序良俗、调整对象发生变化以至于原来的规定不再适宜等等情形。从实践来看，部分修改主要采用两种形式：其一，直接对原文本进行修改，用新条款代替旧条款，旧条款不复存在，修改后重新公布章程。例如，云南玉溪师范学院 1999 年 9 月制定颁布了《玉溪师范学院章程》，2000 年 12 月又在对部分内容加以修改的基础上颁布了新的《玉溪师范学院章程》。澳门特别行政区政府第 5/2002 号行政法规《澳门大学章程的修改》中对 1999 年《澳门大学章程》做了修改，在随后公

---

① 黄路阳、田建荣：《高等学校章程的修改》，载《内蒙古师范大学学报》2008 年第 9 期，第 24 页。

布的《澳门大学章程》就以新条文代替旧条文，并做了注解。二是以修正案的方式增删章程内容。这种方式并不对原来的内容进行直接修改，但原来内容与新的内容相抵触的，自动失效，如2006年《香港中文大学规程（修订）规程》。[①]

值得指出的是，从维护章程权威性和稳定性的角度考虑，全面修改所适用的情形应当严格进行控制，只有在相关条件和环境的确发生了重大变化时才可考虑。部分修改虽然对于章程的权威性和稳定性损害较小，但是频繁修改也存在很大的问题，因而不宜频繁进行。修正案的方式能够在章程的稳定性与权威性之间保持一个较好的平衡，因而是较常运用的方式。

3. 修改的限制

章程的修改即意味着对于原来法秩序的挑战和质疑，频繁修正或者修正不当必然破坏章程的权威性，因而章程的修改应当受到一定的限制，不可随意改之。为了防止大学章程被随意修改，必须对章程的修改设定一定的限制。限制章程修改的方法是多元的，包括时间限制、内容限制和程序限制等。

第一，时间限制。章程制定一定时间内不得进行修改，即为时间限制。章程制定并得到通过后即具有法定效力，应当强调章程的遵守和执行，而为了使得章程能够更好的得到遵守和执行，章程在一定的时间内应当保持一定的稳定性，而为了保持这种稳定性有必要对章程的修改时间进行必要的限制，即通过章程或者法律规定，章程生效并且公布后一定时间内，任何人不得提出修改章程的要求。

第二，内容限制。从应然的层面来说，任何规则都具有可变性，因为规则所调整和规范的对象是可变的。然而，在一个章程之中，有一些条款是核心条款，构成了大学的基础和灵魂，是不可变更的，因为一旦改变则大学赖以存在的基础就将瓦解，必然影响大学的自治和良性发展。因而，某些大学章程或者法律中会直接明确规定某些内容属于不得修改的内容。例如《吉林大学章程》第37条规定“学院（学科）学术委员会依其章程独立行使学术权力，保障学术民主与学术自由”，对于此类条款，无论国家教育方针、政

① 黄路阳、田建荣：《高等学校章程的修改》，载《内蒙古师范大学学报》2008年第9期，第24页。

策、法律如何变化，大学如何发展，都不能修改，学术自由是大学的根本，无独立则无大学。①

第三，程序限制。为了防止章程修改的频繁和随意，章程本身或者法律可以规定较为严格的修订程序，从而使得章程的修改受到一定的限制。比如，章程修改的提案制度上，规定只有特定的主体才能行使提案权，这样就可以减少被提议修改的几率和可能性。

4. 修改的主体

同章程的制定类似，章程的修改权也需要特定的主体行使，而章程修改主体即是章程修改权的主体。章程修改主体设定科学与否直接决定章程修改的科学性和权威性，因而章程修改主体是章程修改制度的核心问题之一。从目前的立法和实践来看，法律和章程本身对章程修改权主体进行规定的情况是比较常见的。例如我国《民办教育促进法》第21条规定：学校理事会或者董事会行使下列职权：（一）聘任和解聘校长；（二）修改学校章程和制定学校的规章制度；（三）制定发展规划，批准年度工作计划。

章程修改主体应当满足几个方面的要求：其一，专业性，即具备修改章程的专业知识。其二，权威性，即章程修改主体应当具备较高的地位、合法性和民主性，从而使得其决定能够得到人们的尊重和认可。其三，具备能力，即章程制定主体应当具有修改章程的行动能力、意思表达能力等，以完成章程修改的任务。从满足上述三方面诉求的角度来看，由章程制定主体直接担任修改主体是比较适宜的。例如，《耶鲁大学章程》《康奈尔大学章程》规定由董事会修改，《柏林洪堡大学章程》规定由全校大会修改，域内大学章程则大多规定由教职工代表大会或党委会修改。

由章程制定主体直接行使修改权从理论上是适宜的，但是，在实践中并不具普适性。大学成立之前的章程制定主体往往具有临时性且其成员的构成并不具有广泛的代表性，往往没有大学成立后相关主体的参与。因此由原来的制定主体直接行使章程修改权有一定的弊端，因而宜对制定主体进行适当的改造，在原来的成员构成基础上按照适当比例将大学中现有的利益主体代

① 刘权：《大学章程修改的思考》，载《通过章程的大学治理》，中国法制出版社2010年版，第371—379页。

表吸收进来。这样做一方面可以保持章程制定主体的权威性，同时确保修改主体能够体现适度的民主性。

5. 修改的程序

章程修改的科学性和有效性有赖于规范的修改程序保障，因而章程修改时应当遵守规范的程序。章程修改程序具有以下几点要求：

（1）章程修改程序是章程的法定内容。从目前的法律规定和章程内容来看，章程的修改程序原则上应当规定在章程中，作为程序的重要内容之一。比如，《民办教育促进法实施条例》第14条规定："民办学校的章程应当规定下列主要事项：（一）学校的名称、地址；（二）办学宗旨、规模、层次、形式等；（三）学校资产的数额、来源、性质等；（四）理事会、董事会或者其他形式决策机构的产生方法、人员构成、任期、议事规则等；（五）学校的法定代表人；（六）出资人是否要求取得合理回报；（七）学校自行终止的事由；（八）章程修改程序。"《高等教育法》第28条规定："高等学校的章程应当规定以下事项：（一）学校名称、校址；（二）办学宗旨；（三）办学规模；（四）学科门类的设置；（五）教育形式；（六）内部管理体制；（七）经费来源、财产和财务制度；（八）举办者与学校之间的权利、义务；（九）章程修改程序；（十）其他必须由章程规定的事项。"

（2）章程修改程序制度。章程修改程序主要需经历提案、审议和表决通过、核准和公布阶段，在域内外实际状况与理论分析方面与制定程序存在很多相似之处，在此不再赘述。有学者指出：关于审议阶段的表决通过比例，对大学的重大事项的修改（如内部管理体制、相关主体重要权利义务、大学经费来源、财产和财务制度等）须遵循绝对多数原则，而对于章程中非重大事项的变更则遵循半数原则即可。[①] 应该说此种观点与我国立法的精神以及章程修改的严肃性是不相适应的。比如《民办教育促进法实施条例》第20条规定："民办学校的理事会、董事会或者其他形式决策机构，每年至少召开一次会议。经1/3以上组成人员提议，可以召开理事会、董事会或者其他形式决策机构临时会议。民办学校的理事会、董事会或者其他形式决策机构讨论下

① 湛中乐、谢珂珺：《大学章程制定程序探析》，载《中国高校科技管理》2011年第7期，第67页。

列重大事项，应当经2/3以上组成人员同意方可通过：（一）聘任、解聘校长；（二）修改学校章程；（三）制定发展规划；（四）审核预算、决算；（五）决定学校的分立、合并、终止；（六）学校章程规定的其他重大事项。”民办学校修改章程应当报审批机关备案，由审批机关向社会公告。也就是说章程修改原则上需要修改主体2/3以上成员同意，与章程修改的内容的重要程度无关，因为章程本身的根本性地位决定了，对其修改需要绝对多数决。

另外，根据法律规定，章程修改后还需要经过有关部门的核准，各学校不宜直接公布之。如《高等教育法》第29条规定：章程的修改，应当报原审批机关核准。教育部2011年制定的《高等学校章程制定暂行办法》第29条规定：高等学校章程的修订案，应当依法报原核准机关核准。章程修订案经核准后，高等学校应当重新发布章程。

（二）章程的废止

章程的废止实际上是判处章程“死刑”，主要适用于大学内部或者外部的环境和条件发生了重大变化，以至于业已存在章程完全不能适应现在的情况，并且无法通过修改来弥补的情况，比如大学解散、被撤销、分立或者合并以及大学性质发生了根本的变化等。

1. 废止的原因

章程一旦经过核准并且公布即具有了法定效力，不得任意变更或者废止。因而有关主体对章程进行变更或者废止应当基于特定的原因。从理论和实践两个层面来看，章程废止的原因主要由有两种：

其一，法定原因。法定原因是指法律明确规定的原因，即法律对于废止章程的情况进行了规定。如果法律规定的章程废止的情况出现了则章程即应当被废止。

其二，约定原因。除了法定原因之外，法律允许章程制定主体直接约定章程废止的原因，即章程制定主体可以约定特定情况出现时，章程可以废止。

无论是法定原因还是约定原因，其共同点是出现了章程存在基础被瓦解，章程存在已无意义的情况。

2. 废止的程序

章程的废止程序也和制定、修改程序大体相似，需经历提案、审议和表决通过、核准和公布阶段。所不同的是，提案阶段只需提出废止的建议；同时，在审议和表决通过、核准和公布阶段，也相对较为简单。当然，废止作为一重要事项，表决也需采取绝对多数原则。

五、章程制定程序的法治化建议

从形式上看，法治是“规则之治”，从实质上看，法治是法律至上成为一种信仰和生活方式。法治不仅是一种治理样态和理念，而且是一种良性的秩序，因而法治应当成为公共治理和私人生活的基本框架和基础。无论从章程制定权的公权力性质，还是从章程本身所具有的规则之治的内涵，大学章程的制定都应当法治化。这里的法治化是指章程的制定应当在法治的框架下运行，并且应当将法治精神和原则嵌入到章程当中。大学章程制定程序的法治化有助于确保章程制定的合法性，而且能够增强章程制定的制度理性，提升章程制定的科学性和权威性。

(一) 法律对制定程序的引导和规范

从确保大学自治的角度来看，法律不宜对大学章程作事无巨细的规定，尤其是章程内容方面，但是，法律可以对章程的制定程序作较为明确的规定。法律对于制定程序进行规定一方面可以提升程序的权威性和强制性，从而确保章程制定主体能够严格按照法定程序进行；另一方面良性的法律本身具有制度理性，可以为章程制定程序本身输入更多的理性因素。

教育部制定的《高等学校章程制定暂行办法》对于章程的制定程序作了较为系统的规定，应该说是章程制定程序法律化的重要尝试。当然，由于该《暂行办法》只是一部规章，其效力层级较低，且内容规定还有待完善，因而有必要在《高等教育法》中明确大学章程的制定程序。法律应当规定章程制定程序的最低要求，确保章程的制定能够遵循科学和规范的程序。

(二) 制定程序的法治精神的嵌入

法律作为普适性的规则其必然只能规定一般性的程序制度，不可能事无巨细。各大学制定章程在遵守法律程序性规定的基础上，可以创设更为符合理性的程序。对于法律没有明确的程序制度，章程制定主体进行程序设计时应当注重法治精神的嵌入。这里法治精神的嵌入包含两个层面的内涵：其一，不得违反法律的明确性规定，即在程序制度设计时应当确保程序不违反法律的精神和要求。其二，直接在章程制定程序中引入法治的要素。法治的精神主要是规则之治、平等、自由、权利保障与平衡和有序等，章程制定程序也应当注重植入以上的因素，使得章程制定程序在平等、自由、权利得到保障和有序的状态进行。制定程序植入法治精神可以使得章程更具有“合法性”，并且更有利于制度理性的实现，同时也与外在的法治环境相契合。

（三）程序监控机制的确立

再完美的程序如果得不到遵守，也就沦落为制度的花瓶，供人观赏和把玩，却无法发挥制度理性和价值。程序本身只是静态的规则和原则的集合，如何确保其得到有效的遵守，则需要适当的程序监控机制，这种程序监控机制，由法律进行规定无疑是适宜的。程序监控机制主要包括两个：责任和后果

其一，明确违反程序的责任。一般认为，责任包含两个层面的意思：分内的事情；分内的事情没有完成而应承担的不利后果。程序监控机制中的责任重点强调的是后一种含义，即违反程序应当承担的不利后果。责任是一种动力机制，相关主体为了避免承担责任，会更倾向于选择履行法律规定的义务和要求。因而，法律应当明确违背章程制定程序所应当承担的不利后果，从而督促相关主体认真的遵守章程制定程序。

其二，违背程序的后果。违背章程制定程序的后果主要是指违反章程制定程序对于章程本身效力的影响。如果章程制定程序是否遵守与章程的效力并没有关系，则制定程序自然就成了可有可无的东西。为了确保章程制定主体能够严格遵守法定程序，应当明确违反章程制定程序的法律后果，主要是章程效力的问题。根据章程制定程序的重要程度可以将制定程序分为核心程序和辅助程序。核心程序如审议、表决程序、核准程序等，辅助程序如发布等。如果核心程序违法则章程无效，应当责令制定主体按照法定程序重新制定章程或重新提请核准；如果是辅助程序违法，则要求制定主体进行补正，补正之前章程效力待定。

第五章

大学章程的内容

第一节　中国大学章程的基本内容

大学较之国家而言，堪称大社会中的小社会。大学在很大程度上就是国家的缩影，有什么样的国家制度就会有与之对应的大学制度，而大学章程在一定意义上相当于国家宪法或基本法的再现。大学章程作为规范大学运行的根本法，其内容必然要涵盖大学的基本制度和基本任务或目标，既是将国家法律规范予以“一校一章程”的具体化，同时也对大学内部规章制度起到统领的作用，大学章程是沟通大学内外关系的桥梁和纽带。中国作为社会主义法治国家，大学的运行也必然纳入到国家法律体系中来，各个大学章程必须和应该在相关法律规定的范围内结合本大学的实际情况进行具体化。中国在法律和法规等不同法律位阶的规范中对大学章程的内容都有所规定，在这一范围内又有概括和具体的区别，细言之，法律法规对大学章程内容的规定较为原则和概括，而规章等对大学章程内容的规定则较为具体，后者是在前者框架下的延伸，从而为大学制定属于自己的章程提供一个明确的指引。本节从法律规范和具体的大学章程两个视角对中国大学章程的内容进行描述。其中，对章程内容的梳理主要围绕大学与举办者的关系、大学内部的治理机构、大学教师和学生的权利义务、大学与举办者之外的社会其他主体的关系等四个主要方面展开。

一、法律法规对大学章程内容的要求

在中国，作为大学章程制定的依据和效力来源的主要是法律法规和行政规章。法律主要有：1993 年通过的《中华人民共和国教师法》（简称《教师法》），1995 年通过的《中华人民共和国教育法》（简称《教育法》），1998 年通过的《中华人民共和国高等教育法》（简称《高等教育法》），2002 年通过的《中华人民共和国民办教育促进法》（简称《民办教育促进法》），1981 年开始实施并于 2004 年修改的《中华人民共和国学位条例》（简称《学位条例》）。法规主要有：2004 年制定的《中华人民共和国民办教育促进法实施条例》（简称《民办教育条例》），以及山西省、湖南省和内蒙古自治区的人大常委会制定的本省区《实施〈中华人民共和国高等教育法〉办法》（简称《高教法实施办法》）。行政规章主要有：2011 年国家教育部制定的部门规章《高等学校章程制定暂行办法》（简称教育部 31 号令），同年深圳市人民政府制定的《南方科技大学管理暂行办法》（简称《南方科大办法》）。这些法律法规和规章中的规则，有的是对大学章程的内容进行明确界定，有的则成为大学章程内容的直接借鉴或组成部分。

（一）法律层面的基本要求

在法律层面上，最早提及学校章程的是《教育法》。《教育法》先于《高等教育法》制定并实施，两部法律都不约而同地规定，设立学校必须向审批机关提交所设立学校的章程。由此章程成为大学设立的法定要件之一，没有章程大学的设立就不会被批准。而我国大部分高等院校成立于这两部法律颁布之前，因此也就出现了先设立大学后补制章程的持续过渡状态。《教育法》虽然提及设立学校及其他教育机构，必须具有章程，但对章程具体的形式和内容没有涉及，三年后的《高等教育法》在很大程度上弥补了这一缺憾，该法第 28 条规定："高等学校的章程应当规定以下事项：（一）学校名称、校址；（二）办学宗旨；（三）办学规模；（四）学科门类的设置；（五）教育形式；（六）内部管理体制；（七）经费来源、财产和财务制度；（八）举办者与学校之间的权利、义务；（九）章程修改程序；（十）其他必须由章程规定的事项。"这些事项中，前九项是内容明确的列举事项，最后一项则是兜底条款。换言之，前九项内容是任何大学章程都必须加以规定的事项，而第十项内容则具体取决于其他法律规范的特殊要求。但无论如何，这十项内容是国家法律规范体系内的规定，不受制于各个大学的具体情况的任意选择，故可称为大学章程的法定内容。

对于“其他必须由章程规定的事项”，则须考察《高等教育法》的其他条款，同时也应结合《教师法》《教育法》《民办教育促进法》以及《学位条例》的相关规定来加以确定。如《高等教育法》第35条规定：“高等学校根据自身条件，自主开展科学研究、技术开发和社会服务。”这一规定必然涉及大学与除举办者之外的社会其他主体之间的关系问题，对大学来说，在章程中规范这一关系和规范“举办者与学校之间的权利、义务”有着同样重要的意义。同时，九项列举事项中并未涉及“人”的任何规定，但作为大学主体的教师和学生必然是大学章程的当然内容，这从《教师法》对于教师权利义务的规定、《教育法》对于学生权利义务的规定以及《高等教育法》第五章和第六章分别关于高校教师和学生的规定中可以看出，这也是大学章程必须涵盖的内容。对于民办高校而言，其特殊性也应当反映在自己的章程中，而《民办教育促进法》中对民办高校作出规定的有关条款就成为其章程内容的来源所在。同时，大学作为国家学位的授予单位，在大学章程中应当对学位事项进行必要的规定，这也符合《学位条例》的基本精神。由此可见，一方面，兜底条款所言及的“其他必须规定事项”已然在法律中有所规范；另一方面，法律中所规范的事项能否成为“其他必须规定事项”有赖于进一步的明确化。

（二）法规层面的概括要求

在法规层面上，行政法规和地方性法规对大学章程的内容也提出了概括性的要求，对于指导大学章程的制定具有法律效力。特别是《民办教育条例》作为《民办教育促进法》的下位法，对民办大学的章程内容提出了具体要求，具体规定在该条例第14条规定：“民办学校的章程应当规定下列主要事项：（一）学校的名称、地址；（二）办学宗旨、规模、层次、形式等；（三）学校资产的数额、来源、性质等；（四）理事会、董事会或者其他形式决策机构的产生方法、人员构成、任期、议事规则等；（五）学校的法定代表人；（六）出资人是否要求取得合理回报；（七）学校自行终止的事由；（八）章程修改程序。”可以看出，对于民办大学章程的规定事项是完全有限列举式的，但很显然，这一规定窄于《高等教育法》第28条的范围。因此，在民办大学制定章程的过程中，应参酌法律和行政法规的双重要求来办，而不仅仅是以法规为依据。遗憾的是，国务院没有出台《高等教育法》的实施条例，并且从全国范围来看，制定相应地方性法规的也仅有山西省、湖南省和内蒙古自治区。以内蒙古自治区的《高教法实施办法》为例，因其作为民族自治区域，有一些规定涉及特定民族生源的优惠政策，若反映在大学章程中，则相关的学生的权利和义务则是不尽相同的，对于内蒙古自治区内的大学而言，就需要在《高等教育法》的基础上，结合自治区的地方性法规进行全面规定。

（三）规章层面的具体要求

在规章层面上，对大学章程内容的规定必然归属于教育部31号令，该部门规章对大学章程应当包括的内容进行了专章规定，详细列明了大学章程应当加以规范的事项，可以说是我国大学章程制定内容的最直接依据。教育部31号令第7条规定："章程应当按照高等教育法的规定，载明以下内容：（一）学校的登记名称、简称、英文译名等，学校办学地点、住所地；（二）学校的机构性质、发展定位，培养目标、办学方向；（三）经审批机关核定的办学层次、规模；（四）学校的主要学科门类，以及设置和调整的原则、程序；（五）学校实施的全日制与非全日制、学历教育与非学历教育、远程教育、中外合作办学等不同教育形式的性质、目的、要求；（六）学校的领导体制、法定代表人，组织结构、决策机制、民主管理和监督机制，内设机构的组成、职责、管理体制；（七）学校经费的来源渠道、财产属性、使用原则和管理制度，接受捐赠的规则与办法；（八）学校的举办者，举办者对学校进行管理或考核的方式、标准等，学校负责人的产生与任命机制，举办者的投入与保障义务；（九）章程修改的启动、审议程序，以及章程解释权的归属；（十）学校的分立、合并及终止事由，校徽、校歌等学校标志物、学校与相关社会组织关系等学校认为必要的事项，以及本办法规定的需要在章程中规定的重大事项。"乍一看，这十项规定与《高等教育法》第28条在项目上一一对应，是对后者的进一步具体展开。但细察则不然，教育部31号令第7条第十项对《高等教育法》第28条第十项"其他必须由章程规定的事项"进行了两个层面的展开，一是学校自身认为必要的事项；一是该办法第8至15条要求的必须规定事项。但不得不指出，教育部31号令将"学校认为必要的事项"视为《高等教育法》所指称的"其他必须在章程中规定的事项"

是值得商榷的，按照大学自治权限，凡法定内容外，大学当然有权利在其章程中对自己认为应当规定的事项进行规范，而不必依赖于任何法律或规章的指引。同时，这种规定也使得大学误认为《高等教育法》的兜底条款是大学可任意规范的内容。

从教育部 31 号令第 8 至 15 条的具体规定来看，既有大学章程的必须规定事项又有建议规定事项。其中必须规定事项的效力来源于法律的有关规定，是对相关法律的具体指引，如第 9 条关于党委领导下的校长负责制的规定，就是对《高等教育法》第 39 条和第 40 条规定的重点申明，从而使得“其他必须在章程中规定的事项”的内容丰富化和具体化，也使得大学章程的法定内容得以扩充和明确。而建议规定事项则是教育行政部门对大学进行的诱导性指引，这些事项能否成为大学章程的内容有赖于具体大学的自由选择，如第 13 条第二款规定：“学校根据发展需要和办学特色，自主设置有政府、行业、企事业单位以及其他社会组织代表参加的学校理事会或者董事会的，应当在章程中明确理事会或者董事会的地位作用、组成和议事规则。”大学要不要设立以及设立理事会还是董事会，完全由大学自己决定，大学认为必要的就可以规定在其章程之中，但是，如果大学设立了这种机构，就必须对其“地位作用、组成和议事规则”进行规定，使得建议规定事项成为大学作出抉择的附随性义务，演变为大学章程的必须规定事项。

除了教育部 31 号令，《南方科大办法》是目前我国唯一一个为了某一特定大学而制定的地方政府规章，该办法可以视为南方科技大学的章程。同时，因为其制定主体为深圳市人民政府，制定的目的主要在于明确南方科技大学的权利义务关系，因而其内容就有所侧重，若严格按照《高等教育法》第 28 条的规定来看，有些法定内容就没有在该办法中得以体现，如南方科技大学的名称、校址等。而这些事项显然是法定内容，是大学章程必须规定的事项。换言之，是为绝对必要记载事项。而按照学者对绝对必要记载事项的解释，大学章程缺少其中任何一项或任何一项记载不合法，整个章程即归无效。[①] 从这个角度看，《南方科大办法》尚不能成为南方科技大学的章程，该大学的

① 王国文、王大敏：《学校章程的法律分析》，载劳凯声主编：《中国教育法制评论》，教育科学出版社 2003 年版，第 113 页。

章程应结合《高等教育法》、教育部31号令和《南方科大办法》具体规定。

综上，中国的法律规范对大学章程的内容进行了具体的类型化的规定，对大学章程应当规定哪些内容，建议规定哪些内容以及可以规定哪些内容进行了区别，从而使各个大学在自身章程内容的具体设计上可以突出自己的特色和创新，将“规定动作”做好，将“自选动作”做美。

二、大学及其与举办者的关系

从大学举办者的性质来看，中国的大学可以分为两大类，即公办大学和民办大学。但举办者又同具体的办学者相区别，申言之，举办者和办学者相对大学本身所享有的权利和承担的义务互不相同，大学章程作为举办者申办大学的要件之一，必然要对这一关系进行明确界定。对于公立大学来说，国家作为大学的举办者，同时也起着整个教育事业管理者和监督者的作用，通过大学章程将举办者的权利义务记载明确，才不致使其自身的这两种角色发生冲突，或者在发生冲突时具有规范性的指引予以解决。对于民办大学来说，私人作为大学的举办者，并不是教育事业的管理者，不会发生公办大学举办者的角色冲突，但面临如何进入大学内部管理的问题，而大学章程为之提供了这种途径。因此，大学与举办者的相互关系是大学章程内容的重要方面。

（一）大学的性质和宗旨

大学的性质和宗旨是大学的基本特性，性质说明了大学的法律属性，宗旨则明确了大学存在的目的和意义。大学在法律上被界定为具有独立民事行为能力和责任能力的法人，根据这一规定，各大学章程均会强调自己的独立法人属性。如《北京师范大学章程》第3条规定：“学校为非营利性事业单位组织，具有独立法人资格。”[①] 而上海交通大学更在其章程中明确为“本校具有民事法人主体资格，依法享有民事权利，独立承担法律责任。”[②] 相对于公办大学的鲜明宣示，民办大学则稍显含蓄。如《上海杉达学院章程（审定稿）》第7条规定：“学校的性质是依法自愿举办的从事非营利性社会服务的公益性社会组织。”[③] 无独有偶，《黑龙江东方学院章程》第6条规定：“学院

---

① 湛中乐：《大学章程精选》，中国法制出版社2010年版，第4页。

② 同上书，第21页。

③ 同上书，第149页。

属于社会公益非营利性教育机构，是社会主义教育事业的组成部分。”[①] 但显然，无论是“公益性社会组织”还是“公益非营利性教育机构”，均属于我国《民法通则》所规定的法人。作为法人，大学就应当有自己的名称、组织机构和场所。因此，大学的名称和校址就成为显示大学作为独立法人的两个重要形式特征，校名和校址也就自然成为大学章程的内容之一。当然，随着大学对外交流合作的日益普遍化，英文名称也就成为必需；大学不断拓展自己的办学空间，也会出现两个或两个以上的校区，而这些也应当在大学章程中予以明示，这不仅是大学之间相互区别的标志，更是从权利保护的角度对大学名称权等的自我保护。有的大学则更进一步，将本校的互联网域名亦写入大学章程，如兰州大学将其网址“www. lzu. edu. cn”载入章程第 1 条中。[②] 单就大学的性质而言，这一点的规定是可有可无的，可以将其视为大学自主决定的事项，但如果将来学校网址变更，则需要及时对章程进行相应修改。

大学宗旨是大学办学目的、所实施教育的性质和培养目标的体现，是事关大学定位与特色及未来发展的重要内容。[③] 可以说，大学宗旨涵盖了大学的愿景和功能定位。申言之，它是大学发展的战略目标，即大学要成为一个什么样的大学；同时，它也是大学人才培养的目标定位，即大学要培养什么样的学生。这两个方面，大学章程可以做到与众不同，体现大学自身的价值。如吉林大学以学校根本任务的表述显示了本校的宗旨，即“学校以人才培养和知识创新为根本任务，开展教学、科学研究和社会服务活动。”对此，时任该校党委书记的张文显教授认为，这一规定符合吉林大学研究型大学的定位，体现了教学与科研并重、教书育人与科研育人的统一，是大学章程的创新之举。[④] 中国人民大学更是将宗旨和目标定位为建设“人民满意、世界一流”的大学，并将之具体化为“四个定位”，即以人文社会科学为主的综合性研究型大学；主干的文科、精干的理工科的学科定位；研究生与本科生适当规模和合理比例的规模定位；以拓展周边与校园置换相结合拓展办学空

---

① 湛中乐：《大学章程精选》，中国法制出版社 2010 年版，第 145 页。

② 该内容原为《兰州大学章程（草案）》第 3 条，按照新近兰州大学公布的《兰州大学章程（修订稿）》将其改为第 1 条，载 http：//news. lzu. edu. cn/c/201312/28422. html，2013 年 12 月 20 日访问。

③ 陈立鹏等：《大学章程研究：理论与实践的探索》，北京师范大学出版社 2012 年版，第 48 页。

④ 张文显、周其凤：《大学章程：现代大学制度的载体》，载《中国高等教育》2006 年第 20 期，第 9 页。

间的空间定位；人民共和国的优秀建设者和领袖人才的培养定位。[①] 这“四个定位”又转化为该校章程的序言部分以及第二、五、六条。西北政法大学在其章程审议稿中专章规定该校的宗旨和任务，并明确建设成为一所立足陕西、服务西北的高水平政法大学。在民办大学中，北京培黎职业学院的办学宗旨最具特色，其章程第 9 条第 2 款规定：“学院秉承路易·艾黎先生‘为黎明而培训’、教书育人的办学宗旨”，同时将学校定位为“北京市乃至全国知名的高等职业院校。”[②] 可以说，有什么样的目标定位和宗旨，就会引领学校向什么样的方向发展，是大学持续发展的动力和源泉所在。

（二）大学的权利和义务

大学章程存在的意义，很大程度上是为了维护大学自身的办学自主权，通过大学章程对法律所确认的大学权利和义务加以细化和重申，有助于大学明确自身权利义务，更好地行使办学自主权，理清与举办者的关系。梳理当前中国大学章程对自身权利义务的规定，可以大致分为三种类型。第一种是突出大学自身的权利义务，同时说明大学与举办者的关系。在这一点上，北京工业大学做得是比较好的，其章程第二章名为“学校与举办者的关系及学校的权利义务”，并通过第 13 条和第 14 条分别对大学的权利和义务作了相应规定。[③]《华北电力大学章程》第七章名为“举办者与学校的权利和义务”，对《高等教育法》等法律对大学权利和义务的有关规定进行了转述。[④] 第二种是大学与举办者的权利和义务并重，即在大学章程中明确规定大学的权利义务和举办者的权利义务。如《苏州大学章程》第二章名为“举办者与学校”，对举办者和大学各自的权利义务分别作了规定，与《湖南农业大学章程》如出一辙。[⑤] 第三种是未明示大学的权利和义务。在已有的大学章程中，第三种占了很大比例，各个地域和各种层次的大学均有此类现象。如《西南

① 牛维麟：《关于大学组织特点及内在关系的若干思考》，载《中国高等教育》2008 年第 11 期，第 14 页。

② 湛中乐：《大学章程精选》，中国法制出版社 2010 年版，第 140 页。

③ 同上书，第 48 页。

④ 同上书，第 46 页。

⑤ 《苏州大学章程》具体指《苏州大学章程（草案）》（征求意见稿），参见苏州大学《关于征询对〈苏州大学章程（草案）〉（征求意见稿）相关意见和建议的通知》（苏大办［2012］8 号）。本章所引用苏州大学章程均出于此通知附件，不再另行说明。

政法大学章程》《中国人民大学章程》《华东理工大学章程（讨论稿）》《武汉理工大学章程》《东北师范大学章程（征求意见稿）》《贵州民族学院章程》等。

大学具体应该享有哪些权利和承担哪些义务，通过对此作出规定的大学章程的总结可以进行概括。大学的权利主要有：（1）法人财产权利。对举办者提供的财产、国家财政性资助、受捐赠财产等学校资产依法自主管理和使用。（2）自主办学权利。依法行使高教法规定的高等学校各项办学自主权，拒绝任何组织和个人对教育教学活动的非法干涉。（3）组织管理权利。拟定学校内部机构设置方案，任免内部组织机构的负责人，按照章程管理学校，组织和实施教育教学活动。（4）人事管理权利。聘任和解聘教师及内部其他工作人员，并对其实施奖励和处分。（5）学生管理权利。对学生进行学籍管理，实施奖励和处分，对受教育者颁发相应的学业证书。（6）对外交流合作权利。依法与境内外高等学校和科研、文化机构之间开展合作，依法与政府、企事业单位或其他社会组织进行合作交流。（7）法律、法规规定的其他权利。大学的义务主要有：（1）法人财产保护义务。保护学校的资产不被侵占、破坏和流失。（2）服从国家管理义务。公立大学要贯彻党和国家的教育方针，依法接受举办者的监督和指导，执行举办者的教育教学标准，保证教育教学质量；私立大学也要接受必要的国家管理。（3）维护师生员工权益义务。在受教育者和教职工权利受到不公正对待或侵害时，学校通过自身的救济机制和程序给予保障。（4）持续发展义务。确保学校办学效益不断提高，确保学校章程及发展规划目标的实现。（5）便利协助义务。以适当的方式为受教育者了解学业成绩及其他有关情况提供便利，为社会发展提供智力支持。

（三）举办者的权利和义务

举办者是大学的出资人，是依法举办大学的政府、社会组织和个人。无论政府、社会组织还是其他个人，当其作为大学举办者的时候所享有的权利和义务应当由大学章程予以明确规定。同时，可以发现举办者的权利和义务在基本方面不会因举办者所具有的其他性质而迥异。从现有的大学章程来看，几乎均涉及对大学举办者的规定，但却鲜有对举办者权利和义务的具体规定。公办大学一般在总则中对举办者加以规定，如《广东外语外贸大学章程（试行)》第3条规定学校是“广东省人民政府举办的全日制普通高等学校”。[①] 也有将举办者放在章程末节的，如《华北电力大学章程》第61条规定：“华北电力大学由国家举办，受教育部管理和领导。”[②] 民办大学一般设置专章规定大学的基本要素，其中就会对大学的举办者作出规定，如《江西城市学院章程》第二章“学院概要”第5条规定：“学院由黄玉林先生个人投资举办，……出资人不要求取得合理回报。”[③] 而有些大学在其章程正文中并不对举办者进行规定，仅在序言中以含蓄的方式进行表达，如《中国人民大学章程》序言第一段写道：“1949年12月16日，中央人民政府政务院第十一次政务会议根据中共中央政治局的建议，通过了《关于成立中国人民大学的决定》。1950年10月3日，以华北大学为基础合并组建的中国人民大学隆重举行开学典礼，成为新中国创办的第一所新型正规大学。”[④] 吉林大学和北京师范大学则在其章程序言首句对举办者进行了类似表达，皆称本校是“中华人民共和国教育部直属重点综合性大学”。[⑤]

章程对举办者权利和义务加以明确规定的大学，有前面提及的苏州大学、湖南农业大学，此外还有福建医科大学、淄博师范高等专科学校和安徽财经大学。这五所大学的章程均以专章的形式对大学和举办者各自的权利和义务进行了规定。从具体内容看，举办者承担的义务主要有：（1）不干涉义务。举办者特别是国家和政府应保障学校依法自主办学、自主管理，对于办学自主权限范围内的事项，任何性质的举办者均不得予以非法干涉。（2）财产保障和经费供给义务。举办者应提供办学资金，保障办学经费来源，在大学存续期间保障其正常运行。（3）协助和支持义务。维护学校利益，支持与引导学校发展，维护学校的办学环境和办学秩序。（4）法律、法规规定的其他义务。举办者享有的权利主要有：（1）大学管理权。主要指举办者依照法律和章程规定的方式参与学校的管理，同时对学校的办学行为进行监督。（2）人

① 湛中乐：《大学章程精选》，中国法制出版社2010年版，第79页。

② 同上书，第46页。

③ 同上书，第156页。

④ 《中国人民大学章程》已于2013年11月16日经国家教育部批准，中国人民大学新闻网于同年11月28日公布了章程全文，载http：//news. ruc. edu. cn/archives/70109，2013年11月28日访问。本章所引用中国人民大学章程均出于此处，不再另行说明。

⑤ 湛中乐：《大学章程精选》，中国法制出版社2010年版，第3、12页。

事任免权。举办者可依据法律和章程规定，由其任命或委派大学管理者，并对这些人员进行监督。（3）财产监督权。举办者有权监督学校依法使用、管理大学法人财产。（4）对于公办大学的举办者，其还有权依照法律规定，制订学校经费拨款标准和筹措办法，制订教育教学质量标准，组织对学校教育教学质量的监督和评估，以及审查批准有关事项等。（5）法律、法规规定的其他权利。

三、大学权力配置

大学权力配置，是指大学的内部管理体制设计，具体包括：大学的最高决策机构和执行机构之间的关系模式，行政权力和学术权力的各自范围和运行机制，以及大学与学院或学部等组成机构之间的权力分配。对中国的大学来说，其章程对这些重要权力关系应当予以明确规定。为了突出重点，本部分从三个方面进行说明，即校长负责制、学术组织及其运行以及大学的纵向权力配置。

（一）领导管理体制

对大学而言，校长作为法定代表人，领导管理体制均以校长为中心进行构建，并具体体现为校长负责制。目前，中国的大学校长负责制有两种基本形态，一是党委领导下的校长负责制，一是董事会领导下的校长负责制。公办大学基本上均采取前者，民办大学则采取后者。随着高等教育体制改革进程的深入，部分公办大学开始尝试引入董事会进行大学治理，无疑是对党委领导下的校长负责制的创新和发展。由此可归纳为五种校长负责制模式，即传统型的党委领导下的校长负责制、传统型的董事会领导下的校长负责制、创新型的党委领导下的校长负责制、创新型的董事会领导下的校长负责制和纯粹型的理事会领导下的校长负责制。下面分别通过相关大学章程对各种校长负责制模式进行介绍。

1. 传统型的党委领导下的校长负责制。其特点是：校长权力有限，但执行有责。按照《高等教育法》第39条的规定，国家举办的高等学校实行中国共产党高等学校基层委员会领导下的校长负责制。对于公办大学，在其章程中明确党委领导下的校长负责制就成为法定义务，公办大学一般会在其章程的总则或组织机构部分对这种制度进行明示，进而对其运作形式进行具体规定。如《北京师范大学章程》总则第5条规定："学校实行中国共产党北京师范大学委员会领导下的校长负责制，校长是学校的法定代表人。"①《西南政法大学章程》则在第二章管理体制和运行机制中加以规定："学校实行党委领导下的校长负责制。"② 在这种传统型的校长负责制下，党委起到领导和决策的作用，对学校全部工作拥有统一的和最高的领导权和决策权。校长作为大学的法定代表人，对内对外代表大学，是学校行政的主要负责人。从大学章程的规定来看，校长的负责主要体现在：一是拟制职责，包括拟定大学的发展规划、年度经费预算以及大学内部组织机构的设置，依据章程规定制定具体的大学规章制度等；二是执行职责，包括对党委决定事项的执行、预算方案的执行、具体规章制度的执行等；三是管理职责，主要是对教师的聘任、考核与解聘，对学生的日常管理等；四是教研职责，校长应组织开展教学活动、科学研究，代表学校对外交流合作，提高本大学的声誉和地位；五是法人财产保有职责，既包括对已有财产和资产的保护和管理，也包括对大学持续健康发展所需经费的筹集等。这种负责制下的校长始终处于党委的领导之下，党委起到了大学实际决策和领导的职能，而校长成为党委决策的具体执行人。

2. 传统型的董事会领导下的校长负责制。该种模式是指大学设立董事会作为最高的决策机构，进而聘任校长作为大学的日常管理主要负责人。这种校长负责制的特点是：权力适中，责任明确。一般民办大学均采用此种模式，其法律依据来源于《民办教育促进法》第19条的相关规定。③《黑龙江东方学院章程》第9条规定，学院的决策机构是理事会。第13条规定，学院实行理事会领导下的院长负责制。院长是学院的法人代表和行政首长，依法行使学院的领导职权。相对于传统型的党委领导下的校长负责制，理事会对学院的重要事项担负职责，且会期有限，这就意味着校长或院长成为日常的管理

① 湛中乐：《大学章程精选》，中国法制出版社2010年版，第4页。

② 《西南政法大学章程》公布在西南政法大学信息公开专题网的法规制度专栏，本章所引用西南政法大学章程均出于此处，不再另行说明。载 http：//news. swupl. edu. cn/zhuanti/xinxigongkai/html/2012/11/130. htm，2013年8月20日访问。

③ 《民办教育促进法》第19条规定：民办学校应当设立学校理事会、董事会或者其他形式的决策机构。

者，除推荐副院（校）长的人选外，有任免校内其他组织机构负责人的权限。[①] 当然，这其中也不乏创新之举，如《江西城市学院章程》第 12 条规定，在理事会领导下，设立院务委员会为学院执行管理机构，院长为院务委员会主任。[②] 这是一种理事会领导下的集体负责制，院长虽有自己的职责，但同时也被院务委员会分掉一部分职权。可以看作是对这种模式下校长负责制的一种发展。这种传统型的董事会领导下的校长负责制便于民办大学的举办者参与到大学的管理中来，同时也便于其他社会力量关心支持大学的发展建设。

3. 创新型的党委领导下的校长负责制。主要指在坚持党委领导下创新决策和监督体制所形成的校长负责制。这种模式以南方某大学为代表。该校章程明确规定，学校实行党委领导下的校长负责制。学校实行理事会治理制度与构建决策权、执行权和监督权互相分离、协调运行的工作机制。在这种模式下，党委的领导更为集中于办学方向和政治思想方面，党委和校长的关系变得进一步明晰，党委通过参与决策和监督机制实现自己的领导。而这一决策机构的名称为理事会。通过引入理事会，大学举办者、党委、教职工、学生以及社会各界等的代表和校长共同构成大学的最高治理机构，而这一理事会的负责对象是大学的举办者，即深圳市人民政府。从而使理事会成为沟通大学内外的一个重要组织。而校长负责制也有了明确的负责对象，即理事会，如其章程规定："校长履行学校法定代表人职责，执行理事会的决定，对理事会负责，接受理事会质询。"对比传统型的党委领导下的校长负责制，创新之处即在于此，它将原来由党委行使的职权通过理事会予以剥离，虽然校长的职权没有明显大的变化，但校长负责制的意义和价值却得以凸显。

4. 创新型的董事会领导下的校长负责制。这种模式并非是对传统型董事会领导下的校长负责制的创新，而是属于党委领导下的校长负责制范畴。具体而言，是指校长在董事会的领导下开展工作，党委作为大学的政治领导和保障机构，通过任命监事会等形式对大学管理进行监督，从而形成较好的职权分工和责任区别。汕头大学是这一模式的代表。汕头大学作为一所由 L 基

① 湛中乐：《大学章程精选》，中国法制出版社 2010 年版，第 146 页。

② 同上书，第 157 页。

金会持续资助的公办大学，以董事会的形式对大学的重要事项进行决策和指导。《汕头大学章程（征求意见稿）》第37条规定："学校实行董事会领导下的校长负责制。在学校管理中，发挥中国共产党汕头大学委员会和监事会的监督作用，尊重学术委员会对学术事务的管理权，并保障全体教职员工依法参与学校民主管理的权利。"该条明确了汕头大学基本的管理体制，主要是：董事会领导、党委和监事会监督、校长负责。汕头大学同时设立监事会，监事会由党委书记、教师和学生代表等九人组成，经董事会同意由党委任命，其职责之一就是监督校长。校长则主要向广东省人民政府和大学董事会负责，并通过由其主持的党政联席会议来对重大事项进行执行和落实。虽然党政联席会议采取民主集中制原则来进行，但校长有最终的决定权。正如章程第46条的规定：会议的决定，由校长在充分考虑出席和列席人员意见基础上作出。从而使校长在这种模式下有权有责，名副其实，充分表达了校长负责制。该校大学章程的规定同已经实施的《汕头大学校董会章程》不谋而合，可谓开中国大学校长负责制之先风。①

5. 纯粹型的董事会领导下的校长负责制。这种校长负责制是对公办大学而言的，也属于对传统型党委领导下的校长负责制的创新和突破。在某些方面同传统型的董事会领导下的校长负责制相似，但因为其举办者的性质不同等原因，其更倾向于现代大学制度的法人治理结构。这一模式的代表是南方科技大学，该大学于2012年4月获得国家教育部同意而建立，对南方科技大学的管理主要依据《南方科大办法》的有关规定，按照前面的相关论述，该办法尚不能作为南方科技大学的正式章程，但却可作为章程制定的又一参照，特别是其中关于治理机构的规定。《南方科大办法》第16条规定："理事会为南科大的决策机构。"而理事会的组成也具有广泛的代表性，包括政府代表、南科大校长及管理团队、教职工等代表和社会知名人士等。第18条规定："校长是南科大的法定代表人，全面主持学校的教学、科研和其他行政管理工作，对理事会负责，执行理事会决议，履行法律、法规、规章及章程规定的其他职责。"校长通过校务委员会行使重大权力，因为按照该办法第23条的规定，校务委员会对学校教学、科研和行政管理中重大事项进行决策，而校

① 《汕头大学校董会章程》，载 http：//mms. stu. edu. cn，2013年8月24日访问。

长是校务委员会的主席。在这种模式中，校长负责制完全在董事会的领导之下，就办法本身来看，董事会不涉及党委人员的安排，也没有监事会以便党委监督，在这个意义上，是较为纯粹的董事会领导下的校长负责制。①

（二）学术组织及其运行

大学作为科学研究和人才培养的学术重镇，在权力配置中，必然要有各种学术组织的设立和运行，其根本目的就在于保证学术活动的正常进行，推动学术的发展。中国大学中的学术组织主要有学术委员会、学位评定委员会、教学委员会、教师评聘委员会等，在具体的大学章程中，这些组织所呈现的方式和程度又会有所不同，这在很大层面反映了该大学对学术的尊重和重视程度。从现有的大学章程规定情况看，以章程涉及学术组织的多寡和对组织定位及运作等规定的详略，可以归纳为三种类型：一是简单模糊型，即学术组织较少，规定的条款相对简单，同时相关学术组织的权力不明确，运行机制在章程中得不到反映；二是清晰规范型，章程对主要的学术组织均有规定，且以专门章节予以详加规定，包括其组成、职权和运行机制等；三是全面简洁型，将大学涉及的学术组织尽可能地均规范到章程中来，但在其组成和运行机制方面却稍显不足。

1. 简单模糊型。大部分公办大学章程和部分民办大学章程都是如此，有些民办大学章程甚至对学术组织没有任何规定。如北京师范大学仅在章程第25条和第26条分别对学术委员会和学位评定委员会的职责简单罗列，吉林大学章程的第24条和第25条和北京师范大学章程内容相同。而中国人民大学在其章程中，除学术委员会和学位评定委员会外，新设了人才培养委员会，三者的差异主要体现为具体职权的不同。但上述三所大学均未在本校章程中载明相关学术组织的组成和运作形式，且这种职权罗列过于简单。《广东外语外贸大学章程》虽然以专节的形式分别对学术委员会和学位委员会进行了规定，但规定依然过于笼统，其第18条规定："校学术委员会是学校由教授组

① 值得注意的是，《南方科大办法》第5条规定："实行党委领导下的校长负责制"，但须按照本办法和章程来具体实施，以致在治理结构乃至办法的其他条款中均未再对党委进行规定。但就实际来看，党委和校长可能会融于一体，从南方科技大学官网的介绍可知，现任校长朱清时教授同时兼任（临时）党委书记，管理团队其他人员亦有在党委任职者。从这个角度看，这种纯粹型的董事会领导下的校长负责制隐含了党委的领导因素，对于未来南方科技大学章程的具体设计，我们拭目以待。

成的学术审议机构。"[①] 至于由多少教授组成，这些教授如何产生均未涉及，同时，学术审议机构的定位也较为模糊。从湛中乐教授主编的《大学章程精选》所选编的民办大学章程来看，仅有《黑龙江东方学院章程》第15条规定："学院设立学术委员会，审议学科、专业的设置、教学、科学研究计划方案，评定教学、科学研究成果等有关学术事项。"[②] 其余四所高校均未对此作出规定。

2. 清晰规范型。以苏州大学和福建医科大学为代表，由于两校章程相似度较高，仅以《苏州大学章程》为例加以说明。该草案在第四章学校管理体制中，以连续三节共20条分别对学术委员会、学位评定委员会和教学委员会作了详细规定。其中，第四节学术委员会共七条，分别明确了学术委员会的地位和性质、组成和产生方式、职责和议事规则。如第53条规定："学术委员会是学校的最高学术决策、评议、审议与咨询机构。"委员经各学院等大学组成单位推荐，由校长办公会讨论决定，同时对委员的年龄和学科覆盖作了规定，对担任行政职务的委员比例作了限定。关于学术委员会的职责，章程也以列举的形式加以规定，并对议事的会议形式、会议召开的有效委员数和表决形式等作了明确规定。第五节学位评定委员会共7条，分别对学位评定委员会的性质、组成和遴选方式、职责和议事规则作了规定，与对学术委员会的规定大同小异。第六节教学委员会共6条，分别对教学委员会的性质、组成和职能以及权力保障作了规定。《福建医科大学章程（征求意见稿）》也是如此规定。

3. 全面简洁型。以深圳大学和汕头大学等为代表，两所大学的章程均以综合型的学术机构为特点。其中，深圳大学在其章程第五节以教授委员会为题，在教授委员会之下，分设学术委员会、人事工作教授委员会和计财工作教授委员会等专业委员会，且规定由不担任学校或学院行政职务的本校或校外教授或其他正高级专业技术职务人员组成，各专业委员会任职不得交叉。其中，学术委员会是大学的最高学术评审评议和学术决策咨询机构，人事工

---

① 湛中乐：《大学章程精选》，中国法制出版社2010年版，第82页。
② 同上书，第147页。

作教授委员会是大学的人事审议评议和人事决策咨询机构，计财工作教授委员会是拨款评议审议和财务决策咨询机构，三者分别独立行使自己的职能。在教授委员会之外，该章程另以第六节规定了教学、学位和职称工作委员会，即教学指导委员会、学位评定委员会和职称评定委员会，这三个委员会分别对教学管理、学位授予、职称评定等工作行使学术权力。其中，教学指导委员会又下设本科教育教学指导分委员会、研究生教育教学指导分委员会、继续教育教学指导分委员会。由此可见，该大学章程以两大类学术组织为分类对象，这两种分类的区别在于其构成的主体是否为“纯粹的教授”，故前者均统辖于教授委员会，而后者则另设一节，且没有具体说明其人员构成，但从这种分节设置而看恰恰说明了这个原因。不论其实质如何，就其章程的规定而言，学术机构的权力涵盖范围是较为广泛的，学术机构本身也是较为全面的。

与前述大学章程不同，《汕头大学章程（征求意见稿）》以单节的形式规定了学术委员会，将各种学术机构统辖于学术委员会。该章程规定学术委员会组成人员为25人，并对其中担任行政职务者的比例进行了限制，即不得多于1/2。同时，委员会的构成应具有代表性，覆盖所有的一级学科，且学术委员会的主席不得由校长、党委书记或执行校长担任。学术委员会可自主设立下属委员会，目前章程中规定的“有名委员会”包括教学委员会、科研委员会、学位评定委员会、学术纪律委员会、教师聘任和考核委员会等。《汕头大学章程（征求意见稿）》的最具特色之处要数其关于学术委员会具体权力或职能的规定，第56条分别详细规定了学术委员会及其下属委员会可自行决定的学术事务、大学作出相关决定前应得到学术委员会同意的事项、大学作出相关决定前征询学术委员会意见的事项，从而实现了对学术权力性质内部的区分，在一定程度上也形成了对其他组织特别是决策机构和行政机构的分权和制衡。此外，《汕头大学章程（征求意见稿）》专门对学术委员会会议的开会有效性和决定有效性的出席和表决人数作了规定，这在很大程度上会消除学术委员会作出决定的争议性。在这一点上，与《苏州大学章程》具有很好的对照性。

（三）大学的纵向权力配置

在中国的大学章程中，大学权力的配置除了横向上学术权力和行政权力的分配，还包括大学内部体系中纵向的权力配置，在行政权力上体现为大学与学院或学部的两级为主的管理体制，在学术权力上体现为大学与学院或学部的两级为主的学术机构设置。前者呈现出自上而下的授权模式，即以大学为主导，但学院或学部相对自治；后者则呈现为自下而上的互动模式，即以学院或学部为依托遴选学术机构的组成人员，继而又通过两个学术层级进行互动。学术权力和行政权力在纵向上配置在当下的中国大学章程中规定不一，可以从以下三个方面对此进行研究。

第一，从总体上来看，大学章程对纵向权力配置规定的详略分野较为明显，除民办大学和高职院校等主要规定大学权力之外，部分大学的章程仅以有限的少数条文简单提及，部分大学的章程虽以专章的形式对学院一级进行详细规定，但这种规定更多地体现为行政权力的分享方面。如《华北电力大学章程》仅由第16条以两款的形式，分别规定了学校教育教学工作实行校院两级管理体制，院长负责学院的行政工作，党总支负责学院的政治工作。而学院具体享有哪些行政权力、党与行政之间如何处理关系及其机制、学院内部的层级管理和民主参与等均未涉及。《北京工业大学章程》则更加简单，第33条规定："学校设立二级学院，制定二级学院管理制度，实行科学管理。"① 这个"管理制度"自然也就成为章程的下位阶的规范，学院的地位也就相应地无法得到较充分的或较有效力的保障。作为法学教育高地的华东政法大学，在当时的《华东政法学院章程》中也是原则性地加以规定，仅仅明确了（二级）学院一级的院长负责制、党总支是政治核心以及重大事项由党政班子集体讨论决定。在学术机构的配置上，《华东政法学院章程》仅在第28条规定："学校设立学位评定委员会，二级院系设立分委员会。"② 至于分委员会享有哪些权力、人员如何组成、如何议事等则不予明确在章程之中。

与上述简单规定相反，部分大学章程以专门章节对学院或学部作出较为详细的规定，其中以《苏州大学章程》和《汕头大学章程》为代表。《苏州

---

① 湛中乐：《大学章程精选》，中国法制出版社2010年版，第51页。

② 同上书，第61页。

大学章程》第五章为学院和学部，第87条对学院和学部的概念和功能进行了界定，指出“学院是以单一学科和相近学科为单位组成的学校基层教学与科研组织，学部是由多个学科或学科门类组成的基层教学与科研组织。学院和学部是人才培养、科学研究和社会服务的具体实施单位，在学校授权范围内实行自主管理。”进而对学院一级的职权、领导体制等进行了规定，同时，与大学学术机构相对应，规定了学院相应的学术机构，并且对其职权作了列举。《汕头大学章程》将学院与其他从事本科生、研究生教育和学术研究工作的机构一并列为学术单位，学术单位具有决定学术事务的相对自主权，大学应当予以尊重。此外，《汕头大学章程》在学术单位中设立学术委员会，并对其学术权力进行了效力上和类别上的限定。

第二，从两级管理体制来看，大部分大学章程均明确学院行使的权力应在大学的授权范围之内；少数大学的章程对此区别规定，即没有规定正面规定学院应当在授权范围内行使权力，而是从反向规定学校应尊重学术单位的学术自主权。概括来说，大学与学院的两级管理体制，任务重心在学院，权力重心在大学，学院的正当自主权必须在大学的授权之下。如《吉林大学章程》第32条第1款末句规定学院“在学校授权范围内实行自主管理”，而这些自主管理又无不附加着授权条件，学院仅有建议或提议权。[①] 即便在较为开明的《汕头大学章程》中，虽然规定学校应尊重学院的学术自主权，但就学院具体管理的事项来看，该章程第64条第2款规定：“学术单位决定以下事项：（一）根据学校的学术研究规划，确定本单位的学术规划、教育发展和改革规划。（二）提出本单位本科和研究生专业设置方案，提请学校学术委员会审议，报请校长决定。（三）根据学校学术委员会确定的原则，制定其所设置专业的课程和专业标准，提请学校学术委员会审议。（四）提出本单位的教师聘任、考核、奖惩、晋升、解聘方案，报请学校批准。”第3款规定：“学术单位的学术自主权受法律、本章程和学校学术政策的约束。”第二款虽名为“学术单位决定事项”，但这些决定要么须在大学的规划范围之内，要么须经大学层面的行政权力或学术机构的最后决定。第三款无疑说明了这种“学术自主权”的自主范围，在效果上与《吉林大学章程》一致。同时，从各大学

① 湛中乐：《大学章程精选》，中国法制出版社2010年版，第16页。

章程看，学院院长一般经学校组织部门考察、党委常委会批准，由校长聘任，以符合党委领导下的校长负责制。当然，这其中不乏变通之例，如《汕头大学章程》规定，院长任期届满或出缺时，学校应当成立招聘委员会确定院长候选人，由招聘委员会主任向学校党政联席会议提名，讨论通过后，由校长任命。

从学院层面的管理制度规定看，大学章程突出党政联席会议的重要作用，如《中国人民大学章程》第47条规定："学院实行党政联席会议制度，对学院的教学、科研、人事、财务等方面的重大决策和重要事项安排进行集体讨论，表决决定或协商确定。"《苏州大学章程》更是将"党政联席会议"界定为学院实行党政共同负责制的重要制度和推行民主管理的重要机制。吉林大学在章程中规定院务会议是学院的决策机构，但院务会议由党政正副职组成，实际上也是党政联席会议，并且规定除思想政治工作和干部选拔任用事项外，均由院长主持院务会议，体现了民主集中制，照顾到了党委领导下的校长负责制在学院层面的反映。除此之外，大学章程还注重学院层面的民主，如北京师范大学和吉林大学均在章程中设立教授会，作为教授治学和民主管理的重要组织形式；而中国政法大学和福建医科大学在章程中则设立教授委员会，作为重大事项的咨询和审议机构，形成对党政联席会议相关决策的制约，也是民主参与的一种体现。

第三，从学术机构的分设来看，多数大学章程或在大学学术机构规定中授权学院一级可设相应分机构，或在专门规范学院或学术单位章节中规定学院的学术机构。前者如《上海外国语大学章程》第17条，在前五款对学校教学指导委员会职责运行作出规定后，第6款要求："各二级教学单位组建二级单位教学指导委员会。二级单位教学指导委员会在校教学指导委员会指导下，参照校教学指导委员会职责，指导本单位教学工作。"① 后者如《苏州大学章程》第五章第100条至102条，分别对学院的学术委员会、学位评定分委员会和教学委员会的职能作了规定。就这两种规定而言，学术机构的两级设置并非为了学术权力的分配制约，而主要在于协调配合。院级学术机构审议学

① 《上海外国语大学章程》，具体内容参见《中华人民共和国教育部高等学校章程核准书第4号》，载 http：//www. moe. gov. cn/publicfiles/business/htmlfiles/moe/moe _ 621/201311/xxgk _ 160255. html，2013年11月29日访问。

院层面的学术事项，同时接受大学学术机构的指导，二者是指导和被指导的关系；而大学学术机构的组成人员又来源于各学院或学术单位，这些人员在一定程度上会成为学院或学科的代言人，进而使得两级学术机构形成互动和配合。

从两级学术机构在各自层面所起的作用来看，大学章程对学院层面的学术机构主要定位为学术民主机构和学术审议机构。通过在学院层面设立学术机构，可对党政联席会议决定的相关学术事项进行先期审议，体现更多的教师特别是教授的意思，同时也可集思广益，避免党政联席会议仓促作出决定。如湖南农业大学在章程中对学院设立教授委员会，这一机构集学术性和民主性与一体，正如《湖南农业大学章程》第41条所规定："学院设立教授委员会。学院教授委员会是学院学术事务的决策机构和其他重要事项的咨询机构。"① 该种规范结合了前述教授会或教授委员会对党政联席会议决定重大非学术事项的民主制约，以及纯粹学术机构对学术事项的审慎审议。在学院层面规定民主和学术机构，说明了大学章程在制度创新方面有意识的努力趋势。

四、大学的基本主体：教师（教职工）和学生

教师和学生构成了大学的基本主体。作为大学的基本主体，教师和学生成为大学章程绕不开的规范对象。作为大学知识与思想的传授者和辅助者，教师在广义上囊括了专业技术人员、管理人员以及工勤人员在内的所有教职工。作为大学培养的对象和知识的接受者，学生主要指向在读的各类学生，亦可在一定情况下扩展到现在作为校友的曾经的学生。现代大学章程越来越重视对教师和学生权利的规范，一般均会对教师和学生的权利与义务进行专门规定，对受到侵害的权利设置救济和保障程序，此外，还会通过教师代表会议和学生代表会议分别发挥教师和学生在相关事务管理上的民主作用，以更好地维护师生自身的正当性权利和利益。与此相应，本节拟从教师和学生的权利义务、教师和学生的权利保障机制以及教师和学生在大学治理中的角色三个方面来介绍大学章程对大学基本主体的相关规定。

---

① 《湖南农业大学章程》全文公布在本校网站，载 http://www.hunau.edu.cn/article-1863-1.html，2013年8月25日访问。本章所引用湖南农业大学章程均出于此处，不再另行说明。

（一）教师和学生的权利义务

权利和义务是规范和调整大学内部关系的主要内容，教师和学生作为大学的基本主体，其权利和义务也就成为大学章程不可或缺的内容。除少数民办大学外，绝大多数的大学章程均对大学教师和学生的权利和义务进行了较为具体的规定。

1. 教师的权利和义务

教师享有的权利主要有：（1）平等权，即平等享有大学公共资源、平等获得发展机会、受到平等的对待、评价和奖励等，如《合肥工业大学章程》第45条第一至四项的规定。[①]（2）知情权，如《中国人民大学章程》第19条规定教职工享有的权利包括："知悉学校改革、建设和发展及关涉切身利益的重大事项"。（3）参与管理权，即教师有权通过各种途径和方式参与大学和学院等的管理，如有权被选为各种学术机构的组成人员等。（4）建议权，即教职工有权对大学的各项工作提出意见和建议。（5）异议和申诉权，即教师在权利受到不公正对待或受到侵害时，有权向大学相关部门提出异议，同时也可以向大学专门机构进行申诉，以维护自己的其他正当权益。（6）学术自由权，即在科学研究和教学以及学术交流中自由表达自己的学术观点，如《西北政法大学章程》第18条第二项规定教师有权利"从事科学研究、学术交流，参加专业的学术团体，在学术活动中自由发表意见"。[②]（7）学术奖励权，包括学术休假权和学术成果受嘉奖权。所谓学术休假是一种区别于正常假期的权利待遇，是对符合特定条件的教师权利的赋予，如《汕头大学章程（征求意见稿）》第77条规定："学校建立教师学术休假制度。在学校工作一定年限的教师，经学校批准，可以享受一定期限的学术假期。"而学术成果受嘉奖，则是指在教学和学术上有突出贡献，应受到大学的鼓励，如《西北政法大学章程》第23条规定："学校实行教学成果和科研成果奖励制度。学校定期对工作中做出贡献的教师和教育工作者进行表彰和奖励。"（8）待遇保

---

① 这四项内容为：（一）按工作职责使用学校的公共资源；（二）公平获得自身发展所需的相应工作机会和条件；（三）在品德、能力和业绩等方面获得公正评价；（四）公平获得各级各类奖励及各种荣誉称号。参见湛中乐：《大学章程精选》，中国法制出版社2010年，第33—34页。

② 《西北政法大学章程》，全文参见《学校基本管理制度》，载 http://office.nwupl.cn/bylaws.asp? cid=37&sid=1，2013年8月25日访问。本章所引用西北政法大学章程均出于此处，不再另行说明。

障权，既包括工资薪金按时足额发放，也包括大学对这种待遇的稳步增长，如《中国政法大学章程》第45条规定："学校逐步提高与学校发展水平相适应的教职员工福利待遇"。[①]（9）进修培训权，如《湖南农业大学章程》第55条第2款规定："学校建立健全教职工进修、培训制度。"对教师来说，这是一项应当享有的权利。《西北政法大学章程》第18条更明确将"参加进修或接受其他方式的培训"作为教师的一项权利。（10）法定、规定和约定的其他权利，即宪法、法律及其他法规赋予教师应当享有的权利、大学章程和其他规则制度规定的权利以及教师与大学的劳动合同中约定的其他权利。

教师应履行的义务主要有：（1）职业操守，即遵守作为教师应守的职业道德，热爱本职工作，不断为这一职业尽心竭力。（2）学术操守，即在学术自由的同时，应严格遵守学术规范和学术道德，杜绝抄袭、剽窃等学术不端行为。（3）教书育人，既要求教师传授科学文化知识，完成大学要求的教学和科研任务；又要求教师尊重学生的人格，关心、爱护学生的全面发展；同时，要求教师保障学生的合法权益，制止有害于学生或侵犯学生利益的行为。（4）接受监督，主要指教师应在大学规章制度要求下从事教学和科研，并自觉接受大学对其的相应监督检查。对于从事管理职责的教师，还应接受全校师生的监督。（5）法定、规定和约定的其他义务。[②]

2. 学生的权利和义务

学生享有的权利主要有：（1）受教育权及其平等权，即学生有权参加各种教育教学活动、平等地享受教育资源、受到公正平等的对待、奖励和评价、

---

① 《中国政法大学章程》全文见于该校网站信息公开专栏，载 http：//www. cupl. edu. cn，2013年8月25日访问，本章所引用中国政法大学章程均出于此处，不再另行说明。

② 鉴于大学章程对教师义务规定的同质性，本处仅引用《华东政法学院章程》的相关规定，以作示例。该章程第36条规定："教师应当履行下列义务：（一）贯彻执行高教法和国家其他法律、法规，遵守学校各项规章制度；遵守职业道德，为人师表；（二）执行学校的教学计划，履行教师聘约，完成教育教学任务，接受学校对其教育教学质量的评估和监督；（三）教书育人，教育学生树立正确的世界观、人生观和价值观。（四）关心爱护全体学生，尊重学生人格，促进学生品德、智力、体质全面发展；（五）制止有害于学生的行为或者其他侵犯学生合法权益的行为，批评和抵制有害于学生健康成长的现象；（六）使用普通话和规范的文字。"第37条规定："学校管理人员应当履行下列职责：（一）贯彻执行高教法和国家其他法律、法规，遵守学校各项规章制度；（二）熟悉本岗位工作的特点和规律，不断提高业务水平和工作效率；（三）树立为教学和科研服务的观念，不断增强服务意识，提高管理育人水平；（四）廉洁自律，克己奉公，不谋私利，工作敢于负责；（五）接受全校师生的监督。"参见湛中乐主编：《大学章程精选》，中国法制出版社2010年，第62页。

平等地参与各种深造和文化交流机会等。(2) 知情权，即知悉与自己切身利益相关的事项，是大学对学生的一种义务。(3) 自由结社权，学生可依照法律和学校规定，自由组织和参加学生社团。(4) 建议权，学生对大学各项事务特别是教学、后勤服务、校园管理和建设等提出自己的意见和建议。(5) 参与管理权，作为大学的主体之一，学生同教师一样可通过各种形式和途径参与到大学的日常管理中来，对涉及学生权益的事项行使一定程度的影响。(6) 异议和申诉权，即在学生认为自己的权利受到不公正对待或受到侵害时，有权向大学有关机构提出自己的主张，表达自己的不满，由相关机构予以解决或答复。(7) 获得学历和学位权，即学生按照要求修完相关学业，达到大学要求的毕业标准，符合学位的授予条件，则应颁发其相应的学历证书和学位证书。(8) 获得奖助权，即符合要求的学生，有权申请并获得相应的奖助学金或助学贷款等。(9) 法定的其他权利，即宪法和法律法规规定的学生应当享有的其他权利。①

对于学生应履行的义务，各大学章程规定的较为简洁，从一定程度上体现了对权利的重视。以《吉林大学章程》第52条为例，学生的义务主要有：(1) 珍惜和维护学校名誉，维护学校利益；(2) 遵守学校学籍管理规定和学生行为规范；(3) 遵守学校考试制度和获得学历学位的相应规定；(4) 按规定交纳学费及有关费用；(5) 爱护并合理使用教育设备和生活设施；(6) 宪法、法律、法规及规章规定的义务和学校规定的其他义务。

此外，绝大多数大学章程均对校友作了相关规定，但是主要是从鼓励和支持成立校友会的角度来进行规定，不涉及对校友权利义务的具体规定。如《重庆文理学院章程》第71条规定："学校建立校友会，以多种方式联系和服

① 鉴于大学章程对学生权利规定的同质性，仅引用《北京师范大学章程》以作说明，该章程第53条规定："学生除享有宪法、法律、法规及规章规定的权利外，还享有下列权利：(一) 公平接受学校教育，平等利用学校公共教育资源，获得增强实践与创新能力的基本条件保障；(二) 按规定条件和程序重新选择专业，跨学科、学院选修课程；(三) 公平获得在国内外深造学习和参加学术文化交流活动的机会；(四) 为发展个性获得全面的素质教育；(五) 依照法律和学校规定组织和参加学生社团；(六) 公平获得各类各级荣誉称号和奖励；(七) 知悉涉及个人切身利益的事项，对教学活动及管理、校园文化、后勤服务、校园安全等工作提出意见；(八) 对学校的纪律处分或者处理表达异议和提出申诉；(九) 对侵犯个人人身权、财产权合法权益提出申诉或依法提起诉讼；(十) 学校规定的其他权利。" 参见湛中乐：《大学章程精选》，中国法制出版社2010年版，第9页。

务校友，凝聚校友力量。学校创造条件，鼓励校友参与学校建设与发展。”①而苏州大学和福建医科大学则将校友的权益在章程中进行了完善。如《苏州大学章程》第151条规定，“为更好地服务校友，形成母校关心校友、校友回馈母校的良性互动局面，本校向校友提供以下权益，”具体包括七项，这七项权益可以归为两大类，一类是校友本人可享有的权益；一类是校友的子女或所在单位享有的权益。前者如大学图书馆资源使用权益、持校友卡自由进出校园权益等，后者如优先向校友及其子女提供教育培训、文化服务、应校友及校友所在单位要求，优先推荐各类毕业生等。

（二）教师和学生的权利保障机制

有权利，就应当有救济；无救济，权利就得不到保障。凡权利未得到保障和救济的大学就没有章程。因此，大学章程在规定了教师和学生的权利之后，必须在权利受到侵害或不公正对待时，提供恰当的机制予以救济和保障。从现有的大学章程来看，凡是规定了教师和学生权利的，均会或多或少地对相关权利的保障予以规定，并且关于学生的权利救济和保障要详细于对教师权利的救济和保障。具体可从以下几个方面来了解。

1. 前置程序

前置程序，是指为保障处分行为的正当，以最大化地维护教师和学生的合法权益，在对教师和学生的权利进行不利处分前，应给予教师或学生陈述和申辩的机会的环节。如《西南政法大学章程》第54条规定：“学校实行违纪处分听证制度。学生对学校拟作出开除学籍的处分，有提出举行听证会的权利。”听证会恰恰是对学生的重大权利进行不利处分前，给予学生的一个保障程序。遗憾的是，该章程并未明确如何组织听证会及其如何运作。无独有偶，《中国政法大学章程》第52条第2款规定：“学校通过听证会、座谈会和新闻发布会等制度，鼓励和支持学生参加学校的民主管理，对学校的工作提出意见或建议。”单从规定表述的意思观察，似乎并未涉及对学生权利的处分，但这种听证会、座谈会或新闻发布会等形式，可能在处分的源头就已对权利形成制约和保障。同时，前置程序的保障还可从作出决策者的审慎决策角度出发，如广东外语外贸大学和重庆文理学院分别在各自章程中规定了学

① 湛中乐：《大学章程精选》，中国法制出版社2010年版，第105页。

校的决策制度，均规定作为重大事项标准之一的“涉及师生重大权益的事项”，决策机构应当事前组织专家进行必要性、可行性、合法性论证。两大学的章程还要求学校建立法律顾问制度，以专门对这种合法性进行论证和提供咨询，无疑会对相关权利处分行为特别是不利处分行为形成牵制，也有助于作出相关决策的合法性和正当性。

2. 申诉

申诉是指教师和学生对大学作出的相关决定不服，请求有关机构或部门对决定进行审查，要求重新作出决定或处理。在大学章程中，申诉一般列举在教师和学生的权利之中，成为教师和学生的申诉权。如《北京师范大学章程》第48条第7项规定，教师有权“就职务、福利待遇、评优评奖、纪律处分等事项表达异议和提出申诉”；第53条第8项规定，学生有权“对学校的纪律处分或者处理表达异议和提出申诉”。[①] 这种申诉有可能超出大学的范围，如《北京工业大学章程》第50条第5项规定，学生对学校给予的处分或处理有异议，有权“向学校或者教育行政部门提出申诉”。[②] 第56条第5项对教师的相应权利也有类似规定。而西南政法大学则设立大学的申诉委员会处理申诉，如其章程第55条规定：“学校建立校内学生申诉制度。学校成立专门的学生申诉委员会，受理学生提出的申诉。学生对学校给予的纪律处分或学籍处理不服的，可以向学校申诉委员会提出申诉。”《汕头大学章程》则规定以监事会来专门受理教职工和学生就学校作出的涉及当事人的决定的申诉，而监事会的九名组成人员中，分别有两名教师和学生代表。

3. 仲裁或调解

大学章程中的仲裁或调解，与国家司法制度中的不同，但应当是采用了与后者相似的一般模式或程序。就现有的大学章程来看，这种制度一般是针对教师的权利保障和救济而设立的。如《兰州大学章程》第31条规定：“学校设立人事争议仲裁委员会，依法保障教职员工的合法权益。”《重庆文理学院》第95条规定：“学校建立工勤人员劳动争议调解制度，保护工勤人员的合法权益。”[③] 但仲裁委员会或争议调解制度如何构建，两所大学在其章程中

---

① 湛中乐：《大学章程精选》，中国法制出版社2010年版，第9页。

② 同上书，第53页。

③ 同上书，第108页。

均没有写明，成为遗憾。

4. 诉讼

诉讼是解决权利纠纷或争议，使权利获得救济的最终途径。教师和学生作为原告对大学提起诉讼的司法实践现实中已经有过许多实例。大学章程对这一权利救济方式进行规定，也仅是对国家法律规定的转述，毕竟大学章程的效力位阶远不能为教师和学生创造诉讼权利。也许正是这一缘故，大学章程不对诉讼进行明确规定，而是一并隐含在教师和学生享有的法定权利之中；但大学章程对此作出规定，至少表明了大学自觉主动接受监督的态度。不过，它们一般均将权利的范围限定在学生的人身权和财产权，对于学生的其他权利则不加规定。如《重庆文理学院章程》第67条第5项规定："学生对学校、教职工侵犯其人身权、财产权等合法权益的，有权提出申诉或依法提起诉讼。"《苏州大学章程》第117条规定："学校建立学生权利保护机制，维护学生合法权益。"

（三）教师和学生在大学治理中的角色

大学的主体是教师和学生，没有教师和学生的参与，大学的治理将沦为寡头或独裁式的权力统治。教师和学生有效地参与大学的治理，将会对大学的正常运行起到关键作用。教师和学生在大学治理中终究要扮演哪些角色，需要在大学章程中予以明确规定。目前，教师代表和学生代表进入大学决策层、教师代表进入学术机构，以及分别组织代言自己权益的教职工代表大会（以下简称教代会）和学生代表大会（以下简称学代会）和其他组织是大学章程体现民主管理的主要形式。

1. 教师在大学治理中的角色

首先，教师代表是大学决策中不可或缺的成员。在大学章程中，除了传统型的党委领导下的校长负责制，其余的决策负责模式均会将教师代表作为决策机构重要的组成人员。在民办大学中，如《北京培黎职业学院章程》第13条规定："本院实行董事会领导下的院长负责制，本院最高决策机构是学院董事会，由举办者或者其代表、院长、教育界及社会知名人士、教职工代表等人员组成。"[①] 明确了应有教职工代表进入大学的最高决策机构。同样以

① 湛中乐：《大学章程精选》，中国法制出版社2010年版，第140页。

董事会作为大学决策机构的上海杉达学院，在章程中明确规定，董事会13名成员中应有教职工代表1人，由学校教代会推选产生。在公办大学中，南方某大学在章程中以理事会作为大学的决策和监督机构，将理事分为当然理事和推举理事，其中推举理事中就有教职工代表。《汕头大学章程（征求意见稿）》亦规定作为学校最高决策机构的董事会应有教职工代表名额，且在草案中倾向增加教职工代表名额。同时，汕头大学设立的监督机构即监事会中也有教职工代表参与其中。这些设计都体现了教职工对大学决策和监督过程的有效参与和实质性介入。南方科技大学虽未有正式章程，但《南方科大办法》第15条规定："理事会由政府代表，南科大校长及管理团队、教职工等代表和社会知名人士等组成。"这一规定必然会反映到制定的大学章程中。当然，在传统型的党委领导下的校长负责制中，作为决策层虽没有提及教师代表，但关于大学的重大决策事项，依然会通过以专家为代表的教师等的论证，可以看作是教师对大学治理"弱参与"。

其次，教师代表是学术机构的中坚力量。无论大学是何种治理结构或模式，在大学的学术机构中教师都是占绝大多数的中坚力量。在大学章程中，一般都会对学术机构的人员组成进行限定，以尽可能地保障教师的主导地位。如南方某大学章程中规定的教授委员会，作为该大学的综合性的学术机构，按照第34条的要求，原则上由不担任学校或学院行政职务的本校或校外教授或其他正高级专业技术职务人员组成。这是一种较为纯粹的学术机构，将拥有行政职务者予以排除，最大化地保障了教师在学术机构中的力量。而一般的大学章程对学术机构的教师比例仅限定在过半数，如《苏州大学章程》第56条第三项规定："担任行政职务的正高专业职务者在委员会中的比例不超过全体学术委员会成员的一半。"汕头大学在《汕头大学章程（征求意见稿）》中也有相似规定，其第55条第2款规定："学术委员会由25名成员组成。成员应是从事本科生、研究生教学和学术研究的教师，应涵盖学校设置的一级学科；成员中不承担行政职务（包括学校领导、各行政部门负责人和各学院院长）的教师应不少于1/2。"同时规定，校长、党委书记、执行校长不得担任学术委员会主席。在一定意义上，体现了教授治学。

最后，教代会是教师参与大学治理的重要形式。教代会由教师推选代表组成，是教职工行使民主权利、参与民主管理和监督的重要方式。教代会以组织的形式为全体教职工代言，进而影响大学的整个治理过程，这可以从教代会的组成和其职权两个方面进行梳理。从教代会的组成看，教学、科研等岗位的一线教师应当是教代会的主要代表，如《广东外语外贸大学章程》第24条规定：“学校实行以教师为主体的教职工代表大会制度。”[①] 表明教代会的主体是教师，苏州大学则更进一步将“主体”细化，其章程第82条规定：“教职工代表大会代表的构成既要考虑到学校各方面人员，又要充分体现以教师为主体的特点。教职工代表中，教学、科研人员不少于3/5，具有高级职称的人员以及非中共党员、女性、青年、工人应占一定比例。”在章程中作具体的规定，有助于明确教代会的代表主体类别，如此方能真正体现民主。从教代会的职权看，主要有：（1）重大事项建议权，即对学校的办学指导思想、发展规划、重大改革方案、财务工作报告及其他有关学校发展的重大问题提出意见和建议；（2）教师权益事项讨论权，即对学校提出的校内教职员工聘任、奖惩、分配改革的原则、办法及其他与教职员工权益有关的重要规章制度加以讨论，以保证决策机构作出最终决定的正当性；（3）教师福利决定权，即对学校提出的有关教职员工生活福利的事项进行决定；（4）监督、评议和推荐权，即对大学的主要领导进行监督，如听取校长的工作报告，并根据管理部门的安排对相关领导进行民主评议，或向有关机关推荐大学行政领导人选[②]；（5）选举权，即选举产生决策机构中的教师代表，一般在董事会或理事会作为决策机构的大学章程中均有这样的规定，如《汕头大学章程（征求意见稿）》第61条第六项规定，教代会选举两名教职工作为董事会成员的候选人，提请董事会任命。此外，教代会还有一项重要职权，那就是对大学章程的审议，如北京师范大学、吉林大学、西南政法大学等均在章程的附则部分规定，本章程应经教职工代表大会的审议。而华东政法大学和中国政法大

① 湛中乐：《大学章程精选》，中国法制出版社2010年版，第83页。

② 一至四项一般均集中规定在教代会的职权中，可参考《广东外语外贸大学章程》第24条的规定：“学校实行以教师为主体的教职工代表大会制度，依法保障教职工参与民主管理和监督，维护教职工合法权益。教职工代表大会行使下列职权：（一）听取校长的工作报告，对办学指导思想、发展规划、重大改革方案、财务工作及其他有关学校工作的重大问题，提出意见和建议；（二）讨论、审议教职工聘任、分配、奖惩方案的原则等与教职工权益有关的重要规章制度，由校长颁布实施；（三）审议与教职工关系密切的生活福利等重要事项；（四）民主评议和监督学校领导干部。”参见湛中乐：《大学章程精选》，中国法制出版社2010年版，第83页。

学等大学的章程则将教职工代表大会作为本校章程的制定和修改主体，而无需再经过校长办公会或党的会议的决定。单从这一点来看，教代会俨然成为大学的“最高权力机构”。

2. 学生在大学治理中的角色

学生主要通过在决策机构中的代表或以自己的组织来参与大学的治理，前者在当下的中国大学章程中较为罕见，后者在现实中已经很成熟，自然就成为大学章程内容之一部分。大学决策层中有学生代表的唯有深圳大学和汕头大学。深圳大学章程的第 21 条第五项规定：“推举理事包括校外教育界专家、社会贤达、工商界知名人士、教职工代表、学生代表和杰出校友代表”，学生代表名列推举理事之中，体现了作为大学基本主体和利益相关者的学生应当且可以成为大学决策者的一部分，以代表学生的利益对大学的重大事项进行表决。《汕头大学章程（征求意见稿）》中的董事会虽然没有学生代表，但是在行使监督权的监事会中有两名代表。其章程第 51 条第 2 款规定：“学校监事会由九名监事组成，中共汕头大学委员会书记任校监，领导监事会工作。监事会其他成员包括：学校董事会成员两名（不含学校主要领导），中共汕头大学委员会委员两名，学校教职工代表两名，学生代表两名。”从监事会的职权来看，其具有建议权、处理申诉权和违纪行为查处权，可以说这些均可能涉及学生的根本利益。同时，监事会也可影响决策机构的决策，因为对于监事会的相关建议，若学校管理层不听从，监事会可以提请董事会裁决。

学代会是学生自我组织的最基本形式，在中国的大学中，学代会同时接受学校党委的领导和团委的具体指导。正如一些大学章程所规定，学代会是大学最高学生群众性组织，是集中表达学生意志的平台，进而对大学治理形成影响。较为遗憾的是，目前规定学代会的大学章程，对学代会的职权仅作了较为自我的规定，较少涉及如何影响大学治理的职权设计，民主参与管理过于原则性。① 此外，学生还可以通过自我组织的各种学生社团，参与到大学的发展过程中来，如《北京工业大学章程》第 52 条规定，学生可以在校内组织学生团体，但这些学生团体多以兴趣、爱好或专业领域等由学生发起设立，

① 如《深圳大学章程》第 49 条规定：“学生代表大会行使下列职权：（一）修改并通过本会章程；（二）审议并通过学生会工作报告；（三）收集学生代表提案并提交学校有关部门处理，并将处理意见反馈给代表；（四）选举学生委员会委员。”仅有第三项直接涉及学代会与大学的关系问题。

一般较少以维护学生大学权利为目的。这个职责一般由学代会的日常工作机构，即学生会或研究生会等来具体经常性地行使。如《湖南农业大学章程》第33条规定："湖南农业大学学生会、研究生会，是由学生代表大会产生的学生自治组织。"学生会和研究生会分别按照自己的章程开展活动，参与学校民主管理，维护学生合法权益。

五、大学与社会

大学虽然是一方净土，但毕竟是社会环境中的一个有机组成部分，因此大学既要坚守自己的圣洁，也要同社会其他主体进行交往。从社会的角度看，也需要大学承担一部分社会责任，社会其他主体也希望与大学进行合作交流以实现共赢。同时，在中国高等教育资源分布较为不平衡的现实状况下，大学的发展越来越需要除举办者之外的社会各界力量的共同参与，与此相对应，大学的各种利益相关者也乐意参与到大学的发展中来。基于此，当代中国的大学章程也将这部分内容涵盖，固定下来。

（一）大学的社会服务使命

在一定意义上，大学无论是培养人才还是进行科研创造，其存在的最终目的是为了服务社会，为社会的发展提供人才。大学除了研究和教学外，还承担了经济发展任务，这被视为20世纪80年代以来的第二次学术革命。[①] 可以说，社会服务是大学特别是研究型大学在教学、科研之外的第三项使命，以致这被写入大学的宗旨和目的中去。如被视为吉林大学宗旨的《吉林大学章程》第8条规定："学校以人才培养和知识创新为根本任务，开展教学、科学研究和社会服务活动。"[②] 很显然，大学的根本任务与提供的社会服务之间可以形成互动和促进关系。鉴于这一层意思已经在本节开始部分作了介绍，本部分则是从具体层面上理解大学章程中关于社会服务的规定。目前，大学章程中对于社会服务的规定，主要有两种方式，一是专门章节对社会服务等事项进行规定；一是将社会服务分散在章程总则或作为学校功能的一个部分进行规定。

---

① Henry Etzkowitz, "The Second Academic Revolution and the Rise of Entrepreneurial Science", *IEEE Technology and Society Magazine*, Summer 2001, p. 21.

② 湛中乐：《大学章程精选》，中国法制出版社2010年版，第13页。

章程以专门章节规范社会服务的大学主要有上海交通大学、合肥工业大会和中国人民大学等。如《上海交通大学章程》第七章章名即为“社会服务与外部关系”，其中第53条规定：“本校鼓励继续教育机构利用现代化教育手段和市场办学机制，开展高等学历和非学历教育，培养优秀应用型人才，为我国高等教育大众化和构筑学习型社会服务。”[①]《合肥工业大学章程》在其第七章外部关系中也规定：“学校以服务为宗旨，在贡献中发展，积极争取国家、地方政府和社会各界的支持，推动省部共建和市校合作的良好发展，不断提升办学水平、增强办学实力，更好地服务地方经济社会发展。”[②] 中国人民大学则在其章程第七章以学校与社会为题，重点规定了大学应为社会提供多样化的教育服务、加强对西部地区高等学校的支援和加大为西部地区培养人才的力度以及为大学所在地方和社区的发展提供服务。多样化的教育服务，说明在国家法律范围内，在全日制学历教育之外，以进修、研修、继续教育等各种形式满足社会不同人群的具体教育需求。而在章程中强调对西部教育的支援和人才培养，无疑体现了一所公办大学的社会关怀和责任担当。同时，大学更有优势和责任服务自己的驻地，以形成良性互动。

章程将社会服务分散规定或融合在学校功能中的大学则较多，如广东外语外贸大学、北京师范大学、吉林大学、河南大学、汕头大学等。如《广东外语外贸大学章程》将社会服务作为与人才培养、学科建设和科学研究并列的四大办学活动，以独立的一节进行规范。具体体现在第59条的规定，即“学校遵循‘服务社会，促进教学，促进科研，互惠互利’的原则，依法为国家经济文化建设和社会发展提供服务”。[③]《吉林大学章程》在第二章学校功能和教育形式中写道：“学校积极开展基础研究和应用研究，推动学术进步、科技创新、成果转化，服务社会。”[④] 这一规定无疑与吉林大学的根本任务形成呼应。对此，汕头大学在《汕头大学章程（征求意见稿）》中作了更加明了和直接的表达，其第13条规定：“学校的核心任务是培养全面发展的优秀人才，开展学术研究和科学技术创新。学校同时承担为社会提供服务，

① 湛中乐：《大学章程精选》，中国法制出版社2010年版，第27页。
② 同上书，第36页。
③ 同上书，第89页。
④ 同上书，第14页。

推动国际文化交流的任务。”将社会服务和文化交流与大学的核心任务相统一。

（二）大学的对外合作

目前，大学章程关于大学对外合作的规定大致包括合作办学、合作研发与对外交流等方面。其中，合作办学主要是与世界知名大学的合作，如《上海交通大学章程》第55规定：“本校积极引进海外优质教育资源，与世界著名大学开展学分互认、教师互换、课程互通、学位互授等形式的实质性合作办学。”[①] 之所以称为实质性合作办学，是指相对于对外交流而言，这种学分互认、教师互换、课程互通以及学位互授等形式的合作更进一步，但是相对于一个独立的合作实体办学机构而言，还是具有局限。通常意义上的合作办学则是，大学与其他大学或企业等以协议的形式成立一所新的教育机构。如宁波诺丁汉大学在其章程第2条写明中方和英方的合作者，分别为浙江万里学院和英国诺丁汉大学，相对于这两所独立的合作者而言，宁波诺丁汉大学就是二者合作办学的形式和结果，这是比上海交通大学章程中所涉及的实质性合作办学更加实质的合作办学。同时，《东北大学东软信息学院章程》第5条关于合作方的规定和《武汉大学东湖校区章程》第4条关于办学性质的规定，均表明了大学与企业的合作办学。另一个突出的例子是华东师范大学，目前其已与美国纽约大学合作创办上海纽约大学，可以看作是对其章程第13条规定的落实。[②]

大学对外的经常性合作，就章程规定来看，形式主要是产学研合作、校府合作、校企合作，内容主要是合作研发，大学为企业、政府或其他科研院所提供智力支持，而后者则提供相应的资金支持或其他方面的支持。如《合肥工业大学章程》第67条规定：“学校积极开展与地方政府、科研院所、企业等的产学研合作，建立‘战略联盟’，促进学科建设、师资队伍建设、教学内容改革与大学生实践创新能力培养。”[③] 以产、学、研合作的形式，来带动

---

① 湛中乐：《大学章程精选》，中国法制出版社2010年版，第27页。

② 《华东师范大学章程》第12条：“学校开展留学生教育和国际教育合作，加强国际科技文化交流，推进学校国际化进程。”本章程全文见华东师范大学《关于公布〈华东师范大学章程（试行）〉的决定》（华师［2008］60号）。本章所引用华东师范大学章程均出于此处，不再另行说明。

③ 湛中乐：《大学章程精选》，中国法制出版社2010年版，第37页。

大学相关方面的发展。此外，大学的主体之一教师，也可以个人的形式参与合作，如《汕头大学章程（征求意见稿）》第34条规定：“教师可申请政府和校外机构招标的学术研究和技术开发项目，亦可根据自己的专长自选有学术价值和应用价值的项目开展研究。”这是对大学对外合作的一个重要确认和补充，有助于发挥教师的积极性和主动性，也有助于人学与外界的智力共享和共赢。

大学的对外合作还体现在对外交流上，大学章程一般均会对此规定，如《汕头大学章程（征求意见稿）》第19条规定：“学校积极推动国际教育、学术和文化交流，并将其作为提高学校的教育和学术研究水平，实现学校发展战略的重要途径。”然而，随着作为大学学术单位的学院的自主权的扩大和加强，学院在对外交流上的作用不可小觑，已然成为大学对外交流的重要组成部分，而这种对外交流可以视为学院职权的一部分，进而应当规定在大学章程之中，以使学院进行对外交流有据可依、有章可循。这一点深圳大学在章程中规定的较为稳妥，一方面将开展国际合作和交流加入到校长职权中；一方面将“组织本院与国内外的学术交流”列入学院的职权之中。[①]

（三）大学的多元化治理

大学的多元化治理，是指大学的各种利益相关者或其代表参与到大学的治理中来，参与的程度和内容则丰富多样。有学者按照与大学的密切程度将大学利益相关者划分为四类，分别为核心利益相关者，包括教师、学生、管理人员；重要利益相关者，包括校友和财政拨款者；间接利益相关者，包括与大学有契约关系的当事人，如产、学、研合作方；边缘利益相关者，包括大学驻地社区和社会公众。[②] 从大学与对外关系的角度出发，本部分着重分析大学章程对核心利益相关者之外的其他利益相关者参与大学治理的方式和途径，主要有两种方式，即通过大学的咨议机构或决策机构来参与大学治理。

---

① 根据深圳大学章程第32条第五项的规定，校长的职权包括：组织开展教学活动、科学研究、学科建设、师资队伍建设和国际合作与交流。第59条第二项规定，学院有职权：组织开展教学活动、科学研究和社会服务，组织本院与国内外的学术交流，实施课程建设和教学改革，检查并评价教师教学工作，提高教学质量和科研水平。

② 参见李福华：《利益相关者理论与大学管理体制创新》，载《教育研究》2007年第7期，第37页。

1. 咨议方式

顾名思义，咨议即为咨询和建议，是其他利益相关者通过咨议机构参与大学治理的一种“弱参与”方式。在公办大学中，章程一般以董事会或咨询委员会等机构的设置来吸纳其他利益相关者参与大学的治理。坚守传统型的党委领导下的校长负责制的大学章程，其设置的董事会就起到咨议的作用。在公办大学以国家财政拨款为主的实际情况下，包括以捐赠办学资金等各种方式支持大学建设的各界人士无法进入大学传统的管理体制内，这种咨议机构恰可以在一定程度上予以弥补。如《中国人民大学章程》第 37 条规定：“学校董事会是由热心高等教育，关心、支持中国人民大学发展的各界人士自愿组成的咨议机构，旨在促进学校与社会建立广泛联系与合作、筹措学校办学资金，为学校非行政常设机构。”这一规定明确了董事会是大学的咨议机构，不是具有决策或行政管理实际权能的机构。同时，设置董事会可将关心、支持大学发展的各界人士集中起来，有组织地向大学的发展出谋划策。这种出谋划策具体表现在密切大学与外界的联系和交往，最重要的也许就是筹措办学资金。截至目前，对该种性质的董事会规定最为详细的章程当属苏州大学。《苏州大学章程》以 8 条的篇幅，详细规定了作为大学咨议性的非行政常设机构的董事会的性质、人员组成、成立的目的与任务、组建原则和议事规则等，并且对校外董事的权利和义务进行了规范，使得咨议机构在章程中的地位凸显。在创新型的校长负责制的大学，章程一般以咨询委员会的形式来构建咨议机构，以广聚各种利益相关者，为大学的发展凝聚力量。如南方某大学在其章程中以“发展咨询委员会”为题专门对咨询机构作出规范。按照相关规定，该咨询委员会由在国内外高等院校、科研院所和企事业单位及有关政府部门中具有较深学术造诣、较高知名度的著名专家、学者、社会贤达和工商界知名人士组成，其功能或职责则主要对学校在发展规划、学科建设、队伍建设和人才培养等方面的重大问题决策提供咨询。

民办大学主要以顾问委员会的形式在章程中对咨议机构加以规定。根据《黑龙江东方学院章程》第 19 条的规定，该学院设立顾问委员会，顾问委员会组成人员由决策机构即理事会聘任，具体包括高等教育界、科技界以及企业界等支持教育改革并关心民办高等教育的知名人士。顾问委员会的职责主要是对学院的办学方向、教改方案、专业建设等重大事项决策提供意见咨询。

2. 决策方式

决策方式可以看作是对咨询方式的转化，即将非行政性常设机构规范为大学的决策性常设机构，而这其中的组成人员依然具有广泛的代表性，但具体会有些许不同。在合作办学模式下，章程设立的董事会作为大学的决策机构，组成人员一般囿于提供办学资源的各方。如由东北大学与东软集团、亿达集团和大连东软软件园四方合办的东北大学东软信息学院①，其章程规定，董事会成员由各方代表、院长、教职工代表等 6 人组成，可见仅这种参与治理者仅仅限定于除传统管理体制外的三方合办者，这是一种较低层次的多元治理。武汉大学东湖分校作为合作大学，其章程也规定作为决策机构的董事会，9 名成员分别由合作方武汉大学 3 人、田野集团 3 人、弘博集团 2 人以及教职工代表 1 人组成。这种现象也存在于民办大学的章程之中，如《江西城市学院章程》规定，作为最高决策机构的理事会成员由理事长从出资单位或个人中推选，而理事长本人也是出资人，以致理事会完全成为出资人的代言机构，任何其他利益相关者无法参与其中，将大学教育的性质至少在形式上改变了。但一些民办大学的决策层中，也会留出社会代表的名额。如《上海杉达学院章程》规定，董事会成员应包括五名社会知名人士，在 13 人的董事会规模中，这是一个较高的比例。组成代表性普遍不高，其他利益相关者难以在决策层发表见解。

在公办大学具有创新性的章程中，决策机构则具有较为广泛的代表性，如南方某大学理事会作为创新型党委领导下的校长负责制的一种新治理机构，在人员组成上囊括了校外教育界专家、社会贤达、工商界知名人士和杰出校友代表。汕头大学作为一所公办大学，引入了 L 私人基金，从而形成政府和私人共同投资举办的事实。大学章程必然会对这种事实进行一定程度的认可，即在作为决策机构的董事会中给予该基金不超过 1/4 的代表席位。除此之外，章程还把校友代表、教育、科技和医疗领域的知名人士纳入董事会成员之中，形成多方参与共同治理的局面。值得一提的是，在创新性的决策机构中，公办大学的传统举办者通过选派代表进入董事会，与其他成员一道治理大学，在形式上将大学的上级管理者和举办者分离开来。这样既可以代表举办者的

① 参见湛中乐：《大学章程精选》，中国法制出版社 2010 年版，第 167—171 页。

利益参与大学重大事项的决策，也可以防止管办不分造成任意干涉大学自主办学权。在很大程度上可以说，决策性质的董事会解决了利益相关者各方的利益代表和表达问题。

此外，大学章程对大学治理的多元化规定，还表现在学术机构的组成和校友会的作用方面。首先，学术机构由于其具有的专业性，不可能吸纳社会各界人士参与，但可以邀请同行或专业内知名学者参与，以体现大学在学术上的开放性和自由度。如有的大学章程规定教授委员会作为综合性学术机构，在组成人员上，既可以是校内的教授，也可以是校外的正高级学者。同时，校友会也是当下大学章程必备的内容之一，以身份认同组织的这种社团可以联系校友并凝聚校友力量，形成校友与母校的经常性有组织的互动。通过前述可知，校友代表可能被任命为咨询机构的一员，也可能被校友会推选进而成为决策机构组成人员，但校友会本身即可成为影响大学治理的重要力量，只是在当下的中国大学章程中还没有给予其应有的重视，而这与校友会的现实功能定位又是基本一致的。值得肯定的是，中国大学已经日益认识到大学多元治理的重要性，包括校友会在内的各种社会利益相关者终将会以适当的方式参与到大学的治理中来。

第二节　域外大学章程的基本内容

现代大学源于中世纪的欧洲，而大学章程则可谓现代大学的基本标志。在数百年的历史变迁中，大学章程一直伴随大学的演进历程，大学章程在现代大学的崛起和发展中发挥了不可或缺的重要作用。他山之石，可以攻玉。在中国大学章程尚处于不成熟的起步阶段之时，有必要对域外大学章程进行借鉴，特别是在大学章程的基本内容方面。借用法学中关于法系的划分，按照国家与大学之间的关系，域外大学章程可分为具备大陆法系特征的大学章程和具备英美特征的大学章程。所谓大陆法系特征，是指大学被视为类似国家机关的部分，国家对大学控制较为严格，大学的权利受到国家法律的制约，表现为大学对国家的服从，以法国和德国的大学章程为代表。所谓英美特征，是指大学作为独立的法人，国家对大学的控制相对较弱，大学的权利较为自主，表现为国家对大学的尊重，以英国和美国的大学章程为代表。具体到每一个国家乃至每一所大学，其章程又呈现自己的特色之处。据此，本节首先对域外大学章程进行整体概述，并对其基本内容进行类型化归纳，梳理出当今域外大学章程的条理。继而以现行有效的域外大学章程为样本，从大学的定位、大学的权力结构、教师和学生、大学的保障设施以及大学的对外关系等五个方面分别考察域外大学章程的重点关怀所在，这同中国大学章程的相关内容形成对照，为本章之后的研究做好铺垫。

一、域外大学章程的基本内容概述

现代大学在中世纪起源之初，均是以特许状的形式获得独立的法人资格，因为“特许状是由国王和大封建主颁发给城市和市民的一种法律意义上的权利认可证书，主要内容是确认它们享有的各种政治经济权利与自由”。[①] 这种确认大学合法性资格的特许状就成为当时大学制定章程的法定依据，无论是大陆法系特征的大学章程还是英美法系特征的大学章程，均是如此。然而，伴随着历史的发展，国家的成文法律逐步将特许状加以取代，成为调整大学及其章程的规范。但是，在英美特征的大学章程中，鉴于历史的承继，特许状还在一定范围内发挥着特有的作用。本小节将对域外大学章程的现状作简单梳理，并对大学章程依据的规范进行介绍，同时，分别从两种特征的大学章程中进行拣选，对其内容进行类型化分析。

（一）域外大学章程及其制定依据

在域外，最初的大学创办于 12 世纪，具有代表性的大学有博洛尼亚大学、巴黎大学、牛津大学和剑桥大学。这些大学之所以称为大学，在于特许状的认可，使得它们获得了相关的权利和利益，经历欧洲历史的洗礼，这四所大学依然常青，很大程度上是这些大学在章程上的延续性发挥了作用。但是，即便这些大学章程有其自然历史的传承，在今人看来，对于当时这些章程如何被执行则不可考察。故此，我们放下厚重的历史回溯，回归本书的原有意旨，仅对大陆法系特征和英美法系特征的大学章程的现实状态进行整理。

---

① 冯正好:《中世纪西欧的城市特许状》，载《西南大学学报（社会科学版）》2008 年第 1 期，第 189 页。

1. 大陆法系特征的大学章程

法国巴黎大学1215年章程是此种章程的肇端，德国柏林大学1817年章程则使该种章程趋向现代化。大学章程本是大学自治的象征和保障，但是大学自诞生以来从未实现完全自治[①]，在大陆法系特征的大学章程中表现尤为明显。无论是内容还是形式，大学章程均受到国家法律的普遍约束。在法国现行教育法律体系下，大学章程主要受制于1984年《高等教育法》，又称为《萨瓦里法》。根据《萨瓦里法》的规定，各大学应当设置三个内部管理机构，分别为：校务委员会、学术委员会和学习与大学生活委员会。以巴黎第四大学的章程为例[②]，该章程共有大学构成及其使命、大学组织及其权限、其他条款三编组成，其中第二编大学组织及其权限占据了章程的主要部分，在五章的安排中，第二至四章分别以校务委员会、学术委员会和学习与大学生活委员会为题，可见大学章程对国家法律的严格遵循。同时，按照该章程第47条第2款的规定，章程"修订案须经校务委员会2/3在任构成人员的多数表决通过。章程修订决议应立即报送学区总长暨巴黎大学总监和国民教育部。"主动规定将章程的修改决议"报送"国家大学主管机关，亦显示了大学受制于国家的严密控制。

在德国现行教育法律体系下，大学章程主要依据1975年《联邦高等教育总法》（以下简称《高等教育总法》）以及各州的相关法律，如柏林州的《柏林大学法》等。《高等教育总法》第58条第1款明确规定："高等学校是公法团体，同时也是国家机构。"这表明作为国家机构的大学，应当受国家的直接的控制和管理，但是，"在本法规定的框架内，它们享有自我管理的权利。"该条第2款规定："高等学校自行制定的基本章程，须经州政府审批。对可能被拒绝批准的先决条件，须以法律的形式作出决定。"[③] 据此，批准章程的权力操于州政府之手，一方面更加明确了大学的国家机构身份，同时也使联邦与州在大学管理上的职权得到一定的界分。对于各州而言，第2款相当于授

① 马陆亭、范文曜：《大学章程要素的国际比较》，教育科学出版社2010年版，第54页。

② 巴黎第四大学，亦称巴黎索邦大学，其章程中译本参见马陆亭、范文曜：《大学章程要素的国际比较》，教育科学出版社2010年版，第61—72页。本章所引用巴黎第四大学章程均出自该部分，不另说明。

③ 马陆亭、范文曜：《大学章程要素的国际比较》，教育科学出版社2010年版，第227页。

权立法条款，授权各州依据《高等教育总法》制定本州的具体法律，这可从不同州的大学章程的批准机构知晓。如位于柏林州的柏林洪堡大学，按照该州《柏林大学法》第90条第1款的规定，在其章程经大学学术评议会和董事会表决后，须报该州负责高校事务的评议管理委员会批准生效。[①] 而位于德国北莱茵—威斯特法伦州的波鸿鲁尔大学，则是按照该州《大学法》第2条第四款的规定，在其章程经大学校务委员会决议通过后，报该州创新、科学、研究与技术部批准生效。[②] 从两所大学对各自章程审议的程序看，董事会和校务委员会分别作为各自大学的最高决策机构，而这又切实反映了在管理体制上《高等教育总法》所规定的两种基本模式。

2. 英美法系特征的大学章程

创办于13世纪初的牛津大学，是英国的第一所近现代意义的大学，最初由居住在牛津的教师和学生群体演化而来，并通过不断的权利斗争最终获得大学自主的特许状。在北美大陆，英国的移民于1636年建立了哈佛学院，其管理体制在1650年由马萨诸塞州议会以特许状的形式确立下来。随着英美法系国家对制定法的重视，大学章程越来越多地受到国家议会法律调整。在英国，以1988年《教育改革法》为参照，以1992年为分水岭，以有无特许状为标准，可以将大学分为“特许大学”和“章程大学”。“特许大学”拥有皇家特许状，可以自己制定章程经报女王批准后实施，拥有高度的办学自由。“章程大学”自身则不具有制定章程的权利，仅能以相关机构制定的大学章程为依据，制定下位阶的规章和条例等。[③] 因此，英国的大学章程至少有两部分组成，即章程和条例。所谓章程就是依据特许状或议会法律制定的较为宏观的规范，而条例则是依据章程的规定做得细化。如《帝国理工学院章程》和《帝国理工学院条例》以及《伯明翰大学章程》和《伯明翰大学条例》即是如此。根据《伯明翰大学章程》的执行简介，对本章程的修正需要获得英国枢密院的批准。同样，对《伯明翰大学条例》的修正也应经枢密院批准。[④]

---

① 参见马陆亭、范文曜：《大学章程要素的国际比较》，教育科学出版社2010年版，第162页。

② 本款为《波鸿鲁尔大学章程》第63条第2款，章程全文参见马陆亭、范文曜：《大学章程要素的国际比较》，教育科学出版社2010年版，第183—210页。本章所引用波鸿鲁尔大学章程均出于此处，不再另行说明。

③ 参见马陆亭、范文曜：《大学章程要素的国际比较》，教育科学出版社2010年版，第73页。

④ 参见湛中乐：《大学章程精选》，中国法制出版社2010年版，第544—547页。

对于美国的大学来说，因大学的公私性质和建立的依据而各有不同。一般而言，大学章程的制定源于设立该大学的特许状或联邦及州的相关法案。在美国大学的发展历程中，1819 年的达特茅斯案和 1862 年的莫里尔法案无疑具有里程碑式的意义。在英国殖民时期，美国的大学一般以学院的形式存在，是私立性质的，设立的依据是特许状。美国获得独立后，这些特许状私立大学因其历史的久远闻名遐迩，对于各州乃至联邦来说，将私立大学公立化就成为一个可以做文章的地方，也就酝酿出了达特茅斯案，联邦最高法院最终作出有利于该学院的裁决，明确了私立院校的合法性，确认特许状作为一种契约形式受联邦宪法保护，从而保障了英美法系特征的大学章程得以完整地延续至今。1862 年国会通过了《莫雷尔法案》，又被称为《赠地法案》，以资助土地的形式推动公立大学的建设，当然，康奈尔大学是个例外，兼有公私的性质。[①] 公立大学的成立和建国后私立大学的成立均是以相关的联邦法律或州立法为依据的。

此外，大陆法系特征的大学章程广泛存在于大陆法系或实行单一制政体形式的国家和地区，如日本、西班牙、我国的台湾地区等。与之相应，英美法系特征的大学章程在英美法系或实行联邦制的国家或地区，如加拿大、澳大利亚、我国的香港特别行政区等。

（二）域外大学章程基本内容概览

无论是大陆法系特征的大学章程还是英美法系特征的大学章程，在基本内容方面均有相似的侧重点，这些重点规范成为大学章程的主要构成部分，特别是那些著名大学的章程，可以为其他大学章程的制定形成榜样的影响力。一般体现在四个方面：

一是突出大学理念和使命，明确大学的办学目标。典型的大学章程总会在章程的开篇就对此作出规定，以彰显本大学的存在价值和意义，并作为大学不断进步和发展的动力。同时，规定大学的使命和目标等也是大学之间相互区别的重要标志，成为大学不可或缺的组成部分，从而凝聚大学成员，使成员和社会对大学形成认同，进而使大学的形象和声誉远播。

二是着重规范大学治理结构，明确各种权力配置和权力关系。大学的权

---

① 参见马陆亭、范文曜：《大学章程要素的国际比较》，教育科学出版社 2010 年版，第 246 页。

力架构总是占据大学章程的大部分篇幅，域外大学对此重视程度可见一斑。在横向上，重点规范决策权力、执行权力和学术权力的机构及人员组成，对各个机构的职权和相互配合与制约明确界定，对各机构的运行机制详细地在章程中载明。在纵向上，大学与学院以及学系等的关系也是大学章程规范的主要对象。

三是对大学成员主体的权利和义务，以及纪律处分和申诉等详细规定。在域外的大学章程中，对于大学成员的范围会以列举的形式明确规定，而教师和学生无疑是大学成员中的多数，从管理的角度看，教师和学生的权利和义务就成为章程应加以规范调整的内容。同时，大学章程因袭国家法律，在权利救济和保障方面表现尤为突出，以明定的程序规定防范大学权力对权利可能造成的不利后果。当然，大学章程亦会对教师和学生参与大学的管理进行确认，这是域外大学自起源始便具有的良好传统。

四是对外关系成为大学章程的重要组成部分。无论是公立大学还是私立大学，无论是大陆法系特征的还是英美法系特征的，大学与政府、社会等外部的关系在大学的发展中越来越重要，作为大学治理在大学内部的最高文本的大学章程自然要对此作出规定。

上述大学章程内容的类型化分析，说明域外大学章程对这四个方面的重视，反映了这些类型化内容对大学存在和发展的重要作用，以致大学章程不得不对此作出规定。当然，除上述四个方面外，域外大学章程也会涉及其他规范，之所以未对其进行说明，并非这些内容对于大学及大学章程不重要，而是为了研究范围的确定性和可比性。下文将主要围绕上述四个方面进行重点论述。

二、大学的基本要素

所谓大学的基本要素，是指作为大学应当具备的基本条件。首先是大学设立的目的和意义，即在一国乃至世界发展中的使命和任务以及目标，本书称之为大学的价值性要素。其次是大学的识别性要素，如大学的名称、住所、徽记等。大学的成员也是域外大学章程的重点规范内容之一，成员与识别性要素共同构成了大学的表里，可视为大学的基本要素之一。同时，大学的性质及其权利和义务也是大学应具备的基本条件，大学章程对此也会作出确认。

（一）大学的价值性要素

大学的价值性要素是大学的灵魂，是大学制定章程的出发点和落脚点。主要包括大学的使命、任务、功能、宗旨和理念等方面，体现了大学的存在价值和意义，是大学无形的资产，也是大学文化的最核心部分。在大学价值要素的规范中，英美法系特征的大学章程（By-law）规定的较为含蓄，将其隐含于条文之间，并不具体加以指明，这或许与设立该大学的特许状（Charter）或法案中已经列明有关。大陆法系特征的大学章程则恰恰相反，用明确的词句将这些内容加以规定，并专款或专节列于大学章程最前部分，以显示这些价值要素对大学的重要性。

对于英美法系特征的大学章程，以美国康奈尔大学为例，作为赠地大学和公私兼性大学，其完整意义上的章程由 Charter 和 By-law 两部分组成，而前者现已成为纽约州教育法的第 115 章，即第 5701 至 5716 节。其中第 5702 节规定，康奈尔大学的首要目标（Leading Object）是教授与农业、机械、军事等相关的知识，旨在促进人生若干追求和职业生涯中工业类教育的自由性和实践性。[①] 说明了建立康奈尔大学的主要目的和大学教育的追求。在康奈尔大学 By-law 中并未对此进行复述，仅指明大学的目标已经在纽约州教育法第 115 章中规定。而密歇根大学则在其章程（By-law）的序言中对本校的价值要素作了规定，指出作为赠地大学，旨在提供农业、工业及其他课程的自由性和实践性教育，为学生的学术生涯和职业生涯做准备。[②] 同为英美法系特征的英国伯明翰大学章程，设立该大学的特许状序言中写到：“恳请为了促进文艺、科学和艺术，在该市建立一所大学”，继而在第 11 条规定，本校是一所教学与研究兼顾的大学，目的是促进独创性研究。这表明了设立伯明翰大学的目的，是为了促进文艺、科学及艺术的发展和独创性研究，而依据特许状制定的大学章程中则未对此作出规定。无独有偶，1907 年帝国理工学院的特许状也指出：“帝国理工学院结合了皇家科学学院、皇家矿业学院和城市学院及协会，目的是给予最优秀的专业指导，为各部门的科学训练、研究，提供充分的设备，特别是在应用行业。”在 2007 年对特许状的修改中，则明确规

① NY CLS CPLR 5702.

② 陈立鹏等：《国外大学章程对我国大学章程建设的启示》，载《中国高等教育》2007 年第 10 期，第 61 页。

定："大学的宗旨是提供最优秀的专业教学和最先进的培训、教育、研究、科学学术、技术和医学，尤其是促进它们在产业领域的应用，并促进大学的这些专业与其他机构之间的共同合作、交流。"① 但在帝国理工学院的条例中却没有对宗旨和任务等再作规定，哪怕是引述特许状的表述亦不存在。

与英美法系特征的大学章程不同，大陆法系特征的大学章程在明确大学价值要素方面表现较为张扬。如《巴黎第一大学章程》第一编以使命为题，第1条规定：本大学的使命在于以所能达到的最高国际水平实现其公共服务职能，包括教育、研究及传播知识和文化。在高等教育大众化的趋势下，本大学以培养尽可能多的高素质大学生为目标。第2条则规定了大学的任务，是向大学生提供国家文凭认可的资格教育。为确保向公众开放和大学独立，本大学力图使其活动主要由公共资金资助。② 这两个条款清楚地规定了巴黎第一大学的使命和任务，因其重要而被设置于章程之首。德国的波鸿鲁尔大学在其章程总则中，也专门对大学的使命和任务等作了规定，对于本大学的使命，章程认为：波鸿鲁尔大学作为德国第一所综合性大学，按照学科价值同等原则，将传统大学与科技大学的学科相结合，学科设置涵盖了神学及工程学。自成立之日起便力求在研究、教学和学习研究上均取得突出成绩，本大学及其成员和附属成员肩负着创新与批判并存的科学教育使命。对于大学的任务，则以列举的形式从教学科研、合作交流、人才培养、继续教育、教育改革等八个方面作了规定。而由威廉·冯·洪堡创建的柏林洪堡大学在这方面则未能体现出大陆法系特征，仅在序言中指出本大学致力于教学与科研的统一、教与学的结合以及学术自由和学术自治，但这一使命或目标从洪堡开始创办大学之初就已然成为了柏林洪堡大学的一张名片，广受赞誉。③ 作为大陆法系特征的日本大学章程在这方面的规定却可圈可点，如《东京大学章程》第1条和第2条分别规定了大学的学术目标和教育目标。其中，学术目标为：立足于学问的自由，追求真理、创造知识，维持并发展世界最高水平的教育及研究。教育目标为：致力于培养符合时代要求的新型人才，使他们拥有广

① 参见湛中乐：《大学章程精选》，中国法制出版社2010年版，第524—526页。

② 同上书，第677页。

③ 《柏林洪堡大学章程》，全文载马陆亭、范文曜：《大学章程要素的国际比较》，教育科学出版社2010年版，第162—183页。本章所引用该大学章程均出自本处，不另作说明。

阔的视野、高深的专业知识，具备良好的理解力、洞察力、实践力、想象力，持有国际性和开拓者精神，具备成为各专业领域带头人的健全人格。[①]《早稻田大学校章》第 1 条规定该大学的使命和任务，即“致力于学问的独立、真理的追求及学理的应用，在教授、普及高深精专的学术和艺术的同时，培养具备个性、高素质、能成为国家和社会栋梁的优秀人才，并引导他们为文化的创造和发展、为人类的幸福做出应有贡献。”[②]

（二）大学的识别性要素及其成员

1. 大学的识别性要素

大学的识别性要素主要包括大学的名称、住所和徽记以及印信等。通过梳理域外大学章程可发现，相对于价值性要素，识别性要素明显受到轻视，在各大学章程中规定略显不足，尤其是大陆法系特征的大学章程。《康奈尔大学章程》是对大学识别性要素规定较为全面者，在其第一章规定了大学的名称、学校办公与业务地址以及大学的两种印信。其中，第 1 条规定，根据设立大学的特许状即纽约州教育法典第 5701 节的规定，学校名称为康奈尔大学。第 3 条规定，学校的办公地址在纽约州伊萨卡岛。第 4 条规定了大学的学术公章和法人公章，对相关公章形状和内容进行了描述，并对两种公章的使用加以限定。[③] 伯明翰大学的特许状中虽然明确：“从今往后直到永远，在伯明翰市建立一所以‘伯明翰大学’命名的大学。”[④] 但在学校的条例中并未对大学的名称和地址作出规定。法国《巴黎第一大学章程》在其第 7 条仅对大学的“所在地”进行了规范。日本《早稻田大学校章》仅在第 2 条确认了大学的全称为早稻田大学。虽然西班牙马德里自治大学在其章程中未对校名和住所等要素进行规定，但其第 5 条中专门规定了大学的象征，即校徽、校旗和印章，并且以校徽为主要部分，因为根据章程的规定，校旗中央为校徽，印章的图案也为校徽。[⑤]

① 湛中乐：《大学章程精选》，中国法制出版社 2010 年版，第 613—614 页。

② 同上书，第 625 页。

③ 同上书，第 431 页。

④ 同上书，第 544 页。

⑤ 西班牙《马德里自治大学章程》，全文参见马陆亭、范文曜：《大学章程要素的国际比较》，教育科学出版社 2010 年版，第 340—385 页。本章所引用该大学章程均出于此处，不再另作说明。

2. 大学的成员

在域外大学章程中，大学的成员一般会以完全列举的形式来加以规定。同时，若章程中未对成员进行规范，则会交由下位阶具体的规章等来加以规范。大学成员界定了大学的主体范围，有助于明确大学章程的效力所及范围，进而使成员享有大学章程所规定的权利及担负相关的责任。如德国《波鸿鲁尔大学章程》第7条和第8条分别规定了大学的成员和附属成员，其中成员包括校长、总务长、教授、大学讲师、专职从事科学事务的职员和员工、其他固定职业的工作人员、已注册的在读学生，但校长和总务长不参与大学的各项选举。附属成员一般限于名誉委员、名誉教授、退休教授、编外讲师、旁听生等，所有附属成员均不参与大学的各项选举，但可对于决策发表意见。牛津大学章程的组成部分之规约二专门对大学成员身份作了规定，并对各类成员进行详细界定。按照章程规定，牛津大学的全体成员可分为五类，即学生成员、普通成员、大学评议会成员、教职工大会成员和其他成员。对于大学成员身份，牛津大学的章程规定，学生成员可以被开除而失去学生身份，因而也就不再是大学的学生成员，大学的教职工大会亦可以正当理由，免除任何一名成员的成员身份。当然，大学成员可以主动放弃自己的成员身份，在放弃成员身份后也可再次被允许进入任何成员类别。[①] 相较而言，《伯明翰大学条例》所规定的大学成员是最广泛的，包括荣誉性的学术成员、毕业生以及荣誉性的毕业生，而这些人员在波鸿鲁尔大学以及牛津大学是不列入正式成员之内的。而帝国理工学院，在其依据特许状制定的条例中，专条规定了大学成员，但具体由规章进行规定。

3. 大学的性质及其权利和义务

(1) 大学的性质

大学的性质表明大学在国家中的法律地位，具有一定法律地位的大学，将享有相应的法律权利并承担相关的法律义务，继而会影响大学的权力结构配置等各个方面，可谓是大学的源点，体现着大学被国家的认可。因此，大学的性质也就成为大学章程的规范内容。一般而言，英美法系特征下的大学章程将大学界定为社团法人，是独立的民事主体。如《牛津大学章程》规约

① 湛中乐：《大学章程精选》，中国法制出版社2010年版，第468页。

一第1条规定：牛津大学是根据普通法成立的民事组织，它在1571年以大臣和牛津大学学者们的名义，根据成立两所大学的条例正式成立。① 成立伯明翰大学的特许状中也明确规定：伯明翰大学自创立之日起，就是一个永续存在的社团法人，并拥有名为“伯明翰大学”的公章，拥有完全的权利和能力去起诉、应诉，以及从事一切法律所允许的活动。② 从牛津大学和伯明翰大学的相关规定中可知，大学在英国法律上的性质是民事法律上的法人。美国大学章程中也有相似的规定，如《康奈尔大学章程》总则第2条规定：康奈尔大学是依据纽约州法设立和存在的教育团体，继续作为纽约州授予的机构，继续享有联邦和州相关法律授予的权利，并履行规定义务。③ 同为英美法系特征的澳大利亚梅铎大学章程规定，大学应是一个法人团体，并应有永久延续和官方的印章。④ 可见，上述对大学性质的规定均未超出一般法人的范畴。

与英美法系特征的大学章程不同，大陆法系特征下的大学章程一般将大学界定为公法人，具有一定的公共权力，可视为国家的延伸。如德国《波鸿鲁尔大学章程》总则第1条名为法律地位，体现了大学性质对大学及章程的总领作用，该条规定鲁尔大学作为科学性大学是公共权力的团体，由联邦州设立。这一规定明确指出大学具有公共权力，可视为该国行政法上的行政主体之一。法国《巴黎第四大学章程》第1条亦规定，本大学是以科学、文化和职业为特点的具有法人地位的公立机构。此外，西班牙《马德里自治大学章程》也在第1条对大学性质作了说明，其中第1款规定大学是公共性质的单位，具有法人资格、私有财产和自治权。第2款规定大学作为一个公共管理机构，具有其自身权力和其他特权，但法律有规定的除外。从这两款规定看，马德里自治大学既有民事主体的资格，也有公法主体的资格，恰当反映了在大陆法系特征下的大学与国家之间的关系。

综上，无论英美法系特征的大学章程还是大陆法系特征的大学章程，对于大学的性质均相当重视，视之为大学章程的统领性条款。

---

① 湛中乐：《大学章程精选》，中国法制出版社2010年版，第465页。
② 同上书，第544页。
③ 同上书，第431页。
④ 同上书，第765页。

（2）大学的权利和义务

在当今时代，域外大学无论是否有特许状，均会受到国家法律的规范和调整，大学章程作为规范大学运作的基本文件，应当在国家法律范围内对大学权利和义务进行规范，以保障大学的办学自主权，同时也不与应承担的法律义务相冲突。那么，明确大学的权利义务就成为大学章程的内容之一。按照大学章程制定的依据看，章程源于特许状的大学的权利和义务一般分布在特许状中，章程本身则不再加以规范。而依据国家法律制定的大学章程，虽然法律中有大学权利和义务的规定，但其章程一般会对此作出详细的确认和具体的规定。

依据特许状制定大学章程，在英美等国家表现尤为突出。特许状作为广义大学章程的重要组成部分，有的专门对所设立大学的权利进行详细列举，有的则笼统地原则规定大学应有的权利，散布于特许状各条文之中。前者如帝国理工学院的设立特许状，第 5 条规定：该大学在本特许状（charter）和条例（by-law）的授权下，有权从事任何合法的事情以贯彻并实现其宗旨，并在不影响上述通常权利的情况下，享有下列权利。列举的权利共 11 项，主要有：（1）授予和撤销权利，包括授予学位、颁发文凭、证书及其他学术资格，授予荣誉学位、奖学金和大学成员资格，同时有权撤销上述学术奖励和授予的荣誉；（2）财产管理权利，包括对动产和不动产的所有权、筹集资金和接受赠款、对大学资产进行投资经营、进行合法的借款以及提供赔偿保险等；（3）合作权利，即加入或与任何其他机构、组织、公司、企业等合作，以促进大学的发展，为大学服务；（4）缔结契约权利，即签订契约并承担义务和责任，且在这方面没有任何的限制；（5）其他合法权利，按照特许状的规定，其他一切合法的行为，只要是必要的、有利的或能够附带实现大学宗旨的，帝国理工学院均有权进行。对于大学应承担的义务，特许状规定的较为原则，主要有：（1）照章办事的义务，即大学的所有职能必须通过大学的有权机构来履行；（2）平等对待的义务，即大学在履行职责时，不得非法歧视任何人，不论其宗教、种族、性别、性取向、政治信仰等等。[1] 而伯明翰大学的设立特许状对大学权利和义务的规定就没有这么细致，仅在第 11 条规定

---

① 湛中乐：《大学章程精选》，中国法制出版社 2010 年版，第 526—527 页。

了两项权利，即授予学位和学术荣誉以及同其他大学或研究机构合作的权利。关于义务也仅在第 13 条规定禁止歧视。①

依据国家或联邦州的法律制定的大学章程，一般会详细规范大学的权利和义务。如《澳大利亚国立大学 1991 年法案》，该法案是对《澳大利亚国立大学 1946 年法案》的修正，可以视为该大学的章程，在第 6 条中以 4 个条款详细规定了大学的权利，其中第 1 款规定大学拥有为履行其功能或与之相关而采取一切必要或便利行为的权利；第 2 款具体列举了大学的 18 项权利，基本覆盖了各个方面，且规定大学权利包括但不限于上述权利；第 3 款规定了大学作为信托人享有的权利；第 4 款则是规定大学权利的有效范围，即在澳大利亚国内外均可行使。对于国立大学的义务，该法案并未集中专门规范，而是散见于法案各处，如第 48 条关于税收的规定，大学在州或地区法律之下需对工资纳税，说明大学具有一般纳税的义务。② 西班牙《马德里自治大学章程》以“资格”和“自治”的形式规定了大学享有的权利，按照该大学章程第四条和第 126 条的规定，马德里自治大学享有的权利有：（1）起草和修改其章程，对大学活动、自身运行和组织等制定管理条例；（2）人事管理权，即教研服务人员的招聘、培训和晋升等；（3）财产方面的权利，起草并通过预算，对大学的财产进行管理，并有权设立教育发展基金，优先享有国家贷款，且其财产和债权不得被查封；（4）学生管理权，对学生的招生与在校期间进行管理，并对学生掌握的知识进行检验；（5）颁发官方的或本校的学位和学位证书；（6）对外交流合作，有权与国内外学术、文化和科学机构建立联系，加强合作交流；（7）法定自治权，主要有制裁权、行政诉讼权、强制实施权以及行政合同方面的权利；（8）其他现行法律规定的权利等。关于马德里自治大学应承担哪些义务，章程并未予以明显的体现。

三、大学权力结构

大学权力结构是域外大学章程内容的重点，虽然每个国家或地区的各个大学采取的权力配置方式有所不同，但总体而言，主要涉及大学层面的横向

① 湛中乐：《大学章程精选》，中国法制出版社 2010 年版，第 545—54 页。
② 同上书，第 708、718 页。

权力分配和大学与院系之间的纵向权力配置，鉴于横向权力关系的重要性和基础性，本书仅对横向权力分配进行分析，下面从决策机构、执行机构和学术机构等三个方面分别予以说明。

（一）决策机构

英美法系特征的大学章程所规定的决策机构一般称为董事会（board）或理事会（council，一译评议会），当然亦有别的称谓，如澳大利亚梅铎大学的评议会（senate，一译参议院）。在大陆法系特征的大学章程中，决策机构一般称为校务委员会或校董会。称谓的不同代表了各个大学章程对本大学决策权力配置的差异，体现着对决策权力的不同考量。综合域外大学章程的相关规定，按照决策机构的人员构成分布，可以将之分为两种模式，即多元治理模式和大学自治模式。

1. 多元治理模式

多元治理模式是指大学决策机构由校内人员和校外人员共同组成，在大学治理中发挥校内外人员的共同力量，对大学形成多元治理。一般而言，域外大学章程中的董事会（board）和校董会，在大学中起到决策作用，组成人员来自校内外，是较为典型的内外多元治理模式。同时，在一些国家的大学章程中，作为决策机构的理事会（council）、校务委员会和评议会（senate）等也符合内外多元治理的标准。下面通过具体国别的大学章程规定来考察不同的内外多元治理模式。

董事会作为大学的最高决策机构，在美国的大学章程中较为普遍，公立和私立大学中都广泛存在。如耶鲁大学在章程的开篇即明确：本章程确立由董事会和校长全面负责耶鲁大学事务的制度，是一种较为典型的董事会领导下的校长负责制。该董事会由19名成员组成，其中校长、康涅狄格州州长、副州长共3人是当然成员，原董事的继承人十名，校友代表六名。除校长外，其余18名成员均是校外人员：州长和副州长代表了州的利益，原董事的继承人代表了耶鲁大学最初成立时的10名受托人（original trustees）的利益，校友董事则代表了耶鲁大学全体校友的利益，体现了不同利益代表共同参与大学治理。① 又如康奈尔大学，作为赠地大学之一，亦兼有私立大学的特质，其

① 湛中乐：《大学章程精选》，中国法制出版社2010年版，第355页。

章程规定：依据大学章程和州法律规定，董事会对学校有最高控制权，包括每个学院、学校和学术部门。除依据本章程或董事会其他决定而授予官员或下属机构的权利，以及为行使上述权利的其他合理必要的附带权力外，董事会保留了其他所有的法人权力。根据特许状即《纽约州教育法》第115章，董事会由64人组成，包括：州长、州参众两院议长、校长4位当然成员，埃兹拉·康奈尔最年长的直系后代，州长指定的3名受托人，43名普通董事且其中至少两名来自州农业、商业或劳工领域，8名校友代表，伊萨卡和日内瓦校区教师选举的教师董事各1名，伊萨卡校区学生团体选举的学生董事2名，最后是1名由大学非学术职员选举的代表。[①] 从康奈尔大学董事会的构成来看，代表可谓涉及大学内外各个利益相关者，显示了大学决策的多元利益主体参与。

在英国大学章程中，理事会和董事会分别作为决策机构的形式存在。如伯明翰大学特许状规定：本校的最高管理机构是校理事会，它在王国法律和学校章程及条例的约束下，在本校范围内拥有绝对的权力。它掌管本校财政，并制定规则以妥善处理校内事务。在该大学的章程中，理事会成员被分为四级，前三级分别为副校长、助理校长、评议会选举的学术成员代表、学生会主席以及学生代表。第四级人员不得是大学的职员或学生，且人数应当为前三级人员总数的两倍，同时，理事会的主席应当来自第四级中的人员，显示了大学内外的平衡互动。[②] 同样采用理事会的东安格利亚大学在多元治理方面显示的亦较为明显，该大学章程规定理事会由当然成员和任命成员构成，当然成员包括理事会主席、副校长、财务官、助理校长；任命成员来源较广，包括大学驻地行政当局市郡议会任命的4名成员、评议会指定的3名成员、大学固定和非固定员工代表、不超过十名的非本大学雇员、3名本大学注册学生代表。[③] 而曼彻斯特大学则采用董事会作为决策机构，其章程规定董事会应行使大学所有权力及自行决断的自由，但特许状规定的属于评议会和全体

---

① 湛中乐：《大学章程精选》，中国法制出版社2010年版，第432页。

② 同上书，第553页。

③ 参见《东安格利亚大学章程》第十五部分理事会，该章程全文载马陆亭、范文曜：《大学章程要素的国际比较》，教育科学出版社2010年版，第107—122页。本章所引用该大学章程均出于此处，不另作说明。

代表大会的权力除外，是大学实际的最高决策机构。董事会包括当然成员，即大学的副校长和学生会主席；非专职成员共14名，其中1名为校友代表，其余人员应从全体代表大学中的非专职成员挑选；评议会成员共7名，主要指拥有学术职位和学部选出的学术人员；非学术和研究人员共2名，由全体代表大会从领取大学养老金的员工中选举产生。从董事会的人员构成看，非大学人员占据绝对多数，也是内外多元治理的模式之一。①

在德国，按照联邦《高等教育总法》的规定，大学的治理机构可采用董事会或者校务委员会之一，作为本大学的决策机构。柏林洪堡大学选择了前者，其大学章程规定，董事会是大学的最高主管机构，拥有广泛的权力，并可将自己的部分权力委托于校长行使。该董事会由九名有投票权的成员构成，其中柏林州政府负责大学事务的代表和大学校长是当然成员；其余7名成员由大学学术评议会选举产生经柏林州政府同意任命，包括学生代表、学术人员代表和行政人员代表各1人、全校代表大会中的教师2人、柏林州工会团体代表和工商团体（雇主）代表各1人。在9名成员中，校外人员占据3席，且7名成员均须经大学主管机关的同意，显示了政府和社会力量对大学的影响。

法国的大学同样注重多元主体参与大学治理，如巴黎第一大学和第四大学，均是通过校务委员会的形式使各方利益相关主体对大学政策形成影响。校务委员会在两所大学中的地位和权限几乎没有差别，两所大学的章程均规定，校务委员会决定大学的政策，特别是对大学合同的决策，同时有批准预算和账目、允许校长承担司法诉讼职责、制定规章条例、分配职位等各方面重大权力。按照《巴黎第一大学章程》规定，校务委员会由30人构成，而《巴黎第四大学章程》规定的组成人员为60人。虽然两所大学的校务委员会组成人数不同，但是从人员的分布看，相差无几。巴黎第一大学校务委员会30人中，14名为教研学术人员且其中7人是教授级别、学生代表5名、非学术人员代表3名、校外人士8名，其中校外人士有两名政府代表、1名企业代表、1名工会代表和四名关心本大学和教育的人士代表。巴黎第四大学校务委员会60名成员分布为：26名教研学术人员、16名校外人士、12名学生代

---

① 马陆亭、范文曜：《大学章程要素的国际比较》，教育科学出版社2010年版，第126—127页。

表和6名工程、管理、技术、工人和服务人员代表，其中校外人士有4人为关系人员、两名政府代表、全国性工会和雇主组织代表各5人。两相比较，均体现了大学决策机构代表的广泛性。

在多元治理模式中，澳大利亚的梅铎大学较为特殊，按照其章程第17条的规定，评议会（Senate）是大学的治理机构（Governing Body），但是一般而言，评议会（Senate）在英语国家的大学章程中主要是以学术机构的身份出现的。而在梅铎大学的章程中，评议会不仅有实际的学术权力，还有对大学的事务有全部控制和管理的权力，并为了保护大学和管理大学范围内的人员，在州长的批准下，可以制定任何细则，是名副其实的治理机构。从该评议会的人员构成看，包括校长、副校长、3名全职学术人员、1名全职非学术人员、2名学生代表、2名教职员工全体会议（Convocation）[①] 成员代表、州长任命的6名成员、最多3名的其他代表。按照章程的规定，上述后三类组成人员不得是校内人士，且须至少两人具有金融专业知识、至少1人具有商业专业知识，由此可知校外人士占据评议会席位至少半数，且分布具有一定的广泛性和代表性。

2. 大学自治模式

大学自治模式，是相对于多元治理模式而言的，是指由大学内部各成员代表共同组成决策机构，进而对大学事务进行治理的形式，因为其未吸纳大学以外的利益相关者参与大学的决策，故称为自治模式。下面以西班牙马德里自治大学、德国波鸿鲁尔大学和英国牛津大学三个章程为例，对大学自治模式的决策机构进行说明。

《马德里自治大学章程》第19条规定，马德里自治大学校务委员会是大学最高的管理和代表机构，负责监督大学的日常运行，制定大学各领域的总体发展路线。根据第22条关于其职能的规定，校务委员会还具有以下权力：起草、修订章程并监督章程实施；起草、通过和修订内部管理条例；选举校长及管理理事会成员；代表大学进行声明等。从该校务委员会的组成来看，人员总数超过300名，包括校长、大学秘书长、大学经理和300名大学内部

① 在《元照英美法词典》中，Convocation被译为“教牧人员代表会议”，应为该词原初的含义，在有关大学章程的著述中该词时被译为“大评议会”，为了与Senate相区别，本书将之称为“教职员工全体会议”。

各单位代表。其中大学秘书长是大学各机构的协调和监督人员，由校长指派任命；大学经理也由校长提名，经社会理事会同意任命，负责大学的服务管理和经济工作；300 名各单位代表分别为：153 名一线教授、27 名教师、9 名培训中的教师、84 名学生和 27 名管理与服务人员。此外，副校长若不是校务委员会成员，可以参加其会议，有发言权，无表决权。上述校务委员会组成人员均来自大学内部，较好地代表了大学内部各种利益相关者。

与柏林洪堡大学以董事会作为大学的决策机构不同，波鸿鲁尔大学选择了校务委员会作为自己的决策机构，按照波鸿鲁尔大学章程的有关规定，校务委员会在不违背法定权限情况下，负责的事务包括：选举大学的校长和副校长；制定和颁布大学的规章制度；委任大学主要机构负责人；保障大学内部权利平等和促进女性计划；决定大学普遍适用于各学院的聘用建议；审核并确定大学财政预算；作出表彰或授予荣誉称号的决定；此外，还可参与行政管理委员会的一些决策，并可一次驳回行政管理委员会的提案，以使后者下一次提出校务委员会满意的提案。虽然也是作为大学的决策机构，但波鸿鲁尔大学的校务委员会成员均来自大学内部，章程规定校务委员会由 25 名经选举产生的成员组成，具体名额分配为：教授和讲师 13 名，学术工作人员、技术和行政工作人员以及在读学生各 4 名。虽然在人数上不如马德里自治大学那么庞大，但从四类人员的分布看，基本代表了大学各成员团体的利益。同时，校长虽作为校务委员会主席，但没有投票权，其他担任大学行政职务者如副校长、系主任等若是校务委员会成员，亦没有投票权，这更充分体现出大学自治和民主参与。

在英美法系特征的大学章程中，牛津大学的决策机构是个例外。作为大学自治的榜样，牛津大学不仅在章程中采用大学自治的决策机构模式，而且这一决策机构是复合型的，以区别于上述大学自治模式类型，具体包括：教职员工全体会议（Convocation）、高级教职员工全体会议（Congregation）① 和理事会（Council）。从三者的权力分工来看，高级教职员工全体会议和理事会是实际的决策机构，而教职员工全体会议是名义上的最高决策机构。因为，

① 在《元照英美法词典》中，Congregation 被译为“枢机主教团委员会”，应是该词的原初含义，在关于大学章程的著述中该词有时被译为“教职工大会”，为了与 Convocation 相一致，并与 Senate 相区别，本书将之称为“高级教职员工全体会议”。

按照牛津大学的章程规定，教职员工全体会议仅有两项职能，即选举校长和诗学教授，而校长在牛津大学乃至英国其他大学中一般是荣誉职位，诗学教授也是一种特殊的学术兼职职位，可见教职员工全体会议职权是崇高而荣誉性的。高级教职员工全体会议则拥有大学最高的立法权和决议权，并颁发学位和批准副校长的任命，其通过的决议对全校具有效力。理事会依据章程，有对大学目标之推进、行政管理、财务及财产管理的一切权力，但是在履行上述职责时应受到高级教职员工全体会议的所定决议和规章的约束。从三个机构的人员构成看，除教职员工全体会议有曾经的大学学生成员外，其余组成人员均来自牛津大学内部，都是大学成员的构成部分，唯一的不足之处在于大学的现任学生成员等未能进入决策机构。

（二）执行机构

大学校长作为大学的代表，一般是作为大学的执行机构或其首长来设置的，易言之，大学的执行机构应当在校长的领导之下开展工作，校长在大学章程中拥有的权力基本代表了执行机构的地位，在域外大学章程中亦是如此。因此，笔者谨以校长为主要代表描述大学的执行机构。按照大学章程对校长权力的配置，可以分为强权型、辅助型和荣誉型等三种校长责任制。

1. 强权型校长责任制

所谓强权型校长责任制，指校长是大学执行机构的首长，具有在法定和章程等授权下全权处置大学一切行政事务的权力。一般而言，强权型校长责任制在美国和法国的大学章程中较为普遍。如《耶鲁大学章程》规定：校长是学校的行政主管人员，其全面负责学校各项事务及发展方向。主要体现在：（1）校长是董事会、各学院、各委员会、各学院理事会及其行政机构的当然组成人员，但审计委员会、赔偿委员会、托管人责任委员会除外；（2）任何行政或学术机构的官员如有失职或渎职行为，校长有权解除并代行其职权；（3）编制年度经营预算和资本预算，并任命投资主管负责大学资产的投资运营；（4）教务长和副校长、各学院院长、各系主任等均由校长提名，经董事会选举产生或任命；（5）校长对各学院院长、各委员会主席、各分支机构主管的职务行为负检举之责。[①]《密歇根大学章程》第二章第1条规定：大学所

① 湛中乐：《大学章程精选》，中国法制出版社2010年版，第356页。

有执行官员均在校长的总体指挥下履行职责，除了承担本章程所规定的其他职责和职能外，校长可行使不与现行密歇根州法和本章程相抵触的、为行政首长职务所固有的广泛权力，包括对教学和研究项目；图书馆、博物馆以及其他后勤设施；教职员工的总体待遇；大学商务及财务状况；以及学生的健康、学业进展情况和学校秩序的维护。[①]《康奈尔大学章程》第5条也有类似的规定，该章程规定校长是学校首席执行和教育官员，负责对学校所有事务的总体监管。大学所有教职工，不论学术的或非学术的，都应当接受校长作为首席执行和教育官员的管理。[②]

在法国的大学章程中，校长也是强权型的，这从大学章程对大学治理机构的结构安排即可看出，巴黎第一大学、巴黎第四大学和巴黎师范高等学校三所大学的章程均不约而同地将校长放在第一位。以《巴黎第四大学章程》的规定为例，校长在司法上代表大学，是大学决策机构校务委员会决议的执行者，拥有章程和该委员会授予的一切权力，以监督大学全部组成部分和公共与普通服务机构的正常运行。此外，从具体权力看，校长有权制定并执行大学年度预算，是大学收入与支出的审核者；校长主持大学的校务委员会、学术委员会和学习与大学生活委员会，制定并执行其决议；校长权力在大学全体人员之上，有权任命任何非教研人员；校长有权缔结协议或协定，批准有关大学自身福利管理的各种文件；校长有维护大学正常秩序的权力，并可向警察力量求助；等等。

值得一提的是，英国的大学章程几乎均采用荣誉校长负责制，但亦有例外情况，如2007年从伦敦大学独立出来的帝国理工学院。从该学院的特许状和条例的全部规定来看，帝国理工学院没有荣誉校长的设置。按照其特许状第15条的规定：大学设校长，由理事会任命。校长是大学首席学术和行政官员（chief academic and administrative officer），校长的权力和职责应当符合章程的规定，并在法令中明确规定校长作为大学学术和行政方面的首席官员。显然，帝国理工学院采用的是名副其实的强权型校长责任制。

① 湛中乐：《大学章程精选》，中国法制出版社2010年版，第377页。本书将“michigan”翻译为密歇根，但与引文中的密执根大学相同，特此说明。

② 同上书，第441页。

2. 辅助型校长责任制

所谓辅助型校长责任制，指大学章程设立专门委员会与校长一并管理大学行政事务，相对于强权型校长责任制，专门委员会分享了校长的部分权力，对校长职权形成一定的约束和辅助。德国柏林洪堡大学和波鸿鲁尔大学的章程规定的均是这种类型，西班牙马德里自治大学章程对执行机构的规定也是如此。

《柏林洪堡大学章程》第四章名为大学管理层，但仅包括校长委员会和校长，二者均有自己的权力范围。章程规定：校长委员会由校长、3 至 4 名副校长组成，由校长确定本届校长委员会的基本方针，校长与副校长协商一致后，分配各自在校长委员会中的职责，副校长按照分工独立承担各自责任，并在其负责的研究中心、行政机构中处于领导地位，其他事务由校长委员会决定。由此，作为校长委员会组成人员的副校长就有了相对独立的权力，从而体现了委员会一定的分权作用，并且这种分权是校长与副校长协商一致的结果。同时，校长委员会作为整体还有下列权力：负责大学未指定责任者的机构的事务；在紧急情况下，可以代替相关主管部门行使权力；在大学各委员会上有发言权、知情权和提案权等。作为独立的个人或机构，除特殊规定外，校长代表学校，有下列权力：对大学的正常有序运行负责并有权采取相关措施以维持运行正常；在不违反决策机构的权限时，作为大学最高主管部门、人事部门和经济部门的代表，并且可将权限委诸他人；校长还有义务阻止除决策机构发出的违法决议和采取的不当措施，若相关机构或单位不加改正，校长有权发布指令或代为作为。

《波鸿鲁尔大学章程》在其第四章以校长和行政管理委员会作为题名，与柏林洪堡大学相比，更加直接表达了大学的执行机构，但从该章条款看，还专条对副校长和校务长作了规定，并且将校长设置在本章首位。章程第 18 条指出，校长对外代表大学，是学术工作人员的领导，是行政管理委员会和决策机构的主席。第 20 条规定，行政管理委员会由校长、三名副校长和校务长组成。该行政管理委员会领导大学，负责大学全部事务和决策，若有人对此项权力的行使有异议，由行政管理委员会决定。此外，行政管理委员会执行决策机构的决议，其成员领导大学的各个委员会，有权使大学各成员和附属成员履行自己的义务，并监督各职能机构负责人的行为合法性等。从这两条规定来看，行政管理委员会拥有的权力更大，是集体负责的执行机构。此外，校务长在章程中的地位不可忽视，他是作为政府财政代理人身份出现的，根据决策机构的建议由州长任命，在行政管理委员会中表达反对意见可推迟相关决议的作出。综合观之，大学校长只能处于被辅助的地位，且这种辅助是一种较为强势的权力分享。

《马德里自治大学章程》以集体机构和单人机构分章设立的体例形式，分别规定了作为大学执行机构的管理理事会和校长，从而构成了不同于德国大学的辅助型校长负责制。该章程第 28 条规定，管理理事会是大学日常管理机构，校长领导管理理事会，由校长、秘书长、经理、社会理事会成员 3 名、校长指派校内成员 15 名、各院系代表 15 名、在职教授 10 名、其他教师 1 名、在职教研人员 1 名、学生 6 名以及管理和后勤服务人员 2 名组成。从其职能来看，管理理事会主要有以下权力：编制预算和长期发展规划；制定大学人事制度；设立、调整和撤销院系；审议和通过内部规章条例；决定教研工作质量评估的目标和方法；以及章程赋予的其他职能。章程第 39 条规定，校长是大学最高学术权威，代表大学且领导大学，是决策机构、管理理事会和咨询委员会的主席。校长的职权主要有：作为大学的官方代表和法律代表；领导大学的一切活动；执行决策机构或管理理事会所签订的协议；指派副校长和秘书长，并由秘书长监督大学集体管理机构的行为；根据有关机构提议，指派大学各院系或附属机构的负责人；以国王或大学的名义授予相关学位；安排或授权预算的使用；在职权范围内分配物资；代表大学签署相关协议；以及章程或其他机构委托的职能等。从管理理事会和校长的具体职能分析，两个机构都有各自的实质权力范围，且管理理事会作为集体机构对作为单人机构的校长具有一定的制约，即校长的部分职权须在管理理事会决议的基础上方可行使。总体观之，二者共同构成了马德里自治大学的执行机构，相互配合和分工制约方能发挥最佳功能。

3. 荣誉型校长责任制

荣誉型校长责任制，亦有学者称之为“副校长权力现象”①，主要存在于

---

① 参见陈立鹏等：《大学章程研究——理论与实践的探索》，北京师范大学出版社 2012 年版，第 125—127 页。

英国以及英联邦国家的大学章程中，大学设立校长（chancellor），一般任职终身，是荣誉性的职位，同时设立副校长（vice-chancellor）作为实际负责大学日常行政管理的官员。如《牛津大学章程》规定，校长由名义上的最高决策机构即教职员工全体会议选举产生，任职终身，除非其主动辞职。副校长则由实际上的最高决策机构即高级教职员工全体会议批准任命，享有章程赋予的广泛权力，如副校长是理事会以及其他所有其作为成员之机构的主席，主持作为大学决策机构之一的理事会及其作为主席的其他机构的会议，并可将这种权力委托他人，但若校长参加相关会议时，副校长的上述权力受到限制。[①] 按照伯明翰大学特许状和条例的相关规定，大学设立校长和副校长，其中校长是大学顾问委员会（court）[②] 的主席，而顾问委员会是一个联系大学内外的重要窗口机构，不具有管理大学的实际权力；副校长是大学理事会的当然成员和学术评议会的主席，理事会和评议会又分别是大学的实际决策机构和学术管理机构。由此，校长和副校长的权力分配可见分晓，副校长也就成为大学的日常管理者。

作为英联邦国家，澳大利亚的大学亦采取荣誉型校长责任制，如悉尼大学、梅铎大学以及澳大利亚国立大学等。《澳大利亚国立大学1991年法案》规定，副校长是大学的首席执行官，拥有条例规定的或者理事会依据条例作出决定的权力和责任。[③] 《悉尼大学章程》第47条规定，副校长负有促进大学发展和谋求大学利益之职责，在作为大学决策机构的评议会的领导下，副校长拥有广泛权力，如：负责大学日常管理、财务监督及其他管理事务；对学生以及工作人员监督；监督大学纪律的执行情况；负责执行大学的规章制度；有权成为除学生训导委员会之外任何理事会、院系教师团体及委员会的当然成员等。[④] 《梅铎大学章程》亦设立了校长和副校长，其第23条规定，副校长是大学的首席执行官和学术负责人，具有依据大学规约和规章授予的权力和职责，副校长可通过一定形式将这些权力委派他人行使，且这些委派

① 湛中乐：《大学章程精选》，中国法制出版社2010年版，第469—471页。

② 关于“court”一词，有的学者翻译为大学的董事会，也有学者翻译为顾问委员会。从其组成和职能来看，相当于我国大学中设立的咨议性质的董事会，笔者认为后者较为贴切。

③ 湛中乐：《大学章程精选》，中国法制出版社2010年版，第716页。

④ 同上书，第749页。

权力不得阻碍副校长执行任何权力和职责，可根据副校长的意愿予以撤销。[1]

综上，荣誉型校长责任制是英国及英联邦国家的大学执行机构采取的基本形式，以副校长的权力为大学执行机构的代表，校长是代表大学的虚位首长和荣誉职位，这与英国的国家体制不谋而合。除却校长的荣誉职能，副校长的职权更接近强权型校长责任制下的校长，可以视为对后者的一种调整。

（三）学术机构

大学作为专门的教学科研机构，传授思想知识以培育人才，具有宏大的学术使命，应当给予学术适当的权力空间和自由，设立学术机构就成为大学横向权力配置的重要分支。通过对各有关大学章程的梳理，发现学术机构的称谓甚多，如教授会（faculty）、评议会（senate）、学术委员会（academic council）等。此外，大学章程中的其他机构也会涉及一定的学术事务。从学术机构具有的权力和能力来看，可将上述学术机构分为两个大类：咨询型学术机构和决策型学术机构。

1. 咨询型学术机构

咨询型学术机构，顾名思义，虽然是专门设立的学术机构，但其拥有的权力大部分是咨询性质的，主要对学术事项提出建议或意见，最终需要大学决策机构等作出决定。换言之，咨询型学术机构是大学其他治理机构的学术参谋，此种类型的学术机构在各种特征的大学章程中均存在。

英美法系特征的大学章程，以梅铎大学和康奈尔大学为例。其中，《梅铎大学章程》第21条专门对学术委员会作了规定，学术委员会由决策机构理事会建立，其成员包括副校长、依据官职获得任命的大学学术人员之成员、从大学成员中选举产生的成员和为慎重学术审议目的根据资格、兴趣或经验而任命的人员。从学术委员会的职能看，主要包括：（1）讨论并提交给参议院的意见和学术建议，该意见和建议是关于学术政策，学术发展，接纳学生，教育，学习和考试，研究，学位之承认，大学纪律和在学术委员会看来与该法案目标相关的任何其他事项；（2）向理事会提交就理事会交给委员会考虑的所有事项的报告；（3）根据规约授予的其他行为或事项，及为履行其职责

① 湛中乐：《大学章程精选》，中国法制出版社2010年版，第775页。

所必要的权力。[①]《康奈尔大学章程》规定的学术机构较为分散，主要有董事会下设的学术事务委员会、大学教授会和学术咨询委员会三者构成。学术事务委员会作为董事会的常设委员会之一，由董事会主席和校长作为当然成员，并由董事会选出的理事和名誉退休理事共同组成，其职责是为伊萨卡校区的教育政策和学术课程向董事会提出建议。[②] 大学教授会由有表决权和无表决权的教授、副教授和助理教授组成，职责是：考虑对一个以上的学院或独立学术团体以及总体上对学校有影响的教育政策；在经相应的学院教授会同意后，向董事会建议相关学位的建立、修改或废止。此外，董事会还可以设立若干学术咨询委员会，这些委员会的主要功能是对院长、校长和董事会就相关学术单位的学术规划的未来需求和总体效益提出建议。委员会每年至少一次通过学术事务委员会向董事会报告工作。

大陆法系特征的大学章程，以法国巴黎第四大学和西班牙马德里自治大学为例。《巴黎第四大学章程》第三章名称为学术委员会，详细规定了该委员会的构成、运行和权限等。第 25 条规定，学术委员会由 40 人构成，包括 20 名大学教授与合作教授、8 名其他教学人员、1 名无博士学位的教学人员、2 名工程与技术人员、4 名第三阶段学生、1 名法律规定的人员和四名外部人员。学术委员会的权限主要是对下列事项提供咨询：（1）大学各组成部分提出的研究项目与合同；（2）大学教师或研究人员职位的资格；（3）大学的初始培训和继续培训课程；（4）颁发国家文凭的申请资格；（5）文凭的设立或变更。同时，学术委员会全体会议须向大学校务委员会提出研究政策方向，特别是有关大学契约、科学与技术文献以及研究经费的分配等内容。此外，该章程还设立学习和大学生活委员会，该委员会主要由教师、学生和外部代表共 20 人组成，从其有关权限看，亦涉及有关学术事项，如第 34 条第 1 款

---

① 《梅铎大学章程》后附的第五号规约对学术委员会的主要职能进行了细化，但除“确定大学学术方面的政策”和“授予大学奖章”外，其余职能或是需授权行使，或建议性的。参见湛中乐：《大学章程精选》，中国法制出版社 2010 年版，第 791—793 页。

② 按照《康奈尔大学章程》规定，学术事务委员会的职责具体包括：（1）审查学校的长远目标；（2）建议有关的教育问题，如课程和学位的建立或删减等；（3）建议有关学校招聘、入学及财政补助政策和程序问题；（4）考虑学校作为纽约州赠地学院的目标和责任；（5）评估大学的研究任务；（6）审查院系任命、升职、任期及解聘政策；（7）同意院系为伊萨卡和日内瓦校区任命的名誉主席；（8）从伊萨卡校区中选出有资格任命为无固定任期的教员；（9）考虑董事会、校长要求的学术引进问题。参见湛中乐：《大学章程精选》，中国法制出版社 2010 年版，第 437 页。

规定，学习和大学生活委员会全体会议向校务委员会提出初始培训和继续培训的教学方向，审查文凭资格申请和新学科计划。由此可知，在学术事项上，学术委员会与学习和大学生活委员会共同起着咨询性和有限的决定性作用。《马德里自治大学章程》则明确以“咨询委员会”命名学术机构，章程第37条规定：咨询委员会是校长和管理理事会日常的学术咨询机构。而校长作为大学的最高学术权威同负责大学日常管理的管理理事会是学术事务的主导力量，专门的学术机构只能向前两者提供咨询意见。从该委员会的构成看，除校长和秘书长外，其余20人均来自大学外部，即其他大学或科研机构，其中还须至少10人来自马德里自治区范围内的单位。因此，将委员会定位为咨询性质也就名实相符了。

2. 决策型学术机构

决策型学术机构指大学设立的专门学术机构具有广泛的学术事务处置权力，是最高的学术事务管理机构，在职权范围内的决定事项无需其他治理机构认可或批准，即可对大学各成员产生效力。英国和德国的大学学术机构一般属于此种类型，下面主要以英国东安格利亚大学和德国柏林洪堡大学为例进行说明。

《东安格利亚大学章程》第19条规定：评议会是大学的最高学术权力机构，在不侵害本章程保留给理事会的权力的前提下，评议会有权采取有助于促进大学教学、科研等学术工作及促进教育管理和督导与学生纪律的措施和行为。评议会由当然成员、指定成员和学生成员组成，其中副校长、代理副校长、各学院院长、学生处长、图书馆馆长是当然成员；指定成员主要包括各学院全职学术员工、各委员会的指定成员且须为教授、副教授、高级讲师或同等地位的人员、员工大会指派的八名成员且至少四名具有讲师资格。鉴于评议会决定事项的广泛，学生成员不得参加任何关于任命、提升和涉及大学雇员个人职位的事项，以及有关录取学生和学生学术评价的讨论，且不得收取关于这些问题的书面材料。按照章程的列举，评议会享有24项具体权力和1项兜底权力。这些事项又可分为两类：一类是决定权事项，一类是建议监督事项。决定权事项包括：（1）管理和控制所有的教学、课程、录取条件、学位及大学授予的其他评级；（2）对学术职员的聘任条件和职责进行评审；（3）指派担任理事会成员的评议会成员；（4）管理大学所有考试并指定考官；（5）授予和撤销学位或荣誉学位；（6）认可其他大学或学习机构的考试成绩，以及承认任何机构的课程与本大学课程有相同效力；（7）负责大学图书馆的总体管理；（8）任命大学派驻其他机构的代表；（9）管理大学学术服装和大学纪律，并决定纪律的实施方式；（10）特许状和章程授予评议会的其他所有权力。建议监督事项主要包括：（1）向理事会推荐人选，包括教授、副教授和图书馆长的人选，以及高级讲师、讲师和其他学术员工的任命人选；（2）向理事会建议事项，包括设立大学学术职位或使其保持空缺状态、设立各种奖励基金和科研资助金等；（3）监督大学的校外工作；（4）就涉及大学利益的任何事项向理事会提出建议；（5）对学生组织进行适当督导。

《柏林洪堡大学章程》第三章对学术评议会的组成和职责等事项作了规定，第4条规定学术评议会由25人组成，包括13名大学教师、4名学术工作人员、4名学生和4名其他工作人员。同时，规定了校长委员会成员、院系长等有发言权和提案权。第5条从建议权事项、决定权事项和表态权事项三个方面规定了学术评议会的职责：（1）对大学的组织结构计划；院系及各中心的建立、变更和废除；校级机构的建立和废除；成立、扩大或解散校办企业以及入股企业；以及规费章程等事项学术评议会享有建议权。（2）对下列事项学术评议会享有决定权：大学的预算草案；与柏林州的合同草案；院系的下级机构划分；颁布管理条例；确定招生规模；教学、学习及考试基本规章，高校考试的程序性规定；在组织结构计划中确定撤销教席或为教席设定目标；课程的设立和废除；促进妇女权益的方针；特殊研究领域的设立、扩充、发展和合并；确定聘用跨学科中心的发言人，审核批准跨学科中心的章程；确定研究的基本原则以及科学、艺术新生代的基本准则；授予荣誉教授称号，向编外教授授予称号，授予评议会荣誉委员称号，批准院系授予荣誉博士学位的决定；与成绩挂钩的资金分配原则等。（3）对以下事项学术评议会应发表意见以表明态度：中期建设及投资计划；院系的学习及考试秩序；院系人员的任命决定；对已获得学位人员的团体进行设置与分配；其他对全校具有基础意义的事项。

此外，通过帝国理工学院和伯明翰大学的特许状也可得知，这两所大学中作为学术机构的评议会也有对学术事务的决定权力。其中帝国理工大学特许状第14条规定：“大学设大学评议会，其职责和成员由法令规定，并且接受理事会的监督和管理，主要负责大学的学术工作。”伯明翰大学特许状第10条规定：“大学建立评议会，依据特许状和条例对理事会负责，管理和指导本校的学术事务，其范围包括教学工作检查和研究、授予学位和毕业证书以及其他的学术荣誉、对在校学生的纪律处罚。”但是，从两校的条例来看，却没有更为细致的展开规定。

四、教师和学生的权利保障与实现途径

正如前面所介绍的，域外大学章程中一般会列明大学的成员，其中教师和学生是两个重要且不可或缺的组成成员。从各大学的章程内容看，教师和学生的权利及其保障是内容规范的重点之一，特别是英联邦国家的大学在这方面做的堪称榜样，较为充分地体现了权利的程序保障机制。同时，教师和学生在大学治理中扮演着重要角色，通过各种途径和方式直接参与大学治理。此外，教师和学生也可通过各种其他组织形式发挥自己的团体作用，保障自身权利的实现，这一点在特许状设立的大学中特别明显。以下将由具体的大学章程来说明教师和学生的权利及其实现。

（一）教师和学生的权利及其保障

1. 教师和学生在大学章程中的权利

域外大学章程对教师和学生的权利作出专门规定的情况较为少见，教师和学生的权利一般分散于其他的机构或制度规定之中，当然也不乏对此专门作出规定的例子，如马德里自治大学的章程在这方面规定得就很好。因此，关于域外大学章程中教师和学生的权利需要综合梳理加以说明。

（1）平等权

平等权是现代法治国家的公民享有的重要权利之一，在大学之中主要表现为受教育的平等权和免予被歧视的权利，这也成为各国大学章程重点强调的内容，以至于将其他的权利均不予在章程中加以体现。如《康奈尔大学章程》第24条规定：积极支持受教育和就业机会的平等权是大学的政策，董事会将不时通过明确的政策声明将之落到实处，通过广泛宣传使现在和将来的学生、教师、工作人员和其他员工知晓，这些声明对大学所有人员均有约束

力。在帝国理工学院和伯明翰大学的特许状中，也有近似的表述。[①] 帝国理工学院特许状第 8 条规定：大学在履行其职责时，不得非法地歧视任何人，不论其宗教、种族、性别、性取向、婚姻状况、残疾、年龄、社会背景、政治信仰或其他。[②] 伯明翰大学特许状第 13 条规定：在学生录取、教职员录用与升职、颁发学位与毕业证书，以及执行符合特许状目的的任何活动中，都禁止以政治观点、肤色、残疾、种族、民族、性别、婚姻状况、宗教信仰和性取向等予以不平等对待。[③] 对此，德国的大学章程规定的更为细致，盖因联邦《高等教育总法》第 3 条对男女权利平等的强调，《柏林洪堡大学章程》和《波鸿鲁尔大学章程》均专节对平等权作出规定，特别是保障女性教师和学生的权利得到平等对待，如在大学的公文中涉及性别时应尽量采用中性词汇，或将两性语言并用（例：他/她）。日本大学的章程则从尊重人权的高度对平等权加以规范，如《东京大学章程》第 19 条规定：大学尊重基本的人权，坚决抵制因国籍、信仰、性别、身体状况、门第等不同而引发的不正当歧视和压迫。[④]《大阪大学章程》亦规定：大学将支持维护基本的人权，消除各种活动中存在的任何形式的歧视，包括基于种族、宗教、信仰、经济地位、社会地位、性别和身体残障等的歧视。[⑤] 由此可见，无论英美法系特征的还是大陆法系特征的，无论是西方的还是东方的，大学章程均将平等权的保障视为大学的主旨义务，从而实现教师和学生以及其他大学成员的权利平等。

（2）学术自由

学术自由包括学习、研究和教学等的自由，其是大学不断激发思想、探知真理的根本保障。教师和学生特别是教师应当享有充分的学术自由，大学章程应当予以确认。在帝国理工学院的特许状中，就作了这样的表达，体现了国家对大学学术自由的肯定：大学的工作应该在宽容的精神中进行，学术人员应在法律允许的范围内进行学术研究和实验，能自由地提出新的想法和有争议的或不受欢迎的意见，而不会因此而处于失去工作或特权的危险境地。

---

① 参见湛中乐：《大学章程精选》，中国法制出版社 2010 年版，第 451 页。
② 同上书，第 527 页。
③ 同上书，第 546 页。
④ 同上书，第 616 页。
⑤ 同上书，第 610 页。

《东安格利亚大学章程》在学术员工一节中也规定：本章程“保证学术员工拥有在法律内对业已获得的智慧加以提问和提出新观点与有争议或不受欢迎的观点而不受到失去工作或特权威胁的自由”。德国《波鸿鲁尔大学章程》从大学义务和责任的角度，对大学成员的学术自由进行了规定：大学有责任支持其成员和附属成员的研究、教学和学习研究活动，对其自由的损害或限制是与鲁尔大学的自治以及研究、教学和学习研究自由相违背的。《马德里自治大学章程》在“教育和研究人员的权利和义务”一节中，将“教学和研究的自由”放在教师应享有权利的第一位。同时，为了保障学术自由的实现，权利中还特别规定，教师有权利“为其教育和研究工作，以及其他学术、文化和体育活动的正常开展而安排使用学校的设备和资源”。在“学生”一节中，学生有权“接受非教条主义教育，教育应是开放的、多元化的”，有权“在学习中接受个性化的指导”以及“对大学内与其学习以及学术、文化和体育活动有关的设备和资源提出建议”。

除平等权和学术自由外，教师和学生还享有广泛的其他权利。如《马德里自治大学章程》规定：教师有权使用大学的设备和服务、享有法定的工会权利、有权参与对大学教育质量的监控、提供社会服务有权获得报酬、在教育教学中有权获得帮助、对大学评估其工作效率的过程有知情权、享受适当的工作条件特别是避开工作风险、符合一定条件的老师可获得学术休假权等；学生享有的权利还有因怀孕、残疾等受到特殊照顾、有权参与大学教育质量及教师教育活动的控制并获知其结果、享有困难补助和奖学金、在大学自由联合和集会的权利且学校应当提供场地和条件的保障等。此外，一些大学章程对专门事项的规定体现了教师或学生的权利的享有，如《密歇根大学章程》中规定，大学鼓励员工谋求和担任公职服务，并对提出申请者予以无薪休假的安排，以便其公职服务期满继续从事大学的原有岗位。同时，密歇根大学也对学术休假作了规定，以显示大学对教师的尊重。对此，《牛津大学章程》也规定，所有教授、高级讲师、讲师和理事会认可的其他同等职位者，都应当有权享受每工作六个学期就享有一个学期的假期的待遇。当然，教师和学生均享有诸如申诉权、参与大学治理的权利等，以及《波鸿鲁尔大学章程》规定的对涉及自身的事务有倾听权和提案权，这些权利作为前述基本权利的保障将在下文予以详细展开。

2. 权利的保障机制

在域外大学章程中，教师和学生的纪律一般会单独作为一节进行详细规定，在纪律的规定中，较为重要的就是对违反纪律行为的处理，大学章程对此规定的尤为细致，主要体现在三个方面：（1）权利处分过程中，以递进衔接的程序对权利尽可能做到保障；（2）权利处分作出后，专门规定申诉和救济机制以体现对权利处分的慎重；（3）无论是作出权利处分的组织，还是接受申诉处理以及实施救济的组织，一般均是专职性质的，且其人员构成和运作体现了对权利的保障。

（1）权利处分中的程序保障

权利处分中的程序保障是指，在对教师或学生的权利或行为作出不利的处分前，大学章程规定应当采取的调查、听证、异议、送达等步骤，从而保障教师或学生相关的权利。在英美法系特征的大学章程中，此种程序保障体现的十分明显。如《康奈尔大学章程》规定，董事会可基于滥用权力、不当行为等理由解雇教研人员，但应受到程序的制约，这些程序应当提供合理的通知和申诉的机会。密歇根大学、牛津大学、伯明翰大学、悉尼大学以及梅铎大学等大学章程对此也作了规定。下面以密歇根大学和悉尼大学的章程为例，分别说明大学对教职工和学生的权利处分中的程序保障。

按照密歇根大学的章程，对教职工的撤职、降职以及终止任命等处分，一般应经过通知、调查、听证、复审、处理建议和决定六个阶段。其一，通知程序。大学行政机构应即刻将欲处理事项以书面形式通知涉及的教职员工和评议会事务咨询委员会。通知书应当尽量详细地写明该机构准备开展调查的指控内容，并应告知受到影响的教职员工相关的权利，如自收到该通知书10日内可以书面形式提出听证。其二，调查程序。行政机构履行完毕通知程序后，应当即刻启动调查程序，即对指控的事项进行尽职调查。其三，听证程序。受到影响的教职工要求听证的，应当举行听证。该教职工可选择一位顾问作为自己的律师，并有权出席涉及证据或辩论的任何听证委员会举行的会议，可要求证人出庭并对其质询，亦可查阅听证委员会所有文本证据。听证过程应制作速记记录，且听证委员会应将该事项以书面报告形式与听证记录副本一并提交该行政机构首长和校长等。[①] 其四，复审程序。若听证委员会建议对相关教职工采取不利措施，或者听证委员会虽建议不采取不利措施，但行政机构的首长认为应采取不利措施的，则相应的行政机构应在作出处理前以书面形式告知该教职工享有复审的权利。该复审申请须在建议对其采取不利措施通知书发出十日内以书面形式提出，复审委员会应在接到申请后十日再次举行听证，且对该听证制作完整的记录。复审委员会对听证委员会作出的建议以及听证程序的正当性等进行审查，对证据的证明力进行确认。在复审听证三十日内，复审委员会将包括复审结论、处理建议以及理由的书面报告送达包括教职工在内的各方。其五，处理建议程序。此处的处理建议，是校长在查阅上述案卷基础上，形成的校长本人的处理建议，校长应将处理建议书复印件送达涉及的教职工和评议会事务咨询委员会，并由后两者分别对该建议书提交一份书面评述。其六，决定程序。对教职工不利处分的最终须大学董事会作出决定，校长应将案件所有记录，包括校长本人的处理建议和任何反馈评述等一并提交大学董事会，以便其作出相关决定。

悉尼大学的章程（By-laws）第八部分以学生纪律（Student Discipline）为题，从八个方面进行了详细规定，关于学生权利的处分程序主要有投诉、调查、听证和决定四个步骤。其一，投诉程序。对于学生构成违纪的行为，任何学生及教学人员可以书面形式向教务主任投诉。教务主任接到投诉后，应将相关情况及时报告大学副校长，同时对相关投诉事实进行调查。其二，调查程序。教务主任认为投诉的学生行为构成违纪，则应当进行调查，调查结果一般分三种情况，即不必采取处理的、需要通知相关学生的、需要听证的。其三，听证程序。学生若在接到通知后 14 日内向副校长提出异议，则应举行正式的听证。同时，若副校长认为应当听证或已经提交听证的，也应当举行正式听证。副校长或学生训导委员会（Student Proctorial Board）均可举行听证。涉事学生可以缺席听证会，可以在听证会上对相关问题进行反驳，

---

① 按照密歇根大学章程的规定，听证委员会有两种：一是行政机构处理时，该行政机构的执行委员会或特设的专门委员会；二是评议会事务咨询委员会处理时，听证委员会为该委员会的下设单位：终身任职常设附属委员会。本处是指前者，同时，该部分复审程序中的复审委员会即为后者。因为，在评议会事务咨询委员会处理时，复审委员会将是评议会事务咨询委员会本身。参见湛中乐：《大学章程精选》，中国法制出版社 2010 年版，第 391—395 页。

有权要求投诉人或其他人员出席听证会并对其询问，有权对相关指控陈述意见等。其四，决定程序。听证会结束后，副校长或学生训导委员会即可作出决定，但若是给予处罚的决定，则还须及时向大学评议会或学术委员会提交报告，该报告内容应包括处罚的人数、违纪的性质、处罚的种类以及责令学生担负的赔偿义务等。①

综上，无论是对教师的不利处分，还是对学生的不利处分，均应给予他们表达异议，陈述意见的机会，特别是给予他们辩论质证的权利，而听证恰恰是一种很好的形式，以致上述两所大学均在本大学章程中予以规定。

（2）权利处分后的申诉与救济

申诉与救济是权利人享有对作出不利处分的决定向有权机构提出异议并要求该机构重新作出决定的过程。伯明翰大学在其章程中明确规定，设置申诉程序是为了审理和裁决已经被解雇、或被通知解雇、或受到纪律处分的学术成员提起的申诉。按照该章程规定：（1）学术成员申诉，应当在收到相关决定文件二十八日内向大学注册主任提出；（2）处理申诉，原则上实行独任制，即由非大学成员且具备十年以上司法工作经历的法官或律师审理，在该主持人的要求下，可增加两名成员一并审理，其中一名应为非大学雇员的理事会成员，一名应是评议会的学术成员；（3）申诉人有权聘请律师代其出席，未听取申诉人或其代理人的口头陈述不得作出决定；（4）申诉决定可以全部或部分认可和驳回申诉，负责审理的人员应将作出的裁决和查明的不同于原决定的事实，提交大学副校长，并通知申诉的有关各方。此外章程还规定，对于在大学院系或其他单位受到冤屈的个人有权通过救济程序恢复权利，获得补偿。非正式的救济程序由相关学术成员向大学副校长提出申诉，并由其作出相关决定；正式的救济程序由救济委员会根据副校长的提交启动，在该救济程序中，应保障申请人及其所针对的相关人员听证的权利，最终作出救济申请是否成立的决定，并将其通知理事会，若申请救济成立则须同时提出救济的建议。

《悉尼大学章程》在学生纪律第七部分对申诉作了规范，列明了可以申诉的决定以及提起申诉的理由、申诉的程序和决定等。章程规定：（1）申诉应

① 湛中乐：《大学章程精选》，中国法制出版社2010年版，第754—759页。

在收到处分决定之日起 14 日内向教务主任以书面形式提出；（2）学生可以申诉的缘由是：认为决定不合理或不成立、违反自然主义原则、未排除特定不利证据和未采纳有利证据、处理不公正、违反章程规定等；（3）申诉委员会若支持申诉，可以根据申诉理由分别作出裁定，如撤销原决定、或要求重新听证、或变更履行义务类型等；（4）依据章程提出的申诉，在申诉未撤回或未作出申诉决定之前，原处分决定停止执行；（5）申诉委员会的决定为终局决定。此外，大学评议会作为大学的最高决策机构，根据副校长的建议有权在任何时候撤销有关处分决定，而不论受处分学生是否提起申诉。同处澳大利亚的梅铎大学，在其章程中也规定，根据不同情况学生有权向不同机构提起申诉。如果处罚是停止学习一个学期及以上或开除，则学生可在收到决定通知之日 14 天内向纪律委员会提起申诉；如果处罚不是停止学习一个学期及以上或开除，则学生可在受到决定通知之日 20 日内向学生申诉委员会提起申诉。①

一般来说，通过权利处分过程中的程序保障和权利处分之后的权利救济，大学内部的救济和保障制度就此完结，这也预示着大学外部救济程序的介入时机成熟。对此，因其属于国家司法制度或法律制度的一部分，较少有大学对此作出规定，马德里自治大学也仅在其章程第 128 条规定，对校长作出的决定，以及校务委员会、管理理事会和社会理事会所签署的合同，可以直接向行政诉讼法院提出诉讼。

3. 权利保障中的专门组织机构

所谓专门组织机构，指对学生或教师进行处分和接受申诉以提供救济等由专门设立的机构（常设的或临时的）作出，而不是由一般的治理机构兼任该职能。通过前面两个部分的介绍可知，在相关的程序中都有特定称谓的机构来负责，这些机构一般都是专司负责处理此类事务，可区分为纪律处分机构和争议处理机构两类。

纪律处分机构，是专门执行大学相关规定制度，对违反大学纪律的教师和学生专门进行处置的机构。如密歇根大学在权利处分过程中设立的听证委员会和复审委员会、悉尼大学在章程中设立的学生训导陪审团和学生训导委

---

① 参见湛中乐：《大学章程精选》，中国法制出版社 2010 年版，第 760—762 页。

员会等。以悉尼大学为例，学生训导陪审团由大学学术委员会主席、学术委员会任命的该委员会中的教师成员和学生成员各9人组成，其中教师成员中教授不少于4人，非教授也不少于4人，学术委员会主席为该学生训导陪审团主席。当大学副校长向主席反映学生违纪情况时，主席应尽快召开陪审团会议，并由陪审团建立相应的学生训导委员会。学生训导委员会由3人组成，其中由学生训导陪审团从其教师成员和学生成员中各选出1人，第三人则由大学评议会任命并作为该学生训导委员会的主席。按照悉尼大学章程的有关规定，每年由大学评议会根据需要任命1名或多名学生训导委员会主席，被任命人员须在新南威尔士州最高法院担任律师5年以上，或者在澳大利亚联邦或州的法院担任过法官。从学生训导委员会的人员构成来看，有教师、有学生、还有司法经验较为丰富的外部人士，可以说既有专业性又有中立性。

争议处理机构，是专门处理对大学纪律处分机构所作出的决定有异议或不服，进而对处分行为或过程进行监督审查并最终作出决定的机构。如伯明翰大学章程中的独任申诉听审官或三人小组以及其救济程序中的救济委员会（Grievance Committee）、牛津大学的巡查委员会（Visitatorial Board）、悉尼大学的学生纪律申诉委员会、梅铎大学的学生申诉委员会和纪律委员会等。仍以悉尼大学为例，学生纪律申诉委员会由担任过澳大利亚联邦或州法院的法官、大学成员和依据1987年法律职业法规定具有5年以上法律工作者各1名组成，这些人员经大学校长提名，由评议会任命，其中担任过法官者为该委员会主席。相对于该大学负责纪律处分的学生训导委员会而言，学生纪律申诉委员会更加中立和专业，因为校外人士占据了多数，且均是具有法律职业经验者。

值得一提的是马德里自治大学的大学保护者，在其章程第三部分第51条规定，大学保护者是负责保障和维护大学社区成员权利以及本章程的机构，由校务委员会选举产生，且不得兼任大学任何管理或代表职务。从其具体职能看，其应在大学社区成员提出的申诉或意见时开展工作，并有权要求被申诉或提意见的管理或代表机构提供相关信息。从隶属关系看，大学保护者仅对校务委员会负责，不受其他任何个人或机构的干涉。因此，马德里自治大学的大学保护者是大学章程中较为特殊的一种机构设置，可视为在权利保障机制中的一种创新。

（二）教师和学生在大学治理中的角色

在大学治理中，教师和学生扮演着重要的角色。现行有效的域外大学章程，在其各种治理机构中都可以找寻到教师和学生的位置，大学成员的共同参与形成了大学治理的惯例。同时，教师和学生还可通过各种自己的组织影响大学的发展，保障自己的权利。

1. 教师在大学治理中的角色

教师在大学治理中的角色，一般来说，在不同大学的相同或类似机构，教师的作用存有不同；在同一大学各种不同的机构，教师发挥的作用也不尽相同；在同一大学治理机构中，不同类别的教师发挥的作用亦有不同。这是各大学的相关机构的性质和功能及其与教师的联系紧密所决定的。

决策机构作为大学的最高权力机关，更加注重民主，需要集思广益，因此就需要由作为大学成员的教师代表的参与。但是这与大学的性质又有些许关系，私立大学因其私立性，更注重大学外部人士的参与治理，教师的作用就会被淡化，而公立大学的参与度则相对更高。以美国耶鲁大学和德国波鸿鲁尔大学为例，按照两所大学的章程规定，董事会是耶鲁大学的最高决策机构，校务委员会则是波鸿鲁尔大学的最高决策机构。但是，耶鲁大学董事会19名成员中，除了校长外，包括校友全部由校外人士组成，没有普通教师的任何名额。从决策机构的人员构成来看，耶鲁大学更注重校外人士的治理和影响，对大学内部的吸纳则略显不足。波鸿鲁尔大学校务委员会则不然，作为大学的决策机构其成员分为有投票权的和无投票权的，25名选举产生的成员有投票权，其中广义的教师占据21席，即便是狭义的教授和讲师也有13位，超过全部有投票权成员的半数，同时这些教师不具有其他行政任职，而诸如校长、副校长、系主任、教务长等虽作为校务委员会当然成员但没有投票权，更加重视教授和其他教师的决定性作用。

执行机构是大学决策机构的执行机关，更加注重效率，民主参与则居其次，因此一般都实行校长（副校长）负责制。当然，亦有实行所谓辅助型校长责任制的大学，但是，即便在这样的校长加委员会式的执行机构中，教师的参与度亦极低，仅有马德里自治大学的管理理事会中有教师代表的参与，在管理委员会56名成员中，普通教师仅有12席，而校长指派的成员就有15名，由此可见，管理理事会更侧重行政或校长的主导作用，以利于大学相关政策的执行。在德国大学中实行的行政管理委员会，则完全由执行机构中的人员构成，完全没有普通教师的参与。在强制型校长责任制和荣誉型校长责任制下，校长或副校长直接领导了大学的日常管理，教师的参与也就无从谈起。

学术机构不同于大学的决策机构和执行机构，学术更加注重权威、严谨和争鸣，但几乎不需要民主，对强制命令更是极度排斥，因此学术机构也就成为教师的一方净土，特别是教授或相当职称教师的“领地”。但是，从现行的各个大学章程看，学术机构正在适当地引入民主机制，其具体表现在非教授教师和学生逐渐成为学术机构的成员，无论是咨询性质的还是决策性质的学术机构均是如此，教授或相当职称教师的绝对优势不再。如柏林洪堡大学的学术评议会，其具有投票权的 25 名成员中，大学教师为 13 人，但没有限定这 13 人均为教授。《悉尼大学章程》规定的学术委员会，人数不少于 18 名，其中教师不少于 9 人，学生也不少于 9 人；在 9 名教师成员中，教授与非教授其他教师均不少于 4 人。[①] 但是，无论如何，大学学术机构依然是教师占比相对最高的大学治理机构，是教师参与大学治理的重要途径。

教师对大学治理的参与还体现在大学内部的院系治理中，作为大学的基本教育单位，院系在域外大学中起着很重要的作用。在美国的大学，学院的教授委员会发挥着重大作用，成为教师参与学院管理的途径之一。如《耶鲁大学章程》规定，每一学院的教授委员会由院长、各级别教授、讲师及其他由校长、教务长正式任命的成员组成，负责学院课程设置、教学方法和大学政策执行方面的事宜，并且由终身教授与院长等一道组成终身职员委员会，是为学院的当然管理机构。康奈尔大学的教授委员会与耶鲁大学的大同小异，但在其构成人员中，助理教授以下教师仅对特定事项有表决权。在大陆法系特征的大学章程中，作为院系决策机构的院系委员会也是教师参与大学治理的重要形式。如马德里自治大学章程规定，院系委员会是其日常管理和代表机构，在职教授代表可占委员会成员数量的 51%、非教授教师可占 9%、培训中的教研人员可占 3%、学生代表可占 28%、管理和服务人员可占 9%，这样的人员构成设计包装了教师在院系治理中的决定作用。按照《柏林洪堡大

① 湛中乐：《大学章程精选》，中国法制出版社 2010 年版，第 749—750 页。

学章程》的规定，“系”是大学的基本单位，它将同属的专业领域清晰综合在一起，并在系以下设立分支学科学院。系务委员会是系内部的最高决策机构，具有诸如选举和罢免系主任、颁布系内管理条例等职责。系务委员会由13名或19名成员，教授人员分别为7名和10名，其余是名额均等的学术人员、在校学生和其他工作人员。可见，教师的人数也占据绝对多数。

综上，通过对大学层面治理结构和院系层面管理机构的梳理，不难发现，教师在大学和院系运行中都发挥着一定作用，在学术机构和院系机构的作用尤为明显，是大学学术发展进步和自治民主不可缺少的重要力量。

2. 学生在大学治理中的角色

学生作为接受教育的一方，往往与作为传授知识一方的教师相伴而行。换言之，凡是有教师参与的大学治理机构，必然会有学生的一席之地，亦即学生在大学决策机构、执行机构和学术机构中的参与情况与教师在其中的参与情况近似。[①] 需要注意的是，学生虽与教师相伴而行，但其在成员占比上还是少数，远不及教师在其中的份量。除此以外，大学章程对学生的结社自由也予以保护，从而使学生通过自治组织发挥其在大学治理的作用，有的大学章程还专门对学生参与大学治理作出特别规定，在此将主要就学生的自治组织和特别规定进行介绍。

(1) 学生的自治组织

学生的自治组织是大学章程确立并由学生依据结社自由而组建的社团。从域外有关大学章程的依据来看，学生的自治组织在国家的法律中已经写明。如德国联邦《高等教育总法》第41条专门规定了学生会，指出学生会以维护学生的学术、社团和权益为己任，发展跨地区和国际间学生的联系，维护学生在高等学校履行其职能过程中的利益。但是联邦法律将该项作为任意条款由各州选择规定，以致柏林洪堡大学和波鸿鲁尔大学的章程对学生会或其他学生组织均未规定。由特许状设立的英国帝国理工学院，在其特许状和条例中对学生会都作了规定，特许状第17条认为，为进一步促进大学的教育目的，应设立学生会，以维护他们作为学生的利益和大学学生成员的权利，并

---

① 需要补充的是，在美国大学的学术机构中，学生与教师并非相伴而行，从前文的举例来看，即便是教师本身，也要区分教授与非教授以行使相关权力，那么学生的位置就可想而知。

规定学生会的组成等事项应由大学理事会按照特许状的精神予以批准。《帝国理工学院条例》的第10条除重申了特许状的原则外，规定了学生会主席的人选、学生会的章程以及须向大学理事会报告会计年度审计情况等。牛津大学在其第13规约中也对本校学生会作了规定，明确学生是大学全体学生成员的代表机构，并规定了理事会与学生会的关系等。《马德里自治大学章程》在学生一章中对学生理事会的性质、功能和组成以及职能等作了规定，指出学生理事会是学生组织的机构，代表学生与大学管理机构进行有关沟通，理事会的工作应当是透明且公开的，全校学生都可以参加理事会的会议，但有发言权无表决权，一如帝国理工学院对于学生会的规定，学生理事会章程也应由大学校务委员会批准。值得注意的是，东安格利亚大学在章程中规定，大学应设立一个学生联合会和一个研究生联合会，即将学生按类别层次予以分别组织，以更好地代表本层次学生的利益。

（2）其他学生组织

在此处，其他学生组织主要是指密歇根大学的学生事务政策委员会（student affairs policy board）。《密歇根大学章程》第七章学生事务中，专门有一节规定“学生对决策的参与”，该章程认为“学生参与大学决策对于其大学生活质量具有重要意义，应当予以鼓励。”① 同时，要求负责学生事务的副校长协助学生推动有效参与决策机制的建立。基于此，密歇根大学创设了学生事务政策委员会，该委员会由9名成员组成，包含学生和教师，且学生应比教师多一人，同时由负责学生事务的副校长担任委员会主席，但其没有投票权。其中，学生成员由大学学生会任命，且这些成员应分别来自不同学院；教师成员由大学理事会任命，他们中任何两人不得来自同一学院。密歇根大学的做法，在域外大学章程中较为罕见，几乎没有其他大学为让学生参与大学的决策而专门成立组织机构。但物以稀为贵，这种组织的成立为学生有效参与大学治理提供了多样化的途径和形式，是较有开创性的。

五、大学的对外关系

大学与政府以及其他社会主体的关系，也是域外大学章程内容的组成部

---

① 湛中乐：《大学章程精选》，中国法制出版社2010年版，页404。

分。一方面，大学自身重视与外部关系的良性发展与互动，进而加强章程在这方面的规范；另一方面，大学章程通过设立的各种形式的机构组织，包括但不限于治理机构，吸纳社会有关各方参与到大学的发展中来。由此，形成了大学与社会的基本互动关系。

（一）大学对外部关系的重视

以大学为中心，内部关系与外部关系是大学章程重点规范的两个方面。一般来说，大学章程对于内部关系往往规定的较为完善，外部关系常常被有意无意地忽视。通过梳理域外大学章程，此种现象在一定程度上存在，但毕竟有众多大学对此予以规范。以美国的大学为例，如耶鲁大学、密歇根大学和康奈尔大学，在其章程中均详细规定了专门负责对外事务的委员会或副校长，以显示大学对相关外部关系的高度重视，也利于这些关系的维护和发展。按照耶鲁大学的章程规定，大学设负责与纽黑文市、州政府事务及学校外部发展环境建设的副校长一人，其职责是处理好大学与州的关系、大学在纽黑文市的参与主动性。同时，董事会下设机构政策委员会，监督大学与市、州、联邦政府之间事务的处理，并协助校长处理这些事务。密歇根大学在章程中分别设立负责政府关系事务副校长和发展事务副校长，使大学与州政府和大学校友、其他机构之间建立良好关系。康奈尔大学则在董事会之下，设立政府事务委员会和校友事务与发展委员会，前者负责对大学与联邦、州及其他地方政府实体，如纽约州立大学等之间的关系向董事会提出建议，后者则为校友活动管理、大学筹款活动及公共活动事务提供政策指引。

除了在执行机构和决策机构中规定专门人员或委员会对外部关系进行负责外，有关大学还将对外关系作为大学使命和目的的一部分，以显示大学对于外部关系的高度重视。如法国巴黎第四大学在其章程第二章“大学使命”中写到：大学采取所有适当措施，同外国大学合作，发展教师与学生的交流，发布研究领域的共同信息，并与其他机构建立合作关系，缔结相关协议等。《波鸿鲁尔大学章程》在“使命和任务”中也规定，波鸿鲁尔大学应加强同国内外大学的交流活动，以此促进国际间尤其是欧洲国家间的合作。《马德里自治大学章程》亦将“为国内和国际范围内文化、社会和经济的发展提供科学和技术支持”作为大学的社会职能之一。日本《东京大学章程》规定，大学针对社会需求，积极推进与社会的合作，开展高水平的专职教育和对工作人员的再教育。日本大阪大学更是以“本土的行动影响世界”为大学格言，希冀通过运用教育与科研途径，奉献于社会稳定、社会福利和世界和平等。这些都体现了大学的社会担当，展示了大学对外部关系的重视。

（二）外部影响大学的途径

大学与社会的互动，除了体现在大学对外部关系的重视，还表现在大学章程通过设立各种组织机构，让大学外部各种主体的代表参与到大学的治理和发展中，从而实现外部对于大学的影响。这些途径主要有大学的治理机构、咨询机构和其他专门机构，如校友会等。

1. 通过治理机构的参与

一般来说，大学治理机构中的决策机构是外部参与的主要途径，而执行机构和学术机构则因其性质和功能，甚少引入外部人士。在多元治理模式的决策机构中，外部主体得以参与大学重大事项的决策。这些外部主体以政府代表、专业领域代表、校友代表、大学信托人代表等为主。如康奈尔大学的董事会，州长、州参众两院议长作为政府代表是当然成员，而康奈尔的最年长直系后代则作为大学信托人代表是终身董事，这其中还有校友董事和来自纽约州农业、商业和劳动部门的董事。法国巴黎第一大学的校务委员会中也有 8 名校外人士，分别是巴黎市政府代表、企业高管代表、工会代表以及关心热爱教育事业的本大学的社会贤达等。从校外人士占比来看，美国大学中的决策机构更倾向于外部主导，而其他国家的大学则倾向于外部参与。易言之，美国大学决策机构中校外人士占比一般过半数，甚至更高一些，如耶鲁大学，除了校长外，其余 18 名董事会成员均是校外人士；而其他国家大学则仅仅以多方参与为辅助性的原则，校内成员仍占绝对多数。

执行机构作为大学政策执行机关，在校长或副校长领导下开展工作，几乎没有校外人士的参与。而学术机构作为大学的专业机构，也很少引入外部人员的参与，即便有外部人员参与，也将其限定在学术造诣较高的人员之中。相对于决策机构的参与度，这种参与目的性更强，要求更高。如法国巴黎第一大学和第四大学，其学术委员会成员中均有外部人士，按照《巴黎第四大学章程》第 25 条的规定，4 名外部成员分别为：法国国家图书馆馆长、国家图书中心主任、国家科学研究中心人文科学院院长和被委员会以个人身份任命的对研究做出过贡献之人。从章程的规定看，这 4 位成员均应是在学术方面有较高修养和成就者。遍察域外其他大学章程，除了马德里自治大学作为咨询性质的学术机构外，其他学术机构均不见校外人士的参与。

2. 通过咨询机构的参与

咨询机构，在有些大学章程中是将其作为大学的名义最高决策机构来规定的，但实质是主要职能限于咨询事项，没有广泛的决策权限，如英国大学章程中的顾问委员会（Court）[①]。此外还有专门的咨询机构，就大学的重大事项进行建议或提供咨询，如波鸿鲁尔大学的管理委员会和马德里自治大学的咨询委员会等。

英国伯明翰大学特许状第 8 条规定，大学设立顾问委员会，根据大学条例赋予的权力和职责讨论本大学的重大问题。伯明翰大学的条例规定，顾问委员会由 16 类人员构成，其中大学外部成员主要包括伯明翰市市长及政府其他代表 36 人、国家议会或地方议会的议员代表 10 人、高等教育机构代表 14 人、枢密院代表 1 人、校友会代表 40 人、全国性和地方性学术机构的代表 30 人、卫生机构代表 6 人、宗教机构代表 10 人和其他官员代表等。从这些人员的领域看，顾问委员会有很广泛的代表性；从人员数量看，外部成员就达到 150 人，很难进行有效的决策。因此，伯明翰大学条例规定，顾问委员会每年开会 1 次，出席人数 20 人以上（特殊事项需 30 人以上）即可议事，其权限也囿于讨论与本大学利益相关事项，并将其意见告知理事会；此外，还可以根据理事会的提名选举校长（荣誉性的）。[②]《东安格利亚大学章程》也规定了顾问委员会，但对于其权力仅规定了两项，即选举校长（荣誉性的）和接受副校长提交的年度工作报告及经审计年度财务报告。由此可见，这种人员构成庞杂的顾问委员会，主要担负着大学与外部互动联系的作用，并不对大学内部决策有实际控制权力，但确实为外部各方主体参与大学治理提供了一个渠道。

德国波鸿鲁尔大学的管理委员会和西班牙马德里自治大学的咨询委员会，

---

① 本书未将顾问委员会放在治理机构中予以考察，主要从其实际职权和功能上来确定的。有学者认为，顾问委员会和理事会共同构成英国大学的最高权力机构，其中顾问委员会起决策咨询作用，而理事会发挥议事决策作用。参见范文曜、张家勇：《大学章程的治理意义——英国大学章程案例研究》，载《理工高教研究》2008 年第 6 期，第 1—8 页。

② 参见湛中乐：《大学章程精选》，中国法制出版社 2010 年版，第 551—556 页。

也是相关大学为外部主体影响大学发展、参与大学治理提供的方式之一。波鸿鲁尔大学管理委员会职责是对大学行政管理委员会和校务委员会在大学发展方面提出建议，也可对大学各部门及其负责人的报告提出建议。管理委员会由 9 名有投票权的成员和 4 名参与磋商的成员组成，其中 9 名有投票权的成员均不得是大学的成员，包括波鸿市市长和大学友好企业的董事长。马德里自治大学的咨询委员会，是大学校长和管理理事会日常的学术咨询机构，前文在介绍咨询型学术机构中已有提及，其成员除校长和秘书长外，均是校外人士。与《巴黎第四大学章程》对学术机构的校外人士要求一致，这些人士须为“在其专业领域公认享有威望且有突出贡献的教授和研究人员”。

3. 通过校友会的参与

校友会几乎是每个大学章程都会规定的一个组织，校友会目的明确，成员具有大学认同感，是校友与大学互动的纽带与桥梁。如《耶鲁大学章程》规定，耶鲁校友会致力于为耶鲁大学利益服务；其为校友与学校及其董事会之间的良好沟通提供有效媒介；负责指导、监督所有校友机构的发展规划和发展方向；当董事会在某一事件处理过程中的基本立场将对耶鲁大学产生影响，或者相关建议在被正式提交董事会前，校友会应通过适当方式向学校立法机构及其代表就有关政策作出说明或直接进行相关调查。《梅铎大学章程》对校友会较为重视，规定凡被大学授予学位、文凭或证书的人，均有资格成为校友会会员。校友会除了沟通大学与校友之间的关系外，还代表校友参与大学管理、为学生和毕业生提供服务和帮助、以及在筹集资金等方面支持大学。同时，章程要求每一个学院应当有校友会的分支机构，从而在院一级发挥其相应功能和作用。

第三节　比较、检讨与展望——中国大学章程内容的未来

大学章程关系大学的发展和未来，没有良好和完备的内容体系，现代大学制度的确立也会成为空谈。中国大学章程的制定刚刚拉开大幕，还有一定的路程要走。在这个过程中，既要严格遵守国家法律法规的强制性规定，又要在法律允许的范围内进行大胆创新。通过梳理中国大学章程的内容，可以发现其中还存在诸多问题，这既表现在任一部大学章程之中，也体现在各大

学章程之间。历经近千年发展的域外大学，其章程已然成熟，内容的基本主旨均已固化，仅是随世情的变化而略作调整。因此，域外大学章程内容的经验和成果可以也应当成为我国大学章程建设的学习对象。基于此，在对中国和域外大学章程主要内容介绍的基础上，本节拟就中外大学章程的内容进行横向比较，这种比较不是简单的相互对比，而是在综合相关内容的基础上进行的深入分析，通过宏观和微观两方面对照，探知中外大学章程内容的各自特点与优劣。同时，进一步对目下中国大学章程的整体现状作出检讨，指出已经制定的大学章程内容的不足，对处于起步阶段的大学章程内容建设千万不可掉以轻心。在比较和检讨的基础上，通过认清问题、明确目标，以借鉴吸收中外大学章程内容建设的好的经验和做法，对中国大学章程内容的未来进行构建。

一、大学章程内容的中外比较

通过对比中外相关大学章程可以发现，中外大学章程在内容方面具有一定的形式相似性和实质差异性。所谓形式相似性，是指大学章程在篇章结构布局方面具有相似的考量，这是大学固有的属性所决定的，易言之，大学章程作为大学的“宪章”，无论中外，都需要将诸如大学与举办者的关系、大学内部的治理架构、大学成员的权利和义务、大学与社会的关系等基本问题予以明确。这些方面中外大学章程在内容上均得以体现，但是这些内容在具体的规定或设计上，又有很大不同，这就涉及大学章程内容的实质差异性。所谓实质差异性，是指由于中外国情等大学所处环境的不同，大学在各国的定位和性质有所差别，大学章程又限于国家法制框架之中，从而使得大学章程内容在具体设计上体现出很强的本土性。需要指出的是，由于域外大学章程涉及国家众多，即便从大陆法系特征和英美法系特征的大学章程进行区分，内容或许差异巨大。因此，本着中外对比的考虑，仅就大学章程内容相关方面的典型特点进行比较，以突出中外大学章程在这些方面的共识和差异。

（一）总体特征比较

中外大学章程内容的宏观比较，主要就中外大学章程内容的形式方面来研究，指出中外在大学章程内容方面的相似与差异，包括大学章程的内容架构、内容侧重以及内容特色设计等。内容架构主要是从大学章程的篇章体例安排，对中外大学章程所涉及内容进行梳理，分析中外大学章程的内容覆盖面的宽广与狭窄。内容侧重主要从大学章程各部分的规定详略及其所占比例为依据，尽可能定量地明晰中外大学章程的所着重规范的内容。内容特色则从大学章程的特色规范和对有关内容进行的开创性规范进行考察，以预知中外在大学章程内容方面的追求与完善趋势。

1. 大学章程的内容架构

中外大学在其章程的内容架构方面各有特点。在篇章体例方面，中国的大学章程形式单一，内容相似。根据有关学者的研究，中国的大学章程通常包含：序言；总则；学校功能与教育形式；办学活动；管理体制与运行机制；教职员工；学生、校友；经费、资产与财务管理；举办者与学校的关系以及学校的权利义务；外部关系；学校标志；附则。其中，总则；管理体制与运行机制；教职员工；学生；经费、资产与财务管理和附则等六个部分是几乎所有中国大学章程都包括的。① 如《吉林大学章程》，除序言外，其余各章分别为：总则；学校功能和教育形式；组织与机构；教职员工；学生及校友；经费、资产、后勤；校徽、校旗、校歌、校庆日、纪念日；附则。规定较为详细的《苏州大学章程》，除序言外，其余各章分别是：总则；举办者与学校；教育形式与学科门类；学校管理体制；学院和学部；教职员工；学生和学生代表大会；董事会、基金会、校友会；经费、资产及财务管理；校旗、校歌、校徽、校训、校庆；附则。《安徽财经大学章程》则没有序言，同时也未对教职工和学生等进行规定，其篇章设置为：学校名称与校址；办学指导思想；学校性质与办学规模；学科门类设置；教育形式；学校管理体制；经费来源与财产和财务制度；举办者与学校之间的权利和义务；章程修改程序；附则。新近在内容方面作出创新设计的大学章程，在篇章结构方面依然是中规中矩，如《汕头大学章程（征求意见稿)》各章分别为：总则；任务；学术活动；管理体制；学术单位；教职员；学生和校友；财产和财务；附则。由此可见，中国各大学的章程在篇章体例方面具有较高的相似性。

在篇章体例方面，域外大学章程则形式多样，不拘一格。各个国家之间

① 肖金明、张强：《大学章程的框架体系、治理结构、制度要素与生成机制》，载《河南财经政法大学学报》2012 年第 1 期，第 39—48 页。

的大学章程在篇章设置上差异巨大；即便在同一个国家，其各个大学章程的框架结构亦差异显著。如美国的《康奈尔大学章程》没有序言，各章主题分别为：大学；董事会；董事会委员会；年度审计；校长；学校官员、副校长；学校教务长；财务副校长；学校秘书长；学校法律顾问；内部管理；治校群体；院系群体；学位授予；系主任、其他学术官员；教研人员委任和任期；大教授；交通和停车；学术咨询委员会；医疗中心；赔偿；利益冲突；其他条款；受教育和就业权利；修订办法。英国的《伯明翰大学章程》第一章是对章程中的专有名词作的说明，其余各章分别是：名誉校长；常务校长和常务副校长；副校长；财务主管；注册主任；其他任命；审计员；大学成员；顾问委员会；理事会；规章；教学与研究；学术评价；各委员会；各咨询委员会；隶属关系与承认；顾问委员会会议；顾问委员会权限；程序的有效性；理事会的权限；评议会的权限；合同；教职工；学生的录取；解释。日本的《东京大学宪章》则更似一个原则性的宣示文件，由前文和学术、组织、运行管理、章程的意义、章程的修正等五章组成。德国《波鸿鲁尔大学章程》由序言和正文构成，正文各章分别为：总则；成员及附属成员；组织结构和自治管理；校长和大学行政管理委员会；校务委员会；男女地位和权利的平等；大学委员会；管理委员会；中心设施；同其他大学的合作；大学院系；医学院；教学、研究和考试；研究；大学学位、博士学位和教师授课资格的授予；财政预算；暂行条例和决议。法国《巴黎第四大学章程》则以编章为基本体例，由三编九章构成，第一编为大学构成及其使命，由两章组成，即大学构成和大学使命；第二编为大学组织及其权限，由五章组成，分别为：校长、校务委员会、学术委员会、学习与大学生活委员会、选举安排；第三编为其他条款，包括预算表决和章程修订。在同一国家之中，大学章程框架最为接近要数法国的巴黎第一大学与巴黎第四大学，在重要篇章方面两所大学章程几乎完全一致；而差别最大的要数日本的东京大学与早稻田大学，如果说东京大学的宪章是原则性立法，那么早稻田大学的章程则是具体性规定，从后者的体例就可看出，其分别为：总则；学年、学期、节假日；教学课程、授课科目、学分数；研究生院；本科以外的课程；入学、休学、退学、转学、处分；考试、毕业、称号；入学费用、学费、实验实习费、体育费、学生读书室图书费、设施费等；教师、学术学院、教授委员会、院长会、学术学院院长会、事务组织等；图书馆、博物馆、研究所、研究教育中心等；福利、保健设施；附则。

从大学章程整体规定的详略看，中外大学章程的差异亦较为突出。中国的大学章程相对较为简略，域外的大学章程则较为详尽。张苏彤教授曾将美国三所大学（密歇根大学、耶鲁大学、康奈尔大学）的章程与中国三所大学（吉林大学、中国政法大学、广东外语外贸大学）的章程在这方面作过比较，认为“美国大学章程的篇幅要比我国的长，详尽的程度要比我国的高。三所美国大学的章程平均页数为43页，平均条款为94条，平均字数（英文）为17827。而三所中国大学的章程平均页数为8页，平均条款为77条，平均字数（中文）为7400。”[①] 具体来看，现有的中国大学章程中，《安徽财经大学章程》可能是最简单的章程，整部章程由十章26条构成，平均一章不及三个条文，共1845字，可谓“惜墨如金”。而《苏州大学章程》则可称为最详细的章程，全文共22639字，由序言和十一章正文构成，且有的章下设节，可谓“不惜笔墨”。[②] 目前，大部分的大学章程处在中间水平，既不会规定的细致入微，也不会简略笼统提及。在英国和美国，作为大学章程之主要部分的条例较为详细，如《密歇根大学章程》由序言和十四章组成，共191节，计33662字（英文）；牛津大学的章程则由十七章334条构成，共31451字（英文）。法国和德国的大学章程，总体上虽不及英美大学章程的篇幅之长，但因其归类明确，故而集中规定也是详度有加。如《柏林洪堡大学章程》虽然是十章45条，但在条之下根据需要设有款、项、目，其中第2条有10款，第5条第1款有3项24目，详尽程度可见一斑。而具有大陆法系特征的马德里自治大学的章程，则由序言和十一章正文组成，共计133条，是大陆法系特征的大学章程中涵盖领域最多的章程。当然也有例外，如作为大学组织和运行基本原则的《东京大学宪章》是域外大学章程中比较简洁的，共五章21条，且每条均是较为概括性和原则性的宣示条款，是大学章程中较为特殊的一例。

在大学章程的内容框架方面，可以概括出：中国的大学章程内容框架基本涵盖大学的各个重大方面，但详略不一，规定偏向简单；域外的大学章程

---

① 张苏彤：《大学章程的国际比较：来自中美两国六校的样本》，载《中国高教研究》2010年第10期，第55页。

② 此处大学章程的字数以及该部分的比例等均来自作者的测算，特此说明。

内容框架以细微见称，但有些事项如学生的权利义务等鲜有涉及。一言以蔽之，中外大学章程内容框架各重其所重，轻其所轻。

2. 大学章程的内容侧重

中外大学章程在内容框架方面重其所重，轻其所轻，这也体现在大学章程的各具体内容之中。总体来看，中外大学章程的内容侧重有相似性，均将大学的治理机构作为规范的重点且着墨最多。就中国大学章程来说，对大学的管理体制或组织机构的规定要占全部章程内容的逾四层。根据测算，《吉林大学章程》中的组织与机构一章占全部内容的41%；《中国政法大学章程》的组织机构一章占全部内容的44.4%；《广东外语外贸大学章程》中的学校管理体制和学院两章占全部内容的44.7%。[①] 学校管理体制占比较少的是《安徽财经大学章程》，约为16.2%；而《苏州大学章程》中学校管理体制及学院和学部分别占全部内容的36.8%和14.1%，综合占比达到51.3%，是大学章程中管理机构占比较多的大学。同中国大学章程的侧重方面相似，域外大学章程的内容对大学治理机构的规定比例也相当高。美国《耶鲁大学章程》关于董事会及其各常设委员会、校长及其团队的规定占全部章程内容的63.2%；而《密歇根大学章程》关于大学治理机构的规定在内容上占比则较少，为22%。英国《牛津大学章程》由十七章334条构成，其中涉及大学治理机构的有四章共75条，条文占比为22.5%；而《伯明翰大学章程》在其全部二十六章中，有十八章是关于大学治理机构的有关规定，占比高达69.2%。法国的《巴黎第四大学章程》第二编大学组织及其权限是章程的主要部分，由37个条文组成，占全部47个条款的比例为78.7%。德国《柏林洪堡大学章程》共45条，其中大学治理机构占12条，院系等学术单位治理机构占14条，两项综合占全部条款的近58%。西班牙《马德里自治大学章程》由序言和十一部分正文共133条组成，其中第二部分和第九部分分别是管理机构和代表机构与其选举和换届，两部分共42条，占全部条款的31.6%。由上可知，中外大学章程一般均将大学的治理机构以及纵向的权力配置等作为最为重要的内容，在篇幅详细程度和条款上都予以倾斜。

---

① 参见张苏彤：《大学章程的国际比较：来自中美两国六校的样本》，载《中国高教研究》2010年第10期，第54—59页。

固然，中外大学章程均将治理机构作为重点内容进行规范，但治理机构有决策、执行和学术之分，亦有权力在大学与学术单位之间的纵向分配，在这些权力配置之中，大学章程在中外又呈现出不同的倾向性。就中国的大学章程而言，按照纵横权力关系在章程中所占比重的对比，基本可以概括为：纵向分权平分秋色，横向配置以决策和执行为主。如《吉林大学章程》在第三章组织与结构中，分为两节分别规范学校组织机构和学院与学部，其中学校组织机构共 14 条，学院与学部共 11 条，可谓权重相当；继而，在学校组织机构中不难发现，章程对决策机构和执行机构即党委和校长的规定十分详细，而关于学术机构则相对简略。[①] 规范较为详细的《苏州大学章程》在其第三章第二至六节分别规定了党委、校长、学术委员会、学位评定委员会和教学委员会，第五章对学院和学部作了规定。其中大学治理机构共计 32 条 5576 字，学院和学部为 19 条 3200 字，就纵向权力规定来看，基本符合平分秋色的概括；就大学层面的决策、执行和学术三个机构来看，各部分字数分别为 2046 字、1034 字和 2496 字，学术机构的规范明显加强，这是新近制定章程对原有不足的纠偏，但如此规范的大学章程在中国还是较为少见。而实行董事会领导下的校长负责制的《汕头大学章程（征求意见稿）》，其第四章管理体制第一、二、五节分别对董事会、校长和学术委员会进行了规定，其中董事会一节共 5 条 1152 字，校长一节共 7 条 1310 字，学术委员会一节共 5 条 1210 字，就大学层面的治理机构而言，这是较为适当的，或许代表了大学章程对大学治理结构规范的一种趋势。

在大学章程对大学层面的治理结构的规范中，域外大学章程正好与中国的相反，即大部分域外大学章程对决策机构、执行机构和学术机构均能较为详细地予以规定，即在人员构成、职权和运行程序等方面都能做到详细规定。下面以美国密歇根大学和法国巴黎第四大学的章程为例进行说明。《密歇根大学章程》第一、二、四章分别规定了董事会、学校官员和大学评议会，三章内容分别占章程全部内容的 11.7%、6.2% 和 4.1%[②]，鉴于美国大学章程中

① 根据字数统计，吉林大学的章程在第三章第一节共 1464 字，其中规范党委的为 544 字，规范校长的为 413 字，学术机构为 150 字。

② 参见张苏彤：《大学章程的国际比较：来自中美两国六校的样本》，载《中国高教研究》2010 年第 10 期，第 54—59 页。

董事会之下均设各种委员会并对其规范，决策、执行和学术机构在规范占比中是差不多的，且其对各机构的运作、组成和职权等主要因素都作了规范。《巴黎第四大学章程》在这方面规定更是仔细，其第二编大学组织及其权限前三章分别为校长、校务委员会和学术委员会，其中校长一章分为选举和权限两节，共6条；校务委员会一章分为构成、运行和权限三节，共10条；学术委员会一章亦由构成、运行和权限三节构成，共6条。可以说，巴黎第四大学的章程是域外大学章程对大学层面治理结构规范的典型代表。在大学的学术单位及其制度方面，域外大学章程也同样予以重视，在这一点上与中国的大学章程并无二致，但域外对学术单位的规定也呈现出自己的一些特点。在英国和法国的大学章程中，对大学学院及其他学术单位的规范较为罕见；而德国和美国的大学章程在这方面均有规定，且较为详细。如英国的牛津大学、帝国理工学院、伯明翰大学以及东安格利亚大学和法国的巴黎第一大学和第四大学，在这六所大学中，仅东安格利亚大学在其章程（共三十节）中有一节是规范学院与学院委员会，牛津大学章程中列举了大学的各组成学院，其余大学对学院及其制度没有任何规定。德国的柏林洪堡大学、波鸿鲁尔大学和美国的康奈尔大学、密歇根大学以及耶鲁大学等的大学章程对学院等学术单位的规范则较为重视，以柏林洪堡大学的章程为例，章程第二至四章是关于大学层面治理机构的相关规定，共计12条；第五章为大学的院系及其他学术机构，共14条，可见在条款上对学院的重视。细究这14个条文，详细规定了院系的职责、管理机构及其职责、运作原则等重要事项。

此外，中外大学章程的内容侧重还有一点很明显，即中国大学章程侧重教师和学生的实体权利规定，域外大学章程则侧重大学成员权利的程序保障。无论是出于法律规范的要求，还是大学章程的率性而为，教师和学生或者大学的成员都是中外大学章程的基本内容之一，但规定的方式确迥然不同。中国大学的章程一般按照“定义 + 权利义务”的形式进行规范，即先对教师或学生进行分别界定，进而以列举的形式对其权利义务进行规定。关于教师的规定，如《吉林大学章程》第43条规定：“学校教职工由教师、专业技术人员、管理人员和工勤人员等组成”①；关于学生的规定，如《北京师范大学章

① 湛中乐：《大学章程精选》，中国法制出版社2010年版，第17页。

程》第52条规定："学生指被学校依法录取，取得入学资格，具有学校学籍的受教育者"。[①] 至于权利义务等的列举规定此处不再赘述。域外大学章程一般会专门规定大学的成员，进而对教师、学生等成员作出细致说明，但很少直接涉及实体权利的规范，一般仅对平等权、学术自由等基本权利进行统一规定，重点放在对权利的处分及其程序保障的规定上。以澳大利亚《悉尼大学章程》为例，全文共九章84条，其中第八章为学生纪律共30条，占全部条款的35.7%，从八个部分对投诉、调查、简易程序、听证、申诉、处罚决定等作了详细规定。

3. 大学章程的内容特色

受各自所处的整体环境的影响，中外大学章程均呈现出自己的一些特色内容。如中国大学章程中执政党的地位就是最为显著的，党委领导下的校长负责制被明白无误地写入了高等教育法之中。因而，作为大学的纲领性文件，章程自然就会将其加以具体化、规范化，执政党也就成为中国大学章程中的内容特色，无论是传统型的大学章程，还是勇于开创探索型的大学章程，均会将中国共产党大学委员会作为极为重要的内容加以规定。域外大学章程中一般不会出现执政党的任何显性表述，但却会通过国家法律来承载相关政党的施政方针，如1981年代表左翼政治力量的社会党人密特朗当选法国总统，在高等教育领域一大改革成果就是1984年的《萨瓦里法》。[②] 然而，这并不能称为这些域外大学章程的特色，反倒是外部参与的多元治理模式可与之相称。如果说中国的大学是在执政党的领导和主导下不断建设和发展，那么域外的大学则是在多元主体共同参与下向前发展的。除了少数大学，如德国的波鸿鲁尔大学、英国的牛津大学、西班牙的马德里自治大学等，域外大学倾向采取外部参与的多元治理模式，有些极端的大学在章程中甚至规定作为决策机构的董事会等均有大学外部人员组成。[③] 例如，按照《耶鲁大学章程》的规定，作为大学决策机构的董事会19名成员中，除校长外均是校外人士，有政府的代表、原信托人的继承人代表、校友代表等，从而照顾到与大学利

① 湛中乐：《大学章程精选》，中国法制出版社2010年版，第9页。

② 参见高迎爽、王者鹤：《法国现代大学制度的成长路径》，载《高教探索》2012年第1期，第36—37页。

③ 参见吴慧平：《西方大学的共同治理》，北京师范大学出版社2012年版，第54页。

益攸关的各方利益。

通过对比中外大学章程，还可以发现各自大学章程中的特色部分。中国的大学由于历史发展的原因，一般均会对大学的校办产业进行规范，即所谓的“学校附属的具有独立法人资格的单位”，阐明大学章程对待这个问题的态度，以期与大学的主要任务和功能相区别，在域外大学章程中几乎看不到这样的规定，域外大学章程一般以决策机构如董事会规定对大学相关资产的投资运作，而很少单独对校办产业进行规范，这或许只是中国独有的特色。不过，域外大学章程在大学基础设施如图书馆、博物馆等方面规定较为详细，特别是英美国家的大学章程几乎均有专门章节对大学的图书馆、博物馆等进行规范。如密歇根大学，在其章程的第十二章共用六节对大学图书馆进行了规定，包括其性质、功能、人员构成等各个方面。牛津大学在其章程的第八规约中也专门对图书馆、博物馆、出版社等机构进行规范。相对而言，德、法等国的大学章程在这方面规定的较为简单，但依然以单独章节加以规定，以显示图书馆、博物馆等机构对大学的重要性及其在大学中的应有地位，如《柏林洪堡大学章程》第九章即以图书馆、档案馆为题。

（二）具体规则比较

前文从宏观方面对中外大学章程内容的框架、侧重和特色作了对比，从中梳理出中外大学章程的相似与差异、共性与特色。深入研究发现，中外大学章程在各部分内容中有着许多值得对比的地方，包括下文将要谈到的几个方面：大学与政府（举办者）的关系、大学权力结构体系、大学成员的权利及其保障、大学与社会的关系等。这些方面均是大学章程的重要内容而不可或缺，但中外大学章程的规定有很大不同，是中外大学章程的真正问题所在。

1. 大学与政府的关系

在大学与政府的关系中，政府始终扮演着大学的监督者和外部管理者的角色，同时，在大部分情况下还会扮演大学举办者的角色。在这两种基本角色中，政府与大学间的关系是有差别的，如何将这两种关系恰当地予以规范是大学章程的任务。但恰恰在这一点上，中外大学章程规定迥异，这也直接影响了其对大学治理机构的规范。

对于中国的公办大学而言，大学与举办者即政府的关系是大学章程必须加以规定的法定事项，以此明确大学相对于举办者来说所享有的权利及承担的义务，这似乎解决了大学与作为举办者的政府之间的关系，但从具体的规定来看，还是较为困惑。如《广东外语外贸大学章程》第10条规定，学校的办学活动接受举办者的领导和监督。[①] 在民办大学中，因为仅仅有大学与大学举办者的关系，私人举办者不会成为大学的外部管理者，但却可以通过内部治理机构参与到大学的治理中来。将公办大学与民办大学相对比，可以发现中国公办的大学章程中关于大学与政府的关系没有界定明确，公办大学举办者的政府与外部管理者的政府都处于大学章程之外，没有融入任何治理结构之中。如果说有融入，那就是党委和校长成为作为举办者的政府的代理人，特别是党委书记和校长、副校长需要相关组织或机关予以任命。如此一来，党委和校长等大学的决策和执行机构就有了两种身份，既代表大学又代表政府，这将弱化大学内部治理机构的力量，对大学的自治造成威胁。

反观域外的大学章程，无论是私立大学还是公立大学，政府的代表总是可以在大学的治理机构中出现，这就可以较好地界分政府的不同角色和职能，因为在公立大学中，政府的代表是作为举办者的代理人出现的；而在私立大学中，政府代表是作为大学的利益相关者出现的，这两种角色均不与政府作为大学外部管理者的角色相冲突或混淆。如前文提到的耶鲁大学的董事会之构成，由校长、州长、副州长、校友代表、原信托人的继承人代表共19人组成。因为校长的产生来自于董事会的选举，校长必然是大学的代表而不会是政府或其他主体的代表；而州长、副州长则代表了州的利益，但这又与作为管理者的州政府相区别。德国柏林洪堡大学的章程第一章明确了大学与州之间的关系，即大学应当接受州政府的监督，是为大学与作为外部管理者的政府之间关系的明确；同时，在董事会9名有投票权的委员中有1人是州政府负责大学事务的代表，又明确了政府作为举办者或利益相关者与大学的关系。从这一点来看，政府与大学的关系在域外大学章程中得到较好的安排，作为大学代表的校长等校内人士不会出现双重身份，即既代表大学又代表政府，从而保障了大学与政府关系的明晰化。

2. 大学的权力结构体系

大学的权力结构体系包括横向上大学层面的决策、执行、学术机构和纵

---

① 湛中乐：《大学章程精选》，中国法制出版社2010年版，第80页。

向上大学组成学术单位的权力设置。此处仅对横向上的权力关系进行比较。在一定程度上，大学与政府关系的不同决定了中外大学内部权力结构体系的差异。中国大学层面的治理机构呈严格的科层等级，学校党委领导下的校长负责制以实现国家公共性为目的，本质上是强调一种和整个国家的领导体制相一致的政治领导和集体领导体制。[①] 亦即在决策、执行和学术三种基本权力中，决策权力居于最高地位且统揽一切重大事务，易言之，权力集中于作为实际决策机构的党委，而以校长为代表的执行机构和学术机构权力相对弱化且均须受到党委权力的节制。党委领导权是高校治理结构中层次最高、最具权威性的决策性权力。[②] 从传统的大学章程来看，以吉林大学为例，其《章程》第19条规定：吉林大学党委是学校的领导核心，行使对学校工作的统一领导权，具有保证办学方向、制定大学发展战略、任命并管理相关干部、领导大学各种民主组织等广泛的职权和职责。可以说，党委的权力都是实权，即均以“制定”“决定”“任命”冠以职责之前。校长虽作为大学的行政主要负责人，但其职权和职责多冠以“拟定”“组织实施”“依照”等，即以校长为代表的执行机构应当在授权范围内行为，而这些授权又多是初步性的，以致现实中不可避免地出现党委和校长的冲突。为了解决相应的冲突，缓和强势的党委和弱势的校长之间的矛盾，协调议事机构——党政联席会议就成为大学的新型决策机构，吊诡的是，目前传统型的大学章程中在大学层面对此讳莫如深，反而是在学院层面党政联席会议成为决策机构。需要指出的是，《汕头大学章程（征求意见稿)》虽然规定实行董事会领导下的校长负责制，但在其第46条中明确了大学党政联席会议的组成人员、职权范围和运行原则。对于学术机构，传统型的大学章程一般都中规中矩，按照有关法律简单规定，使其职责和权力限于“审议”“指导”等学术事项。其中，《苏州大学章程》第59条规定：“学术委员会闭会期间，学校具体学术事务，由学校科学研究管理职能机构负责处理，并定期向学校学术委员会汇报。”这似乎写出了学术机构在大学章程中的实际地位。从绝大多数的大学章程中，我们看不

① 秦惠民：《我国大学内部治理中的权力制衡和协调》，载《中国高教研究》2009年第8期，第27页。

② 黄晓玫：《改进高校党委领导的实现方式，推进现代化大学制度建设》，载张国有主编：《大学理念、规则与大学治理》，北京大学出版社2013年版，第308页。

到学术机构具有实际权力，其更像是一种学术咨询机构，但即便如此，也极少有大学章程规定其他机构应当对学术机构的“咨询”意见给予尊重。①

与中国大学章程所规定的等级制权力体系不同，域外大学章程采取的是分工制约式的权力结构体系。所谓分工，指的是大学层面的决策、执行和学术机构各司其职，决策机构负责大学重大事项的决定，执行机构负责大学事务的日常管理，学术机构负责大学的学术事务的决定或咨询。如《法国巴黎第四大学章程》第 14 条规定：“校长通过其决定，校务委员会通过其决议，学术委员会和学习与大学生活委员会通过其建议、意见和意愿，保障大学管理”，申言之，校长领导大学，可采取一切有利于大学的措施，或是依照校务委员会的决议，或是根据章程等授权其本人的权力；校务委员会决定大学的政策，通过其决议处理大学事务；学术委员会和学习与大学生活委员会分别就大学的学术政策等事务提供咨询，以及审查教学方向和文凭资格申请等。由此可见大学各治理机构间是相互分工的。所谓制约，是指各机构都不拥有大学绝对的最高权力，一个机构的权力行使往往需要经过其他机构的前置程序。其中，决策机构的人员组成中吸纳了执行和学术机构的人员，决策机构的有关事项应征询其他机构的意见方可作出决定。按照英国《东安格利亚大学章程》的规定，作为该大学决策机构的理事会，在组成人员中有（副）校长和评议会指定的三位成员；同时，理事会行使关涉学术事务的权力应当以评议会的建议为依据，诸如设立学术岗位、暂停或取消任何岗位、决定学术员工的任命条件以及任命学术员工、设立学术管理机构、决定入学所有的收费、设立奖助金等。作为执行机构代表的校长由决策机构单独或联合学术机构等选举产生，且其作为大学最高的学术权威和决策机构的当然成员，同时须在授权范围内行事。根据《巴黎第四大学章程》第 9 条的规定，校长由校务委员会、学术委员会和学生与大学生活委员会在任成员的全体大会的绝对多数选举产生，主持上述三个委员会，制定并执行其决议，接受其建议与意

① 《汕头大学章程（征求意见稿）》是个例外。第 58 条规定：学术委员会由学术委员会自身根据本章程和学术委员会章程自我管理和约束，不受外部组织和个人管理和约束。第 59 条规定：学校董事会、校长、执行校长、中共汕头大学委员会和学校监事会应尊重学术委员会在其职权范围内对于学校学术事务作出的决定，学校校内行政管理机构和学术单位应执行学术委员会在其职权范围内对于学校学术事务作出的决定。

见。学术机构作为大学学术事务的最高管理机构或咨询机构，其他机构应予遵守并执行学术机构作出的决定，相关事项在决策或执行前应咨询学术机构的意见或建议并予以接纳。依照《柏林洪堡大学章程》的有关规定，学术评议会有三种类型的权力，即建议权，如系所的建设、颁布费用规定等，虽由大学决策机构作出决议，但这些事项应当听取学术机构的建议，当评议会一致通过相关建议时，决策机构必须遵照该建议作出决定，显示了学术机构对决策机构有关权力的制约；决议权，如大学课程的设置与取消等，但决策机构有权对大学课程的设置与取消决议提出异议并可自行决定，显示了决策机构对学术机构的制衡；表态权，如大学的建设和投资计划、任命院系人员等，有的属于决策机构的实权，有的属于执行机构的实权，但均须由学术机构表明态度。

3. 大学成员的权利及其保障

前面在谈及中外大学章程的内容侧重时，对中外大学章程关于大学成员的权利及其保障进行了一些介绍，即中国大学章程侧重对大学成员实体权利的列举，域外大学章程则更重视对大学成员权利的程序性保障。仔细研究可发现，中外大学章程在大学成员权利及其保障方面的规定还呈现出其他的差异和共性。

首先，从权利的规定形式看，中国大学章程一般以专门条款集中对此作出规定，而域外大学章程更多的是采用分散的方式，将大学成员的权利分布于各有关条款之中。按照中国《吉林大学章程》第46条的规定，“学校教职员工除享有宪法、法律、法规及规章规定的权利外，还享有下列权利”，列举了教职员工可享有的7项具体权利和1项“学校规则或者聘约规定的其他权利”；对于学生成员，规定亦相似，该《章程》第51条规定，“学生除享有宪法、法律、法规及规章规定的权利外，还享有下列权利”，列举了学生可拥有的8项具体权利和1项“学校规定的其他权利”，这体现了中国大学章程对权利规定的集中性。在域外大学中，如西班牙《马德里自治大学章程》是采取集中规定的形式，该《章程》第79条规定，“马德里自治大学教育和研究人员享有以下权利”，列举了11项具体权利和1项“本章程和现行法规授予的其他权利”；对于学生成员，第83条规定，“马德里自治大学学生享有以下权利”，列举了15项具体权利和1项“本章程和现行法规授予的其他权利”。

但大部分域外章程不是如此规定，以柏林洪堡大学的章程为例，除章程第七章对平等权和禁止歧视进行规定外，通篇并未专门针对大学成员的权利进行规范，但从大学的董事会和学术评议会的人员构成看，又都体现了大学成员的相应权利和对其权利的保障，如董事会 9 名有投票权的成员中有学生代表 1 人，教师代表 3 人；学术评议会 25 名有投票权的成员中学生代表 4 人，教师代表 17 人；同时，在作为院系一级起主要作用的委员会中，教师代表和学生代表也占据多数，体现了"通过代表行使权利、保障权利、实现权利"。

其次，从权利的内容看，中国的大学章程与域外大学章程有很强的共性，即对大学成员较为核心的权利均予以特别重视，但也各自存在一些特色的规定。一方面，中外大学章程对大学成员的参与权利、组织权利、学术自由权利和平等权利等较为重视。如中国大学章程中一般会将"参与民主管理"写入教师和学生的权利之中，并通过各自代表大会的形式组成自己的利益组织，进而维护各自的权利。学术自由对教师非常重要，吉林大学在其章程中规定，学校维护学术民主和学术自由，为教师的教学科研提供条件和保障。关于平等权利，吉林大学在教师和学生的权利规定中均以"公平获得"的表述诠释了大学对待其成员的态度。域外章程也是如此，前文提到的教师和学生代表加入到大学的决策机构和学术机构的例子，很好地说明了域外大学章程对大学成员参与权的重视。同时，教师和学生也有自己的代表组织如教职工代表大会和学生会等，以法律所准许的自由结社保障各自在大学中的权利。学术自由和平等权利几乎是每个域外大学章程均加以规定的内容。在上述这些方面，中外大学章程有极强的相似度，形成共鸣。另一方面，中外大学章程在权利的内容上也有差异，中国的大学成员虽也有参与权，但是以"弱参与"的形式出现在章程的规定中，特别是在传统型的大学章程中，大学的治理主要依靠党委及其领导下的校长，教师和学生民主参与管理的力量较小，话语权较弱，不足以较好地实现相应的章程权利。而在域外大学章程中，由于教师和学生代表可直接进入大学的决策机构和学术机构，权利的落实更有保障，相对于中国大学来说，是一种较强的参与权形态。

最后，从权利的保障规定看，中国的大学章程规定较为简单，章程本身并不对相应的保障机制进行详细规定，而是转交给大学更为具体的规程加以规定；域外大学章程一般对此则较为重视，保障权利的相关程序是章程的重要组成部分。在中国的大学章程中，对权利的处分和救济往往仅以一款原则性的描述进行简要规定，如《吉林大学章程》第56条规定，学校“对违纪学生给予相应的纪律处分”，至于处分程序和决定的作出具体是怎样的，章程本身不加以说明。对于不服处分的情形，中国的大学章程也仅以“学校建立学生权利保护机制”“学校依法建立教职员工权利保护机制”“学校建立学生申诉制度”等笼统概括。在这一点上，域外大学章程的相关做法则较为可取。根据前文对域外大学章程中关于教师和学生权利保障机制的介绍，域外大学对处分权利的过程、处分决定的作出、以及作出相关处分决定后申诉救济等规定较为详细，并且均由专门成立的兼具专业性和中立性的组织进行负责和处理。这在英美法系特征的大学章程中较为常见，如美国、英国、澳大利亚等的大学章程；但在大陆法系特征的大学章程中则较为罕见，如德国、法国、日本等的大学章程，但西班牙马德里自治大学是个例外，同时也说明任何特征的大学章程对权利保障都可以有相似程度的关怀。

4. 大学与社会的关系

大学是社会的一个组成部分，其发展离不开社会，中外大学概莫能外。中外大学一般均将大学与社会的关系作为章程主要内容之一。对比中外大学章程的相关规定，两者在体例形式、社会介入程度等方面对比明显。

首先，在大学与社会关系的章程体例安排方面。中国的不少大学章程专门以“社会服务与外部关系”“外部关系”等为章名规定大学与社会的关系。如《上海交通大学章程》第七章即以社会服务与外部关系为题，用5个条文规定了大学与社会乃至国际合作交流的有关事项。《合肥工业大学章程》第七章专门对外部关系进行规定，用6个条文对大学与社会各界的合作交流、对外交往、校董会、校友会等作了明确。同时，还有很多大学虽未将这些内容专门列为一章，也是将其集中规范于其他章节之中，如北京师范大学在其章程第二章“学校功能和教育形式”中，将大学的产、学、研合作，国际合作交流等原则性规定均予以规定。与中国的这种规定形式相比，域外大学往往是将这种关系转化到各有关机构的职责中去，而不刻意去强调与社会各界的合作。如美国大学章程中专门设置负责与政府打交道的副校长，作为执行机构的职责之一，从而使大学与政府的关系经常化。此外，更多的域外大学章程采取行使“合同”权利的形式，隐含着大学与社会的契约关系。如“代表大学签订合同”是英国伯明翰大学理事会的职权之一。决定“与柏林州的合同草案”则是德国柏林洪堡大学学术评议会的职责。西班牙《马德里自治大学章程》则规定，校长是大学里负责合同的机构，大学、各部门、研究院以及研究工作组，可以与公共或私人单位，或个人签订合同以开展科学、技术、艺术或培训工作。

其次，在社会对大学的介入程度方面。中国的大学多为公办大学，社会介入的程度一直较浅，这在章程中也可看出。传统型的大学章程采取党委领导下的校长负责制，大学的治理主要依靠内部政治和行政过程，几乎完全排斥了外部其他利益相关者的影响和介入，以致不得不设立咨询性质的董事会或理事会，作为社会各界对大学建言献策的一种渠道。如《苏州大学章程》详细规定的董事会，其职能限于咨询、建议、指导和监督，扮演着智囊和参谋的角色，不是大学正式的常任性的治理机构。在创新型的大学章程中，由于章程本身对传统型的党委领导下的校长负责制进行了一定程度的创新，使得社会各有关主体可以通过这种途径参与到大学的真正治理中来。如《汕头大学章程（征求意见稿）》坚持董事会领导下的校长负责制，同时亦让中国共产党的基层组织发挥法律规定的作用，使校友、校外人士、政府代表等得以参与进来。域外大学在发展历程中逐步确立了多元参与治理的格局，大学章程对此也加以确认。正如外国学者所谈到的：“董事会有时是某一部分公众的组织，有时董事会仅限于范围狭小的几个家族，但也有一些董事会大到能代表一个州的公众利益，在各院校有代表。在不设董事会的体制中，普通公众的参与更加分散、更为间接。但是，那里的公众能通过他们在立法机构中和执行机构中的代表，通过他们的政策和政府执行部门的政策，把所有院校作为一个整体加以全面控制。”① 这一表述很好地诠释了域外大学在其治理中的不同程度的外部参与，可以为中国的大学所借鉴。

二、中国大学章程内容的现状检讨

同域外大学章程的内容相比，中国的大学章程制定的历史虽然不长，还

---

① 〔加〕约翰·范德格拉夫等：《学术权力》，王承绪等译，浙江教育出版社2001年版，第192页。

是有不少可圈可点的内容。但应当认识到，中国的大学章程内容还存在诸多问题，与成熟的域外大学章程在内容上还有一定的差距，这需要我们对当下中国大学章程存在的问题进行认真梳理，只有正视问题才能解决问题。

（一）总体印象

先有大学，后有章程，这是对中国的大学与大学章程在时间维度上的关系写照。自1998年《高等教育法》颁布实施至今的十五年中，中国的大学一直在努力改变这种“非法”的办学状态，但遗憾的是这项事业艰难异常，进展缓慢。从已经公布实施的大学章程和拟定的章程草案或征求意见稿来看，大学章程内容呈现出的总体印象可概括为：重复性较高、原则性太强、特色性不足。

其一，各大学章程之间内容雷同，重复性较高。在《高等教育法》颁布后，制定章程成为举办大学的法定要件之一，同时，由于该法对章程需要明确记载的事项进行了列举，这成为中国大学制定各自章程的最高法律依据，各大学“依葫芦画瓢”，在篇章体例上近乎雷同，形成了固定的中国大学章程框架。鉴于法律要求规定的事项是确定的，大学章程理应按照这一系列列举事项进行布局，易言之，框架的雷同是难免的。但是，框架的重复只是冰山一角，内容的雷同或高度相似才是中国大学章程制定的顽疾，以致将现有的大学章程划分为个位数的几个版本即可，这种重复呈现一定的地域性、级别性。同处一个地区的大学在制定章程时会相互借鉴，但又不进行深入研究和相应的转化，要么将某一大学已有的章程原样照抄，要么将某几所大学的章程进行拼凑，进而制定出自己的大学章程。如苏州大学、湖南农业大学和福建医科大学的章程具有一定的相似性，福建医科大学的章程更像是对苏州大学章程的转引。同时，属于教育部管理的大学往往不屑与非部属大学为伍，由此就出现了部属大学章程之间内容的同质化。如吉林大学的章程与北京师范大学的章程在框架上几乎无二，且相互之间有很多相同的表述。对于这种重复现象的产生，有学者认为，其源于：一是缺乏有关大学章程的理论研究作为指导；二是大学习惯于指令安排，而缺乏制定章程的经验和能力；三是大学“应付差事”的心理作祟，将其作为任务敷衍交差。[1] 不得不说，这样的分析是有道理的，以致重复和雷同也就“顺理成章”。

其二，大学章程内容规定过于原则，可操作性不强。大学章程本是大学一体遵循的内部最高自治规范，故也被称作大学的“小宪法”。虽名曰“宪法”，但其是相对于大学内部的其他规程等规章制度而言的，以起到统领其他内部规范的作用。同时，大学章程是大学设立或办学所需的基本文件，是国家法律规范下的具体文本，相对于正式的法律法规而言，其应当具体明确并有可操作性，成为调整大学全部重要关系的指导手册。然而，不无遗憾的是，现今的大学章程内容多半流于形式，口号响亮，点到即止。如某大学章程规定：“学校坚持勤俭办学，提高资金使用效益，建设节约型校园。”对于本应详细规定的一些重要内容，大学章程则以“委任规则”的形式交由其他下级规章加以具体规范，特别是对待学术委员会等学术机构的组织、职权和运作等方面更是惜字如金。对于师生权利的保护机制，大学章程也仅仅予以提及“建立”，至于其如何组织运作，无从考察。这使得章程成为统合大学现有规章制度的一个“索引”，章程仅规定大学应当设置什么机构或建立什么制度，具体的机构组织运作或制度内容还须参见大学的相关规章。由此，章程将被置于虚位，仅仅成为符合办学法定要件的形式。大学的领导层和管理人员不会关心章程的内容，因为他们只须按照既有的规章办事即可；广大师生员工更不会关心章程的内容，那样只会徒增“检索”的成本。

其三，大学章程内容缺乏创新，特色性不足。由于存在大学章程之间的重复，特色性的内容就会锐减。由于大学章程过于原则，以致不具有可操作性，大学亦不会对其投入太多的精力予以创新。翻阅中国大学的章程，不同之处往往仅在于大学的名称、地址、校徽、校旗等具有唯一性的事项，而对于大学的使命、目标、管理体制、大学成员权利及其保障、对外合作交流等重要事项则过于保守和懒惰。说其保守，是指大学在本应可以制定出自己特色的地方循规蹈矩、人云亦云，囿于既有的规定而不思改进和完善。法律规定应实行党委领导下的校长负责制，大学就结合自己在该方面已有的规定加

① 参见陈立鹏等：《大学章程研究——理论与实践的探索》，北京师范大学出版社 2012 年版，第 45 页。

以套用，形成了大学章程中的党委和校长等的相关制度规定。对现行的大学制度运行予以确认本没有问题，但当大多数学校均如此这般规定时，就说明了各大学的保守心理。说其懒惰，是指大学将法律法规的相关规定一成不变地照搬到自己的章程中，不加任何修饰。特别是在教师和学生的权利义务方面，由于法律已有相关的规定，部分大学章程采取“拿来主义”，把法律的相关条款完完全全地变为章程的组成部分，这使得章程又称为法律的“转述者”，进而失去存在的价值和意义。

（二）具体内容检讨

中国大学章程的重复性高、可操作性不强以及缺乏创新和特色，固然有各种各样因素的影响，但最重要的是制定者并未理清大学章程所要调整和规范的各种关系，以致使大学章程的内容难以突破窠臼，具体表现在：大学与举办者的关系混乱、大学内部治理结构失衡、教师和学生等大学主要成员的权利及其保障力度不足、大学与社会的关系不受重视。

1. 大学与举办者的关系混乱

载明大学与举办者各自的权利和义务是现行法律的明确要求，唯有如此方能明晰大学与举办者的关系。对于民办大学来说，因为举办者不具有教育行政管理的职能，在章程中很容易就可以将各自的权利、义务予以阐明。但对于公办大学来说，政府既作为其举办者又承担监督和管理的职责，区分不清则容易造成混乱。毕竟，政府作为举办者的法律地位与作为管理者的法律地位是不同的。法律所要求的明确大学与作为举办者的政府的权利和义务，是基于大学与其举办者平等的民事法律主体地位。当政府对大学行使行政管理监督职权时，则依据相关的行政法律授权，进而与大学形成行政管理法律关系，此时的政府是行政主体，大学则是行政相对人，二者不再是平等的民事法律主体关系，而是转化为公法性质的行政法律关系。当下中国大学章程对此规定混乱，恰恰是没有将公立大学中政府所扮演的这两种角色进行区分清楚。学界也不乏这种观点，认为“由大学制定章程规范举办者的权利和义务逻辑上不合理，实施起来也就困难重重，这也反映出涉及大学章程制定的相关政策和法规操作性差的问题。"[①] 与其说法律法规规定的不合理，毋宁说是对法律的理解有误，将政府的举办者角色和管理者角色混为一谈。需要着重指出的是，政府作为公办大学的举办者对大学承担一定的义务，也享有一定的权利，这是作为出资人民事权利和义务的要求[②]，大学章程应当对此作出明确规定。政府作为大学的管理者，其享有的权力和承担的责任是有关行政法律规范确定的，大学章程对此无权加以规定。

从现有的大学章程看，明确规定大学与举办者的权利和义务的还占少数。多数大学章程并没有专门章节对此规定，仅在序言或总则中提及本大学的举办者，如吉林大学在其章程的序言开篇称："吉林大学是中华人民共和国教育部直属重点综合性大学"，在总则的第 1 条规定大学"由国家设立"；上海交通大学则在章程总则第 2 条中规定："本校是教育部直属、由教育部和上海市共建的全国重点综合性大学"。如此简单的规定，显然并不能清楚地将大学与举办者的关系表达完整。有的大学章程稍进一步，增加了对大学权利和义务的规定，但这并不能必然相应地推出举办者的义务和权利。如《北京工业大学章程》第二章以"学校与举办者的关系及学校的权利义务"为题，分别规定了大学与举办者的关系和大学的权利义务。值得一提的是，该章程第 12 条规定"北京工业大学是由北京市人民政府举办的全日制市属高等院校，受北京市人民政府及市政府教育行政主管部门的管理和监督。"该条款一方面规定大学的举办者是人民政府，另一方面又确认接受人民政府及其教育行政主管部门的管理，将作为举办者的政府与作为管理者的政府混在一起，是不合适的。根据少数几部大学章程对举办者权利和义务的规定，可以看出其中杂糅了不少举办者作为管理者才具有的权力。如《湖南农业大学章程》第 9 条列举了举办者的六项权利[③]，但是诸如"核准学校章程""任命学校校长""制

---

① 李强：《我国大学章程的历程与现状》，载《国家教育行政学院学报》2012 年第 2 期，第 38 页。

② 参见王国文、王大敏：《学校章程的法律分析》，载劳凯声主编：《中国教育法制评论》，教育科学出版社 2003 年版，第 108 页。

③ 具体包括：监督学校执行国家法律；核准学校章程，监督和指导学校依照法律和本章程办学，纠正学校违反本章程的行为；任命学校校长和其他必须由举办者任命的人员；依照法律规定，制订学校经费拨款标准和筹措办法；制订教育教学质量标准，组织对学校教育教学质量的监督和评估；监督学校依法使用、管理公有财产；审查批准学校需要举办者审批的事项。

定教学质量标准”“审批事项”等并不是政府作为举办者能享有的权利，而是政府作为管理者依法享有的权力。《苏州大学章程》似乎认识到这种区别，但却将举办者的权利限定于“依法管理学校办学行为”和“依法考核学校办学水平和教育质量”，很大程度上固化了举办者的管理者角色，而非相反。

2. 大学内部治理结构失衡

大学章程从组织构成、职能权责和运行机制等方面对大学的内部治理结构进行规范，在很大程度上起到大学组织法的功能。一般而言，大学内部治理结构主要指大学层面的决策、执行和学术机构的设置和权力配置。中国的大学坚持党委领导下的校长负责制，故而呈现出不一样的权力结构形态，可划分为政治领导权力、行政权力、学术权力和民主管理权力。[①] 在大学的实际治理中，政治权力与行政权力是最关键的构成要素。[②] 这种情况反映到大学章程的文本中来，就使得政治权力高居大学治理之顶端，而行政和学术均居于其下，造成大学决策权和党的政治领导的混合，执行机构成为政治机构的附庸，而学术组织又沦为执行机构的附庸，最终在大学章程中呈现出内部治理结构的严重失衡。

首先，党委的政治领导权力被扩大，演变为大学的实际决策中心。根据《高等教育法》的规定，国家举办的高等学校实行中国共产党高等学校基层委员会领导下的校长负责制。具体领导职责主要是：执行中国共产党的路线、方针、政策，坚持社会主义办学方向，领导学校的思想政治工作和德育工作，讨论决定学校内部组织机构的设置和内部组织机内负责人的人选，讨论决定学校的改革、发展和基本管理制度等重大事项，保证以培养人才为中心的各项任务的完成。从法律的规定看，党委不仅要在政治方面对大学进行领导，以保证社会主义的办学方向，还要决定大学的内设机构、重要人事任命和大学的重大事项。鉴于传统的大学管理体制中未设立专门的决策机构，在具体制定大学章程时，不禁将法律的这种规定演绎到极致。如《苏州大学章程》第42条规定：“中国共产党苏州大学委员会是学校的领导核心，按照《中国

① 参见秦惠民：《我国大学内部治理中的权力制衡和协调》，载《中国高教研究》2009年第8期，第26—27页。

② 肖金明：《通过大学章程重构大学治理结构》，载《上海政法学院学报》2011年第6期，第75页。

共产党章程》和有关规定开展活动，行使对学校改革、发展、稳定和党的建设以及教学、科研、管理和服务等工作中重大问题的统一领导权。”政治权力将教学、科研、管理等都囊括进来，成为大学名副其实的决策中心。但这与大学实际的运作又有所差别，毕竟大学还是讲民主集中的，一般重大事项均须经党政联席会议讨论决定，继而由有权机构或个人签发实施。如此一来，因为大学中没有专门的决策机构，而党委又起到领导作用，又不愿将民主议事的机制写入章程，共同造成了大学章程中党委权力的膨胀，但又与现实脱节。这样的章程要么不被实施而成为摆设，要么就改变了既有的议事规程而为党政矛盾留下隐患。因此，这种任意扩大党委政治权力的规定必然不利于大学内部治理结构的和谐和实施。

其次，以校长为代表的执行机构职责较为务虚。校长应当是大学的最高首长，作为一个职务应拥有充分的职权。但由于我国实行党委领导下的校长负责制，校长亦演变为大学的行政主要负责人，校长的职权也受到党委的牵制。从大学章程的规定来看，校长的职权与职责多是转引自高等教育法的相关规定，包括拟定发展规划，制定具体规章制度并组织实施；组织开展教学科研以及合作交流；拟订校内组织方案，任免有关校内组织负责人；聘任教职员工，对教师和学生实施管理；拟订并执行年度预算，筹措办学经费等。这些职权要么须进一步由党委做决定，要么在党管干部之外任命下级人员。同时，上述职权的行使应通过校长办公会的形式加以讨论再作出决定，以体现民主集中和校长负责。校长职责的务虚还表现在与党委的职责不清上，因为党委不仅仅领导政治事务，涉及大学的重要事项都有权力进行讨论决定，这就出现了校长与党委之间的矛盾，具体表现在校长与党委书记的关系上。一方面，党委统揽大学全局，校长的职权受到党委的节制；另一方面，校长是大学的法定代表人，是全面负责大学教育教学、科学研究和行政管理工作的第一责任人，党委亦须按照法律支持校长独立行使职权。这种看似制约的机制设计，在实际中往往会出现相互的摩擦和扯皮，内耗管理层的精力和资源，更多的情况是政治吸纳了行政，校长成为党委或党委书记的附庸，仅仅负责具体事务的执行，这就造成了校长在权力和责任上的严重不对等。各大学本可利用制定章程之机，将校长这一角色予以强化和完善，以避免上述党委和校长间不和谐关系的发生，但因囿于各种实际情况的制约，这种局面未能发生实质性的变革。

再次，学术组织对学术事务的管控规范性不足。按照《高等教育法》的规定，大学应设立学术委员会，以负责审议学科、专业的设置，教学、科学研究计划方案，评定教学、科学研究成果等有关学术事项。为此，大学章程应当在大学治理结构之中对以学术委员会为代表的学术组织进行规范，但是法律除对学术委员会规定概括性的职能之外，并未对学术委员会的组成、运作等具体机制框架进行规范，以致依法制定的大学章程在学术组织的规范方面大而化之，较为抽象。及至2011年教育部31号令颁布，方指明大学章程应当对学术组织的组成原则、负责人产生机制、运行规则与监督机制等予以规范，同时，明确学术组织应当在诸多学术事务方面充分发挥咨询、审议、决策作用，维护学术活动的独立性。由此可以看出该令实施前后大学章程的相关变化，但即便有了规章对此明确，制定出来的大学章程仍不能差强人意。以《吉林大学章程》和《苏州大学章程》为例，前者制定于2006年，由于缺乏明确的法律规范指引，其仅于章程第24条和第25条分别对校学术委员会和校学位评定委员会的职责进行了笼统规定。后者作为征求意见稿起草于上述部令之后，在形式上严格按照该令的相关要求制定，但也仅仅流于形式，徒有其表。按照《苏州大学章程》第53条的规定，学术委员会是学校的最高学术决策、评议、审议与咨询机构。单从这一规定看，似乎完全契合了教育部31号令的有关要求，但从继后第57条学术委员会的主要职责看，除了“酝酿、审议”和“指导”外，并不能明了学术委员会的决策职能何在。同时，对于学术委员会、学位评定委员会、教学委员会的组成人数没有明确限定人数，对三者之间的关系没有任何说明。这些都为学术组织对学术事务的管理和监督起到阻碍。

最后，大学各治理机构间职责不明，制衡不足。大学的治理机构本应决策、执行和学术三者职责明确，分别负责相关属性的事务，同时做到机构之间的有效制约，避免大学内部权力的垄断或独立。但是，如前面所谈到的，在中国的大学章程中，由于实行党委领导下的校长负责制，决策权力被政治权力吸纳，行政权力也成为政治权力的附庸，学术机构则被严重边缘化，成为大学学术事务的参谋咨询机构。校长的职权和学术机构的职责均以建议性或指导性的表述规范，必然不能被看作是对作为相关决策的前置制约。因为对于行政和学术机构而言，它们除了这些职权再没有其他决策性质的职权，而决策权力似乎都统辖于政治权力之中。这将不利于我国大学的变革创新，也难以做到依照大学章程的大学自治。

3. 大学成员权利及其保障力度不足

大学成员的权利和义务及其权利保障应当是大学章程的重要组成部分。中国的现有大学章程中很多都对教师和学生的权利和义务进行了规范，从前文中外大学章程内容的对比看，这应当说是中国大学章程的一大优势。但通过对现有大学章程文本中关于教师和学生权利和义务的规定看，部分大学章程完全照搬了我国《教师法》关于教师权利和义务的内容以及《高等教育法》关于学生权利和义务的内容，部分大学章程在上述法律规范的基础上稍加修饰，仅有一少部分大学章程对教师和学生宪法、法律法规之外的权利和义务进行了丰富。但总体观之，这些规定仍然较为笼统，没有做到与本大学实际情况的结合，因而不免流于形式和口号，华而不实且操作性差，难以真正成为大学教师和学生的权利和义务的依据。同时，大学章程中关于教师和学生的权益保障机制仅一带而过，对于保障组织、人员构成、运行程序、管辖范围等事项均未提及。单从章程本身看，这必然使得教师和学生的权利成为虚幻，至少是处于不确定状态。申言之，上述不足可归结为三个方面，即大学成员的地位和身份不明、大学成员权利的内容行使困难、大学成员的权利保障不充分。

首先，大学成员的地位和身份不明。大学成员（member 或 membership）的称谓在域外大学章程中有所体现，在我国的大学章程中几乎看不到这种规定。从已有的大学章程看，教职工和学生似乎可以与域外大学中的大学成员相当，即教职工和学生是大学成员的组成部分，但大学成员的称谓可能更利于表达教职工和学生在大学中的地位。因为从域外有关大学章程的规定看，大学成员涵盖了大学的教师、职工、学生、治理机构的组成人员等。再者，作为大学的 member 或 membership，更体现了一种身份平等的精神在里面，亦即任何大学的成员相对于大学而言都是平等的。反观我国大学章程，虽然将教职工和学生以独立章节加以规范，显示了对这两类大学主体的重视，但缺乏了将他们作为大学平等一员的重要考量，以致造成教职工和学生成为大学治理的边缘参与者，而非大学的主人翁或主体。这也许是教师和学生不能平等参与大学治理机构的症结之一。

其次，大学成员权利的内容行使困难。有权利就应当享有和行使，其中权利实现的途径或渠道是关键。综合我国各大学章程中对教师和学生权利的规定，可以说极大丰富了宪法和法律法规等规定的权利，但由于大学章程对相关权利的实现途径规定笼统概括，造成了大学成员对权利的行使困难。以知情权、参与管理权和建议权为例，这三者是教师和学生皆有的权利，大学章程对它们的规定一般表述为“知悉关涉切身利益的重大事项”“参与民主管理”“对学校工作提出意见和建议”，对于“通过何种途径知悉”“如何参与管理”“将意见或建议送达于哪个部门”等等均未规定，而“权利”和“权利的实现途径”是不同的。如果仅因为“在现实的中国大学校园生活中，这些特殊权利并不总能得到实现，因此，才有必要通过大学章程的制定，将它们确定下来”①，而不去落实这些权利得以实现的路径或方式，那么这种规定也只能起到慰藉的作用。

最后，大学成员的权利保障不充分。严格来说，中国的大学章程是具备对大学成员权利保障的意识的，但是，将这种意识转化为章程明文规定的创造力仍显不足。权利的保障重在组织的建构和程序的设计，而这两点在中国的大学章程中均找不到鲜明的表述。即便有些大学章程中提及“申诉委员会”或“权益保障委员会”，因其不涉及委员会的组成和运作，给予我们的只是一丝希望。再者，章程中亦有提及诸如“听证”“申诉”“仲裁”乃至“诉讼”，但除诉讼外，前面几种程序很难依照法律上的规定进行操作，必然要转化为大学特色的制度机制，否则将难以得到真正实施。或许大学要辩驳，其本意是将这些保障制度以专门的具体规程加以落实。然而，这种辩驳本身就站不住脚：一是规程的效力位阶必然低于大学章程，至少使得这些保障组织稍显位卑，不利于权利保障工作的开展；二是由大学章程对组织构成和具体程序进行规范，可以更好地指引具体规程的制定，也利于规程的执行和遵守。由此可见，当下大学章程对大学成员权利保障的规定过于单薄，怕是有意为之。

此外，教职工代表大会和学生代表大会分别是教师和学生的重要议事组

① 熊庆年：《大学章程中师生权利的规定性》，载《复旦教育论坛》2013 年第 2 期，第 10 页。

织形式，作为民主管理和自我管理的重要途径，在大学成员权利保障中有举足轻重的作用。然而，从现有的大学章程的规定来看，对这两种代表大会的规定也较为原则和笼统，不利于这些组织发挥它们在保障大学成员参与民主管理和维护自身权益等方面的作用。因此，这也是需要加以完善和规范之处。

4. 大学和社会的关系不受重视

在现实中，大学与社会的关系在不断地加强，包括各种形式的合作与交流、共建与互赢等。但是，这种实际情况并未如实反映在大学的章程之中。诸多大学章程固然对其服务社会和经济发展、与社会各界乃至国际性的合作交流等进行了描写，但仍不足以充分表达大学与社会之间的应有关系。一般而言，大学与社会的关系主要有三种：一是大学之于社会的服务和责任担当；二是社会之于大学的参与和监督；三是大学与社会相互间的合作和对话。第一种和第三种关系在部分大学章程中是有所体现的，而第二种关系在大学章程中得以规范的则寥寥无几，换言之，大学章程还不习惯将社会作为主动的一方并赋予其权力。

其一，就大学章程已经规范的大学之于社会和大学与社会相互间的关系而言，规定多是一种原则性规定或宣誓性的口号，在大学章程所有列举的治理机构或组织中均看不到相对应的职责关系。因为，党委的职责全部是指向大学内部而不涉及任何对外的职权，在校长的职责中也看不到相关的表述，学术组织专司学术事务更不会对此进行染指，以致整个大学成为开展社会服务和合作交流的抽象机构。从实践来看，作为大学法定代表人的校长是代表大学与社会交流合作以及对社会进行服务的第一责任人，本应在校长的职责中对此加以规定。然而由于大学章程中校长的职责因袭于法律的明文规定，而大学又不结合实际情况对此进行具体化，从而造成在大学章程中无从察知职责与机构的一一对应的关系。后章程时代的大学治理可想而知，大学必然因循惯例处理与社会的这两种关系，但对于依据章程进行治理的大学这显然是不恰当的。美国的大学章程一般以规定专职的对外关系的副校长的职权显示大学对这种关系的重视，中国的大学在实际的校领导班子中也有专门负责合作交流和对外事务的副校长，但遗憾的是，这种统属于校长的职权并未能有效地体现在大学章程之中。大学对于社会的责任以及大学与社会各主体的合作已然是大学对外关系的重要组成部分，不言明其负责机构势必会造成多头负责和争利托责，也会对社会有关各方造成不良影响。

其二，大学与社会的关系不受重视，主要体现在社会对大学的参与和监督方面。大学作为典型的利益相关者组织①，除强调自治外，也应吸纳大学的利益相关者参与大学治理，以对大学的发展建言献策和监督。同时，这种参与和监督对大学自治也有促进作用，而不是相反。但是，由于实行党委领导下的校长负责制，大学被僵化地限定于政府的管理之下，对社会其他利益相关者的参与和监督并不重视，这种现实情况也被大学章程所默认，以致在现有的公办大学章程中很难看到社会在大学治理和发展中的角色。根据 2011 年教育部 31 号令第 13 条规定，章程应“健全社会支持和监督学校发展的长效机制”，以及大学可“自主设置有政府、行业、企事业单位以及其他社会组织代表参加的学校理事会或董事会”，为大学章程完善和加强大学与社会的关系提供了法定依据。从该部令实施后制定的章程来看，有的大学在这方面进行了大胆创新，将一些大学利益相关者引入到大学的治理机构之中，可谓是中国大学章程在规范社会对大学的参与和监督方面的领军者，也为其他众多对此未作出规范的大学章程以及还未制定的大学章程树立了榜样。

大学章程在我国内地虽然有近二十年的发展，但依旧是新鲜事物，在摸索中完善的大学章程恰似整个中国的变革进程一样，前途光明而路途艰辛。上述关于大学章程内容的不足，无论是宏观上的还是微观上的，必然不能涵盖所有存在的问题，也必然存在可商榷之处。但确信的是，文中指出的不足和问题均为中国大学章程内容建设的重点，对这些问题的解决和完善将有利于树立中国大学章程的权威，进而有利于保障和维护大学依照章程的办学权。

三、中国大学章程内容的未来展望

通过将中外大学章程的内容进行对比，中外大学章程内容之粗劣抑或完备立辨，中国大学章程的内容固然有其可取之处，但域外大学章程的内容更值得中国大学在制定章程中进行学习。同时，通过对中国大学章程的内容进

---

① 与企业不同，大学作为一种非营利性组织，没有严格意义上的股东，没有人能够获得大学的剩余利润，每一个人或每一类人都不能对大学行使独立控制权，大学只能由利益相关者共同控制，大学是一个典型的利益相关者组织。参见李福华：《利益相关者理论与大学管理体制创新》，载《教育研究》2007 年第 7 期，第 37 页。

行检讨，中国大学章程内容的问题和短板得以展现出来，进而使其成为大学章程内容建设的重点和努力方向。恰如权利和权力作为一国宪法规范的主要内容，作为大学治理规则的章程也应以治理权力和成员权利为基本点，围绕基本点对章程内容进行规范设计。当然，这并不是仅由章程与宪法的相似作用所决定和影响，而是基于域外大学章程内容的借鉴和中国大学章程内容的思痛。可以说，域外大学章程运作的成功关键在于对治理权力结构规范的完善，同时将成员权利融入到大学治理权力之中，实现了权利与权力的互动和平衡。中国大学章程内容的关键也在于此，但既往并未得到应有的重视，以致本应围绕权力和权利的章程建设陷入了窠臼，大学特色难以彰显，大学章程成为摆设，形同具文。

有鉴于此，中国大学章程内容的未来走向亦趋于明朗。首先，在国家的法律体系下，大学章程作为“上承国家法律法规、下启内部各项规章制度的大学最高纲领”①，无论是政府还是大学均应对章程给予相当的重视和尊重，使章程成为大学治理的基本依据，在观念、心理和行为上习惯于通过章程的大学治理。这要求大学章程的内容应严格依照现行国家法律法规的规定，同时，章程的具体内容还应结合大学的实际状况进行规范，唯如此方可实现章程内容的合法性和可行性。可以说，缘法而制与不拘一格是制定大学章程内容的总要求。其次，在大学章程内容具体设计时，应重点围绕权力和权利两条主线索进行构建。一方面，以大学层面的治理结构为基础，将大学的主要利益相关者恰当地吸纳进来，重点理清大学与举办者的关系、大学治理结构内部的关系以及大学纵向的权力关系，使大学的办学自主权得以规范和保障。另一方面，以大学成员为切入点，在界明大学成员的基础上，重点围绕教师和学生两大主体，从完善实体权利和构建程序保障着手，对大学成员的权利体系进行规范，以体现大学成员的主体地位。概言之，一个总要求和两条主线索是中国大学章程内容未来发展的落脚点和出发点，应当坚持总要求并围绕主线索对中国大学章程的内容进行构建。

（一）坚持总要求以保证大学章程内容的有效与可行

大学章程的效力源于国家的法律规范，大学章程的内容也应当以国家法

① 周光礼：《完善中国现代大学制度》，载《大学（学术版）》2012年第1期，第50—51页。

律规范为依据进行制定，只有如此，才能保证大学章程内容的合法与有效。同时，大学章程是针对各个大学作出的具体规定，只有将法律规范同大学实际相结合，大学章程规定的内容才能真正得到遵守和尊重。因此，为了保证大学章程内容的有效和可行，中国大学章程的内容既要坚持缘法而制，亦须结合实际不拘一格。在缘法而制时，应该明确所缘之法的范围；在不拘一格时，也应照顾到中国整个高等教育体制的现实，从而使大学章程的内容同国家的法律规范和大学的实际情况相互促进，不断完善。

1. 大学章程的内容应缘法而制

我国正在建设社会主义法治国家，章程作为大学设立的法定要件之一，其制定应当严格以法律规范为依据，同时，大学章程的内容也应以法律要求的内容为基本范畴。为此，需要解决两个问题：一是缘法而制的前提，即所缘之“法”具体指哪些法律规范；二是缘法而制的内容，即大学章程应当包含的具体内容。

（1）大学章程的法律依据

按照法理学的知识，中国的法律体系由宪法、法律、行政法规、地方性法规和规章等组成，这是广义的法律范畴，而狭义的法律仅指由全国人大及其常委会制定的法律文件。在大学章程的制定中，所缘之法显然不能仅仅局限于狭义的法律，应当对其扩展，其边界应以规章为限，即大学章程的法律依据主要是法律、行政法规、地方性法规和规章。从目前中国的实际情况看，法律、地方性法规和规章是大学章程的有效依据。之所以如此，首先，在法律层面上，《教育法》和《高等教育法》均明确规定了章程对于大学的作用，特别是后者对大学章程的内容进行了概括规范，可以说，《教育法》和《高等教育法》是制定大学章程的基本法律依据。除此之外，《教师法》《民办教育促进法》和《学位条例》也是大学章程内容的法律依据来源所在。按照《高等教育法》第 28 条第 10 项的规定，大学章程应当对“其他必须由章程规定的事项”加以规范，而这些“必须事项”就体现于其他法律规范中。在法律层面，上述三部法律分别对教师、民办高校的规章制度和学位等事项进行了规范，而这也成为大学章程对相关事项进行规定的法律依据。其次，在地方性法规层面，目前有内蒙古、山西、湖南等省区的人大常委会专门制定了本省区实施《高等教育法》的办法，其中的很多条款结合了该省区的实际情况，相对于法律而言，对处于该省区内的大学进行了更加明确的指引，因而也应成为这些省区相关大学制定自己章程时的重要依据来源。最后，在规章层面上，以 2011 年教育部 31 号令为代表，该部令以部门规章的形式对高等学校章程的内容进行了较为详细的规范，是制定大学章程的具体指南，对于《高等教育法》所要求的“必须事项”给予了进一步的回答。综上可知，中国大学章程制定形成了以《教育法》和《高等教育法》为核心、相关教育法律为基础、地方性法规作为重要补充以及部门规章为具体指引的法律规范依据体系。同时，按照法律的位阶效力，地方性法规和部门规章应当以相关教育法律为依据，如果规定不一致时，应当以国家法律为准。

（2）大学章程的法定内容

大学章程的法定内容是指大学章程的法律依据中所要求的内容。按照较早研究学校章程法律问题的学者的观点，法定内容也被称为章程的必要记载事项，是“法律明确规定学校章程应该记载的事项”[①]，这里的“法律”是狭义的法律，并且特别指向《高等教育法》第 28 条的规定。然而，《高等教育法》第 28 条采取的是“确定列举”与“不确定列举”相结合的立法模式，法定内容不应该仅仅局限于该条的确定列举，而应从“不确定列举”出发，结合其他法律法规丰富大学章程的法定内容。以教师和学生的权利和义务为例，在《教师法》《教育法》和《高等教育法》中都有与二者相关的明确规定，同时，教师和学生又作为大学的重要组成部分，是大学章程必须要规定的问题。但是，《高等教育法》第 28 条“确定列举”的九项内容中并不涉及此类事项，那么，显然应将其解释到“具他必须规定的事项”中来。对此，2011 年教育部 31 号令的相关规定有其明显的进步意义。其一，该令第 7 条对《高等教育法》第 28 条的事项进行了相应的细化，如后者要求章程应载明“学校名称、校址”，前者则对什么是校名、校址或哪个校名、校址作了具体化，进而将“校名”规范为“学校的登记名称、简称、英文译名等”，将“校址”规范为“学校办学地点、住所地”。同时，也对一些事项进行了扩展，如《高等教育法》第 28 条第 2 项仅要求章程写明“办学宗旨”，而教育

① 王国文、王大敏：《学校章程的法律分析》，载劳凯声主编：《中国教育法制评论》，教育科学出版社 2003 年版，第 113 页。

部31号令第7条第2项则将其扩展为“学校的机构性质、发展定位，培养目标、办学方向”。其二，该令第8条至第15条在《高等教育法》第28条之外，借“有关法律规定”或“学校实际情况”之名，要求章程对大学内部治理结构、民主机制、教师和学生权益保障机制等重要事项予以载明，不妨将其视为对《高等教育法》第28条第十项的点题，从而把存在于法律层面的重要规则悉数纳入到大学章程中来，成为大学章程的法定内容。由此，大学章程的法定内容包括了《高等教育法》第28条的确定列举事项和教育部31号令第8至15条要求规定的事项。当然，还是存在“不确定事项”的再确定问题，亦即所有经确定的必要事项还须规定在大学章程之中，成为大学章程的法定内容。具体说来，大学章程的法定内容包括：学校名称、校址，办学宗旨，办学规模，学科门类的设置，教育形式，内部管理体制，经费来源、财产和财务制度，举办者与学校之间的权利、义务，学校的分立、合并及终止事由，教师和学生的权利义务及其保障救济机制，社会监督机制，章程修改程序等。原则上，任何大学章程均应对这些内容进行规范，否则，会因为缺失法定内容而使章程归于无效。

2. 大学章程的内容须不拘一格

法律法规虽然明确了大学章程应该规定哪些内容，但这些法定内容无疑应该与一所大学的实际情况相结合，从而将抽象枯燥的法律文本转化为具体生动的章程条款。同时，法定内容不应成为限制大学章程创新性和特色性的障碍，亦即大学在法律框架下有构建章程内容的自由，从而应当也可以使大学章程做到不拘一格，特色鲜明。之所以要求不拘一格，主要是当下已有的大学章程内容相互借鉴有余，而创新求实不足，以致章程成为敷衍任务的一个摆设。应当明确的是，大学章程的内容须不拘一格，并非要求各个大学一味特立独行，而是建立在一定的条件之上：一是要符合法律要求，二是要切实可行。

首先，在章程的篇章结构方面，各个大学章程可自成体系，不必拘泥于一种模式。无论是《高等教育法》第28条的规定，还是教育部31号令第七条的规定，均不是对大学章程框架体系的预设，各大学完全有权利和能力进行框架体系方面的独特设计。然而，从对我国已有大学章程的梳理可知，章程的大纲基本上与法条的项目等同，并且各个院校之间相互效仿，不思创新。

篇章结构作为大学章程内容的一部分，在章程中可起到提纲挈领的作用，亦会显示一所大学对各项事务的重视程度，且有助于理顺各种关系。各大学应正确理解法律的规定，将法定内容合理地安排进不同的章节之中，从而形成布局合理的框架结构。

其次，从具体的法定内容看，大学章程也可做到与众不同。其中，部分法定内容会随大学的不同而各异，部分法定内容在客观上要求与各大学实际情况相结合，同时，部分法定内容可以由大学进行主动创新。如校名、校址皆属于第一种类型，各大学之间必然是不同的。第二种类型则如办学规模、学科门类、办学宗旨等，这些内容要么已经国家教育主管部门核准确定下来，要么已在该大学设立及其发展过程中得到完善，章程只是将这些事实性的东西进行确认。第三种类型是相对于前两者而言的，如内部管理体制，既可以因循已有的体制由章程予以确认，也可以借制定章程之机，重新构建更加合理的内部管理体制。需要说明的是，在具体的法定内容方面进行创新是中国大学章程制定的短板，也应成为今后强化的重点。

最后，在法定内容之外，章程还可容纳大学认为有必要加以规定的诸多内容，相对于法定内容而言，这可以称为自定内容。自定内容可以在法律允许之内，自主规范与大学有关的事项，如校友会、基金会等。然而，这些事项一旦写入章程之中，大学就应该对其严格遵守。可以说，这些自定内容既可显示大学的特色，又对大学形成约束，对于不愿受到拘束的中国大学来说，自定内容可能会更多地进行原则性规范。需要指出的是，与法定内容相比，自定内容的范围更宽广，所谓法无禁止即自由，为给予大学制定章程更多地自主权，应适当限制法定内容的范围，将之严格限于所有大学均应规定的内容。关于此，就需要对相关法律法规加以删增，如教育部31号令第7条第10项对于“校徽、校歌等学校标志物、学校与相关社会组织关系等学校认为必要的事项”的规定，将之列为高等教育法规定需要载明的内容，显然有越俎代庖、断章取义之嫌。而在域外大学章程中的“大学成员”等亦或可明确规定在高等教育法之中。

综上，大学章程的内容既要严格依照法律法规特别是高等教育法的要求，也应结合大学实际将法律的要求具体化，从而使其真正成为大学办学的指南，成为各方遵守的规范。只有将法律规定同大学实际结合起来，大学章程的内容才能既合法又可行。在大学章程应当予以规范的内容中，内部管理体制、与举办者的权利义务、校内民主管理和社会监督关系等均可统辖于多元化的治理结构之中，进而与大学成员、教师和学生的权利义务及其保障救济等共同成为大学章程内容的主体部分，成为中国未来制定大学章程的重点。

（二）合理配置权责以优化大学治理结构

构建多元参与的大学治理结构，是大学发展的客观要求，也是高等教育管理体制体制改革的趋势，经由大学章程可以推进这一趋势的实现。[①] 在域外的语境中，大学治理一般指内外利益相关者参与大学重大事务决策的过程，从而有别于囿于内部主体主导的行政和管理，而这种决策过程的权力配置模式就形成了大学治理结构。[②] 中国大学章程的重要内容之一便是如何构建新型合理的大学治理结构。按照现行法律的规定，大学应坚持党委领导下的校长负责制，大学治理结构的设计要在此基础上进行模式创新和构造，通过理顺党委领导职能，引入新的决策机构，强化改进执行机构，落实完善学术机构，进而使大学横向权力配置得到优化，实现多元参与大学治理的目标。

1. 坚持并改善党委领导

自《高等教育法》实施以来，中国共产党高等学校基层委员会领导下的校长负责制成为公立大学的管理体制。该法要求党委按照中国共产党章程和有关规定，统一指导大学工作，支持校长独立负责地行使职权。从这一表述看，党委的领导是政治上的领导，是为了保证执政党的路线、方针、政策在大学得以贯彻和执行，但大学的权力行使与承担无疑落在了校长身上。然而，随后对党委主要职责的规定中又加入了重要干部任命权和重大事项决定权，前者可以理解为党管干部原则的贯彻，后者似乎是保证路线、方针的措施，进而模糊了大学的决策机构，使党委与校长二者的权力陷入尴尬境地，而现代大学治理所要求的多元参与更无从谈起。党委领导的权力被称为政治领导

① 此处的多元参与治理不同于一些学者所说的多元治理，多元参与治理是参与治理的主体来自与大学利益相关的各方，而多元治理则仅说明大学治理结构由哪几种权力构成，如政治权力、行政权力、学术权力及民主权力等。参见肖金明：《通过大学章程重构大学治理结构》，载《上海政法学院学报（法治论丛）》2011 年第 6 期，第 74—75 页。

② 参见尹晓敏：《利益相关者参与逻辑下的大学治理研究》，浙江大学出版社 2010 年版，第 15 页。

权力，有学者将其解释为“党对高校实施政治领导的组织权力”[1]，但似乎超越了政治领导的范畴。按照高等教育法的规定，党委的领导主要针对学校思想政治工作和德育工作，以期大学按照社会主义的方向办学，而法律规定将“讨论决定”事项也纳入到党委领导之下，似乎仅是权宜之计，因为在传统的大学治理结构中，并不存在一个明确的负责决策的机构，在与校长权力的对比中，党委就成了这种重大决策事项的不二选择。大学章程的制定使人们得以重新审视这种权力设计，进而将法律对时代的妥协恢复正轨。因此，在大学章程的内容中，一方面要坚持党委对于大学的领导，一方面要将这种领导体制规范清晰，以使大学符合自己的发展规律。具体而言，大学章程应厘清党委应有的职责，剥离本不属于党委的权力，创新党委参与大学治理的途径和方式。

所谓厘清党委职责，是指在法律规定之下，结合中国共产党章程，明确大学党委在学校中的职能和责任。如汕头大学在《汕头大学章程（征求意见稿）》中规定，汕头大学党委是学校的政治领导和政治保障机构，领导学校党务工作，从而将党委的职责予以明晰于政治工作方面。从其具体职责看，包括：（1）保证学校的办学方向符合国家教育方针、法律和政策。（2）领导学校的思想政治工作和德育工作。（3）加强学校各级党组织的思想、组织和作风建设，发挥党的基层组织在学校建设中的重要作用。（4）领导学校工会、共青团、学生会、研究生会等群众组织。（5）任命监事会成员，领导监事会工作。前四项基本上依据法律规定进行统筹确定，而第五项则是汕头大学的创新之处，是党委参与大学治理的途径之一。所谓剥离权力，是指将现行党委所享有的人事权、重大事项决定权等权力从党委中分离出来，交由专门的决策机构来行使。[2] 这样一来，表面上似乎可能会造成党委原有地位的变动，但可以通过设立监事会、党委书记、委员参与决策机构等形式予以调整。监事会是在党委领导下开展经常性监督的常设机构，其组成人员主要来自于党

① 秦惠民：《我国大学内部治理中的权力制衡与协调——对我国大学权力现象的解析》，载《中国高教研究》2009 年第 8 期，第 26 页。

② 有学者将传统的党委领导特征总结为“封闭性”和“内部控制性”，进而建议将党委面向政府和社会利益者组建，而这无疑会适得其反，不仅无益于大学治理的改善，反而有害党委领导。参见黄晓玫：“改进高校党委领导的实现方式，推进现代大学制度建设”，载张国有主编：《大学理念、规则与大学治理》，北京大学出版社 2013 年版，第 310 页。

委、教职工和学生，但其本身不具有处理权限，可将有关事项交给决策机构来进行纠正。如此一来，通过对党委领导权力的重新界定和参与治理的途径构造，既可以发挥法律对党委要求的作用，又可以保障大学按照其自身规律前行。

2. 创新决策机构

大海航行靠舵手，大学治理首在决策机构。域外大学一般均有董事会、理事会或类似机构来作为决策机构，有的几乎均由大学以外的人员构成，有的则兼容大学内外代表，但不论如何，决策机构是多元主体参与的。如今，中国的大学教育已经进入新的发展阶段，大学的发展越来越涉及举办者、管理者、办学者、大学成员、社会等各主体的利益，而传统的大学管理体制，党委或党政联席会议等作为大学实际的决策机构，显然不能充分代表各种利益相关者的利益，现代的大学治理呼唤决策机构能够吸纳各种代表者。大学章程的主要任务就是要创立新型专门的决策机构，以反映各方主体的意见，进而更好地保障大学良性发展。从具体内容看，大学章程要对决策机构的人员组成及其产生、职权和运行机制等规定清楚。

首先，决策机构的人员组成及其产生。决策机构应当有各种各样的专家或者利益代表，这样其才能有效承担其决策职责①，大学治理的多元参与亦主要体现于此。大学治理的多元主体可以分为内外两部分：对于大学的外部利益相关者，法律要求大学章程须载明学校与举办者的权利义务，同时对大学接受社会支持和监督的关系也应明确；对于大学的内部利益相关者，法律也赋予了教职工和学生一定程度的民主参与管理权利。再者，党委作为执政党在大学内部的基层组织，也应有其代表参与大学决策过程。因此，通过设立决策机构，将大学举办者、社会利益相关者、教职工、学生和党委等主体的代表吸纳进来，可以有效实现法律所要调整的关系，也可促进决策的效果和民主。各大学应根据自己的实际情况，确定决策机构的组成人数，适当分配各利益代表名额。在此基础上，各利益相关者代表人选的产生可以分情况确定，如举办者的代表可以任命、党委的代表可以指定、教师学生代表可以选

① 参见〔美〕罗纳德·G. 埃伦伯格：《美国的大学治理》，沈文钦等译，北京大学出版社2010年版，第7页。

举、校友或其他社会代表可以选举也可任命等，具体的形式要由各大学确定，但一定要明确在自己的章程之中。

其次，决策机构的职权。大学章程应对决策机构的职权作出明确规定，最好采用列举的形式逐项阐明。这些职权应当符合一定的标准，如在范围上，事项应涉及大学整体利益；在重要性上，事项应关乎大学重大利益和长远发展。结合域外大学章程，中国大学决策机构的职权可限定于：(1) 规范制定权，即制定和修改大学章程，以及大学内部其他基本规范制度；(2) 主要官员任免权，即对校长、副校长人选进行任免，并向主管部门备案①；(3) 重大事项决定权，即决定大学的年度预算、中长期发展规划、办学规模、院系设置、学科设置等，还有大学本身的分立、合并、更名等；(4) 监督权，即以校长为代表的执行机构应定期向决策机构报告工作，自觉接受后者的监督；(5) 其他职权，如维护大学声誉，拓展大学发展资源等。决策机构的具体职权可结合各个大学的情况进行增删调整，同时，这与决策机构的运行机制也是密不可分的。

最后，决策机构的运行机制。决策机构有了人员组成和职责权限，还需要辅以一定的运作程序，不然决策机构难以正常运转。决策机构作为委员会制，一般以会议的形式进行决策，这就需要大学章程到对会议的召集和主持、会议周期、出席人数、提案、表决等事项作出具体规范：(1) 会议的召集和主持，可限于决策机构负责人或校长，也可以是其指定的人；(2) 会议的周期，可根据决策机构规模大小而定，但应规定一个最低频次，如每学期至少一次等；(3) 出席人数，作为会议召开有效与否的唯一指标，应结合大学实际将之明确规定，一般以全体组成人员 2/3 以上出席为宜，这对组成人员的履职也是一种督促；(4) 提案，主要涉及谁可以提出，可以就哪些问题提出，是否接受预审等；(5) 表决，作为决策机构集体作出决定的重要形式，采取出席人数过半还是全体人员过半，抑或根据不同事项采取不同比例，表决应否记录在案，以及该种记录的效力等。

只有通过大学章程对决策机构进行全面的规范，决策机构才可能成为落

① 需要说明的是，按照我国目前的做法，校长、副校长须由相应的政府机关任免，但随着大学自主权不断确立和健全，校长等大学管理层应当由大学内部选举或推选等方式自主产生，此时只需向主管部门备案即可。

实大学自主权的有效途径。通过明确决策机构的多元构成，举办者与大学的关系得以界明，可以通过自己的代表直接参与大学决策，从而有利于解决公办大学的举办者分饰两种角色的尴尬；同时，社会各利益相关者通过决策机构直接对大学治理进行参与，有助于建立和谐的大学与社会关系。此外，教师代表和学生代表加入决策机构，使得大学一直积极推进的校内参与民主进一步发展。由此可见，决策机构的创立，是对错放在党委职权之中冗余规定的纠偏，是实现大学治理的关键所在。

3. 落实校长负责制

著名教育家陶行知先生曾言："校长是一个学校的灵魂"①，对于一所大学而言，更是如此。或许这就是即便在党委领导下，也要实行校长负责制的深层次考量。党委领导和校长负责作为党委领导下的校长负责制的两个方面，传统的关系较为复杂不清，在没有大学章程予以规范的既往，这种关系多依靠党委和校长共同制定的制度维持，但现实中校长往往处于妥协地位。如法律规定，校长可以提名副校长，但副校长的人选基本上是党委提名，组织部门考察，党委会讨论报上级部门决定②，这在很大程度上体现了党管干部原则。但随着大学"去行政化"的逐步落实，党委将主要专心于大学政治领导工作，党委和校长的冲突点会越来越少，加之引入多元参与的决策机构，党委和校长的这些不和谐都会迎刃而解。如此一来，党委将有更多精力来支持校长独立履行职责以兑现法律对其的要求。在界明党委职责和机制的情况下，大学章程在内容上要明确校长的产生、任期、权限及行使方式，以此来落实校长负责制。

其一，校长的产生和任期。目前，我国绝大多数公办大学的校长是由政府或教育主管部门以行政命令的形式予以任命，这种任命程序很少有大学内部成员的参与机会。在域外，大学校长多由选举产生，这种选举"坚持了尊

---

① 转引自牛维麟：《世界一流大学校长特征及其启示》，载《中国高等教育》2003年第22期，第26页。

② 孙霄兵：《现代大学制度的演变及中国现代大学制度的建设》，载张国有主编：《大学理念、规则与大学治理》，北京大学出版社2013年版，第160页。对于党委领导下的校长负责制，有学者也解读为"党委领导下的校长"负责制，从而不同法律所规定的"党委领导"下的"校长负责制"。参见李明泉：《关于高校"党委领导下的校长负责制"的思考》，载《国家教育行政学院学报》2005年第7期，第35页。

重教师意志、公开透明、充分竞争等原则，具有较为严格的制度基础和程序规范”[①]，从域外大学章程的相关内容中不难发现这些，可谓照章办事。我国的大学章程也要明确校长的产生方式，在竞争选拔的基础上，逐步引入大学内部成员的参与机制，最终实现通过大学成员直接选举或间接选举产生，此时大学的决策机构或教育主管部门仅在形式上进行任命，即前文所谓的备案。具体规则上，则要实事求是，循序渐进，以使章程的规定与大学的发展相适应。此外，校长作为一种职务，应当设有任职期限，同时对连任进行相应的条件限制，这一点在我国大学实际运行中是存在的，但很少有章程对此进行确认和规范，今后在大学章程的制定中应予以纠正。

其二，校长的职权及行使。首先，在职权方面，有权才有责，权责相称方能使校长负责制名副其实。校长是大学的代表和决策的执行者，其权力应当与这种职能界定相称。作为大学的代表，校长在大学中应当是享有最高权力的个人；作为决策的执行者，校长应对自己权力的行使对决策机构负责，并接受其监督。如果说，决策机构是从宏观方面把握大学的发展道路，校长则是从微观层次进行管理以实现这种发展。因此，从整体上看，校长主要有两方面的权力：一是对须由决策机构决定的事项进行事前准备，如提名副校长人选，草拟发展规划、预算，拟定院系设置方案等；二是对决策机构已经决定的事项组织实施，如执行预算，任命院系负责人，聘任教职员工并对其管理，对学生进行管理，对外交往等。其次，在权力的行使方面，校长不是一个人进行执行，而是通过包括副校长在内的执行机构来实现，我国大学中已有的校长办公会是重要且可采取的形式之一。当前的章程一般将之作为校长对重大事项行使权力时的一种民主控制机制。其实，类似的机制在域外大学章程中也有实例，如德国波鸿鲁尔大学的大学行政管理委员会，由校长、副校长和校务长组成，但该委员会有自己的职权，且不同于校长本人的职权。我国在大学章程制定时，恰可将这种形式予以借鉴，结合校长负责制，将校长办公会作为一个常设机构，进而对校长的权力进行适当分离，使相对重大事项明列在该常设机构之下，同时又保证校长具有最终的决定权限，但须将

① 马怀德：《欧洲大学校长的选拔制度与大学治理》，载张国有主编：《大学理念、规则与大学治理》，北京大学出版社 2013 年版，第 315 页。

这种情况如实记录在案。如此，则校长领导下的执行机构必将跃然于章程文本之上。

4. 保障学术事务自治

学术自由被视为大学的生命，而学术事务自治是保障学术自由的关键所在，而学术事务自治要求大学中的学术事务应由学术机构独立作出判断。因此，合理地规范学术机构是学术事务自治和学术自由的基础。通过中外大学章程的对比可知，在对学术机构的规范方面，中外大学都存在多种形式，不一而足。但中国的大学章程对学术机构规定较为原则和抽象，且主要对其职能进行列举。而域外大学章程一般对学术机构的组织、权限和运作机制规范较为完整、详细，这值得中国大学加以借鉴。在大学章程中，应从组织、权限和运作机制等三个方面对学术机构进行规范和完善，以保障学术事务自治，维护学术自由。

首先，在学术机构的组织方面，大学章程应明确下列事项：（1）学术机构在学术事务决策中的地位，一般来说应将学术机构确定为大学学术事务的最高决策机构。（2）学术机构的具体设置，是采取合并式还是采取分立式，前者将形成一个综合性的学术机构，后者将形成多个单一性的学术机构，这需要根据大学实际情况进行选择。（3）学术机构的人员构成及其相应名额，为了体现教授治学和学术自治精神，应当以教师为主，一些大学已经在章程中对校长在学术机构中的兼职进行限制，对担任行政职务的教师占比也进行限制，以提升普通教师的比重和权威。此外，应否引入外部大学的教师和本大学的学生代表也可作为尝试创新的考虑。（4）学术机构组成人员的产生方式，可以按院系分名额推选，也可分别由各学部和教职工代表大会推选，如果有学生代表或校外代表亦可由学术机构指定。组成人员均应有任职期限，具体可根据不同人员类别分设不同期限，对于学生代表也可限制其对一些事项表决权。[①]（5）学术机构的负责人，其可从校长、校长提名人选或委员互选中确定，如复旦大学，校领导均不在学术委员会任职，此时就可从后两种方式产生负责人。如果校长还是学术机构的成员，其本人可以是负责人，抑

① 如英国《东安格利亚大学章程》规定，评议会中的学生成员不能参加任何关于任命、提升和涉及大学雇员个人职位的事项以及有关录取学生和学生学术评价的讨论，也不能收取关于这些问题的书面材料。参见马陆亭、范文曜：《大学章程要素的国际比较》，教育科学出版社 2010 年版，第 115 页。

或选定他人。

其次，关于学术机构的权限，大学章程应当对不同学术事项进行恰当分类，进而发挥学术机构在该事项中的不同作用。《高等教育法》要求大学设立学术委员会，但仅对其职能进行了概括规定。教育部31号令虽亦不具体，但却简明扼要地将学术机构的权限表达出来。该令第11条要求，章程须保障学术组织在学校的学科建设、专业设置、学术评价、学术发展、教学科研计划方案制定、教师队伍建设等方面充分发挥咨询、审议、决策作用。易言之，大学章程应将上述若干学术事务规定于学术机构职权之中，具体行使何种性质的职权，应区分事项情况分别予以咨询、审议或决策，这种指导性规定恰如严谨的德国大学中学术评议会职责的分类，可以作为大学章程对学术机构权限规范的模式。从实际的大学运作看，大学中决策机构、执行机构等的职权中兼容了学术事务，但这须其他机构最终进行决定，此时就需要学术机构对这类事项发挥咨询或审议作用，以便其他机构恰当地作出决策。因此，大学章程应当对三种性质的权力界明清楚。[1]

最后，对于学术机构的运行机制，同决策机构相似，学术机构也是一种委员会制，因此同样需要对会议的召集和主持、出席人数、表决方式等作出规定。这里重点对学术机构的表决方式进行说明，一方面，学术机构决策底线是保护和保障每一位学术人员的“学术独立”和“思想自由”[2]，学术机构的组成人员应当每人一票，且票的价值不因学术地位的高低或学术主张的多寡等而有些许差别；另一方面，学术机构的集体机制，使得决策最终会以投票或类似方式作出，从而又会使学术的独立和自由受制于“多数的民主”，而这种民主形式又很难辨识是否出于学术的独立判断。对此，可建立学术机构内部事项的分离审议，即对于专业知识的判断，应寻求同行间的实质评价，而学术机构本身仅对其进行形式评价。这需要大学章程进行分类别项详加规定。

---

① 对此，可以参考教育部网站2013年10月18日发布的《高等学校学术委员会规程（征求意见稿）》。

② 杨玉良：《大学，为学术而存在》，载张国有主编：《大学理念、规则与大学治理》，北京大学出版社2013年版，第43页。

（三）实体程序并重以体现大学成员主体地位

正如“宪法是一张写着人民权利的纸”[①]，作为大学宪法的章程也应给大学成员的权利留下充分空间。从中世纪博洛尼亚大学和巴黎大学起，学生和教师就作为大学及其章程发展的主导力量，他们不仅赢得了大学的独立，更为独立的大学和大学成员争取到了权利，进而将这些权利明确在大学的章程之中。如作为“学生大学”[②] 的博洛尼亚大学从博洛尼亚市获颁了 charter 形式的章程（特许状），章程中规定学生团体有权和教授订立合同、调节学生公寓租金、设定课程和课时、限定书籍价格等。[③] 可见，对大学成员权利进行保障和救济是大学章程的题中应有之意。目前中国的大学章程中一般均有专门章节对学生和教师的权利义务进行规范，这一形式在世界范围内都是可圈可点的。然而，在这种形式之下，章程对实体权利和保障与救济程序的规定却有负众望，这与学生和教师等主体在大学中的成员资格或身份不明有重大关系。对此，在权利分支的内容规范上，大学章程可从大学成员、大学成员的权利义务和大学成员的权利保障机制三方面展开。

1. 大学成员

大学成员可视为一个人隶属于一所大学，且符合大学所认可资格的身份。一个人只有作为大学成员，才能享有大学章程所确立的相应权利、履行相应义务以及承担相应责任等。大学成员作为一个基础概念，可以分出决策机构成员、执行机构成员、学术机构成员、学生成员、教职工代表大会成员等，反观之，这些不同类别的成员又均统合于大学成员之中，从而使各类成员在大学成员这一身份上均有大学章程之上的平等地位。[④] 大学成员的称谓在域外大学章程中虽非常见，但对于介入中国大学章程的内容之中却很有必要。一则，可有效消减“大学行政化”的传统，不再将学生和普通教职工主要视为

---

① 列宁：《两次会战之间》，载《列宁全集》第九卷，人民出版社 1988 年版，第 448 页。

② 因为博洛尼亚大学以学生为中心，学生行会付给授课者讲课费，并控制授课者，这被称为“学生大学”模式，以区别于与之相对的以巴黎大学为代表的“先生大学”模式。参见郭丽君、吴庆华：《中外大学比较》，经济管理出版社 2012 年版，第 8 页。

③ 湛中乐、苏宇：《西方大学章程的历史与现状》，载《中国高校科技与产业化》2011 年第 5 期，第 24 页。

④ 域外大学章程关于大学成员的规定也非主流，本处参照了牛津大学章程中相关规定。参见湛中乐：《大学章程精选》，中国法制出版社 2010 年版，第 466—467 页。

被管理对象，而是给予其应有的成员地位，从而明晰了个人与大学的关系。一如布鲁贝克所指出的："给学生以学院或大学的成员地位，很明显地高于把他当做一般市场中商店顾客的地位"。[①] 二则，可激发大学成员身份的认同，使大学成员特别是教职工和学生主动行使权利，进而助力于大学办学自主权的实现。现有的大学章程将教师、学生、校友等分别加以界定，即便界定的如何之清楚、合理，他们还依然分别是教师、学生和校友，而他们的这种身份之于大学是何种关系却未能知晓。因此，大学章程可在此基础上引入大学成员的概念，或许仅需一个条款加以确认，但其意义必将深远。

2. 大学成员的权利和义务

在中国的大学章程中，大学成员的权利和义务主要指教职工与学生的权利和义务。作为结合大学实际情况依法制定的大学章程，一方面，应将法律对教师和学生权利义务的规定具体化，同时对其他教育工作者的权利义务比照法律进行规定；另一方面，须将本大学赋予教师和学生的权利，以及须承担的相应义务加以补足。对此，大学章程可按照不同主体分别对其权利义务予以规定，具体可分为教师、专业技术人员、管理人员、工勤人员和学生，其中教师和学生的权利义务在已有的大学章程中基本都有涉及，但其他主体的权利义务几乎没有专门规定，似乎将其他主体等同于教师。但细究《教师法》和《高等教育法》，教师和其他教育工作者显然是有区别的，大学章程应当对此分别作出规定，这一点是我国大学章程需要高度重视的。

在明确了思路和区分了不同主体之后，大学章程应对不同主体的权利和义务加以规范。以学生的权利和义务为例，《教育法》第42条和第43条分别对受教育的权利和义务进行了规定，这是大学章程中学生权利和义务的法律依据所在。从这些规定看，已经较为具体，章程所要做的就是对法律没有明确列举的权利加以列举，从而扩充学生的权利范围；对于义务也应采取列举的形式多加规范，这与宪法主要规范公民的权利不同，毕竟大学的章程是相对具体的。除法律规定的权利外，章程可从平等接受教育的权利、对大学治理参与的权利、对涉及自身事项知情的权利、自由结成学生社团组织的权利、

① 〔美〕约翰·S. 布鲁贝克：《高等教育哲学》，王承绪等译，浙江教育出版社2002年版，第152页。

对大学有关事务提出批评建议的权利等方面对学生权利进行补充。在义务方面，在法律规定的基础上，章程可从遵守学术规范、服从学籍管理、严守考试纪律、合理使用学校财产、缴纳学费住宿费等方面对学生义务进行规范。对于教师和其他主体的权利与义务，均应按照这种思路予以细化，符合该大学的实际情况，从而改变大学章程仅仅复述法律规定的现状。

3. 大学成员的权利保障机制

无论是教职工，还是学生，其合法权益均受到高等教育法等法律的明确保护。言下之意，即若教职工或学生违反相关规定，其权利就会受到一定的不利处分，但这一处理行为可能会对相关人员造成不公正对待，而权利保障机制旨在通过设置专门机构，设计合理程序，规范大学对其成员权利进行的不利处分。虽然法律法规对诸如申诉等程序有所提及，但是大学章程也一语带过，丝毫没有对此加以详细规定之意。而一旦发生大学作为被告的诉讼，违反“正当程序”等字眼就会写入判决书。域外大学章程中，对纪律处分等多予以详尽规定，可以引以为鉴，大学应以建设大学章程为契机，将这一短板补足。

我国大学章程在权利保障机制中应着重规范两个方面，即机构和程序。一方面，大学章程应设置纪律委员会、申诉委员会等专门机构，并对其独立性作出明确要求，关键要详细规定这些机构的人员构成。如学者所言：“要使申诉机构发挥作用，就要对申诉机构的人员组成、比例按照公平公正的原则来设置，使其成为一个独立的机构发挥作用”。[①] 但就纪律委员会和申诉委员会而言，二者又有所不同。纪律委员会更偏向大学作为管理者对自己规章制度的执行，这个机构可以大学行政部门人员、学生、教师等相结合的方式产生。而申诉委员会作为大学内部复议机构，应相对更加中立，按照域外大学的做法，可尝试引入法官、律师等具有相关法律经验者，对于行政人员则应限制。另一方面，大学可参照法律法规并结合实际情况，在章程中对整个处分过程分别设置控告程序、处分程序、申诉程序等。如作出处分程序：处分前，应予以书面通知，要求对方在合理期限内说明理由或陈述；处分中，应

① 郭春发、孙霄兵：《大学章程制定中要认真对待学生参与权》，载《中国高教研究》2012 年第 11 期，第 25 页。

告知对方相关权利，对于重大不利处分如开除等应给予听证权利；处分作出后，应以书面形式通知相关人员，同时告知有关权利。需指出的是，前述程序解决的是权利在大学内部的保障和救济，大学章程还须对大学外部救济程序进行明确指引。应当看到，校内申诉制度如果实施得当，不但成本低、效率高，而且可以使大学成员与大学通过博弈获得“共赢”。[①] 同时，虽可以内部程序保障为先，但不应限制权利受处分者依法寻求其他救济途径。

（四）围绕权力和权利规范构筑大学章程内容全景

大学治理结构和大学成员权利及其保障虽可视为大学章程的核心内容，然而，大学章程作为国家高等教育立法体系以外的且与高等学校内部管理密切相关的制度规则，关系高等学校权力配置、发展目标、师生权利义务实现、社会资助与回馈等重大问题。[②] 为此，大学章程对于其他重要内容亦须详加规范，这些内容包括：（1）大学内部治理机构。这主要是从纵向上来规范大学与院系之间的关系，特别针对院系的权力结构进行构建，是大学治理结构的一个重要维度。（2）大学与举办者的权利义务。这是法律要求载明的事项，通过前面对决策机构的设计，举办者得以通过合适途径参与到大学治理中来，但大学章程仍须将举办者之于大学的权利和义务，大学之于举办者的义务和权利规范清楚．毕竟大学章程可视为举办者在协商的基础上就学校如何举办达成一致意见而订立的文件。[③] （3）大学与社会的关系。一方面，社会相关利益者可通过决策机构参与大学治理，可以解决部分大学与社会之间的关系问题；另一方面，社会主体毕竟多种多样，大学与社会的关系不仅限于监督和支持，还可能是单方的服务或双方的合作等，而这些在治理结构中是不能全部表达的。（4）其他法定事项。如大学的宗旨、办学要素、章程修改等。（5）其他自定义事项。如校旗、校徽、校歌、校训、网址、校友会、基金会、咨询委员会等。可以预见的是，其他内容均会围绕权力和权利的既有规范进行具体设计，从而勾勒出大学章程内容的全景。

---

① 湛中乐、郑磊：《论公民受教育权救济程序的改革与整合》，载湛中乐主编：《教育行政诉讼理论与实务研究》，中国法制出版社 2013 年版，第 180 页。

② 湛中乐：《大学章程精选》，中国法制出版社 2010 年版，前言。

③ 参见陈立鹏等：《大学章程研究——理论与实践的探索》，北京师范大学出版社 2012 年版，第 24 页。

第六章

大学章程的实施

徒法不足以自行。亚里士多德在其《政治学》一书中对法治的定义是：已成立的法律获得大家的普遍服从，而大家所遵从的法律又应该是制定良好的法律。[①] 这其实都表明要发挥法律的作用必须具备两个基本条件：一是（良）法，二是实施。法律的实施是法律发挥作用的必要条件。一部法律只有通过实施才能彰显效力、发挥作用，也只有通过实施才能检验其是否与实践要求相符合，进而根据实践的要求对其进行修正和完善，完成法到良法的蜕变，从而实现良法之治也即法治。可见，法的实施无论对于法还是对于法治都具有十分重要的作用，没有法律的实施就不能检验法是否良法也就无所谓法治。大学章程，与法律一样作为一种规范形式，其功能、效用的发挥也要依靠实施。只有将章程切实运用到高校的规范管理中去才能检验章程是否与高校的实际相符合，才能充分发挥章程的规范作用实现大学的“规则之治”，满足建立现代大学制度的要求。

现在研究大学章程和高等教育的学者大都宣称或承认大学章程是大学的宪法、宪章。[②] 这足以表明大学章程在大学的规则体系中的重要地位，对于大学治理的重要作用。值得注意的是，尽管我们都承认宪法在法律体系中的至

---

① 〔古希腊〕亚里士多德：《政治学》，吴寿彭译，商务印书馆，1965 年版，第 199 页。

② 相关文章可见：钟秉林、赵应生、洪煜：《中国特色现代大学制度建设——目标、特征、内容及推进策略》，载《北京师范大学学报（社会科学版）》2011 年第 4 期；黎莲芬：《试议高校章程制定与高校依法治校》，载《高教论坛》，2012 年 10 月；许慧清：《大学章程实施的推进策略探究》，载《教育发展研究》，2013 年 5 月。

高地位，但是我国宪法的实施状况以及在实际生活中发挥的作用却与其地位极不相称，与我们的期望相去甚远。大学章程作为大学的宪章在实施过程中是否遇到了宪法同样的尴尬？大学章程实施状况如何，该怎样实施，实施中出现的问题该怎样救济，这应该成为我们关注的重点。本章试对上述问题予以剖析并给出答案，希望能对大学章程的实施有所裨益。

第一节　章程实施的内涵

研究章程的实施首先需要确定章程的实施是什么，如何才算是章程的实施？依据现代汉语词典的解释，“实施”意为“实行”，而“实行”意指“用行动来落实”。布莱克法律词典对“实施”的解释则为“完成某行为”“使之具备实效”。[①] 对于章程的实施，目前学界尚没有一个确切的定义，为了避免妄断我们可以先考察一下学界对法律实施的定义。法理学界对法的实施的概念认识较为一致：“法律实施，是指法律规范在社会生活中被人们实际贯彻与施行。法是一种行为规范，法在被制定出来后实施前，只是一种书本上的法律，处在应然状态。法律实施是一个过程。它是将法律规范的抽象行为模式转化为人们的具体行为的过程；是使法律从书本上的法律变成行动中的法律，从应然状态进到实然状态的过程；是由法律规范的抽象的可能性转变为具体的现实性的过程”[②]；“法的实施，是使法律规范的要求在社会生活中获得实现的活动。法的实施是一个动态的过程，即将法律的规范要求转化为社会主体的行为，将法律规范中的国家意志转化为现实关系，是法律规范的抽象规定具体化，由可能性转变为现实性的过程”[③]。大学章程与法律同为行为规范，在类的归属上是一致的，据此套用法律实施的内涵，章程的实施可广义的理解为落实章程的规定使之具备实效的行为，也即将章程的抽象规定于实践中贯彻落实使之发挥效力。章程的实施也应为一个动态的过程，即将章程中应然的、抽象性规定转化为大学以及所涉相关主体的具体行为的过程。

---

① *Black's law dictionary* (6th Ed), St. Paul, Minn.: West Publishing Co. (1990), p. 1214.

② 夏锦文：《法律实施及其相关概念辨析》，载《法学论坛》，2003 年 11 月 5 日。

③ 朱景文：《法理学》，中国人民大学出版社 2008 年版，第 386 页。

上述的广义定义虽然反映了章程作为行为规范实施的一般特征，却不能突出章程实施的独有特性，下面我们是结合章程的自身性质对章程的实施作具体分析。大学章程从“法律地位”上来讲是大学的“宪章”，从自身的内容特点上来讲是大学的“组织法”“权利法”和“程序法”[①]，从自身的性质上看属于软法的范畴。大学章程的这些特性决定了章程的实施具有以下特点：一是作为学校的宪章，依据大学章程在学校内部制定形成的一套制度规则体系体现了大学章程的实施；二是大学章程作为学校的组织法，学校的机构设置、权力分配，组织构成等方面依据章程内容组织规定体现章程的实施，同时作为行为法，大学章程所涉相关主体依据章程规定享有权利、履行义务、开展活动也体现了章程的实施；三是作为软法，章程不能以国家强制力为实施的保障。根据上述的分析，大学依据学校章程形成自己的一套规则体系，并依据章程规定设置机构、分配权力等体现了学校章程的实施，但是这并不是章程实施的全部。凯尔森曾言：“在规范秩序和该秩序规范所指的人们的实际行为之间的某种对立一定是可能的。没有这样一个可能性，规范秩序也就会成为完全没有意义。”[②] 章程的实施不仅仅是上述的相关内容均与章程的规定相一致，而是在其章程规定不一致的情况下可以依据章程的规定使其恢复到与章程规定相一致的轨道上来，即章程规范效力的发挥。[③] 这才是完整意义上的章程实施。

第二节 大学章程的实施现状

谈到大学章程的实施，法学、教育法学或者教育学的研究学者可能会不禁质疑：当前我国还有许多大学[④]还没有章程，现在谈章程的实施没有实际意义。这种观点有一定的现实基础，在一定程度上反映了我国大学章程的现状。“2007 年，教育部教育部法制办公室对全国高校章程建设的整体情况进行了

① 湛中乐、徐靖：《通过章程的现代大学治理》，载《法制与社会发展》（双月刊），2010 年第 3 期（总第 93 期）

② 〔奥〕凯尔森：《法与国家的一般理论》，沈宗灵译，中国大百科全书出版社 1996 年版，第 136 页。

③ 对于这一点下文将继续论述。

④ 限于篇幅和研究旨趣，本书中的大学如无特别说明仅指公立大学。

一次调查。根据当时汇总的情况，共有563所高等学校（含普通本专科及职业院校、成人高校，主要是公办高校）报送了章程或者章程草案，占当时全国高校的21%”[①]；近几年，教育行政部门加大了推进大学章程建设的力度：2010年教育部将北京大学、北京师范大学、湖南大学等26所部属院校列为试点并要求所有试点院校2013年都要制定章程[②]；2012年教育部颁布《高等学校章程制定暂行办法》对高校章程制定作出明确规范；2013年8月12日至23日教育部在门户网站上公布了中国人民大学、东南大学、华中师范大学等六所院校上报核准的大学章程征求公众意见；2013年9月教育部发布《中央部委所属院校章程建设行动计划》列出了中央部委所属院校章程建设的时间表。不过从整体上来看，当前我国拥有大学章程的高校所占的比例还是比较低。由于实施对象的缺乏，现在讨论大学章程的实施似乎是不合时宜，学者们对大学章程的关注也没有集中到实施的层面。[③] 目前学者们对大学章程的关注点集中在“大学章程的制定”“大学章程的问题”“大学章程的作用”等一些形而上的问题上，对章程的实施这种形而下的问题关注的很少。研究者潜意识中似乎形成这样一种认识：当前我国高等教育、大学治理存在的种种问题根源在于对大学章程没有正确认识、大学缺乏章程或没有制定出好的章程，只要我们端正认识、制定出好的章程上述这些问题就可迎刃而解，章程的实施是顺理成章的事情无需过多关注。

事实并非如此。前面我们讲到章程的实施对于章程本身和实现章程之治都有至关重要的作用，可以说没有对章程实施情况的研究也就不会制定出符合实际的章程，章程的作用也就不会得到好的发挥。虽然当前我国拥有大学章程的高校数量还不多，但是对已有高校章程实施状况进行分析确有必要。

---

① 王大泉：《我国高校章程建设的现状与路径》，载《中国高等教育》，2011年9月。

② 《教育部关于2013年深化教育领域综合改革的意见》，载http：//www.gov.cn/gzdt/2013-03/01/content_2342987.htm，2016年1月2日访问。

③ 笔者在CNKI上以“大学章程”或“高校章程”为主题词进行检索，可以搜到相关文章705篇。这些写文章虽有些对章程实施的问题有所涉及但也基本上都是一笔带过。

综合来看，当前我国高校中的章程实施遭遇到与我国宪法实施同样的问题。[①] 一方面我们可以认为目前我国已有高校章程实施情况“较好”。说章程实施的“较好”是指目前在我国已有大学章程的高校中学校的机构设置、权力配置、课程设置、招生规模等的实际状况都与学校章程的规定相一致。不过这里的实施其实质是高校章程的形式性实施[②]，如果我们把这种实施就当作是章程的实施的话，高校章程的确得到了有效的实施，对比北京师范大学、吉林大学等高校的章程与现实，章程中规定的学校的宗旨、功能、教育形式、组织结构等内容基本上都与大学的实际情况相一致。另一方面我国高校章程的实施状况并不是很好，这是从实质性实施来讲的。现实中高校章程并不能充当权利救济的保障，对违反章程的行为也没有有效的制裁措施。章程规定的内容高校等利害相关方可以选择遵守也可以选择不遵守，对此章程没有规定任何强制性效力。从上述两方面来看，现实中大学章程其实只是发挥着指导性作用并没有规范性效力，而规范性效力是章程得以实施的标志。就章程的形式性实施来看，与其说是其指导性作用的发挥不如说是章程对现实的迁就。我国现存的绝大部分高校在成立之初并没有制定章程，只不过是随着大学的发展以及为满足国家建立现代大学制度的要求，在教育主管部门的推动下才开始章程的制定工作。这种情况下，章程实际上只是对大学现状的一种

---

① 张千帆教授在《宪法的实施重在实质》一文中指出关于宪法实施问题，宪法学界存在截然不同的两种说法。一种观点认为宪法得到了有效的实施，理由是目前所有的政府机构都是按照宪法规定设立的，政府的立法、行政、司法等职能都是按照宪法程序履行的；譬如说三十年来，全国人大依宪制定了三百多部法律，即可被认为是宪法实施的结果。另一种观点则认为，《宪法》第 67 条规定了全国人大常委会“解释宪法，监督宪法的实施”职能，但是三十年来，常委会却从来没有对宪法作出任何解释，而现实中却存在着大量涉嫌违宪的现象，譬如 2003 年废除的收容遣送条例、2011 年修改的城市拆迁条例、目前正在计划修改的劳教制度等。这些现象的普遍存在表明，宪法规定似乎并不“管用”。载 http：//www. publiclaw. cn/article/Details. asp? NewsId = 3998&classid = 7&classname = % B7% A8% D5% FE% CA% B1% C6% C0，2013 年 11 月 3 日访问。

② 张千帆教授在《宪法的实施重在实质》一文中将宪法的实施分为程序性实施和实体性实施，他认为，“程序性实施就是国家机构都按照宪法规定的程序办事：各级人大按照宪法程序立法和监督，国务院等行政机构按宪法规定的权限制定法规或作出决定，法院与检察院按宪法规定办案，如此等等。实体性实施则是对宪法实体条款的具体展开，主要形式包括对宪法特定条款的立法（如针对《宪法》第三章第三节制定的《国务院组织法》）、职能机构（如全国人大常委会）对宪法特定条款的解释、司法机构依据宪法对有关立法或行政行为作出的个案判决等。现行宪法的‘实施’主要限于程序性实施，实体性实施严重不足。即便依据宪法特定条款制定了若干部组织法，但这种实体实施只是浅层次的，基本停留于细化国家机构的组织结构和工作程序。”笔者同意张千帆教授的观点，但认为将“程序性实施”改名为“形式性实施”更为贴切。

文本化，“《高等教育法》第28条关于高校章程内容的规定，均被学校纳入章程，但学校结合自身实际对法定内容进行的创设性规定不多”①，所以与其说大学实际与章程规定相符合不如说是章程规定与大学实际规定相符合。这样看来章程的形式性实施其实也是不存在的。

我们可以结合一个实例管窥一下我国高校章程的实施状况。吉林大学是教育部直属的一所全国重点综合性大学，2005年吉林大学率先在通过了《吉林大学章程》成为我国高校中较早拥有大学章程的学校之一，一时间在全国引起了巨大的反响。2008年，中国人民大学教育学院副教授陈立鹏组织调研组到吉林大学进行调研，根据其调研结果我们可以分析一下吉林大学章程的实施状况。②

对于吉林大学章程的实施调研结果指出：在章程的实施路径上吉林大学采取的措施一是签发文件，为推进大学章程的实施吉林大学党委先后引发了《〈吉林大学2006年理论学习计划〉的通知》以及《中共吉林大学委员会关于学习贯彻〈吉林大学章程〉的意见》，以文件的形式要求全校加强学习贯彻吉林大学章程；二是组织学习，吉林大学章程出台后吉林大学先后“组织开展了各种章程宣传教育活动，出版《吉林大学章程》（单行本）、《吉林大学章程读本》”③ 等多项活动加强大学章程的学习。对上述措施稍加分析就可以得出，这些措施其实根本就不是对大学章程的实施，只不过是吉林大学提升全校对吉林大学章程的认识的措施。或许是陈教授对该段文字的命名出现失误，从该部分调研结果内容的表述上并不能确定吉林大学章程的实施状况。在对吉林大学章程实施的态度上，吉林大学的管理机构的工作人员④表示大学章程得到了较好的实施，章程的出台“统一了制度统一了思想”“章程成为了工作中的靠山，得到了教师的广泛认同”，给工作提供了规范性依据，工作起来“感觉腰板更硬了”。⑤ 学校管理人员的话语中给人一种吉林大学章程已

---

① 王大泉：《我国高校章程建设的现状与路径》，载《中国高等教育》，2011年9月，第16页。

② 本部分内容参考陈立鹏等：《大学章程研究——理论与实践的探索》一书中对吉林大学章程实施调研情况的介绍。参见陈立鹏等：《大学章程研究——理论与实践的探索》，北京师范大学出版社2012年版，第65—90页。

③ 同上书，第71页。

④ 这里根据上述的介绍指的是校部机关机构的工作人员。

⑤ 上述话语系陈立鹏副教授在吉林大学调研时分别对吉林大学法规处、人事处、学生工作部工作人员访谈得到的答复。

得到较好的实施印象，然而这一印象却被随后对教师和学生的访谈结果打破。在与教师的访谈中，其中一位受访教师全面参与了吉林大学章程的调研、起草、制定、审议过程，自然对吉林大学章程有较好的了解；另一位受访教师则坦率地表示自己对吉林大学章程并不太了解，“以前知道吉林大学章程，但没有见过，并不十分了解，以前也不研究，就觉得很远，现在因为要做这个课题才找到章程文本”[①]。在接受采访时该教师还不止一次表示“感觉章程离我很远，从理论上感觉很重要，但实际上章程跟每个教师离得很远”。在对学生的调查中调查组甚至遭遇到因学生不了解吉林大学章程以致没有合适调查对象的尴尬[②]，后来在吉林大学校方的帮助下，调研组通过访谈吉林大学高等教育研究所学过相关课程的学生才完成调研任务。作为大学主体的学生和教师对吉林大学章程基本不了解或者仅因为工作学习的需要才进行研究，吉林大学章程的实施是否得到实施，实施效果如何也就一目了然。

虽然对吉林大学的调研只是个个例，但是吉林大学章程实施所反映的问题却具有普遍性。综合来看，我国已有大学章程的实施效果并不理想，均不同程度的出现制定之后即被“束之高阁”的现象。对此我们不免疑问，理论上层面学者们对大学章程的重要作用和价值已做出充分的分析和论证，实践层面国家教育行政部门已三令五申要求大学制定本学校的大学章程[③]，各高校章程制定工作也纷纷展开或列入议程，为什么制定出的章程却得不到实施？已制定大学章程的高校是不想实施还是不能实施大学章程？制定出的大学章程是不能实施还是不被实施？

---

① 调研时该受访教师正在进行吉林大学管理体制改革课题研究。

② 在调查学生对吉林大学章程实施态度中，调研组遇到了困难。采取随机问卷形式得到的调查结果是“学生对章程了解的很少，仅仅停留在‘知道’的层面上，对其中的内容知之甚少，甚至有的同学还不知道吉林大学还有章程。”

③ 1995年颁布施行的教育法首次以基本法的形式明确规定学校必须具备“章程”等基本条件，1995年8月原国家教委下发《关于实施〈中华人民共和国教育法〉的若干意见》，进一步指出：“各级各类学校及其他教育机构，原则上应实行‘一校一章程’”。1998年颁布的《高等教育法》明确要求高等学校必须具备章程，并对高等学校章程应当载明的事项做出规定。2003年7月，教育部在《关于加强依法治校工作的若干意见》中重申：“学校要依据法律法规制定和完善学校章程，经主管教育行政部门审核后，作为学校办学活动的重要依据。”《国家中长期教育改革和发展规划纲要（2010—2020年）》再次重申“各类高校应依法制定章程，依照章程规定管理学校”，2012年教育部发布《高等学校章程制定暂行办法》对高校的章程制定作出细致规定。

第三节　大学章程的实施现状原因分析

教育行政主管部门的积极推动，高校的纷纷响应，学者的频频表态，一时间大学章程成为一个热点话题，大学章程的制定工作也轰轰烈烈的展开。但是与这种火爆极不相称的是大学章程的实施却流于形式、起不到作用、引不起关注。如果我们遵守政策法规的明确规定，政府及教育行政部门理应按照相关规定的明确要求积极推动大学章程的实施；如果我们承认大学章程是大学实现自治的保障，高校应该会主动将章程付诸实践；如果我们承认大学章程是明确权利义务的有效文本，高校师生必然要积极响应章程的实施。大学章程的实施遇“冷”肯定与章程的应有作用不能发挥有关，下面我们试对此展开分析。

一、教育环境的限制

任何事物都不能脱离其所处的环境而独立存在，大学章程也是如此。在当前我国的教育环境下，教育体制、管理机制、社会习俗等因素留给大学章程独立发挥作用的空间很小，这就必然导致大学章程难以实施。

（一）国家教育体制的政校不分

国家的教育体制在这里主要是指政府与高校的关系，即权力在政府与高校间的如何分配。有学者将西方国家的教育体制分为三种模式。[①] 第一种是集中型权力分配模式，以法国的教育模式为代表，在这种模式下高等教育活动的管理和决策权力全部集中在中央政府及相关机构，大到国家高等教育宏观政策小到学校的管理结构、课程设置、学位管理、教师任命等学校内部事项全受中央教育主管部门的影响。不过这并不意味着高校成为政府部门的附庸，政府对高校的管理必须依据法律进行。第二种是分散型权力分配模式，在这种模式下高校拥有相对较大自主权，高校的管理是地方政府、市场、校董事会三分作用的结果。美国的教育体制是分散性权力分配模式的典型。第三种是复合型权力分配模式，这种模式是集权与分权的结合，其特征是中央政府

① 徐小洲：《自主与制约——高校自主办学政策研究》，浙江教育出版社 2007 年 4 月，第 8 页。

和其他组织、利益集团共同享有高等教育管理和决策的职权。英国、德国、日本的教育体制都属于这种模式。对照这三种模式，我国的教育体制与集权式权力分配模式最为接近，有过之而无不及。

新中国成立之后实行计划经济体制，政府把一切事情都包办起来，高等教育也不例外。在这种体制下政府的权力贯穿于高校管理的方方面面“大到办学规模、模式和学制的设定，经费的投入和管理；小到教学教育计划，课程教材的选择、审查和设置，教师的聘任，人事安排，甚至到课堂时间的限定，处处都受政府行政组织的直接管理，校长也被看作政府机关的派出者，直接对政府负责”。[①] 改革开放以后政府开始简政放权，推行政市分开、政企分开、政事分开和政社分开。在政府与市场、政府与企业的关系方面改革成效较为显著，逐步厘清了二者的关系。涉及政事分开的内容，特别是政府与高校的内容，改革虽有成效但不是特别显著，政府仍旧包揽了大批的高校管理事项。仅据笔者在教育部门户网站统计显示，当前涉及高校管理的法律、法规、部门规章有60余部[②]，多数都涉及高校的学生管理、专业设置、学位管理等内容。有学者把当前我国教育行政机构的权力概括为五方面：(1) 制定和发布具有普遍约束力的规范性文件的权力；(2) 教育行政执法权力；(3) 主管事项决定权力，即组织与管理高校与其他机构的权力；(4) 指导、监督权力；(5) 建议权力。这五种权力又可具体为12个方面：(1) 制定和发布具有普遍约束力的规范性文件权；(3) 教育机构设置、调整审批权；(3) 教学计划及课程、教科书和学生用书审定权；(4) 高校管理权（教学、财务、人事）；(5) 招生、考试、录取、学籍管理权；(6) 教育、教学人员技术职称授予权；(7) 学位授予权；(8) 主管教育机构的认识任免权；(9) 对下级人民政府及教育行政部门工作和高校教育工作的指导、监督权；(10) 对同级其他行政部门教育工作的协调、监督权；(11) 对违反教育法行为的处罚权和强制权；(12) 对同级人民政府教育工作的建议权。[③] 在这种情

① 段海峰：《行政法视角下的高校管理》，人民出版社2010年10月，第37页。

② 笔者在教育部门户网站搜索发现，涉及高校管理的法律包括《教育法》《高等教育法》《学位条例》三部，单独关于高校管理的行政法规三部，包括《高等教育自学考试暂行条例》《普通高等学校设置暂行条例》《中华人民共和国学位条例暂行实施办法》，单独关于高校管理部门规章有60部。

③ 段海峰：《行政法视角下的高校管理》，人民出版社2010年10月，第48页。

况下，高校的管理事项几乎都被政府包揽起来或者政府法规文件的调整，“可以说，高校在所有的管理领域都能找到上级主管部门的政策依据。高校只需认真落实上级的这些政策规定，执行好上级的文件，就完全可以维持学校各项事业的正常运转”①，留给大学章程发挥作用的空间非常小或几乎没有，这样大学章程自然也就没有实施的必要。

（二）政府的错位与缺位

政府的错位与缺位是造成大学章程没有实施的重要原因。政府的错位是指政府对高校的管理没有正确的方式、方法。随着高校的扩招、高等教育的大众化，“高等教育的社会功能日益显著，它承担着促进科学技术进步，推动社会经济发展，传播人类文明和培养多种高级专门人才的使命，它越来越深刻、全面地影响着国家命运和社会生活”。② 高校的重要作用决定了需要政府对高校的发展予以支持、引导和管理，但是政府对高校的管理必须遵循高校自身的发展逻辑，依法进行。上文提到，在集中型权力分配模式下，政府对高校的管理和干预也较多。他们之所以没有出现我国高校章程之遭遇原因在于政府尊重高校的法律地位、对高校的管理依法进行。在我国，基于高等学校的事业单位的地位、承担着公共服务的职能，政府很大程度上将其视为自己的附属机构，“政府对高校下达指令性计划，并以行政命令的方式加以推行”③，运用行政思维采用行政方式干预学校管理。特别是在我国法制不健全、政府工作人员法治思维、法治意识程度不高的情形下，政府机关的“红头文件”也成为政府管理高校的依据。

政府的缺位主要表现在大学章程的制定上。根据现行法律规定公司作为一个法人，其章程是由股东或发起人制定④也即是由举办者制定。根据我国《高等教育法》的规定高校也是一个法人⑤，其章程的制定理应由其举办者制定。现阶段我国的公立高等学校主要是由国家举办的，国家是高校的举办者。

---

① 王仁高：《大学章程为什么会缺位》，载《中国教育报》，2011 年 1 月 3 日。

② 殷爱荪、许庆豫：《试论我国高等学校章程的制定和实施》，载《苏州大学学报（哲学社会科学版）》1997 年第 4 期，第 16 页。

③ 徐小洲：《自主与制约——高校自主办学政策研究》，浙江教育出版社 2007 年 4 月，第 149 页。

④ 有限责任公司由全体股东制定章程，股份有限公司由发起人制定经全体股东大会通过。

⑤ 《高等教育法》第 30 条第 1 款规定：高等学校自批准设立之日起取得法人资格。高等学校的校长为高等学校的法定代表人。由此可见我国法律承认高校的法人地位。

国家作为一个抽象的概念自然不能承担制定大学章程的职责，这项职责就应有国家在教育领域的代表——政府或教育行政部门来履行。现行的教育行政部门发布的有关要求高等学校制定章程的文件①，几乎全部以一种命令性的语气要求高校抓紧制定大学章程，似乎章程制定只是高校的工作。当然高校由于其特殊性，高校章程的制定不可能全部由政府承担，但是政府作为高校的举办者至少应参与其中。大学章程既涉及学校的内部管理有涉及高校的内外关系特别是高校政府的关系。章程制定过程中作为举办者的政府的缺席必然使大学章程对相关内容的规定不能具体化，政府对章程相关规定的目的也就不能理解，章程的效力自然就不能得到政府部门的认可。这种缺位最终也会导致政府在涉及高校的管理上更多的依据自己理解较多的政府文件，从而进一步导致政府的错位。二者相互影响，限制了章程作用的发挥。

（三）大学的行政化现象

大学的行政化一直广为诟病。大学的行政化在我国表现的特别突出：从整体上表现为大学的级别与行政级别相挂钩，出现了副部级大学、厅级大学、副厅级大学等以行政级别来定位的高校，高校对此似乎也乐此不疲甚至争着提升自己的学校等级；从大学的内部来看大学的内部人员也都分行政级别，例如有部（厅）级校长，处级院长等各种行政级别的学校官员。在大学这种极具行政化特色的情况下，高校的人员任命由政府机关决定或须经政府机关同意。高校内的各种“长”也“都按政府官员的管理模式进行管理，从遴选任命到使用考核完全政府化”。② 高校这种行政化现象不仅导致了广为诟病的妨碍高校学术按自身逻辑自由发展的情形的出现而且阻碍了大学章程的实施。这种阻碍表现在：一是大学章程的重要内容之一即关于高校人员的任免与管理。在这种行政化的情形下高校主要人员的任免与管理全部由政府决定，仿照政府官员的任命程序进行必然使章程的规定起不到实际的效力③；二是高校的行政化必然导致高校运行以行政权力为中心，采取命令—服从管理模式。这样的运行模式必然导致学校管理以上级领导的命令、指示为准，以政府机

---

① 这里笔者主要参考了教育部门户网站上公布的有关文件。

② 刘广明：《中国大学章程为何无效力?》，载《科技日报》，2012 年 2 月 10 日。

③ 或许在形式上高校人员的任免与管理与章程的规定相一致，但是这并不是章程发挥效力的结果，起决定影响的是政府部门的决定。

关的文件、规定为重。章程自然就会被高校管理人员至于无足轻重的地位，章程的实施也就变得困难。

二、高校管理者对章程实施的漠视

大学章程关乎高校的自治，是大学实现自治的重要途径；大学章程关乎高校师生的权利义务，是高校师生权利义务的依据与保障。大学章程对于高校有如此重要的作用，作为高校管理者的学校领导在章程制定出后理应积极推进章程的实施；作为高校主体的教师与学生理应对章程实施积极响应。然而实际中高校的管理者与高校师生对章程的实施持冷漠态度也导致章程的实施失去根基。

大学章程是实现大学自治的重要途径，这一点相信每一位高校的管理者都能认识到。为什么高校没能积极主动的大学章程付诸实施，究其缘由笔者认为主要有以下几方面：一是高校管理者认识到在大的教育体制不变革的情况下，仅依靠学校制定的大学章程根本无法实现学校的自治。大学章程的积极制定工作也就成为大学管理者为达到教育主管部门的要求而进行的一项任务完成活动，更有学校领导坦言“要应付的话几天就能把章程制定出来”。[①]高校管理者没想到要实施大学章程，也没打算依据大学章程实现大学自治，制定章程成为一种“应付”活动。基于这种认识高校的管理者自然也就不会意识到在大的教育体制不变的情况下在制度允许的范围内也是可以作为的，也就不会根据实际情况制定出切实可行的大学章程，努力推进大学章程的实施。二是我国绝大部分高校在大学章程制定之前早已存在、运转很长时间。在这么长时间的发展过程中，高校已形成自己的一套规章制度和运行模式。没有大学章程大学也能照常的运行、发展。基于这种状况的存在，高校管理者也就没有实施大学章程的紧迫感。章程的制定工作还有教育行政主管部门的还有监督和催促，章程的实施就成为学校自主的行为。外无“压力”，内无“忧患”，章程的实施工作自然也就引不起高校管理者的重视。三是大学章程是大学的“宪章”，在大学中处于一种至高的地位。大学章程的实施意味着在

① 陈立鹏等：《大学章程研究——理论与实践的探索》，北京师范大学出版社2012年版，第181页。

学校实现“法治”——任何人都必须依据章程的规定行事，任何人都不得拥有超越章程的特权。实现“人治”到“法治”的转变，最受限制者是权力既得者，因为这意味着其权力的行使从此要受到约束。高校管理者作为学校的掌权者，要使他们实现“人治”思维到“法治”思维的转变，把原本“自由”的权力的行使依据学校章程规范起来，无异于要求他们给自己带上枷锁，并不是每个管理者都能有这种自觉性。

教师和学生作为高校的主体，其对大学章程的冷漠导致章程的实施缺乏群众基础。大学章程虽然对高校师生的权利义务作出规定，但是缺乏创新精神和具体性规定，都是些宣示性条款。章程内容给人一种“感觉这样的章程就像是把法律上的一些东西直接搬过来，说的很空，也没有具体措施”[①] 的感觉；章程的制定过程也没有广泛听取师生的意见。这样制定出的章程自然也就得不到广大师生的认同。[②] 特别是现阶段师生都承受着较大的教学、科研、学习和工作压力忙于个人事务无暇他顾，缺乏对学校章程的学习。作为大学主体广大师生这种对学校章程不知道、不了解、不关注，导致其对于章程实施的集体性失语，形不成推动大学章程实施的推动力量。

三、章程自身的可实施性问题

行有不得，反求诸已。大学章程现阶段没有得到实施最终还要从章程自身找原因。大学章程是不是具有可实施性、可操作性，是不是能够获得认可，这些因素都影响着章程的实施。从我国大学章程自身的情况来看大学章程的地位不高，章程内容不具有可实施性、可操作性，大学章程没能获得广泛认同等是导致大学章程难以实施的自身原因。

（一）大学章程的地位低缺乏权威性

虽然大学章程是大学的宪章，在大学中处于至高的地位的观点已得到认可，但是在国家的整个法律体系中大学章程处于什么地位却始终没有一个明确的答案。现行有效的提及大学章程的法律规范均没有对大学章程的法律地

① 陈立鹏等：《大学章程研究——理论与实践的探索》，北京师范大学出版社 2012 年版，第 80 页。

② 这一点笔者将在后文作详细说明。

位予以明确[①]，很多学者因此认为大学章程的地位低、法律地位不明确是章程没有得以实施的原因之一。[②]

比较来看，我国现行的大学章程的确存在法律地位低的问题。横向的国内外比较来看，欧美等西方国家大学章程都有明确的法律渊源，法律地位相对较高。英国成立较早的一些大学的章程源自于特许状“charter”，例如“英国最负盛名的牛津大学和剑桥大学分别于1254年和1318年得到教皇的训令，并在其后的发展过程中得到王室的各种特许状，英国近代大学学院如利物浦大学学院也在获得皇室特许状后才正式成立大学”[③]；美国的早期的一些大学也是依据英王或殖民地大议会颁发的特许状成立，比如“达特茅斯学院系英王颁发，哈佛大学1650年的‘charter’系马萨诸塞殖民地大议会颁发”。[④] 近代以来虽然英美两国的大学不再依据特许状成立，但是其章程地位仍具有权威的保障。英国新成立大学需要依据《教育改革法》和《高等教育和继续教育法》的规定。根据这两部法律的规定，英国新成立大学有权制定大学章程“但须经枢密院认可，且不得与上述立法相抵触”。[⑤] 美国大学的成立则“直接依据州宪法或州教育法典的特别条款，比如加州大学成立的法律依据是加州宪法第9条第9款，康奈尔大学渊源于《纽约教育法典》第115条第5701—5716款”[⑥]，而且美国高校的大学章程“都具有高于大学自身的法律效

---

① 我国《教育法》第26条第一项规定设立学校及其他教育机构，必须具备下列基本条件：“（一）有组织机构和章程；第二十八条规定学校及其他教育机构行使下列权利：（一）按照章程自主管理；《高等教育法》第二十七条第三项规定申请设立高等学校的，应当向审批机关提交下列材料：（三）章程；第二十八条规定了高校章程应包含的事项。”《高等学校章程制定暂行办法》第3条第1款规定章程是高等学校依法自主办学、实施管理和履行公共职能的基本准则。高等学校应当以章程为依据，制定内部管理制度及规范性文件、实施办学和管理活动、开展社会合作。且该法详细规定的大学章程应包含的内容、制定程序、核准监督等内容。《教育部关于加强依法治校的若干意见》规定学校要依据法律法规制定和完善学校章程，经主管教育行政部门审核后，作为学校办学活动的重要依据。但是上述法律文件都没有明确大学章程具有何种法律地位。

② 部分相关文章参见刘广明：《中国大学章程为何无效力?》，载《科技日报》，2012年2月10日；杨春生、马培培：《提升大学章程效力之对策》，载《继续教育研究》2013年第7期，第4页；许慧清：《大学章程实施的推进策略探究》，载《教育发展研究》，2013年第5期，第63页；王春业：《高校章程法律化及其实现路径》，载《中国高教研究》2011年第6期，第37页；李昕欣、张德祥：《关于高等学校章程制定与实施的几个问题》，载《高等教育研究》2006年第9期，第48页。

③ 段海峰：《行政法视角下的高校管理》，人民出版社2010年版，第106页。

④ 朱玉苗：《大学法论纲》，中国政法大学出版社2012年版，第231页。

⑤ 同上书，第232页。

⑥ 同上书，第231页。

力，如康奈尔大学高校章程就成为整个纽约州教育法的一部分”。[①] 我国港澳台地区的大学章程的法律地位也具有权威性保障。香港特别行政区的大学章程均在章程的最后特别注明“本条例的条文不影响亦不得当作影响中央或香港特别行政区政府根据《基本法》和其他法律的规定所享有的权利或任何政治体或法人团体或任何其他人的权利，但本条例所述及者和经由、通过他们或在他们之下作声明者除外。”[②] 这一条款从反面反映了大学章程在香港法律体系中的地位。澳门特别行政区的大学章程则由澳门特别行政区立法会通过，由行政长官以行政命令的形式发布。[③] 我国台湾地区的大学章程则均在章程的最后以单独一条规定“本规程经校务会议通过，报‘教育部’核定后发布施行”。[④]

从纵向的历史沿革上来看，历史上我国高校的章程也都具有较高的法律地位。京师大学堂是我国现代大学的肇始。京师大学堂成立后就先后有《奏拟京师大学堂章程》《钦定京师大学堂章程》和《奏定京师大学堂章程》三部京师大学堂章程。从用语上就可以看出这三部章程是经由皇室认可、批准的，其地位之高可见一斑，而且这几部章程“由最高学务当局主持制定，因而具有高等教育法规的意义”。[⑤] 中华民国时期，我国高等学校的章程基本上是报教育行政主管部门备案或经教育行政主管核准后执行，例如“国立北京大学”现行章程教育部指令的形式由时任教育总长范源廉签署予以备案，“国立清华大学”章程在第七章附则部分注有章程的生效条件，并附有时兼任教育部部长蒋介石的署名。杭州大学章程在章程最后一条规定“本章程由本省立法机关议决后公布施行”。[⑥] 新中国成立初期，少数高校也制定了学校章程性质的规范性文件，这些文件地位也都具有权威性保障。例如当时的北京师范大学暂行规程就有当时的教育部部长、副部长联合签署，以中华人民政府教育部令的形式予以发布。[⑦]

---

① 段海峰：《行政法视角下的高校管理》，人民出版社 2010 年版，第 107 页。

② 参见《香港大学条例》第 16 条，《香港中文大学条例》第 22 条第 4 项，

③ 湛中乐：《大学章程精选》，中国法制出版社 2010 年版。

④ 同上书，

⑤ 张国有：《大学章程》，北京大学出版社 2011 年版，第 2 页。

⑥ 同上书，第 96 页。

⑦ 同上书，第 103 页。

在我国现行法律规范中对大学章程仅规定须报有关部门核准：《高等学校章程制定暂行办法》第22条规定：地方政府举办的高等学校的章程由省级教育行政部门核准，其中本科以上高等学校的章程核准后，应当报教育部备案；教育部直属高等学校的章程由教育部核准；其他中央部门所属高校的章程，经主管部门同意，报教育部核准。至于核准具有何种效力法律没有明确予以则没有规定。实际操作中教育行政部门对高校上报核准的大学章程没有任何的正式反馈。[①] 核准过程或是流于形式，章程报送教育主管部门后即告完结；或是教育行政部门通过内部形式对章程提出意见，高校根据意见予以修订后再行公布。在高校最终对外公布的章程上看不到任何教育行政部门经过审核，予以批准的痕迹。在章程内容的规定上，有的高校在章程的内容中明确规定“报教育部核准”[②]，有的则规定报教育部备案[③]，缺乏统一的内容规定。教育行政部门对章程审批的非正式性和非实质性，以及高校报批学校章程的随意性严重降低的大学章程的地位和权威。大学章程实质上处于大学内部普通规范文件的地位，其与学校的其他规章制度相比尚不具有优越性，更遑论面对政府机关发布的命令、指示和文件。大学章程的这种地位使其难以得到政府机关、高校管理人员的尊重，其难以实施也就情有可原。

（二）大学章程内容空泛缺乏可操作性

实施大学章程的前提是大学章程本身具有可操作性，能够实施。从目前已有的大学章程的内容来看，大学章程普遍存在内容简略、宽泛、脱离实际、内容不完整等问题，缺乏可操作性。从整体上来看，我国大学章程规定的内容普遍简略。单从字数上来比较，我国大学章程的内容规定就此国外大学章

---

① 相比而言，中华民国时期教育部门对高等学校上报核准的学校章程的反馈要详细许多。例如1935年“教育部”核发的《国立清华大学章程》在章程文本的最后写道：“按：本规程曾由教育部指令第一六八三号修正如后：呈件均悉。查各大学组织编制章程，本部正在征集，俟到齐后，再行通盘计划，分别修订。惟该大学规程，系十八年六月后颁布，核与同年七月国民政府公布之《大学组织法》及同年八月本部颁布之《大学规程》颇多未合。应先将第七条‘就教授中’四字即行删去。第十条依照《大学组织法》第十三条改为‘各学系置教授、副教授、讲师、助教若干人，由院长商情校长聘任之’。第二十七条‘得依《学位条例》办理之’一句即行删去。除呈请行政院转呈国府备案外，仰即遵照施行，余再另令饬遵。附件存。此令”。参见张国有：《大学章程》，北京大学出版社2011年版，第64页。

② 《中国人民大学章程（第八稿）》第72条规定：本章程的制定和修改需提交教职员工代表大会讨论并征求意见，由校长办公会研究审议，最终由学校党委会讨论审定后，报教育部核准。

③ 吉林大学、北京师范大学、上海交通大学三所教育部直属院校均在章程中规定学校章程报教育部备案。

程的内容“简略”许多。[①] 虽然单纯的字数并不能说明什么问题，不过至少有一点可以肯定，即章程内容的过于简略肯定不能对涉及大学的事项作出具体的规定。针对我国高校章程制定较为简略有人会辩解道“考虑到中国的法律不健全，高教转型，学校体制出于变革中，当时制定的方针就是宜粗不宜细，尽量原则一些，给将来下位制度的制定留下一些空间，每一条都是很原则的，都是有一定空间”。[②] “宜粗不宜细”似乎成为我国制定任何形式的规范性文件都应该遵循的黄金准则。依据这一准则制定出的大学章程“文本内容空泛，大都是放之四海皆准的说法”[③]，都是些宣示性，倡议性的内容。这样的内容的确可以适应学校变革的需要甚至可以适应任何变革的需要，不过与之相应的就是这些简略的规定，空泛的内容缺乏具体可行的实现方式和程序条款，自然也就无法实施。

大学章程的内容普遍存在模版化现象，“章程形式与内容上存在着千校一面的状况，体现学校自身办学特色的内容不足”。[④]《高等教育法》和《高等学校章程制定暂行办法》都对大学章程应该包含哪些内容作出规定[⑤]，有些高等学校章程基本上套用法律法规中规定的章程格式在具体内容上予以填充的产物。这样制定出的大学章程就是对法律规定的细化和翻版，没有结合本校的实际情况在办学理念、办学目标、学校定位、学生培养等方面作出符合学校特色规定，没有凸显本校的特征，以至于有学生在看到自己学校章程的时声称：一下看不出这就是属于自己大学的章程。[⑥] 特别是在关于学校的组织结构以及学校党委和校长的权力分配上，高校章程规定的内容基本上就是直接照抄法律法规的相关内容，完全没有结合学校实际作出具体规定。这样的

---

① 例如，现行《北京师范大学章程》全文6078个字，吉林大学章程全文5638个字，中国政法大学章程的字数相对较多，全文共7261个字。与国外大学章程的字数相比明显较少。英国牛津大学章程全文有51956个字，美国密歇根大学章程全文55528个字，康奈尔大学章程的字数相对较少，全文也有17099个字。这里的字数参照湛中乐《大学章程精选》中相关大学章程的中译文字数。参见湛中乐：《大学章程精选》，中国法制出版社2010年版。

② 陈立鹏等：《大学章程研究——理论与实践的探索》，北京师范大学出版社2012年版，第73页。

③ 同上书，第184页。

④ 王大泉，《我国高校章程建设的现状与路径》，载《中国高等教育》，2011年9月，第16页。

⑤ 《高等教育法》第28条，《高等学校章程制定暂行办法》第7条。

⑥ 陈立鹏等：《大学章程研究——理论与实践的探索》，北京师范大学出版社2012年版，第80页。

大学章程内容不切实际、不接地气，效力又没有其“模版”的效力高自然也就没有实施的可能与必要。

大学章程相关内容的缺失使章程实施成了一句空话。当前已有大学章程存在不同程度的内容缺失现象。大学章程的一个重要内容就是要对学校的内外关系，特别是高校与举办者的关系作出规定，明确双方的权利义务。惟其如此才有可能为各方的行为提供明确的指导，使政府部门对高校的干预“有章可循”，最大限度地保障大学的自治，从而实现大学章程的实施。《高等教育法》第28条第8项、《高校章程制定暂行办法》第7条第8项均规定大学章程应明确举办者与高校的权利义务。反观现存的高校章程，对于该项内容基本上没有作出规定，即便是作出规定“内容一般都比较原则和宽泛，缺乏具体规定学校自主办学、自主管理方面的权限与责任，章程中少有体现”[①]。章程内容的这种结构性缺失也就使相关内容的实施失去可能。

（三）大学章程制定程序不规范缺乏可接受性

大学章程涉及学校的举办者、学校的管理者、学校的教师与学生。大学章程的制定理应是三方共同参与、充分表达意见、最终达成共识的过程。只有各方共同参与、充分协商制定出来的章程才能兼顾各方的利益和要求、凝聚共识，才能得到各方的认可和遵从，也只有这样的章程才能得到各方的积极拥护，得以顺利的实施。然而现实的章程制定却基本上是学校管理人员一方在唱独角戏，“一般由校办、法制办、宣传部及发展规划处等部门的几位数额不等由领导指认的行政人员组成起草小组负责章程的起草工作”。[②] 作为举办者的政府不愿参加学校章程的制定，把章程制定当成是大学自己的工作；作为学校主体的教师和学生没能参与章程制定，学校管理者把章程制定当成是自己的工作。这就导致两方面的问题出现：第一，大学章程对有些内容难以作出有效规定，例如上文提到的关于举办者与高校的权利义务问题，“章程应当是组织举办者对该组织设立目的、组织框架、权利与义务等进行的约定，体现举办者的意志。章程要真正具备保障学校自主办学的基本依据，促进政

① 王大泉：《我国高等学校章程建设的现状、问题和发展路径》，载北京大学教育法研究中心2011年3月主办“大学章程与大学治理”学术研讨会《论文集》，第320页。

② 陈立鹏等：《大学章程研究——理论与实践的探索》，北京师范大学出版社2012年版，第182页。

校分离、管办分离，就需要在其中对举办者即政府的权利义务，行为原则与规范做出相应的规定”①，政府对章程制定的不参与，高校管理者独自起草、制定的章程也就无法对上述内容做出有效的规定，章程中即便有相关内容也难以得到政府的认可和遵从。第二，章程的制定没有广泛吸纳教师和学生参与其中，没能充分提取他们的意见和建议。这样制定的章程就不能充分反映师生的利益和要求；章程制定后学校也不注重对学校章程的讲解、宣传和教育，章程所载的内容广大师生不熟悉、不知道，即便知道章程内容也未必是他们需要的。这样章程也就难以获得作为学校主体的教师和学生的尊重与认同。缺少了这一基础，章程自然难以实施。

第四节 推动大学章程实施的策略分析

2010 年教育部将北京大学、北京师范大学、湖南大学等 26 所部属院校列为试点，开始高校章程试点工作。2013 年 1 月《教育部关于 2013 年深化教育领域综合改革的意见》明确要求 2013 年所有试点院校都要制定章程。2013 年 8 月教育部在其门户网站上公布了中国人民大学、东南大学、华中师范大学等六所院校上报核准的大学章程。按照法律规定试点高校年底前应该制定出本校的章程，其他高校的章程制定工作也已展开。在全国所有的高校都已经拥有或即将拥有本校章程的情况下，如果大学章程还一如既往的难以得到实施、不能发挥作用，高校的章程制定工作就会走过场，建立现代大学制度也就会成为空话。如何推动大学章程的实施成为摆在所有人面前的问题。从上文的分析我们知道大学章程难以实施是一系列因素综合作用的结果。笔者认为，推进大学章程实施也要从多方面入手，打“组合拳”。

一、优化教育行政环境促进大学章程实施

（一）改革教育管理体制，简政放权实现政校分开

体制问题是根本性问题，体制问题不解决其他任何改进措施无异于扬汤

① 王大泉：《我国高等学校章程建设的现状、问题和发展路径》，载北京大学教育法研究中心 2011 年 3 月主办“大学章程与大学治理”学术研讨会《论文集》，第 321 页。

止沸，不可能从根本上解决问题。推进大学章程的实施必须深化教育行政管理体制改革简政放权，把属于学校的权力还给学校，给大学章程的实施留下空间。

"在现代社会，高等教育是国家繁荣和个人发展的基础，它涉及社会的方方面面和每一个人的生活，是国家最庞大的公共事业之一。"① 这就意味着政府不可能也不应该放弃对高校的管理，但是政府对高校的管理并不意味着政府将高校视为自己的附属，插手高校的内部事务，以行政手段对高校进行全方位管理。"没有一个国家的政府会彻底地放弃管理高等教育系统的责任，但是这种管理正朝向远距离驾驭的趋势发展——政府为高等教育的发展提供宽阔的参数，而把大部分具体事务学校事务和基本决策留给各院校。"② 政府对高校的管理限于国家高等教育发展目标设定并依法进行宏观调控。这就要求：第一，转变政府职能，实现政府对高校的管理由微观管理到宏观调控的转变、由管理到服务的转变。政府必须把自己从对学校内部事务的过多、过细的管理中解放出来，把高校内部事务交给高校自主管理，"政府的作用更多的是限定在制定标准和监督标准的执行上"③ 依据国家发展的需要对高校的发展方向、发展目标、社会责任等进行宏观的指导与引导。同时政府应提升服务意识，为大学章程的实施、高校自主权力的行使提供政策支持、制度保障，营造环境氛围。第二，要提高依法意识，加快相关法律法规的完善、修正、清理工作。政府机关工作人员特别是教育行政部门工作人员必须提升依法行政意识，依法管理高校工作。一要落实法律法规的有关规定，保障高校依学校章程自主办学。《教育法》第 28 条规定学校有权依学校章程进行自主管理，《教育部关于加强依法治校工作的若干意见》规定学校章程是学校办学活动的重要依据。政府工作人员必须贯彻落实法律规范的相关规定，保障高校依据学校章程自我管理、自主办学。《教育法》与《高等教育法》均规定（高等）

① 段海峰：《行政法视角下的高校管理》，人民出版社 2010 年版，第 50 页。
② 徐小洲：《自主与制约——高校自主办学政策研究》，浙江教育出版社 2007 年版，第 12 页。
③ 同上书，第 13 页。

学校具有法人资格。[①] 依据我国《民法通则》的规定：法人是具有民事权利能力和民事行为能力，依法独立享有民事权利和承担民事义务的组织。高等学校具有法人资格就意味着高校具有独立行使权力和承担义务的资格。“高校的法律地位首先决定了高校享有办学决策自主权、教职工聘任及奖励和处分权、招生及其对学生管理权、教育教学活动开展权、课程设置、教材选用和教学改革的权力、经费及财产的独立权、内部机构设置权及其他权力”。[②] 高校作为法人所应具有的权力（利）是大学章程中的主要内容。政府应该依据法律规定确立高校的法人地位，保障高校以学校章程为依据自主规定和行使相关权利/力，从而实现大学章程的实施。二要完善、修正、清理相关法律法规。现行的法律规范没有对大学章程的法律性质、法律地位予以明确。大学章程具有何种效力、政府对大学章程的核准具有何种性质等问题都需要在以后的法律的制定与修改工作中予以明确。现存的法律规范很多都涉及到应由高校自主决定的事项，因此应该加快相关法律规范的修改与清理。法律法规中对于高校自主管理事项作出过多、过细规定的内容，有权机关应予以修改，突出相关法律法规的宏观指导、规范作用；针对高校内部事项专门作规定的部门规章、政府文件，有权机关应予以废止，确保凡涉及学校内部具体事项的规定均有由高校自主决定。

只有深化教育行政管理体制改革简政放权，把属于学校的权力全部还给学校，将政府不应由承担的职能交由学校自己履行，高校才能切实承担起自己的职责，才能产生将大学章程予以实施的迫切需要。只有提升依法行政意识，完善、修改、清理相关的法律规范才能营造大学章程实施的环境、腾出大学章程发挥作用的空间。

（二）正确定位政府角色，依法行使权能

在涉及大学的事务上，我国政府扮演者两种角色：作为大学的主要投资者，政府扮演着高校举办者的角色；作为教育行政管理部门，政府扮演者高

---

① 《教育法》第31条规定：学校及其他教育机构具备法人条件的，自批准设立或者登记注册之日起取得法人资格。学校及其他教育机构在民事活动中依法享有民事权利，承担民事责任学校及其他教育机构中的国有资产属于国家所有。学校及其他教育机构兴办的校办产业独立承担民事责任。《高等教育法》第30条规定：高等学校自批准设立之日起取得法人资格。高等学校的校长为高等学校的法定代表人。

② 段海峰：《行政法视角下的高校管理》，人民出版社2010年版，第54页。

校管理者的角色。角色不同，所具有的权力、承担的职责均不同，这就需要政府在涉及高校的事务上，明确正在扮演的是何种角色，根据所扮演角色的要求行使权力、承担职责。

我国大学主要依靠财政拨款建立、运行，政府是大学主要投资者，是大学的举办者。作为大学的举办者，政府有权要求大学的发展目标、发展方向体现自己的意志，有权“明确设立一所（或一类）公立大学，她的教育使命、宗旨、目的、学校管理体制等方面的重大决策内容”[①]，有权介入学校的内部事务。但是扮演举办者角色政府没有相对于高校其他主体的特权，与高校的其他主体处于平等地位。根据国家关于推进依法治校的要求，作为举办者的政府必须依据学校章程行使自己的权利。在这种情况下，政府要想在大学发展中贯彻落实自己的计划、意愿，必须参加到章程的制定工作中，“在章程内容上进一步阐释和明确举办者与学校之间权利、义务的内涵与范围，使章程成为政府界定与高校关系的授权书或者协议”[②]，在平等协商的基础上，争取大学其他主体对自己意愿的认同，将自己的意志写入大学章程，以章程来保证落实。

政府同时承担着高等教育的管理职能，扮演着高校管理者的角色。作为高校的管理者，政府与高校处于不平等的地位，政府是领导者、管理者，高校是被领导者、服从者。在处理涉及高校的事务时，作为管理者的政府代表的是国家权力，能够以强制力贯彻、落实国家的意志和利益，“在高校不履行规定的义务时，政府机关可以强制其履行”。[③] 但是在要求实现依法行政和政校分开的背景下，作为高校管理者的政府机关对高校事务的管理与干预必须于法有据、依法行政，不得以政府文件为依据采取行政命令的方式干预高校事务，不得将政府权力介入到高校自主管理的事务之中。

政府的高校举办者身份和政府的高校管理者身份统一到一个主体上，这在实践中难以区分，在具体事项上难以确定政府究竟是在以高校举办者的身

① 焦志勇、杨军：《提升公立大学章程效力的根本途径》，载《湖北社会科学》2011 年第 2 期，第 150 页。

② 王大泉：《我国高等学校章程建设的现状、问题和发展路径》，载北京大学教育法研究中心 2011 年 3 月主办“大学章程与大学治理”学术研讨会《论文集》，第 323 页。

③ 段海峰：《行政法视角下的高校管理》，人民出版社 2010 年版，第 43 页。

份行使高校举办者的权利，还是以高校管理者的身份行使政府权力。为了避免区分的困难，作为两个角色统一体的政府在介入高校事务时必须有章程或法律法规上的依据，依章或依法行使权力/权利。政府明确了自己的这两种角色，既产生了实施大学章程的迫切需要和积极动力，又使大学章程的实施产生了必要和可能；既可以保障政府意志或国家意志在学校的贯彻落实，又促进了高校章程的实施。

二、提升认识形成大学章程实施的内生动力

认识是行动的先导。“美国著名政策学者范米特和范霍米思在他们的代表作《政策执行过程一个概念结构》《政府间政策之执行》中指出：在政策与各界利益相符的前提下，人们对政策目标的共识程度越高，政策的执行越成功；反之，即使政策与各界利益相符，政策的执行效果也会不理想。他们虽然主要是就政府政策而言的，但他们的观点对高校章程的实施有着典型的启发价值”。[①] 行动的主体只有在认识行动的必要性与重要性，才能将行动的要求内化为自己的责任，自觉主动地开展行动。推进大学章程的实施必须提升政府、高校管理者以及广大师生对章程实施的认识，使他们充分意识章程及章程实施的重要性与必要性，自觉承担责任、主动采取措施、积极推进章程的实施。

政府机关要充分认识到大学章程的实施对于促进高等教育发展、贯彻落实国家高等教育发展理念和意志、实现政府对高校管理“合法化”[②] 等方面的重要作用，认识到政府在推进章程实施工作中应当承担的责任，积极参与大学章程的制定工作、明确大学章程的重要地位、营造利于章程实施的政策环境，推进大学章程的实施。高校管理者要认识到大学章程的实施对于落实大学自主权，实现高校自我管理、自主办学的重要作用，认识到下层推动对于上层体制改革的积极促进作用，认识到广大师生在章程制定与实施中的主体地位，科学对待章程制定工作、理性看待章程的实施环境，广泛动员学校师生，在有限的空间内努力发挥大学章程的最大作用，为全面推进章程的实

① 殷爱荪、许庆豫：《试论我国高等学校章程的制定和实施》，载《苏州大学学报（哲学社会科学版）》1997 年第 4 期，第 21 页。

② 这里的“合法”并不是指合法律性而是指使政府对高校事务的管理具有正当性和可接受性。

施贡献积极力量。广大师生要充分认识到章程的实施对于维护自己合法权益，保障自己正当利益的重要作用，认识到自己在学校中的主体地位，积极参与学校章程的制定，认真遵守章程的规定，监督章程的实施，积极推进章程作用的发挥。

三、完善章程文本提高大学章程的可实施性

大学章程本身具有可实施性是大学章程得以实施的基础，大学章程本身必须首先能够实施然后才能探讨大学章程实施的问题。因此，推进大学章程的实施必须首先要提高章程本身的可实施性。

（一）大学章程法律地位的探讨

上文提到，针对我国大学章程难以实施的现状，许多学者将其归咎于大学章程法律地位低、法律地位不明确。比较英美国家的大学章程依据特许状、立法机关的专门立法制定或者使大学章程成为国家法的一部分的做法，学者们纷纷指出以法律明确我国大学章程的法律地位、提升大学章程的法律地位是推进我国大学章程实施的重要举措。[①] 关于明确及提升大学章程法律地位的具体措施，学者们大都认为应该将大学章程提交立法机关审议通过，“大学章程不仅规定大学内部的治理模式，也涉及大学的外部关系，尤其是大学与政府的关系”“考虑到我国的政府与大学尚属于上下级行政关系，作为下级的学校很难要求政府放权，上级政府侵权也难以追究责任，解决这一问题的办法，就是由人大审议之后颁布，不仅要求学校依章程办学，也要求政府必须落实属于学校的办学自主权”。[②] 不过对于大学章程该由哪级人大审议通过学者们有不同的看法，有的学者认为：“具有法律效力的大学章程，应该提交大学举办者同级立法机构审议”[③]。对于何为同级立法机关有学者明确指出：“应该提交学校举办者所在同级人大机构讨论、审议，这样才能成为法律，才有法

---

① 相关论述参见刘广明：《中国大学章程为何无效力?》，载《科技日报》2012 年 2 月 10 日；杨春生、马培培：《提升大学章程效力之对策》，载《继续教育研究》2013 年第 7 期，第 4 页；许慧清：《大学章程实施的推进策略探究》，载《教育发展研究》，2013 年第 5 期，第 63 页；王春业：《高校章程法律化及其实现路径》，载《中国高教研究》2011 年第 6 期，第 37 页；李昕欣、张德祥：《关于高等学校章程制定与实施的几个问题》，载《高等教育研究》2006 年第 9 期，第 48 页。

② 熊丙奇：《大学章程离大学宪章有多远》，载《上海教育》2013 年 9 月，第 57 页。

③ 同上。

律效力。比如，教育部直属高校的章程，应提交全国人大常委会讨论、审议，进而颁布；省属高校的章程，则应提交省人大常委会讨论、审议。”[①] 有的学者则指出“由于我国高校数量很多，立法机关的精力有限”[②]，由全国人大审议通过大学章程显然不实际，“以地方性法规的形式更为适当”，具体来讲就是由省级人大来审议通过大学章程，指出“把省级权力机关作为大学章程的审议机关原因有二：由省级地方权力机关审议通过所辖区内的大学章程有利于一定地域内大学章程的相对统一；二是由省级权力机关审议通过的大学章程就直接具有法律效力而不需要像其他市的权力机关通过的地方性法规还要履行批准程序了”。[③]

毋庸置疑，学者们上述建议的初衷是好的，都意在提升大学章程的法律地位，使大学章程对相关各方特别是政府机关具有约束力，从而保障大学章程能够发挥效力、得以实施。但由立法机关审议通过大学章程是否具有可行性与必要性值得进一步探讨。首先，大学章程由立法机关审议通过是否可行。有学者指出大学章程由同级立法机关审议通过，即由学校举办者的同级人大审议通过。这种观点实质上没有摆脱行政思维，仍旧以行政级别来划分高校。如果采用此种方法审议大学章程无疑会进一步加剧大学中普遍存在的行政化现象。大学章程统一由省级人大审议的观点似乎是避免了这一难题，实际上依旧难以实现。我国高校由不同的政府机关代表国家举办，如果作为高校“宪章”的大学章程全部由省级人大审议通过，势必会造成高校具体举办者与高校章程决定者的不同，这就会出现二者意志的协调问题。这在高校具体举办者和章程决定者不一致，特别是高校具体举办者为教育部的情况下会体现地更加明显。[④] 另外，我国各级人民代表大会均是由选举产生的代表组成，具有广泛的代表性。代表的构成决定了其对于大学章程的内容不可能有较多的

---

① 熊丙奇：《如何让大学章程成为大学“宪章”》，载《东方早报》，2012 年 1 月 11 日。

② 王春业：《高校章程法律化及其实现路径》，载《中国高教研究》2011 年第 6 期，第 38 页。

③ 同上，第 40 页。在具体的程序问题上王春业还指出大学章程应先交由上级教育主管部门审核，然后由教育主管部门提交给人大机关审议，具体来讲就是“如果是省属院校，应由省教育主管部门向省级权力机关提出；如果是部属院校，可由教育部委托高校所在省级政府提交地方权力机关审议”。

④ 此时二者之间没有管辖或监督关系。教育部代表的是国家，需要对全国人大负责；省级人大是地方国家权力机关，需要对本省的人民负责。二者的负责主体不一致往往导致在具体问题的考虑上观点不一致从而出现意志的不同。

认识和了解，由其审议通过大学章程难以确保大学章程的科学性。特别是当前我国全国各级人民代表大会一般一年只召开一次会议[①]，会期也就几天的时间。[②] 这些因素决定了我国立法机关没有精力和能力审议大学章程。因此由立法机关审议通过大学章程在我国不具有可行性。其次，大学章程由立法机关审议通过的必要性问题。学者们提出由立法机关审议通过大学章程目的是确保大学章程能够对政府机关具有约束力，得到政府机关的遵守和执行，从而避免政府过多的干预学校事务。实际上，如果政府机关能够坚持法治精神、严格依法行政，那么只需在法律中明确大学的自治范围、大学章程的性质就足以保证政府对学校自主权尊重，对大学章程的遵守，而不必再由立法机关审议通过各大学章程；如果政府机关缺乏法治精神、不能做到严格依法行政，即便大学章程由立法机关审议通过，也难以确保政府对大学章程的认真遵守和执行。这样看来，由立法机关审议通过大学章程并不必然保证政府对大学章程遵守。最后，从实践层面来看，自我国大学章程出现以来基本上没有出现过有立法机关审议通过的先例[③]。笔者认为，在我国以大学章程由高校的举办者正式签署并正式予以公布的方式来确定大学章程的法律地位最为适宜。申言之，就是由政府教育行政部门的首要负责人正式签署本级政府举办高校的大学章程并以教育行政部门令的方式公布。从我国历史是来看，无论是中华民国时期还是新中国成立初期，我国基本上都采取此种模式来确立大学章程的地位。中华民国时期的《国立北京大学现行章程》《国立清华大学章程》等高校章程均有当时的教育总长签署，新中国成立初期的《北京师范大学暂行规程》也是由当时的教育部部长签署并以教育部令的形式予以发布。可见采取这种模式明确大学章程的地位在我国有历史基础。从行政机关的特点来分析，行政机关实行领导——从属制的组织体系、上令下行的运行模式，下级行政机关要遵守和服从上级行政机关的命令、指示。现阶段政府对高校事务的管理和干预主要是通过教育行政部门来进行，特别是主要由作为高校主

---

① 乡级人民代表大会每年会召开 1—2 次，不过这里讨论的是关于与高校相关的人大所以仅包括市级以上人大。

② 全国人民代表大会会期一般在 10 天左右，省、市人民代表大会一般 5—10 天。

③ 据笔者掌握的材料，只有《杭州大学章程》在文本上写明有立法机关审议通过，不过实践中是否得到落实没有相关资料可考。

办者的政府的教育行政部门直接进行。明确大学章程的法律地位实质上旨在确保政府对大学章程的认可和遵守，由政府的教育行政部门的首要负责人正式签署本级政府所举办高校的大学章程并以教育行政部门令的方式予以公布有两点重要意义：(1) 教育行政部门主要负责人对大学章程的签署并予以正式公布一方面表明了作为举办者的政府对高校的章程的认可；另一方面对可能涉及大学管理的行政部门形成约束力，确保行政机关对大学章程的遵守执行；(2) 由作为举办者代表的教育行政部门签署大学章程，一方面可以保证举办者的意志在大学章程得到较好的体现；另一方面由于他们对大学章程具有较多的认识和理解，可以保证大学章程的科学性。

(二) 提高大学章程内容的科学性

亚里士多德对法治的定义简单来讲就是“良法”和“实施”。“现代法治的真谛就是“良法”与“善治”的集合，“良法”是“善治”的前提保障，好的章程实施效果要以完善的大学章程文本为前提”。[①] 推进大学章程的实施的前提性条件就是章程本身具有可实施性，这里的可实施性既要求大学章程要切合大学的实际符合大学自身的特点具有可行性，又要求大学章程的规定详实具体，具有可操作性。

提高大学章程的科学性首先就是要保证大学章程切合实际、具有可行性。虽然《高等学校章程制定暂行办法》对大学章程应包含的内容作了规定，但是这绝不意味着大学章程内容只是对《高等学校章程制定暂行办法》的模版化套用。大学章程内容应该结合学校的历史传统、办学理念、发展目标、学校定位、培养模式、管理方法等学校实际进行规定，体现学校特色。我国高等学校根据不同标准可分为不同类型：有全国性大学、有地方性大学，有综合类大学、有专科类大学，有的高校以社科类见长、有的高校以理工类著称等等。各自的不同特点决定高等学校在确定自己的发展目标、学校定位、培养模式等内容时要结合本校实际，不一定都要“贪大求全”建立国际一流、国内领先的综合性大学、培养全面发展的高素质人才，关键要符合学校的实际，办出特色。大学章程的内容只有切合学校的实际才能避免出现“大学的

① 陈立鹏等：《大学章程研究——理论与实践的探索》，北京师范大学出版社 2012 年版，第 188 页。

章程除了学校名称、校址、校徽、校旗、校歌、校庆日不同以外、其他内容几乎完全相同”[1] 情况的出现，才能提高大学章程的与学校实际的吻合度从而促进章程实施。提高大学章程内容的科学性其次还要增加章程条款的可操作性。虽然我们承认大学章程是高校的“宪法性”文件，应该具有全面性和概括性，在章程的内容的确定上不宜规定的过于细致，以免损害其稳定性。但是章程全面性、概括性特点及其稳定性要求并不意味着高校章程就应该充斥着宣示性条款和放之四海皆准的说法而不具有可操作性。实施是章程的生命所在，章程的内容的规定必须能够实施。为协调章程的概括性特点、稳定性要求与章程内容的可实施性的关系，在章程内容的规定上，可以采取目标要求与措施的概括性列举相结合、授权制定其他规则等方式，确保相应条款能够贯彻落实。

（三）规范章程的制定程序，完善学校规则体系

大学章程从本质上看属于软法[2]，这就决定了大学章程不能依靠国家强制力保障实施，而需要依靠社会强制、舆论压力以及行为主体的自愿遵守发挥效用。大学章程发挥效用的特殊方式决定了章程必须在内容上对章程所涉不同主体提出的合理权益要求作出回应，而这就需要科学地规范章程的制定程序。大学章程涉及学校举办者、高校管理者、教师、学生等主体的权利义务，章程要充分体现各方的利益和要求必须保证章程制定过程中相关主体的充分参与。“在遴选大学章程起草小组的成员时应注意其身份和学科背景及对大学章程制定相关的理论知识储备情况”[3]，学校举办者、学校管理人员、教师、

---

① 李强：《我国大学章程的历程与现状》，载《国家教育行政学院学报》2012 年 2 月，第 36 页。

② 北京大学法学院姜明安教授认为软法的范围包括：（1）行业协会、高等学校等社会自治组织规范其本身的组织和活动及组织成员行为的章程、规则、原则。应该说，在这些社会组织内部，存在着大量的规范其组织成员的软法；（2）基层群众自治组织（如村委会、居民委员会）规范其本身的组织和活动及组织成员行为的章程、规则、原则，如村规民约等；（3）人民政协、社会团体规范其本身的组织和活动及组织成员行为的章程、规则、原则以及人民政协在代行人民代表大会时制定的有外部效力的纲领、规则；（4）国际组织规范其本身的组织和活动及组织成员行为的章程、规则、原则，如联合国、WTO、绿色和平组织等，国家作为主体的国际组织规范国与国之间关系以及成员国行为的规则；（5）法律、法规、规章中没有明确法律责任的条款（硬法中的软法）；（6）执政党和参政党规范本党组织和活动及党员行为的章程、规则、原则（习惯上称之为“党规”“党法”），这些章程、规则在党内能够起到规范的作用，故亦应列入软法的范围。见姜明安：《软法的兴起与软法之治》，载《中国法学》2006 年第 2 期，第 26 页。

③ 陈立鹏等：《大学章程研究——理论与实践的探索》，北京师范大学出版社 2012 年版，第 187 页。

学生等都应有代表参见章程起草工作。起草过程中要充分听取各方意见、平等协商、深入论证，凝聚共识。章程草稿完成后要及时公布广泛征求意见和建议，并做好意见和建议的整理和汇总，然后要根据征集的意见和建议对章程进行修改完善，并及时公布修改稿再次征求意见。如此在反复磋商、充分听取意见，确保章程的内容最大限度的反映每一方主体的权益诉求。章程制定完成后，章程文本要通过多种途径予以公布，广为宣传章程内容，为章程的实施营造环境氛围。

大学章程是高校的"宪章"，在高校内部具有最高地位。大学章程出台后要及时依据章程进行学校规章的制定、修改、清理工作，完善学校的规则体系，确保章程的贯彻落实。章程的全面性及稳定性决定了章程不可能对学校事务作出事无巨细的规定。因而章程出台后，要根据章程规定加快学校其他规则的制定完善工作，细化章程的概括性规定、明确章程的原则性要求、制定章程要求的实现措施，为章程内容贯彻落实做好规则体系保障。章程在学校规则体系中的最高地位决定了章程出台后要加快学校既有规则的修改清理工作。既有规则与章程内容要求相一致的继续实施，既有规则与章程目标要求不一致的要依据章程目标要求予以修改，既有规则与章程的精神、规定相违背的要予以废止。只有以大学章程为统帅，形成一个完整的规则体系，才能保证大学章程作用的有效发挥。

第五节 大学章程的实施

法律的生命在于实施。"优良的法律，如果无人应用，等于没有制定；如果不当运用，等于劣法；如果恶意运用，等于恶法。"① 法律的实施对于法律和法治的重要作用是不言而喻。与法律一样都作为社会规范形式的大学章程，实施亦是其生命所在。大学章程的实施是发挥大学章程的效力，达成大学章程价值目标，实现大学的"善治"的重要手段。不过与法律的实施不同的是，大学章程的实施并没有国家强制力作为保障，因而大学章程的实施与法律的

① 胡云腾：《让法律实施更精彩——中国特色社会主义法律体系形成后人民法院的新使命》，载田明海主编：《首届中国法律实施高端论坛论文集》，法律出版社 2012 年版，第 486 页。

实施存在差异。大学章程该如何实施，怎样实施才能最大程度大学章程最大效用就成为我们需要关注的问题。

一、章程实施的开始

现阶段我国高等学校绝大部分是在具有本校章程之前就已经存在，现在制定大学章程实际上是在“补课”。因此，探讨我国大学章程的实施首先要解决的问题就是大学章程怎样开始实施的问题，然后才是章程的实施如何进行的问题。

大学章程开始实施其实就是要求大学章程效力的实际发挥，凯尔森对规范或法律规范的效力的定义是“我们所说的‘效力’，意思就是指规范的特殊存在。说一个规范有效力就是说我们假定它的存在，或者就是说，我们假定他对那些其行为由它所调整的人具有‘约束力’。法律规范，如果有效力的话，便是规范。更确切些说，它们是规定制裁的规范”。[①] 在这里凯尔森指出规范或法律规范发生效力必须是确定存在的，但是反过来却不一定成立。所以既存的规范或法律规范必须明确开始实施时间以明确效力实际发挥。翻阅我国的法律规范，法律文本中都明确都注明了该法律规范开始实施的时间，这就为法律规范开始实施、实际发挥效力做了明确说明。从笔者所掌握的现有大学章程的文本内容来看，中国内地只有《中国政法大学章程》《上海交通大学章程》以及《南方科技大学暂行管理办法》明确了开始实施的时间点，而其他学校章程或是没有写明章程何时实施，或是写着章程自教育部（厅）批准之日、校长签署之日实施。这种实施日期的不确定导致章程的开始实施变得没有确定性，引不起人们的重视；而这种即刻发挥作用的规定方式却没有考虑到章程实施的条件。我们认为在章程存在和章程开始实施中间应该有一段时间，这段时间既可以使学校的管理者对学校中现存的与章程规定不一致的组织和制度作出修改、调整，又可以使学校管理者对章程中有规定但是学校中并不存在的组织、制度加以组建可制定，还可以使其他相关者学习、了解、适应章程的有关规定，起到“缓冲”作用从而保障在确定时间到

① 〔奥〕凯尔森：《法与国家的一般理论》，沈宗灵译，中国大百科全书出版社 1996 年版，第 32 页。

来之日章程即可得以顺利开始实施。当前学校章程中章程实施日期的规定方式限制了这一确定效力或“缓冲”作用的发挥，在章程发挥效力的开端即造成实施的障碍。因此在已通过所有必经程序、正式颁布的章程文本中明确章程的实施日期是确保章程开始实施的第一步工作。

二、大学章程实施的基本方式

大学章程生效之后实施过程中也涉及章程的遵守、执行、适用和监督的问题，下面我们就对章程实施的这几方面展开讨论，分析大学章程在遵守、执行、适用和监督中所涉主体的责任，应该注意的问题。

（一）章程的遵守

章程的遵守对于章程的实施具有至关重要的作用。根据自身特性章程属于软法的范围，它的实施没有国家强制力作为保障，其效力的发挥很大程度上基于章程所涉主体对章程的内心认同、自觉遵守以及章程实施所形成的环境对相关主体所形成的内心强制，因而相对于大学章程实施的其他方式而言章程的遵守处于第一位。遵守章程的主体包括大学的举办者、管理者、高校的师生等章程中所涉及的权利义务主体。为保证章程的实施，大学举办者要带头遵守大学章程，按照大学章程的规定履行出资人义务、行使出资人权利，依照章程的规定参与高校的内部事务，保障高校依照章程的规定自主开展教学、科研等活动。高校管理者对大学章程的遵守对于大学章程的遵守具有重要作用，高校管理者要模范遵守大学章程，起模范表率作用，自觉把大学章程摆在学校管理的至高地位，依照章程的规定设立组织机构、安排学校事务、进行学校规划与管理，依照章程规定行使职权、履行职责，努力实现大学的“法治”。教师和学生是遵守大学章程的人数最为众多的主体，其对章程的遵守程度标志着章程的实施效果。广大师生要依据章程的规定开展科研、学习活动，正确行使章程赋予的权利，自觉履行章程规定的义务。章程所涉其他主体在涉及高校的事务上也要以章程规定为依据规范自己的行为。

（二）章程的执行

虽然行为主体对大学章程的自觉遵守是大学章程发挥作用的重要方式，但高校内部在高校与教师、高校与学生的关系上也包含权力—服从的内容，因而大学章程的实施也涉及的执行的内容。大学章程执行的主体主要是大学的管理者。依照章程的规定大学的管理者包含学校最高管理机构、学校的学术机构以及学校的行政机构。学校的最高管理机构根据各高校章程规定的不同而有不同的指代，一般是指学校的董事会、理事会、党委，校务会议以及校长。学校最高管理机构以学校的名义执行大学章程、负责学校重大事务的决定和管理。学校的学术机构一般包括学术委员会、学位委员会、教授会等机构，依照章程规定负责学校的学术事务的决定与管理。学校的行政机构是指学校的财务、教务、学生工作、后勤等行政机构，依照章程的规定负责学校财务管理、教职工薪酬管理、学生工作等行政事项。各个执行主体行使职权的过程中，要遵循依章治校原则，章程中有明确规定的要严格依照章程的规定行使职权；章程中没有明确规定，但是作为章程上位法的国家法律规范中有规定的要依据法律规范的依据行使职权；国家法律规范中亦没有明确规定的要根据章程精神，章程确立的学校目标、发展方向、办学理念等行使职权。同时，各执行主体在行使职权的过程要严格依照章程所确定的程序，章程中没有相关程序规定的依据正当程序原则行使职权。

（三）章程的适用

大学章程的适用是指以大学章程为依据处理学校相关主体之间就学校事务产生的纠纷。章程的适用是章程发挥作用的重要体现。依据“任何人都不得做自己案件的法官”的法治原则，章程适用的主体应该是独立的第三方；为保证纠纷的公正解决，该第三方应该具有独立性和较高的权威；同时，由于学校内部的纠纷解决机制并不排除纠纷各方寻求校外行政救济或司法救济的权利，所以该第三方应该对校内事务、大学章程具有较好的了解以便在提供校内救济途径的同时仍可给纠纷各方寻求校外救济留下时间。根据上述的条件要求，笔者认为组建由学校管理者、教师和学生三方各自选举产生的代表组成的学校争议解决仲裁委员会，作为学校的争议解决机构，适用学校章程最为合适。该机构由学校管理者、教师和和学生三方选举产生的代表组成，具有广泛的代表性、相对的独立性和较高的权威，同时由于各方主体均系学校成员，对学校章程学校的事务甚至纠纷争议方具有较多的了解，可以保证纠纷得到及时、公正的解决。[①] 根据法律适用的一般原则及高校章程的自身性

① 当然在学校争议解决仲裁委员的构成、人员生成机制、组织运行模式等方面的内容还需要做更为细致研究和论证，囿于篇幅限制以及相关内容与本章的研究指向不相一致，在这里不再展开。

质，学校争议解决仲裁委员会在适用学校章程处理纠纷时一定要做到：在学校章程和学校的具体规则都有规定时，原则上优先使用学校的具体规则；适用学校规则时发现该规则与学校章程的规定不一致或争议方对规则的“合章性”提出疑问时，首先要对该规则是否符合章程的规定进行审查，认为规则符合章程规定的适用规则解决纠纷，认为规则与学校章程相违背或不能确定时提请学校有权部门对规则进行审查再做决定；在缺乏学校规则对学校章程做细化规定时要依据章程的规定或章程确立的学校目标、发展方向、办学理念及章程的精神处理纠纷。

（四）章程实施的监督

章程实施的监督既是章程实施的内容又是章程实施的保障。章程实施的监督既包括校内学校举办者的监督、高校管理者的监督、学校师生的监督又包括校外的社会监督、媒体监督，这里主要探讨校内的监督。学校举办者的监督主要是对学校是否按照章程的规定组织运行的监督，是针对学校管理者的监督。学校举办者发现学校的组织运行违背学校章程规定的，应依法或依章向学校的管理者提出告诫或者以举办者的身份在学校董事会议或校务会议上提出要求。举办者的监督作用的发挥对于促进章程实施具有重要意义。高校管理者的监督包括对举办者的监督和对师生的监督。高校管理者发现学校举办者不依照章程规定履行义务或违背章程规定插手学校事务的，应当向教育行政部门①正式提出要求，或者向教育行政部门的上级行政机关申诉②。高校管理者发现教师或学生不遵守章程规定的可以依据章程赋予的职权予以处理。学校师生的监督是章程实施监督的主要内容，学校师生的监督既包括相互之间的监督又包括对高校管理者和学校举办者的监督。师生之间相互发现有不遵守章程规定的可通过劝导、说服等方式督促“违章者”自觉纠正，也可以向学校有关管理机构建议要求予以处理。学校师生发现高校在组织、运行、管理过程中违背学校章程规定的，可以通过师生代表大会或直接对学校管理者提出批评建议，也可以向高校举办者举报。学校师生发现学校举办者违反章程规定而学校管理者对此不采取措施的，可联名代行上述学校管理者

① 此时，举办者和教育行政部门其实是同一主体，只不过是角色不同。

② 在当前能否以学校举办者违背章程规定为由提起诉讼尚没有定论，不过通过向上级行政机关提起申诉，通过行政途径解决不失为一种较好的解决办法。

对学校举办者的监督权利。

为了确保大学章程活动的合法性和有效性，需要进行法律监督。法律监督是指由有权机关依照法定权限和法定程序对立法、司法和执法活动的合法性所进行的监察和监督，而从更加广泛的意义上说，法律监督也可以包括所有国家机关、社会团体和公民个人对各种法律活动的合法性进行的监察和监督，也就是说任何机关、团体和个人都可以进行法律监督。另外不能忽视的还有教育督导，教育督导是政府和教育行政部门依照有关教育督导的规定，由专门的教育督导机构组织教育督导人员对下级人民政府及其教育行政部门、学校、其他教育机构及其举办者贯彻教育法律、法规的情况进行检查监督和指导，对贯彻执行情况进行评估，并对存在问题及违法现象提出改进和处理意见。教育评估是教育评估专门机构根据统一的标准和要求，对学校及其他教育机构的教育教学质量进行系统的评价和估算。目前，我国的教育评估由社会中介机构承担，即教育评估事务所。在这一制度安排下，大学章程方面的教育督导活动如何开展，还有待具体的探索。

大学章程的实施是高等学校章程建设的重要环节，也是章程建设的目的。关于章程建设的诸多讨论最终要落脚于章程的实施，因章程的实施而具有意义。大学章程只有在高等学校的建设发展中发挥实际效用才能实现学校章程建设的目的，而大学章程的实施是大学章程发挥效力的关键所在。一般来讲，任何一种规范的实施不应当成为需要过多讨论的问题，因为实施是规范的必然结果。然而，当前我国已有大学章程的境遇和实现大学“依章而治”的愿景要求我们对章程实施给予重视。大学章程的遵守、执行、适用和监督是大学章程实施的方式和体现，大学章程所涉相关主体要深刻认识到章程实施的重要价值，认真履行好各自在章程实施过程中承担的职责，以确保大学章程的贯彻落实。

参 考 文 献

一、中文文献

(一) 著作

1. 陈洪捷:《德国古典大学观及其对中国的影响》,北京大学出版社 2006 年版。
2. 陈立鹏等:《大学章程研究:理论与实践的探索》,北京师范大学出版社 2012 年版。
3. 陈立鹏:《学校章程》,光明日报出版社 1999 年版。
4. 董保城:《教育法与学术自由》,台湾月旦出版社 1997 年版。
5. 段海峰:《行政法视角下的高校管理》,人民出版社 2010 年版。
6. 高家伟主编:《教育行政法》,北京大学出版社 2007 年版。
7. 顾明远主编:《教育大辞典》,上海教育出版社 1998 年版。
8. 郭丽君、吴庆华:《中外大学比较》,经济管理出版社 2012 年版。
9. 国家教育委员会情报资料室、政策研究室:《外国教育法选编》,法律出版社 1987 年版。
10. 贺国庆:《德国和美国大学发达史》,人民教育出版社 1998 年版。
11. 贺国庆等:《外国高等教育史》,人民教育出版社 2003 年版。
12. 贺国庆等:《外国教育史》,人民教育出版社 2006 年版。
13. 胡昭仪:《四川书院志》,四川大学出版社 2006 年版。
14. 姜明安主编:《行政法与行政诉讼法》(第五版),北京大学出版社、高等教育出版社 2011 年版。
15. 金敏、周祖文:《儒家大学堂长江流域的古代书院》,浙江大学出版社 2005 年版。
16. 罗豪才、宋功德:《软法亦法:公共治理呼唤软法之治》,法律出版社 2009 年版。
17. 罗洪波编著:《博洛尼亚大学》,湖南教育出版社 1986 年版。
18. 马陆亭、范文曜:《大学章程要素的国际比较》,教育科学出版社 2010 年版。
19. 马斯福:《法律社会学原理》,吉林大学出版社 1999 年版。
20. 米俊魁:《大学章程的价值研究》,中国海洋出版社 2006 年版。
21. 潘懋元、刘海峰编:《中国近代教育史资料汇编高等教育》,上海教育出版社 2007 年版。

22. 祁占勇:《现代大学制度的法律重构》,中国社会科学出版社2009年版。
23.(清)施璜编:《紫阳书院志》,陈联、胡中生点校,黄山书社2010年版。
24.(清)钟世桢编:《信江书院志》,徐公喜、林方明点校,黄山书社2010年版。
25. 璩鑫圭、唐良炎编:《中国近代教育史资料汇编学制演变》,上海教育出版社2007年版。
26. 眭依凡编:《学府之魂》,江西教育出版社2001年版。
27. 孙笑侠:《程序的法理》,商务印书馆2005年版。
28. 汤志钧、陈祖恩编:《近代教育史资料汇编戊戌时期教育》,上海教育出版社2007年版。
29. 田明海主编:《首届中国法律实施高端论坛论文集》,法律出版社2012年版。
30. 吴慧平:《西方大学的共同治理》,北京师范大学出版社2012年版。
31. 徐小洲:《自主与制约——高校自主办学政策研究》,浙江教育出版社2007年版。
32. 杨泉明:《和谐校园建设的理论思考与实践探索》,四川大学出版社2008年版。
33. 尹晓敏:《利益相关者参与逻辑下的大学治理研究》,浙江大学出版社2010年版。
34. 湛中乐等著:《公立高等学校法律问题研究》,法律出版社2009年版。
35. 湛中乐主编:《大学章程精选》,中国法制出版社2010年版。
36. 湛中乐主编:《高等教育与行政诉讼》,北京大学出版社2003年版。
37. 湛中乐主编:《教育行政诉讼理论与实务研究》,中国法制出版社2013年版。
38. 湛中乐主编:《通过章程的大学治理》,中国法制出版社2011年版。
39. 张楚廷:《高等教育导论》,人民教育出版社2010年版。
40. 张国有:《大学章程》,北京大学出版社2011年版。
41. 张国有主编:《大学理念、规则与大学治理》,北京大学出版社2013年版。
42. 张俊宗:《现代大学制度》,中国社会科学出版社2004年版。
43. 张千帆:《宪法学导论》,法律出版社2008年版。
44. 赵振江主编:《法律社会学》,北京大学出版社1998年版。
45. 周兰领:《政府与公立学校行政关系法治化论纲》,海洋出版社2010年版。
46. 周旺生:《立法学教程》,北京大学出版社2006年版。
47. 朱景文:《法理学》,中国人民大学出版社2008年版。
48. 朱玉苗:《大学法论纲》,中国政法大学出版社2012年版。

(二)译著

1.〔奥〕凯尔森:《法与国家的一般理论》,沈宗灵译,中国大百科全书出版社1996年版。
2.〔比〕西蒙斯主编:《欧洲大学史》(第一卷),张斌贤等译,河北大学出版社2007年版。
3.〔德〕阿列克西:《法理性商谈——法哲学研究》,朱光、雷磊译,中国法制出版社2011年版。
4.〔德〕哈特穆特·毛雷尔:《行政法学总论》,高家伟译,中国政法大学出版社2000

年版。
5.〔德〕汉斯·J. 沃尔夫、奥托·巴霍夫、罗尔夫·斯托贝尔：《行政法》（第1卷），高家伟译，商务印书馆2002年版。
6.〔德〕康德：《纯粹理性批判》，蓝公武译，商务印书馆1960年版。
7.〔德〕马克斯·韦伯：《经济与社会》，林荣远译，商务印书馆1997年版。
8.〔德〕普芬道夫：《人和公民的自然法义务》，鞠成伟译2010年版。
9.〔德〕施米特：《宪法学说》，刘锋译，上海人民出版社2005年版。
10.〔法〕卢梭：《社会契约论》，何兆武译，商务印书馆2003年版。
11.〔法〕孟德斯鸠：《论法的精神》（上册），张雁深译，商务印书馆1964年版。
12.〔古希腊〕亚里士多德著：《政治学》，吴寿彭译，商务印书馆1965年版。
13.〔加〕范德格拉夫等：《学术权力——七国高等教育管理体制比较》，王承绪等译，浙江教育出版社2001年版。
14.《列宁全集》（第九卷），人民出版社1988年版。
15.〔美〕布鲁姆：《巨人与侏儒》，秦露等译，华夏出版社2007年版。
16.〔美〕菲利普·阿特巴赫：《比较高等教育：知识、大学与发展》，人民教育出版社教育室译，人民教育出版社2001年版。
17.〔美〕罗纳德·G. 埃伦伯格：《美国的大学治理》，沈文钦等译，北京大学出版社2010年版。
18.〔美〕斯图尔特：《美国行政法的重构》，沈岿译，商务印书馆2003年版。
19.〔美〕约翰·S. 布鲁贝克：《高等教育哲学》，王承绪等译，浙江教育出版社2002年版。
20.〔英〕丹宁勋爵：《法律的训诫》，刘庸安等译，法律出版社1999年版。
21.〔英〕洛克：《政府论（下篇）》，叶启芳、瞿菊农译，商务印书馆1996年版。

（三）论文

1. 陈立鹏、聂建峰：《高等学校章程制定主体研究》，载《中国高等教育》2007年第5期。
2. 陈立鹏、张建新、陶智：《国外大学章程对我国大学章程建设的启示》，载《中国高等教育》2007年第6期。
3. 陈睿腾、冉春：《从教育角度再探戊戌变法的失败——基于京师大学堂章程对士阶层的影响分析》，载《教育学术月刊》2013年第4期。
4. 陈学敏：《关于大学章程的法律分析》，载《武汉大学学报（哲学社会科学版）》2008年第2期。
5. 邓亦武、叶琼瑶：《从近代三部学制看中国高等教育的近代化》，载《平顶山学院学报》2007年第3期。
6. 段海峰、韩晖：《试析大学章程的制定程序》，载《云南科技管理》2009年第1期。

7. 范围、高耀明：《中世纪大学三题》，载《大学》，2009 年第 2 期。
8. 范文曜、张家勇：《大学章程的治理意义———英国大学章程案例研究》，载《理工高教研究》2008 年第 12 期。
9. 冯大鸣：《世纪初的国际教育管理走向——与澳大利亚墨尔本大学卡德威尔教授的对话》，载《全球教育展望》2001 年第 4 期。
10. 冯正好：《中世纪西欧的城市特许状》，载《西南大学学报（社会科学版）》2008 年第 1 期。
11. 高家伟：《德国的自治行政制度》，载罗豪才主编：《行政法论丛（第 6 卷）》（2003）。
12. 高迎爽、王者鹤：《法国现代大学制度的成长路径》，载《高教探索》2012 年第 1 期。
13. 郭春发、孙霄兵：《大学章程制定中要认真对待学生参与权》，载《中国高教研究》2012 年第 11 期。
14. 郭卉：《反思与建构：我国大学治理研究评析》，载《现代大学教育》2006 年第 3 期。
15. 郭莉：《大学章程的制定——基于公众参与的分析框架》，载《中国管理信息化》2012 年第 16 期。
16. 郝瑜、周光礼：《中国大学“去行政化”改革的制度困境及其破解》，载《现代大学教育》2012 年第 3 期。
17. 贺国庆：《欧洲中世纪大学起源探微》，载《河北大学学报（哲学社会科学版）》2007 年第 6 期。
18. 胡莉芳：《大学章程制定的核心问题与原则探究》，载《中国高教研究》2007 年第 10 期。
19. 黄宝兴，汪利兵：《学习型组织视角下的高校管理权力》，载《教育探索》2006 年第 12 期。
20. 黄路阳、田建荣：《高等学校章程的修改》，载《内蒙古师范大学学报》2008 年第 9 期。
21. 黄路阳：《中国近现代高等学校章程述略》，载《安康学院学报》2007 年第 1 期。
22. 黄明东、冯惠敏：《大学基层学术组织建设的法律基础探析》，载《河北法学》2008 年第 11 期。
23. 季凌燕、陆俊杰：《大学章程的历史生长逻辑与价值预期》，载《教育学术月刊》2009 年第 7 期。
24. 季卫东：《程序比较论》，载《比较法研究》1993 年第 1 期。
25. 季卫东：《法律程序的意义》，载《中国社会科学》1993 年第 1 期。
26. 焦笑南：《美国、英国、澳大利亚的大学治理及对我们的启示》，载《中国高教研究》2005 年第 1 期。
27. 焦志勇、杨军：《提升公立大学章程效力的根本途径》，载《湖北社会科学》2011 年第

2 期。
28. 金建陵：《国外制定学校章程的实践经验和法律规定》，载《外国中小学教育》2001 年第 3 期。
29. 黎莲芬：《试议高校章程制定与高校依法治校》，载《高教论坛》2012 年第 10 期。
30. 李福华：《大学治理与大学管理：概念辨析与边界确定》，载《北京师范大学学报（社会科学版）》2008 年第 4 期。
31. 李福华：《利益相关者理论与大学管理体制创新》，载《教育研究》2007 年第 7 期。
32. 李明泉：《关于高校“党委领导下的校长负责制”的思考》，载《国家教育行政学院学报》2005 年第 7 期。
33. 李强：《我国大学章程的历程与现状》，载《国家教育行政学院学报》2012 年第 2 期。
34. 李昕欣、张德祥：《关于高等学校章程制定与实施的几个问题》，载《高等教育研究》2006 年第 9 期。
35. 刘承波：《大学治理的法律基础与制度架构：美国大学章程透视》，载《国家教育行政学院学报》2008 年第 5 期。
36. 刘东亮：《什么是正当法律程序》，载《中国法学》2010 年第 4 期。
37. 刘香菊、周光礼：《大学章程的法律透视》，载《高教探索》2004 年第 3 期。
38. 鲁晓泉：《我国高校章程制定程序研究》，载《铜仁学院学报》2008 年第 5 期。
39. 罗豪才、宋功德：《现代行政法的制约与激励机制》，载《中国法学》2000 年第 3 期。
40. 马怀德：《公务法人问题研究》，载《中国法学》2000 年第 4 期。
41. 马陆亭：《大学章程地位与要素的国际比较》，载《教育研究》2009 年第 6 期。
42. 米俊魁：《大学章程法律性质探析》，载《现代大学教育》2006 年第 1 期。
43. 牛维麟：《关于大学组织特点及内在关系的若干思考》，载《中国高等教育》2008 年第 11 期。
44. 欧阳光华：《从大学自治走向大学治理——论学术运作的现代转型》，载《教育研究与实验》2008 年第 2 期。
45. 潘军：《外部关系视域下的公办高等学校章程制定程序研究》，载《黑龙江高教研究》2013 年第 6 期。
46. 潘军：《外部关系视域下的公办高等学校章程制定程序研究》，载《黑龙江高教研究》2013 年第 6 期。
47. 潘燕：《美国高校董事会制度及其启示》，载《教育科学》2004 年第 2 期。
48. 秦惠民：《我国大学内部治理中的权力制衡与协调——对我国大学权力现象的解析》，载《中国高教研究》2009 年第 8 期。
49. 曲耀华：《重建我国现代大学制度——从大学章程的视角》，载《内蒙古农业大学学报

（社会科学版）》2009年第2期。
50. 苏建新：《程序视角下的议会》，载《当代法学》2005年第5期。
51. 苏君阳：《走向善治——大学治理权力结构的重构》，载《浙江社会科学》2007年第3期。
52. 眭依凡：《教授治校：大学校长民主管理学校的理念与意义》，载《比较教育研究》，2002年第2期。
53. 孙贵聪：《英国大学特许状及其治理意义》，载《比较教育研究》2006年第1期。
54. 铁铮：《大学章程的制定与落实，我们有话要说》，载《北京教育（高教）》2014年第1期。
55. 王春业：《高校章程法律化及其实现路径》，载《中国高教研究》2011年第6期。
56. 王大泉：《我国高校章程建设的现状与路径》，载《中国高等教育》，2011年第9期。
57. 王国文、王大敏：《学校章程的法律分析》，载劳凯声主编：《中国教育法制评论（第2辑）》（2003）。
58. 王洪才：《大学治理的内在逻辑与模式选择》，载《高等教育研究》2012年第9期。
59. 王建华：《中国大学转型与去行政化》，载《清华大学教育研究》2012年第1期。
60. 王丽娟、于向东：《大学章程的本质探析》，载《黑龙江教育》2012年第12期。
61. 王琴华：《我国高等学校章程制定主体刍议》，载《江汉大学学报》2011年第2期。
62. 王琴华：《我国高等学校章程制定主体刍议》，载《江汉大学学报（社会科学版）》2011年第2期。
63. 王锡锌：《法律程序的内在价值》，载《政治与法律》2000年第3期。
64. 王晓辉：《法国大学章程综合研究》，载《研究动态》2007年第12期。
65. 王晓秋：《戊戌维新与京师大学堂》，载《北京大学学报（哲学社会科学版）》1998年第2期。
66. 王晓燕：《国立日本大学法人化改革中的大学章程建设——以〈东京大学宪章〉为例》，载《全球教育展望》2009年第4期。
67. 吴根洲，李灵琴：《大学章程制定主体——“中国式”董事会》，载《现代教育管理》2012年第2期。
68. 武静、庄悦明：《大学章程制定权初探——以公立大学为视角》，载《黑龙江生态工程职业学院学报》2012年第6期。
69. 夏锦文：《法律实施及其相关概念辨析》，载《法学论坛》2003年第6期。
70. 项建英：《论近代学制与大学教育学科的发展》，载《江苏高教》2007年第3期。
71. 肖金明：《通过大学章程重构大学治理结构》，载《上海政法学院学报》2011年第6期。
72. 肖金明、张强：《大学章程的框架体系、治理结构、制度要素与生成机制》，载《河南财经政法大学学报》2012 年第 1 期。
73. 熊丙奇：《大学章程离大学宪章有多远》，载《上海教育》2013 年第 25 期。
74. 熊庆年：《大学章程中师生权利的规定性》，载《复旦教育论坛》2013 年第 2 期。
75. 徐雁平：《清代书院研究的价值、现状及问题——以江南地区为讨论范围》，载《南京晓庄学院学报》2005 年第 2 期。
76. 许慧清：《大学章程实施的推进策略探究》，载《教育发展研究》2013 年第 5 期。
77. 阳白云：《论大学治理的缘起》，载《长沙铁道学院学报（社会科学版）》2007 年第 4 期。
78. 杨春生，马培培：《提升大学章程效力之对策》，载《继续教育研究》2013 年第 7 期。
79. 杨捷：《19 世纪美国达特茅斯学院案及其影响》，载《河南大学学报（社会科学版）》2000 年第 9 期。
80. 杨晓波：《中国公立大学章程制定主体资格研究》，载《高教探索》2007 年第 4 期。
81. 杨玉圣：《大学“去行政化”论纲——论大学问题及其治理（之一）》，载《社会科学论坛》2010 年第 7 期。
82. 殷爱荪、许庆豫：《试论我国高等学校章程的制定和实施》，载《苏州大学学报（哲学社会科学版）》1997 年第 4 期。
83. 于丽娟：《国外大学章程文本探析——以英国牛津大学和美国康奈尔大学为主要案例》，载《高教探索》2009 年第 9 期。
84. 俞可平：《治理和善治：一种新的政治分析框架》，载《南京社会科学》2001 年第 9 期。
85. 湛中乐、高俊杰：《大学章程：现代大学法人治理的制度保障》，载《国家教育行政学院学报》2011 年第 11 期。
86. 湛中乐、韩春晖：《论大陆公立大学自治权的内在结构》，载《教育管理研究》2005 年第 3 期。
87. 湛中乐、李凤英：《刘燕文诉北京大学案——兼论我国高等教育学位制度之完善》，载《中国教育法制评论》第 1 辑（2002）。
88. 湛中乐、苏宇：《西方大学章程的历史与现状》，载《中国高校科技与产业化》2011 年第 5 期。
89. 湛中乐、苏宇：《中国高等学校内部治理结构：基本原则与关键制度》，载《华中师范大学学报（人文社会科学版）》2011 年第 5 期。
90. 湛中乐：《现代大学治理与大学章程》，载《中国高等教育》2011 年第 9 期。
91. 湛中乐、肖能：《论政治社会中个体权利与国家权力的平衡关系——以卢梭社会契约论为视角》，载《政治与法律》2010 年第 8 期。
92. 湛中乐、谢珂珺：《大学章程之制定程序》，载《上海政法学院学报（政法论丛）》2011

年第6期。
93. 湛中乐、谢珂珺：《大学章程之制定主体相关问题探讨》，载《高校教育管理》2011年第6期。
94. 湛中乐、谢珂珺：《大学章程制定程序探析》，载《中国高校科技》2011年第7期。
95. 湛中乐、徐靖：《通过章程的现代大学治理》，载《法治与社会发展》2010年第3期。
96. 张斌贤、张弛：《美国大学与学院董事会成员的职业构成——10所著名大学的“案例”》，载《比较教育研究》2002年第12期。
97. 张苏彤：《大学章程的国际比较：来自中美两国六校的样本》，载《中国高教研究》2010年第10期。
98. 张万宽、陈佳：《网络和组织理论视野下的大学治理——兼论我国高校去行政化》，载《清华大学教育研究》2011年第1期。
99. 赵成：《大学治理的含义及理论渊源》，载《现代教育管理》2009年第4期。
100. 赵国权：《论南宋时期江南书院文化传承的价值取向》，载《河南大学学报（社会科学版）》2008年第3期。
101. 钟秉林、赵应生、洪煜：《中国特色现代大学制度建设——目标、特征、内容及推进策略》，载《北京师范大学学报（社会科学版）》2011年第4期。
102. 周川：《中国近代大学建制发展分析》，载《北京大学教育评论》2004年第3期。
103. 周川：《中国近代大学建制发展分析》，载《北京大学教育评论》2004年第7期。
104. 周光礼：《完善中国现代大学制度》，载《大学（学术版）》2012年第1期。
105. 周其凤、张文显：《大学章程：现代大学制度的载体》，载《中国高等教育》2006年第20期。
106. 周详：《洋务运动时期学堂章程行政法特征分析》，载《社会科学辑刊》2010年第3期。
107. 朱德米：《大学治理：自主、控制与责任》，载《同济大学学报（社会科学版）》2007年第3期。
108. 朱家德：《建设大学章程，推进依法治校》，载《赣南师范学院学报》2010年第2期。

（四）学位论文

1. 陈洪捷：《德国古典大学观及对中国的影响》，1998年北京大学博士论文。
2. 方文晖：《我国大学章程制定路径研究》，2011年南京大学博士论文。
3. 侯德华：《论我国的大学章程》，2007年吉林大学硕士学位论文。
4. 米俊魁：《大学章程价值研究》，2006年华中科技大学博士学位论文。
5. 辛艳慧：《美国高校董事会特征研究》，2007年吉林大学硕士学位论文。
6. 叶雅璇：《大学董事会（理事会）制度探讨》，2006年厦门大学硕士论文。

二、外文文献

(一) 著作

1. Ridder-Symons, H. (edited), *A History of the University in Europe*, Cambridge University Press, 1996.

2. Jon. Elste, *Introduction: Deliberative Democracy*, Cambridge: Cambridge University press. 1998.

3. *Black's law dictionary* (6th Ed), St. Paul, Minn. : West Publishing Co. (1990).

(二) 论文

1. Robert E. McCormick and Roger E. Meiners, "University Governance: A Property Rights Perspective", *Journal of Law and Economics*, Vol. 31, No. 2 (Oct., 1988).

2. Lionel S. Lewis and Michael N. Ryan, "In the Matter of University Governance during the 1960's", *Social Problems*, Vol. 19, No. 2 (Autumn, 1971).

3. David W. Leslie, "Legitimizing University Governance: Theory and Practice", *Higher Education*, Vol. 4, No. 2 (May, 1975).

4. David R. Witmer, "Cost Studies in Higher Education", *Review of Educational Research*, Vol. 42, No. 1 (Winter, 1972).

5. Harold J. Berman, "The Origins of Western Legal Science", *Harvard Law Review*, Vol. 90, No. 5 (Mar., 1977).

6. Marthellen R. van Scoyoc, "Origin and Development of the University", *Peabody Journal of Education*, Vol. 39, No. 6 (May, 1962).

7. Mary Szto, "Limited Liability Company Morality: Fiduciary Duties in Historical Context", *Quinnipiac Law Review*, No. 23 (2004).

8. H. Koeppler, "Frederick Barbarossa and the Schools of Bologna", *The English Historical Review*, Vol. 54, No. 216 (Oct., 1939).

9. Gaines Post, "Parisian Masters as a Corporation, 1200—1246", *Speculum*, Vol. 9, No. 4 (Oct., 1934).

10. Phyllis Riddle, "Political Authority and University Formation in Europe", 1200—1800, *Sociological Perspectives*, Vol. 36, No. 1 (Spring, 1993).

11. H. Rashdall, "The Origines of the University of Paris", *The English Historical Review*, Vol. 1, No. 4 (Oct., 1886).

12. Marthellen R. van Scoyoc, "Origin and Development of the University", *Peabody Journal of Education*, Vol. 39, No. 6 (May, 1962).

13. J. McKeen Cattell, "University Control", *Science*, New Series, Vol. 35, No. 908 (May 24, 1912)

14. Osmo Kivinen and Petri Poikus, "Privileges of Universitas Magistrorum Et Scolarium and Their Justification in Charters ofFoundation from the 13th to the 21st Centuries", *Higher Education*, Vol. 52, No. 2 (Sep., 2006).

15. Paul F. Grendler, "The Universities of the Renaissance and Reformation", *Renaissance Quarterly*, Vol. 57, No. 1 (Spring, 2004).

16. James A. Weisheipl, "The Structure of the Arts Faculty in the Medieval University", *British Journal of Educational Studies*, Vol. 19, No. 3 (Oct., 1971).

17. John S. Brubacher, "The Autonomy of the University: How Independent Is the Republic of Scholars?", *The Journal of Higher Education, Vol. 38, No. 5* (May, 1967).

18. Gordon R. Clapp, "The College Charter", *The Journal of Higher Education*, Vol. 5, No. 2 (Feb., 1934).

索　　引

（按首字的汉语拼音字母顺序排列）

后　记

本书是我主持的国家社会科学基金重点研究项目——“大学章程法律问题研究”（10AFX006）的最终研究成果的表现形式。在为期三年的时间里，我同几位博士研究生、硕士研究生共同组成了课题研究小组，对相关问题进行专题研究。这期间我和其他课题组成员共计发表了十五篇与大学章程相关的学术论文作为阶段性成果。2011 年前后，本人负责的北京大学教育法研究中心也曾两次举办了与大学章程有关的全国性学术会议。我还有幸参加了教育部《高等学校章程制定暂行办法》等重要规章的起草、咨询和论证工作，此外还应邀出席了教育部主持召开的有关现代大学制度试点大学经验交流的各种会议等，也有幸参与了《北京大学章程》的有关研究工作，也曾受北京大学发展规划部委托起草了《北京大学章程》（专家建议稿），即北大章程起草过程中的所谓的 C 版。数年间，我还被国内近二十所大学邀请去为大学中心组成员（即包括党委书记、校长在内的校级领导班子）或者院系领导及学校中层以上干部讲授有关“大学章程制定”“大学治理与现代大学制度建设”“现代大学法人治理结构”“依法治校”“教师权利及其法律保障”“大学生权利及其法律保障”“学术委员会制度建设”等方面的专题，并被湖南省教育厅等教育部门聘为大学章程起草委员会“首席专家”，被湖南农业大学、广东财经大学等聘为大学章程起草委员会专家。也曾受邀于《中国改革》杂志社和中国经济体制改革研究会，与该会会长、副会长、《中国改革》杂志社总编等一起南下广东深圳等地实地考察与了解南方科技大学、深圳大学的章程制度建设和有关教育体制改革试点的情况，同南方科技大学的朱清时校长、深圳大学的党委书记、校长等进行了颇为深入的研讨和交流。所有这些活动更加促使我们对有关大学章程的相关理论与实践问题进行深入思考。当然按照早期的预定计划，我们课题组成员经常在一起讨论有关专题。由于课题结项的最终形式是著作，所以我们课题组内部进行了适当的分工。全体成员在阅读总结学界同仁们科研成果的基础上，分别撰写有关章节，在每个重要问题上都要求提出自己对相关问题的见解与建设性建议。对于本书的具体分工是：湛中乐、苏宇负责撰写第一、二章，湛中乐、高俊杰负责撰写第三章，湛中乐、胡斌负责撰写第四章，湛中乐、赵玄负责撰写第五章，湛中乐、王春蕾、徐贺云负责撰写第六章。在这里要特别肯定博士研究生苏宇为本课题所作出的突出贡献。他协助本人做了大量的事务性工作，同时也为相关专题的研究提供了很多良好的建议。当然，对于参加本课题研究的其他博士研究生和硕士研究生以及为本课题研究提供帮助的有关机构与人员同样表示衷心的感谢。

本课题成果于2013年底如期递交给国家社科基金办公室后，由该办公室组织专家匿名评审。时隔数月以后，终于获得评审结果通知。承蒙抬爱，本课题研究成果获得匿名专家的良好评价（按照国家社科基金办法规定，作为课题研究成果，不能在国家社科规划办组织验收之前将专著出版）。2015年夏天，北京大学社科部、北京大学出版社有关老师极力推荐本成果申报国家社科规划办的“成果文库”，其实本人内心非常忐忑。幸运的是，经过国家社科基金项目办公室组织的若干专家的再度匿名评审，本成果获得了专家们的高度肯定与认同。我个人以为，自己做的研究还很不够，我应当把这样的机会视为专家们对此问题研究价值与意义的高度认可与支持，并将之作为激励我进一步深入研究的动力。我作为课题主持人不应该满足于现阶段的研究成果，还应为大学章程的制定（包括修改补充与完善）与实施，为我国的现代大学法治建设作出更大、更多的贡献。在此，我要感谢多年来支持我学术研究的北京大学法学院老师，尤其是我们宪法与行政法研究中心（基地）的同事们，感谢多年来支持我研究的北大社科部的老师们，感谢国家社科基金项目办公室和其邀请的评审专家对本人的信任、认可与鼓励，感谢北京大学出版社领导与相关编辑（王晶编辑、李倩编辑等）的全力支持，是你们的全力支持才有了今天呈现于世人面前的这个作品。当然此作品难言完美无瑕，我们特别欢迎各位学界同仁对本书提出进一步修改、完善的建议，希望我们一道为中国大学章程制度建设和现代大学治理的相关问题研究作出积极贡献。

湛中乐

2016 年 2 月于博雅西园寓所

图书在版编目(CIP)数据

大学章程法律问题研究/湛中乐等著. —北京：北京大学出版社，2016.3
（国家哲学社会科学成果文库）
ISBN 978-7-301-26984-8

Ⅰ. ①大… Ⅱ. ①湛… Ⅲ. ①高等学校—学校管理—教育法—研究—中国
Ⅳ. ①D922.164

中国版本图书馆 CIP 数据核字(2016)第 043457 号

书　　名	大学章程法律问题研究 Daxue Zhangcheng Falü Wenti Yanjiu
著作责任者	湛中乐　等著
责任编辑	李　倩
标准书号	ISBN 978-7-301-26984-8
出版发行	北京大学出版社
地　　址	北京市海淀区成府路 205 号　100871
网　　址	http://www.pup.cn
电子信箱	law@pup.pku.edu.cn
新浪微博	@北京大学出版社　@北大出版社法律图书
电　　话	邮购部 62752015　发行部 62750672　编辑部 62752027
印 刷 者	北京中科印刷有限公司
经 销 者	新华书店
	730 毫米×1020 毫米　16 开本　22.75 印张　360 千字
	2016 年 3 月第 1 版　2016 年 3 月第 1 次印刷
定　　价	68.00 元